地《つち》のなかの革命

沖縄戦後史における存在の解放

森　宣雄

現代企画室

地《つち》のなかの革命

沖縄戦後史における存在の解放

森　宣雄

私たちは降りてゆくべきなのです［……］、地の下の世界に。社会の深みのなかに入りこみ、その広大さのなかを駆けめぐらなければならないのです。表面で、みずからを保ち、死にむけて座している代わりに。

——Jules Michelet, *L'Etudiant*, Editions du Seuil, 1970, p.114

なにかが根本から変ったのだ。目に見えて変ってしまった。

——なにがそんなに変ったのですか？

以前はだれもかれも歴史の耕作者になろうとしていた、積極的な役割を演じようとしていた。各人各様の積極的な役割をね。歴史の「堆肥」になろうと思うものなどひとりもいなかった。しかし、まず土地を肥やすことなしに耕すことがどうしてできるだろう。［……］なにかが変ったというのは、堆肥になることに「哲学的に」適応するものがでてきたからなのだ、堆肥にならねばならぬと知ってみずからその任務に適応するものがでてきたからなのだ。


——アントニオ・グラムシ「ある対話」

山崎功監修『グラムシ選集』六巻、合同出版、一九六五年、一六六頁

もののこわれるまばたきの時
廃墟に破裂する水は渇きを深め
転移の翼をおさめて夢みる土はめざめる

——清田政信「ザリ蟹といわれる男の詩篇」

『清田政信詩集』永井出版企画、一九七五年、一二三頁

目次

第Ⅱ部　「島ぐるみ闘争」の地下の革命
――沖縄非合法共産党の潜在と遍在――

「まえがき」にかえて

国家のむこう岸への旅――奄美と沖縄が出会うとき

地域に政権が倒される時代

二〇一〇年五月四日、首相就任後はじめて沖縄を訪問した鳩山由紀夫首相は、米軍普天間基地を「最低でも県外」に移設するとした公約の撤回を告げる「謝罪行脚」をおこない、ゆく先々で激しい抗議と非難を浴びた。その三日後には、首相官邸に招いた奄美群島徳之島の三町長に基地機能の部分受け入れを要請したが、島内の人口に匹敵する約二万六〇〇〇人分の反対署名を手渡され、完全拒否された。にもかかわらず、同月二八日に発表された日米共同声明には、普天間基地の沖縄県内移設と、「徳之島の活用」による訓練移設を明記し、それによって社民党の連立政権からの離脱を招いた。そして「謝罪行脚」から一カ月後の六月はじめ、普天間問題をめぐる信頼失墜を最大の原因として、首相を辞任した。自民党政権からの歴史的な政権交代で就任してから、わずか八カ月半の辞任劇だった。

参院選を前にした思惑などが重なったとはいえ、ある地域の政府への対応が政権を揺さぶり、政権崩壊を導くというような事態は、これまで憲政史上、例のないことだった。この一カ月間の一連の出来事は、なにを告げているのか。

そこには、よく指摘されている鳩山首相個人の資質や、その言葉の軽さといった問題ばかりではなく、かつては絶大な権能を誇った国家の存在が軽くなっていく、歴史の大きな潮流が映し出されていたように思う。従来の国と地方の上下関係は揺らぎだしている。では、このような変化は社会のあり方になにをもたらし、私たちをどこにむかわせるのか。

本書は、第二次世界大戦後の沖縄と奄美、日本のあいだに訪れた関係性の激変と、そのなかから生み出された思想／運動について検討していくものであるが、その前置きとして、二〇一〇年春に、同じ三地のあいだをむすんでおこった出来事の一端をふりかえり、国家と社会、地域間の関係について、歴史と未来を考える手がかりをさぐっていきたい。

断絶の歴史と軍縮への連帯

四月二五日に沖縄県読谷《よみたん》村で九万人があつまりひらかれた、米軍普天間基地の返還を求める沖縄県民大会で、ひとつ印象に残った光景がある。寄せられた祝電が紹介されていき、「徳之島三町長から」とアナウンスされると、拍手がそれまでより大きくなったようだった。

会場で文面はどれも読み上げられなかったが、その三町長連名の「連帯メッセージ」は、普天間の基地機能の徳之島移設案について「米軍基地の縮小でも撤去でもなく、拡充以外の何ものでもない」と指摘し、「普天間の基地は沖縄にも徳之島にも必要ない。断固反対の闘いの成功を祈念し、共に頑張ろう」と訴えた（『南日本新聞』四月二四日）。

大会の演説のなかでは、「徳之島」という地名は口に出されることがなかったように思う。移設先の検討は政府の仕事なのだから。しかし徳之島のことをまったく意に介さないわけではないという民意を示す機会が、祝電の紹介によって会場にもたらされたことに、すこしホッとした――そんな印象だった。

大会の一週間前、徳之島で移設反対一万人集会がおこなわれた前後に、『沖縄タイムス』は沖縄県内世論調査を実施した（四月二〇日発表）。結果は「国外移設」を求める意見が七一・三％、「沖縄県以外の国内移設」は一八・五％となった。二つを合わせて県内移設の拒否が約九割となったこと（前年一一月調査より二六・五ポイント増）も大きなニュースだが、徳之島移設が取りざたされるなか、あえて国内移設の是非を問い、困難であっても国外移設をえらぶ意見が七割を超えたことは、思想的により大きなインパクトをもつニュースだった。

「米軍普天間飛行場の早期閉鎖・返還と、県内移設に反対し国外・県外移設を求める県民大会」2010年4月25日

奄美と沖縄は「兄弟島」であり、徳之島移設も「琉球圏内移設だ」といった、たがいの共通性の上に立った連帯論も、時折耳にしてきた。だが奄美と沖縄のあいだの関係を語る際には、四月二八日に鳩山首相と会談した徳田虎雄元衆院議員（徳洲会理事長）が、「これまで琉球支配や薩摩支配、米軍支配で苦労しましたから」「強い者に対してはアレルギーを持っていますから、徳之島に基地を造るのは無理があります」と述べたように、支配や差別をめぐる断絶の歴史もまた、常にどこかでつきまとってきた。

ある支配構造のもとで、ともに苦しみを受ける者同士が素朴に手を取り合えることはむしろまれで、生存のための足の引っ張り合いや反目で団結を阻まれることのほうが、常態に近いのかもしれない。それは「百年に一度の不況」下の「格差社会」を生きる私たちの実感でもある。

奄美と沖縄も、これまで正面から出会うことの難しい歴史を有してきた部分がある。だが普天間基地の徳之島移設案の浮上は、たがいの間柄とその歴史を見直すきっかけを生んでいくかもしれない。互いをつないできたものはなにで、そこには今、なにかが求められているのではないか――と。

占領の論理の再来

政府はなぜ、日米共同声明に「徳之島の活用」を明記したのか。「近いから」、沖縄と「一体運用」が可能だからとしか説明されていないが、鹿児島県と徳之島が反対し、実現の見通しは立たない。それでもなお鳩山政権がこだわりつづけた背景について、五月七日の『産経新聞』は、日米両政府が一九五三年の奄美返還協定の裏で取り交わした交換公文が影響していたと報じた。

この交換公文は、在沖米軍の任務遂行のために米政府が奄美群島で要求する事柄を、日本政府が考慮すると合意したもので、具体的には、通信・レーダー施設とそのための土地提供が想定される旨、非公開の「秘密議事録」で確認された（ロバート・D・エルドリッヂ『奄美返還と日米関係』南方新社、付録に収録）。記事によると、前年一一月、移転先を検討していた鳩山首相は、交換公文の存在を知り、これを根拠にして、米側がかつて基地建設を想定していたのだから、奄美なら米側も普天間基地の移設に同意するはずだと判断を固めたのだという。

もしこれが事実なら、密約外交が法廷で裁かれるようになった今になって、半世紀以上前の密約めいた古証文をもちだす歴史感覚に驚きを禁じえない。徳之島移設案は、米軍の奄美占領の論理にすがり、それを再活用することで基地の沖縄集中をぼかそうとする、占領の論理の再来ということなのだろうか。

たしかに奄美返還当時、米側はなんの留保もなしに全面返還することをいさぎよしとしなかった。だが、それは日本が独立を回復して一年、朝鮮戦争が停戦してまもない、冷戦真っただ中の時代環境のなかでの了解だった。現在は喜界島の防衛省通信傍受施設が米軍への情報提供をおこなっており、新たな施設の必要はない。また米軍占領時代でも、奄美群島には沖永良部島のレーダー基地に後方支援部隊が駐留しただけで、戦闘部隊の駐留や出撃などとは縁がなかった。交換公文の存在をもって「殴り込み部隊」とよばれる海兵隊の移設根拠と見なすというのは、あまりに無理がある。

そもそも徳之島なら米側が移設に合意するから好都合だとするような考えは、アメリカに奄美返還を余儀なくさせた、奄美の苛烈な日本復帰運動の歴史を、まったく視野の外に置いてしまっている。

自律的軍縮の一里塚としての奄美復帰史

奄美は一九四六年になって、後から米軍政下琉球に統合された。その根拠は、奄美群島が沖縄諸島と連なっており、第二次大戦中の奄美守備軍が沖縄守備軍の指揮下に置かれていたという、地理と歴史の行きがかり程度で、軍事戦略的な意義や地上戦の経緯など、米軍政下に置かれる必然性はなかった。だが米軍は奄美を、沖縄の基地建設に必要な労働力を調達する外郭地帯として活用した。

これは敗戦まで日本本土と経済的にも一体化していた奄美にとって、生計手段を断たれたに等しい衝撃だった。米軍占領下の奄美は、沖縄の復興に依存する周縁部とされ、出稼ぎ労働、人身売買的な水商売、密貿易などで日常化した食糧危機をしのぐ、戦前以上に厳しい窮乏状態に置かれた。

それゆえに奄美の日本復帰運動は、飢餓からの解放と人間の尊厳を賭けた、ストレートな生存のための運動として全奄美を覆った。そして子どもたちも参加した全郡ハンガーストライキや、住民の九九％が署名した陳情書作成など、激しい運動を積みかさねて、復帰は勝ち取られた。奄美は、大国や中央の都合で地方が切り捨てられる歴史をくつがえす、誇るべき歴史をも切りひらいてきたのである。

鳩山首相の徳之島移設案は、歴史を動かすこうした民衆運動の力ではなく、むしろ復帰運動によって撤退させられた、米軍の奄美占領の論理を踏襲し復活させようとしたところに、もっとも大きな特徴があった。沖縄の基地運営のために奄美を従属的な周縁部として活用しようとした、失策の歴史の反復である。

これにたいして徳之島の人びともまた、復帰運動を髣髴とさせる全住民規模の移設反対運動で対抗している。奄美の軍事基地化や迷惑料のバラ撒きで、島内が賛否と利権で分断され、人としての尊厳を奪うような占領支配が復活する事態を、どうすれば食い止められるだろう。

人口で比較少数の奄美は、復帰運動のときも、内部の団結と外部へのアピール、とくに世界の世論への訴えを基本戦略としてきた。普天間移設反対の運動でも「沖縄の痛みは、分け合うのでなく、なくすもの」、「友愛は軍縮」、「核なき世界」との連帯、といった主張がなされ、基地への反対を迷惑施設にたいする「地域エゴ」のように閉じていくのでなく、より広い視座で支持と共感を得られる道を模索している。

これはたしかに戦略である。だが、ただの言葉あそびではない。奄美は住民の運動によって自力で軍事占領から脱した、復帰運動の歴史経験をもっている。それは占領の再来を拒否する自らのよりどころとなるだけでなく、自律的な軍縮過程の一里塚として、日本の社会的な歴史記憶に刻み付けていくことのできる広がりをもちうるものである。

国家のむこう岸への旅路

かつて奄美の復帰の際、米大統領らは、奄美はクリスマス・プレゼントで返すが、沖縄は国際緊張のあるかぎり「無期限に」統治すると声明した。そのため沖縄では、奄美の復帰を正直に喜べない風潮が広がっていた。その当時はやむをえない面があった。だが今はちがう。

奄美の復帰運動とはなんであったか、沖縄の復帰運動はどう今につながっているのか、敬意をこめて学びあい、たがいを覆う抑圧と分断の構造をより深く理解し、助けあうことのできる時機が訪れてきたのかもしれない。

グローバル化と情報化の進展のなかで、トップダウンの強権発動や密約外交、脅しと懐柔を硬軟使い分けるような情報操作は、いずれも無効化させられていく流れにある。そのなかで国防・安全保障といった従来「お上任せ」とされてきた問題を、どう社会が論議し、機能不全を抱えた政府をマネージ(管理運用)していくか。そのような新たな時代の政治の幕開けは、奄美と沖縄が出会いなおす舞台の幕開けともすることができる。

「地域主権」という言葉は、与党の政権公約にかかげられ、すでに立法化にむかうようになった。

若干の矛盾をはらんだこの概念は、不可分にして神聖なる至高の権力であった近代の国家主権が溶解していくさまを捉えようとした、過渡的な主権概念なのだろう。そのような権力の漸進的な移行は、東京の政府だけでは解くことができなくなった問題を分けあう地域同士が、場所ごとに異なる事情や思いを率直に意見交換しあい、問題を解く土壌を足下からつくってゆくなかでこそ、実現するはずである。

政府の機能が低下し、国のあり方が根本から問われたとき、たとえば薩長土肥というような地域の連合が、新たな時代の政治を切りひらいたこともあった。その時代も遠く後にし、いま私たちは、まだ見ぬ国家のむこう岸への旅を、南から北へ、そして世界へむけて、歩みはじめたところなのかもしれない。

――そうした歩みは、いつ、どこからはじまったのか。

本書は、一九四五年の夏、国家が消滅し、全住民が難民と化した沖縄の戦後史に、そのはじまりを聴きとろうとするものである。国家による戦火と殺戮をくぐりぬけた人びとが、地の下にひろがるガマ（壕）から現われ出で、焼け跡と化した郷土に立ったとき、国家をこえ出る未来へゆこうとする人類の思想／運動の足音は、ひびきはじめた。

＊この小文は二〇一〇年五月末～六月にかけて、東京の『季刊ピープルズ・プラン』、沖縄の『沖縄タイムス』、鹿児島の『南日本新聞』、奄美の『南海日日新聞』に寄稿した拙稿に加筆したものである。

序章　主権なき時空における存在の解放運動／思想

第一節　無主権の歴史：沖縄戦後史

一　所属不明の歴史

本書は「沖縄戦後史」という歴史上の時空間における社会運動の展開と、そのなかでの思想経験をかえりみ、現代世界に生きる私たちにとって何がしか示唆する力をもつ精神的遺産を形象化しようとするものである。それは——ひとつの空間に堆積した歴史的時間の地層のなかに分け入り、その土壌から、拘束された存在規定からの生の解放に関する思想–哲学を新たに見出そうとする試みである。そして、この試みをとおして、国家、民族や党派などの媒体に依存しない、それを超えてゆく人間存在のグローバルな歴史観を新たに構成する展望を開こうとするものである。

では、なぜ沖縄戦後史という時空間、社会運動史、そして思想史なのか。序章では、この三つのキー概念のつながりを説明していくかたちで、本書の問題構成を開示してゆくことにしたい。

まずは沖縄史とはなにか——この問いから始めよう。

いま沖縄は日本国の南端で一県をなしている。だから日本史の下位構成単位をなす一県史として、日本国史に包摂される地方史のひとつだと、沖縄史を設定する立場、解答がある。現在の視点から過

表：琉球・沖縄史の流れ

	古琉球	近世	近代	戦後史		現代
時代区分	12世紀農耕社会の成立～琉球王国時代	1609年薩摩侵略～	1879年「琉球処分」～	1945年米軍沖縄占領～	1952年対日講和～	1972年沖縄返還～
支配権力	琉球	薩摩藩（琉球王府間接支配）	大日本帝国	アメリカ	アメリカ（日本に潜在主権存置）	日本

去をその視座にそって統合してゆく、ありうべきひとつの方法である。だが沖縄の歴史のなかで明確に日本に帰属した時代は、そう長いものではなかった。およそ千年のうちの百年（近代および日本復帰後の現代）である。むろん時間の長短だけが問題なのではない。質を問うべきだろう。そしてその質の問題ゆえにこそ、〈日本史の一部としての沖縄史〉という解答は、その明快さを揺るがされることになる。

一三〇年前、一八七九年のいわゆる「琉球処分」において、近代国家日本は沖縄県の設置を内外に表明した。これによって一五世紀以来の琉球王国は政治的主権性の単位を喪失し、日本国の一県としての沖縄になったとされる。その表明の内実と実際の経緯はひとまず措くとして[1]、ではそれ以前の琉球史は日本史の外部として切り離すのが適当かというと、そうともいえない。四〇〇年前、一六〇九年の薩摩藩の琉球侵攻以来、琉球の政治主権は日本の幕藩制国家によって侵食され、幕藩体制の知行・軍役体系の内に組みこまれてもいた。ただし琉球の王国としての存立は、政略上の判断から意図的に残された。一四世紀から琉球（中山王）を朝貢国として華夷秩序体制の内に組み入れてきた中国との交易関係を維持させるのが、その主な目的だった。薩摩藩および江戸幕府は琉球側の過度の接近、同化を禁じ、幕藩制国家のなかの「異国」として琉球を維持した。

すなわち一七世紀の薩摩による侵略から一九世紀末の「琉球処分」までの近世琉球史が、それ以前からの琉球史（古琉球）の継続であるのか、それとも日本史の一部となったのか、帰属が不分明である状態に意図的に置かれていたのが、この時代の琉球史の特質だった。この不分明さの歴史にたいして、たとえ統治形態はどうあれ、民族的あるいは経済的紐帯を見やれば実質は日本史の一部であると、後代から特定し名付けようとしても（逆のばあいの琉球史の存続説も同様）、いわば歴史として生きられてしまった、不分明であいまいな位置の歴史経験を抹消することはできない。日本国に帰属する現在の視点から、日本史の一部としての沖縄史を過去にさかのぼり、その歴史を統合することが不可能だというのではない。それは可能であり適切なばあいもある。だがそのばあいでも、不分明の状態に生きられた歴史にたいする後世からの抹消線、ないしその抹消の痕跡を見ざるをえないのである。

近代の沖縄は、こうした不分明さの歴史を負った地域社会として、日本帝国の内に統合された。その不分明さは、新設された沖縄県が、拡張された「新附の領土」の「外地」として台湾、朝鮮と同列に入るのか否か、膨張過程にある帝国の地域的な位階秩序において、位置付けが不分明であるという曖昧さのなかに継承された。「他府県」同様の地方自治制の完全施行が一九二〇年まで遅らされた事実に、この点が象徴されている。そしてこれにつづく沖縄戦後史においては、不分明さの意図的な設定が、近世を彷彿とさせつつ、また新たな事態として現れたのであった。

第二次世界大戦末期の一九四五年六月、沖縄戦の終了とともに沖縄県は消滅した。米軍との戦闘で同地の日本軍が壊滅し、旧沖縄県は米軍の占領統治下に置かれた。沖縄戦後史というばあいの「戦後史」とは、この沖縄戦の後という意味の、固有の（日本史とは別の）時期区分である。すなわち沖縄戦後史とは沖縄戦以後のアメリカの軍事占領統治下の沖縄史ということになる。それは一九七二年に沖縄の施政権がアメリカから日本国にもどされ、日本国沖縄県が復活したことをもって終了する。

総じてこの二七年間の戦後沖縄の歴史は、日本戦後史の一部、その特殊な番外編として包摂されるべきものなのか、それとも統治権者であったアメリカの一時的海外領土史として括るべきものだったのか。あるいはまた琉球史が一時的に復活し再浮上した、それ自身の独立した単位の歴史なのだろうか。第一の見方がより説得力をもつだろうが、それでもなお、そこにつきまとうあやふやさをかき消すことはできない。それははっきりしなかったからだ。

戦後沖縄を日本戦後史の番外地として包摂する理解には、たしかにいくつかの根拠がある。沖縄戦それ自体が大日本帝国の太平洋戦争の一環として行なわれ、沖縄県民は帝国の臣民として米軍と対峙した。敗戦につづく米軍占領下の生活が、一九五二年の日本の再独立後も継続した点で、たしかに日本戦後史と沖縄戦後史ははっきりと分岐することになったが、その米軍統治の継続をサンフランシスコ講和会議で承認し受諾したのは、沖縄県民の意志を代弁するとされた日本国政府だった。さらに同会議では、沖縄にたいする潜在主権（residual sovereignty）が日本政府に認められ、いずれこの沖縄にたいする潜在的な主権が回復される可能性のあることが決定された。七二年の沖縄の日本復帰は、この潜在主権の回復、主権の顕在化といった形態で実現されたものである。

こうした流れをみるかぎりでは、沖縄戦後史とは、日本国の主権の一部が一時的に潜在化させられたところに成立し、それが再度回復されたことで終焉を迎えた、日本戦後史の一時的な番外地として包摂できるかのようである。だがそれは事後的な観点において成り立つ、帳尻合わせの歴史像といった性格をもっている。戦後沖縄が日本国に復帰することは、起こりうべき可能性として、沖縄戦後史を貫いていたことはまちがいない。とはいえその可能性が、恒久的な統治と駐留を望む米軍部の要求にもかかわらず米政府内で具体的に検討されはじめたのは、五〇年代後半に「島ぐるみ」の米軍統治への大規模な抵抗運動が起こってからだった。そして五〇年代末に米政府内で初めて本格的に沖縄返還が協議されながら、大統領の判断で時期尚早だと取りやめにされたのも、沖縄の革新政党がつぶし合いを始め、「島ぐるみ」の抵抗が消え去ったと判断されたからであった。(2) その後、日本復帰の具体的な日程が検討されてゆくのは、米軍統治への大衆的な抵抗運動がふたたび統治体制にひびを入れるようになった六〇年代後半になってからのことだった。また、そもそも五一年のサンフランシスコ講和会議で、日本に沖縄にたいする潜在主権が認められるにあたっても、「祖国復帰」を要求する沖縄や奄美の日本復帰運動が、重要な役割を担っていた。

すなわち沖縄の日本復帰は、既定路線の順当な踏襲だったのではなく、歴史の展開のなかで社会運動の高揚と停滞に大きく揺り動かされながら実現された歴史的な創造の産物だった。もちろん不確定要素にたいする決断の積みかさねによって歴史が織りなされてゆくというのは、あらゆる歴史に共通する側面である。だがこの点がことさらに沖縄戦後史で強調されるのは、それが社会運動の動向という、とりわけ流動的で不安定な要素に依存していたからである。なぜ社会運動なのか。その構造的な根拠は、沖縄戦後史を(日本戦後史とも異なる)沖縄戦後史たらしめた、最大の外的規定要因といえる対日講和条約第三条に見ることができる。

二　主権の潜在化と自己決定権の剥奪

対日講和条約第三条は前段と後段からなり、前段は、沖縄・奄美などの南西諸島や小笠原諸島をアメリカを施政権者とする信託統治制度のもとに置く国連へのいかなる提案にも、日本が同意すべきことを規定している。アメリカのねらいは、沖縄の米軍基地を他国に干渉されない排他的な統治体制のもとで維持管理することにあったのだが、そこにわざわざ国連による信託統治制度の（アメリカにたいする）任命という迂回的手続を差し挿んだのは、戦勝国の領土拡張を帝国主義の現れとして否定した大西洋憲章の精神に抵触するのを避けようとする意図があった。だが冷戦の進行で東西二極対立の構図があらわになっていた当時の国際情勢下で、アメリカが沖縄を排他的に統治する提案が、国連安全保障理事会の同意を得られる見こみはまったくなかった。アメリカにとって、もっとも理想的な形態であった戦略地域とするための信託統治提案は、常任理事国のソ連の拒否権によって葬られるであろうし、通常の信託統治地域とするのでは、東側陣営も参加する国連の信託統治理事会の監督下に置かれ、沖縄を基地として自由にかつ戦略的に運用するというアメリカの目的ははばまれることになる。

そこで案出されたのが第三条の後段部分で、そこでは前段で規定した信託統治制度の提案がおこなわれ国連で可決されるまでのあいだ、アメリカが同地域の行政・司法・立法のすべての権利を行使すると規定されている。すなわち前段の規定は、沖縄の排他的統治を実質的な帝国主義的領土拡張だとする批判や介入をかわすためだけに設けられた空文であるに等しい。アメリカが沖縄の信託統治国となるための提案は、国連安保理で否決されることが自明視されているので、当然アメリカはこの信託統治提案に積極的に乗り出すことはしない。むしろ自分たちが提案を出すまでのあいだ、後段の規定によって無期限に排他的統治を敷くことを容認された唯一の施政権者として、実質的な統治権限を確保しつづけておけばよいのである。こうして東西冷戦が解消されるまでのあいだ永遠に提案されることのない信託統治審議を待つ、この意味で暫定的施政権者として、全権を行使する権利をいつまでも確保することができるのであった。

このからくりは、東アジア冷戦の最前線をにらむ戦略拠点として、アメリカが沖縄を基地として排他的に管理することを目的に案出されたものであった。だがこの軍事的目的の達成のために、沖縄の住民が決定・行使すべき同地での行政・司法・立法の権限が、暫定的、だが決定的かつ独占的に米軍政の当局者の手に握られるという不条理が生み出されることになった。これは、国民主権ないし人民主権という民主主義の原則にもとづく、〈沖縄住民の主権性〉の問題である。いかなる国際政治上の戦略的配慮や計算があろうと、またそのための法文上のからくりが案出されようと、住民の権利をなんらの同意もなく剥奪することは、アメリカおよび西側「自由主義」陣営が依拠する民主主義の原則のもとでは正当化できるものではなかった。この国際政治上の戦略と法文規定をも超える本質的で原則的な問題、矛盾を回避するために、その目的で特別に設けられたのが、さきにもふれた潜在主権という論理であった。

潜在主権は、サンフランシスコ講和会議で米国全権代表ジョン・フォスター・ダレスによって表明され、英国全権代表もこれを肯定し、日本政府の吉田茂全権代表は「多大な喜び」をもってこれを受諾した。これによって第三条の規定のもとでアメリカの統治下に置かれる沖縄をめぐって主権問題が紛糾する事態は回避された。なぜなら大日本帝国の一部として第二次大戦の戦闘に加わった沖縄住民の意向そして主権は、その大戦の決着をつける講和会議の場では、日本政府がひきつづき代表するものとされ、その日本政府がみずから沖縄にたいする主権の一時中断、潜在化を認め、アメリカによって施政権が独占的に行使されることを承諾したのであるから、アメリカの沖縄統治に口出しすることのできる国際政治上の主体はいなくなるのである。これは日米合作による、〈沖縄住民の主権性〉の実質的な剥奪、潜在化であった。

潜在主権というトリックの考案者であるダレスは、アメリカにおける国際法の権威の一人であったが、彼はもし沖縄の主権を住民にたいして認めるならば、「住民は国連をバックに米国を追い出す権利を主張する」などの混乱が起こることを指摘していた。この民族自決の論理にもとづく沖縄の日本復帰、独立、他国との合邦、そしてソ連をふくむ連合国や国連の沖縄統治への容喙といった事態を封じこめておくために、潜在主権の論理は案出されたのであった。[3] これらは、米軍部が求める排他的な統治においては、基地沖縄から排除すべき「他」の要素にほかならなかったからである。

この第三条と潜在主権の論理については、領土不拡張を称揚するアメリカが植民地支配を否認しながら植民地支配と同等の支配を永続的に合法化する「法的怪物」だと、条約成立当初から呼ばれ、国際法および国内法上許されがたい「法の仮面」であるなどと法学者からも批判を受けていた。[4] とはいえ条理に反するとの批判だけでは、法の形式的整合性と政治上の実力の支配にたいしてはまったく無力だった。それゆえに潜在主権のトリックは国際法上のモンスターとして残った。だがこの怪物にも弱点がないわけではなかった。

無条件降伏後、沖縄は戦後日本の政治体制とは分離されていた。対日講和会議の時点で日本政府は沖縄住民の意志を代表する有効な手段をなんらもっていなかった。すでに旧植民地議員と同様に、沖縄選出の帝国議会議員は資格停止処分をうけていたため、新憲法の制定議会にも沖縄住民は代表を送れなかった。ならば第二次世界大戦の処理のあり方をとりきめる講和条約の規定によって、日本が新憲法下に再独立をはたした後も依然として無期限の将来にわたり、日本政府の講和条約受諾によって、沖縄住民の主権が潜在化させられるという理屈が通るのであろうか。そこには論理的な齟齬が埋めこまれている。

もし住民が、講和条約の合意は自分たちの参与しない決定であると訴えて、国際政治上の行為主体となって、その無効と破棄を主張するのならば、それを封じる手段はないことになる。日本政府による講和条約受諾決定のうち、沖縄に関する部分についてだけ破棄を要求することは不可能なことではない。ただしそのばあいには、戦後日本とは切り離された沖縄の主権が新たに国際政治の舞台で承認されなければならず、それには形式的にであっても沖縄独立という手続きをとらねばならない。それは幾多の困難が予想されるものではあるが、ありえない事態ではなかった。そして日本政府による講和条約の受諾決定を否定したうえで、独立にむかうか、あるいはあらためて連邦制などの形態で日本国に再帰属するなどの決定を、沖縄住民の民意代表機関が行なうという事態も、論理的には可能だった。

ここではその実現可能性自体は問題ではない。米軍の沖縄統治を正当化しようとして日米両国政府が立てた論理につきまとっている根底的な脆弱性が問題なのである。その根底的な脆弱性とは、住民の意向に反して、軍事基地運用のための排他的な占領統治を、外国の軍部が専管的に継続するという不条理を正当化することはできないという一点から生まれている。この本質的でおおいがたい矛盾を表面化させないために、沖縄住民の意向は表面化されないように、また政治的効力と自立性をもたないように、極力弱体化されなければならなかった。この住民にたいする政治的無力化の要請こそが、沖縄統治の要諦の位置を占めていた。

以上の検討から、沖縄戦後史が、ある特殊な歴史上の時空間としてあったことの構造的な原因――第一の特質をまとめることができるだろう。沖縄戦後史とは日本戦後史の一部であるのか、それともアメリカの海外領土史あるいは琉球・沖縄史という独自の単位の歴史であるのか、それが不分明であるという事態は、そもそもこの地域の国際政治上の地位を取り決めた条約規定それ自体から発していた。その本質は、信託統治提案の決定を先送りされたところに、決定的な権力が、主権の空白化された社会で圧倒的に行使されるという、地位の不明確さと未決定性に関わっている。沖縄戦後史とはなにかという問いにかかわる未決定性とは、意図されて与えられた非決定であり、未決定の状態に置くことを決定することによって、その未決定状態に拘束されることになる人びと（沖縄住民）の決定権や発言権を棚上げし、事実上、それが決定的に剥奪されるという統治技法に由来するものなのである。

すなわち沖縄戦後史という時空間の本質は、まずもって主権あるいは自己決定権の剥奪にある。このような主権なき時空間の歴史としての沖縄戦後史の、歴史学上の帰属位置が不分明であるというのは、ある意味当然であった。他でもない、そこでは主権が空白化されていたからである。

人間社会の歴史を、地域的な領域性によって区分してゆくばあい、国家の主権が及ぶ範囲を単位とする認識方法が、いまも標準的である。それは近代以降の世界のありようが主権国家の国家間関係において基本的に掌握され、また運営されてきたことの反映である。世界史の基本的構成要素は国史であり、地域史や文明史の中間的集合を交錯させつつ、国史の下に地方史、市町村史が配置される。だが、この世界史—国史—地方史という歴史認識の体系的秩序から、意図的に排除された異物として、沖縄戦後史はあるのである。

第二節　主権性の回復主体としての社会運動

一　軍事優先統治

前節で見てきた、無主権の歴史という第一の特質は、沖縄戦後史を外的に規定した根底的条件であったといえる。だが沖縄戦後史のもっとも大きな特質は、別にある。付与された未決定性にたいして、それを変革し、責任と主権の不明確な状態をくつがえそうとする住民の運動がくり返されてきたところに、沖縄戦後史の内在的かつ最大の特質を見ることができる。

沖縄の地位の不明確さと未決定性とは、統治権力の支配権の不明確さ、いいかえれば無責任さ——そしてそれと表裏一体となる、守られるべき住民の権利の不明確さとして具体的に現れていた。これにたいして、支配権力の責任の不明確さを追及し、人権の擁護・明確化を追求することは、とりもなおさず曖昧にされた沖縄の地位を明確化する要求と一体になって連関してゆくのであり、この運動を担ったものこそが沖縄戦後史の歴史展開をつき動かす最大の要因となった。それはひろい意味での社会・政治運動である。

沖縄住民の主権は潜在化されているため現行法的な論理では存在しないことになる。これを突き破るためには、沖縄統治の要諦である住民の政治的弱体化に対抗し、運動において声をあげるほかなかった。すなわち戦後沖縄における社会運動は、実態的に言って、主権の獲得・奪取をめざすものとしてあり、また獲得されていく実勢的な主権性を担う（立憲的）「構成的権力」(5)としてあった。そして一九六〇年代末、米軍統治の継続を不可能に追いこみ日米両国に沖縄返還を余儀なくさせたとき、そのかぎりで、沖縄の社会運動は実際に主権を実勢化し行使してみせたのである。

こうしてひとつの、素朴にすぎて疑念を呼び起こさずにはいられない論点が、これまでの議論から導き出せることになる。沖縄戦後史が独自なものとしてあるその核心には、社会運動が担った圧倒的な役割の大きさがある——沖縄戦後史の核心は社会運動である。

これは通例的事態とは決していえない。通常の歴史研究では、領域性と生産力の変化を手がかりとして、統治権力史と社会経済史が核となるべきところだろう。ここでは戦後沖縄の歴史における統治権力史や社会経済史の重要性を否定しようとするものではなく、また古い人民史観のイデオロギーに依拠しているわけでもない。沖縄戦後史が社会運動の生成発展によって根底的に規定されてきたという、ふつうではありえない事態は、さきに述べた沖縄戦後史を規定する特殊な外的規定要因に対応して構成された、戦後沖縄の独自な歴史経験の本質、それを指し示すものなのである。

ではその歴史の特異性は、どのように具体的に現れていたか。これを統治権力側の論理とも関わらせて見ていこう。

戦後日本はアジア冷戦の最前線地帯とされた朝鮮半島・台湾海峡から一線を画したところで「アジアの工場」となる位置役割をアメリカの戦略設定によって与えられたが、(6) その前線地帯からの日本の隔離を保証・補完し、かつアメリカのアジア軍事戦略の拠点となる土地として選定されたのが、かつて太平洋戦争の決戦場として選ばれた沖縄であった。アメリカの若者が「血を流して得た既得権」として、全島を自由に要塞化する正当性をえたアメリカ軍部は、(7) 冷戦下の軍事的必要の達成を最優先とする軍事優先統治を強硬に敷き、外交戦略の論理に立った本国の国務省からの容喙さえも、ながく拒むことができた。それゆえに地上戦をへたこの征服地には、日本国(本土)が再独立をはたしたあとも、日米関係などの外交関係上の配慮も働かないまま、戦時占領を冷戦下に継続させる米軍部の支配下に放置されることになった。紛糾を政治的に解決する政治的合意調達の論理を根底部分で欠いた、この軍事優先支配ゆえに、沖縄住民は社会運動によって政治を動かすほかない、きわめて限定された、極限的な政治環境のもとに置かれていた。

占領当初からの軍政府をひきついで、一九五〇年一二月に設立された琉球列島米国民政府(United States Civil Administration of the Ryukyu Islands＝米民政府)は、沖縄統治のためのアメリカ政府の出先機関で、七二年の沖縄返還まで統治者として絶対的な権力をふるった。民政府とは名ばかりで、その長となる民政長官には極東軍司令官が、民政副長官には琉球軍司令官が就き、実質的な最高責任者は副長官(五七年七月以降は高等弁務官)、すなわち沖縄の現地軍の指揮官だった。統治の内実も、軍政府の布令・布告による占領統治をひきついだ法体系のもとに置かれたため、アメリカの利益に反する言論・集会・結社・移動の権利は抑圧され、禁止された。住民側の琉球政府(行政主席、立法院、琉球上訴裁判所)がおこなう決定や選挙結果さえ、任意に無効とできる絶対権力が行使された。米民政府の設立を規定した国家安全保障会議の指令文書には、住民の基本的な自由が保証されるのは「軍事占領に支障をきたさない範囲」でしかないことが明記されていたのである。沖縄戦の戦闘過程から始まった占領支配は、軍政府の直接統治から形式上は米民政府の間接統治に移ったが、内実は変わらなかった。事実上の軍政である。

戦後沖縄におけるこうした政治的条件の極限性を、リアリティをもって想起するのは、いまでは困難だろう。アメリカの沖縄統治のあり方を知るうえでもっとも重要な意味をもつ文書である、いわゆる「プライス勧告」を参照してみよう。(8) これは軍用地の新規接収をめぐる紛糾の解決のために、M・プライス議員を委員長とする米下院軍事分科委員会が沖縄で現地調査をおこない、一九五六年に議会に提出した報告書であるが、そのなかでは先に述べたような沖縄統治の基本条件が明快に語られている。

すなわちプライス勧告では、「琉球における我々の主要な使命は戦略的なものであり、すべてを考慮すると、この使命とそれから派生する軍事的必要性が断固として優先する」のだと、現地軍の軍事優先統治の原則が、まず承認されている。そして次のように沖縄の絶大な軍事的価値が評価されている。すなわち、戦時占領によってはじまった沖縄駐留が対日講和条約によって継続を保証され、さらにはこの地に「挑戦的民族主義運動が存しないため」、核兵器の貯蔵・使用の権限問題についてさえ「何ら外国政府の掣肘を受けることはない」という理想的な好条件が成立している。それゆえに「米国が日本から軍隊を引き揚げる場合、軍事基地として沖縄を保存することは平時にあってもますます重要になってくる」。戦後日本の軽武装・平和主義・経済主義の基本路線を保証・補完するための軍事機能を集約するとともに、それをふくんだアメリカの極東軍事戦略を統轄する管制高地の役割を合わせもたせること、それがこの基地の島に設定された戦略的価値だった。

国外の地でありながら、他国からの制約のない自由な核基地として「沖縄を保存すること」ができるという、軍事戦略上の理想的好条件の上に、アメリカはアジア太平洋戦略を組み立てることができた。ながく沖縄の米軍車輌のナンバープレートにも刻まれていた基地沖縄の代名詞 Keystone of the

Pacific（太平洋の要石）はこのことを指している。そしてこの、軍にとっての楽園のもう一面が、軍事優先統治に従わせられる住民にとっての暗黒だった。

プライス勧告は「共産主義者の煽動」や「騒々しい少数党」によって、住民が「安易なそして勝手な立場を取ること」は、「土地接収責任者をしてその処置を誤まらしめ、そして現存する不公平な状態が続く結果」をみずから招くことになると、厳重に恫喝を加えている。「土地接収責任者」とは沖縄現地軍の軍人のことであり、住民の「安易なそして勝手な」行動によってもたらされたのだというその処置とは、プライス勧告の前年、上陸作戦さながらに陸海から武装兵力を投入し、夜闇に乗じて包囲網を築き、そのうえで住民を捕獲して投獄し、家屋を焼き払い、軍用地の大規模接収をくり返した、あの「銃剣とブルドーザー」の作戦のことを指している。「挑戦的民族主義運動」の不在という軍事的好条件は、アメリカの議会も承認し加担する、こうした恫喝の総合的編成によって調達されたものだった。

そしてこれらの軍事的暴力に支えられた支配が、アメリカの「フェア・プレイの精神に基づく国の伝統」なのだと、恫喝が猛々しく沖縄住民に加えられるのは、住民や日本政府の眼を意識するがゆえのことではなかった。もとより米軍部が追求する基地沖縄の「排他的基地管理」のために、排除されるべき「他」の要因のなかには、基地機能の障害要素になりうるものとして、周辺住民の存在が占領当初から含まれていたからである。他方、日本政府は沖縄統治への介入をアメリカの施政権にたいする「内政干渉」に当たるとして、住民の主権性を否認することに自国の利益を見いだし、沖縄の主権の剥奪の一方の当事者となっていた。ではなんのための恫喝だったのか。それは「沖縄に於ける米国の行動を注意深く凝視」している「共産諸国の眼」にとって、「沖縄が最も正しい意味で「民主々義の陳列棚」と成って」いたからであった。ショーケースを台無しにするような「安易なそして勝手な」抗議の声は、その「凝視」する耳目にとどかないように、徹底的に弱体化させられなければならなかった。

プライス勧告は、このように基地沖縄の戦略的価値と軍事優先統治を承認したうえで、沖縄側要求の四原則（軍用地料の一括払いによる事実上の土地買い上げと、新規接収に反対し、適正補償と、損害賠償を求める）を全否定する勧告をおこなった。だがその勧告内容をただ事後的にのみ知らされたとき、沖縄では全住民をまきこんだ抗議運動がわき起こった。行政主席（県知事に相当）、立法院議員、市町村長、市町村議すべてが総辞職を賭けて反対の意志を表明し、五六年六月二〇日に各市町村でいっせいに開かれた住民大会の参加者は、全人口の二割から五割、最大で四〇万人などと報じられた。[9]それは数えあげることのできない「住民総出」の意志表示となった。いわゆる「島ぐるみ闘争」である。それでも「何ら外国政府の掣肘を受けることはない」状態に変わりはなかった。日本政府は依然として内政不干渉の立場で、抵抗運動の沈静化をうながしていた。だが、これによって「挑戦的民族主義運動が存しない」という制圧者の勝利宣言はくつがえされたのであった。

これを沖縄住民の側からいえば、アメリカにとっての「制約のない核基地」である沖縄に、制約条件として住民の生活が存在していることを告げ知らせ、その声をふくんだ政治を成り立たせるには、是が非でも「挑戦的民族主義運動」と言われるようなものを、みずから街頭に出て、世界にむけて持続的に表現しなければならなかったということである。それが日本復帰運動に代表される社会運動であった。民族主義は軍事優先統治の暴力構造にあらがって、社会が生存するための条件となっていた。

二　歴史複合的重圧としての占領

こうした社会運動史の構造的重要性、それは沖縄戦後史が剥き出しの力の支配によって根底的に成り立つ、事実上の占領史としての性格をもっているがゆえにもたらされた条件だということができる。だが沖縄戦後史を、一般的な意味での占領史として了解するだけでは、重要な問題がもれ落ちてしまうだろう。占領とは一時的例外的な統治体制であるのだから、暴力を代表制度や討論に置き換える、通常の統治体制にいずれは取って代わられるとの了解が、暗黙のうちにでも想定される。しかし沖縄戦後史の「占領」は二七年もの長期にわたった。初期の戦時占領が対日講和条約発効によって、いったん区切りをつけられた後も、日米両国の合意にもとづく米軍「占領」統治は二〇年間に及んだ。この長期性の特徴のうちには、占領という概念の一時的例外性の含意におさまりきらない、別のなにものかが含まれている。

一九五〇年代の基地沖縄の確立期にくりかえし表明されたことだが、冷戦を常態化された静かなる交戦状態の継続として見て、「共産主義の脅威あるかぎり」「緊張の状態が存続する間」「無期限に」米軍は沖縄に駐留し、施政権を行使するというのが、公式的なアメリカの沖縄統治の理由づけと説明だった。[10]だがその冷戦が継続中の七二年に、施政権は日本政府に返還された。他方で米駐留軍の存在は、冷戦が過去のものとなったいまもなお、巨大な位置を占め、日本復帰後の沖縄社会を根底から規定している。長期占領の原因を冷戦に求めるだけではなにかが決定的に欠けているのである。原因由来の省察は、これらの事実を説明できるような、長期的展望をもった歴史の認識論議にわたらざるをえない。

こうしてふたたび長期的な歴史の脈絡に目を転じていえば、戦後沖縄の長期にわたる占領の背景には、それと密接な連関性をもった近代、そして前近代の沖縄の歴史的位置がつながってくる。日本が琉球・沖縄の地位を不分明な状態に置いてきた、近世以来のある意味での歴史的伝統をひきつぎ活用するかのごとくに、戦後沖縄の地位の不分明さは設定され、その不分明さのうえに占領の長期化は可能になっていた――そう沖縄戦後史の謎を解き明かすこともできるであろう。沖縄が「国体護持」のための時間稼ぎの地上戦の舞台とされ、「本土防衛」のための捨石とされた背景に、そうした歴史的〈伝統〉が読みこまれるのは常であるが、その因果関係の正否はともあれ、沖縄戦の切り捨ての事実は、たしかに戦後のあり方を直接的かつ決定的に規定した。沖縄戦直後の四五年七月、近衛文麿が天皇の勅使として交渉にあたるべく作成した、対ソ「和平交渉の要綱」は、「沖縄、小笠原、樺太」を「固有本土」と見ずに「捨て」ることを是認し提言するものだった。(11) こうして積みかさねられてきた、伝統らしき事実のうえに、沖縄の長期租借をアメリカに提案した、有名な四七年の「天皇メッセージ」も可能になっていたと見るべきだろう。

そしてこうした日沖関係の脆弱さと、明らかな切断可能性を拠り所として、米軍部は、とくに沖縄統治の前半期に、恒久的な沖縄占領の継続をねらって、琉球王国時代の歴史をよみがえらせ、一定の限度内で琉球ナショナリズムを鼓舞させる「心理作戦」のプロパガンダに力を注いでいた。(12) その限度内というのは「琉米親善」の範囲に収まり、日本との関係回復の願望をおさえる効果をもたらす程度

表：琉球・沖縄における（擬似）占領統治形態の変遷

時代区分	近世	近代	戦後史		現代
	薩摩侵略後 1609年〜	「琉球処分」後 1879年〜	沖縄戦後 1945年〜	対日講和後 1952年〜	沖縄返還後 1972年〜
支配者	薩摩藩	大日本帝国	アメリカ	アメリカ（日本に潜在主権存置）	日本
統治形態	首里王府を存続させた間接支配	琉球廃滅後の沖縄県治。ただし「本土なみ」地方自治は1920年〜	戦時占領	日米合意に基づく軍事優先支配・戦時占領の継続	沖縄県治。ただし日米安保に基づき米軍基地機能は維持
支配の論理	対中貿易のための「異国」性の強調・保存	日本への同化主義的差別	日本からの分離要塞化と「琉球」色の復活	冷戦下の反共戦略と日米協調	日本政府による経済援助と「国益」のための継続的な基地固定化

といったところで、こうした〈琉球色〉の意図された限定的な保存と活用は、ミもフタもない皮肉なのだろうが、いうところの琉球王国時代に幕藩制国家がおこなっていた「異国」琉球の保存政策を反復する、二度目の茶番として、その歴史自体に射抜かれる体のものであった。

こうした近代、前近代の歴史の影を負うものとして、「琉米親善」と「日米協調」のもとに、二七年の「沖縄占領」は継続された。だが長期にわたる占領の事実によってもたらされる示唆は、たんに通りすぎた過去との連関だけではすまされない。――現在はどうなのか。

沖縄返還後、沖縄の米軍基地を維持する目的で、いくつもの特例的な立法措置と行政的決定、最高裁にいたる司法の判決が、「国益」護持の名のもとに積みかさねられてきた。もし沖縄戦後史が占領史であるとするならば、一九七二年の返還後の現在も、日本の代表制民主主義の統治体制に置かれるなかで、占領の実質は継承されているということになるのではないか。

日本の国会は、沖縄の地位について二度、根底的な決定をした。一度目は一九五一年の「講和国会」での沖縄分離の決定であり、二度目は日米沖縄返還協定を批准した七一年の「沖縄国会」である。そのうち前者の講和国会に沖縄代表が特別参加を許され、批准の採決の場に出席できたとしたら、そのばあいには多数決によって「占領」の継続は決定されることになっていたと考えられる。

多数派がこぞって辺境の少数者の権利剥奪を決定する、おぞましい光景が浮かぶ。これはありえない仮想ではなく、沖縄国会の返還協定批准のさいには、沖縄代表の特別参加が前年に実施された特例の国政参加選挙をうけて許可された。だが基地機能を維持した「復帰」にたいする沖縄側のまとまった反対意見の表明は無視され、強行採決で処理された。講和国会のばあいは、参院の「平和条約及び日米安全保障条約特別委員会」に、在京の奄美・沖縄関係者として民間人の伊東隆治と宮良寛雄が参考人として意見を述べたにとどまった。議事録によると、伊東は前日の晩に同委員会委員長から電話をうけ、「時間の余り」をもって「これらの領域に関係ある人の意見を参考としてこの委員会が聴取したい」旨いわれ、「急遽罷り出た次第」だと述べている。[13] もうひとりの宮良もまた同様であろう。

さてこの二つの沖縄関係国会のありさまが示唆するところはなにか。沖縄国会のばあいでは、大局としては日本の沖縄にたいする潜在主権を顕在化することが沖縄住民の利益になるという論理で、住民の同意を欠くという問題を表面上は粉飾することもできたのだが、講和国会のばあいは、もし沖縄代表にも議決権が(ある意味で当事者として当然に)認められたならば、事態は露骨な多数決の暴力として露呈してしまったはずである。だが二つの議決は本質的には連続している。

講和国会は沖縄の戦時占領継続の政治決断を承認し、二〇年後の沖縄国会は、その間に住民の意向を排除して確立された基地沖縄の管理体制の保持を強行採決によって決定した。二つの沖縄関係国会のあいだには、かつて議決の場から排除された沖縄代表が、二〇年後は民主主義の多数決原理にもとづいて、決議の共同責任を「自己責任」として分担させられる、この点で、軍事基地の「占領」機能の調達手段が高度化されたという段階の相違があるばかりである。この高度化は、主権潜在化の期間に積みあげてきた基地沖縄の排他的基地管理の体制を、既成事実として継承することによって可能になった。

ただだからといって沖縄（という政治主体）がいまも日米両国の軍事占領下にあるというような単純化された理解で、事の全貌が見渡せ、展望が開かれるわけでもないだろう。占領概念の定義は、こうした現実の経験の検証に耐えられるものへ再検討される必要があるということを、ここではまずは確認しておきたい（占領概念の問題については本章第四節であらためて検討する）。

以上見てきたように、沖縄戦後史における占領は、その前代および後代の統治のあり方と連関しあいながらもたらされ、近世から日本復帰後の現代にいたる、超時代的な文脈のなかに成立していた。それはいくつもの（擬似）占領支配の歴史が複合した重圧として、沖縄戦後史の時空間に根を下していた。そしてこの特徴は、戦後沖縄の社会運動の内実、とくにその思想性を大きく条件づけた。なぜなら端的に言って、目の前の米軍の支配に即自的に抗議し抵抗するだけでは、この超時代的な主権剥奪体制の謎を解き明かし、そこから脱出する展望をもつことができないからである。

自分たちは何者であり、なぜ無期限に米軍の占領下に置かれるのか、そして自分たちは何者となってどこへ向かうべきなのか（この生者たちの問いには、もうひとつの問い――われわれが眼にしてきた、この惨い死は、どうしたらあがなわれるのか――が地の下からのこだまのように取り憑いている）。

沖縄の戦後史は、全住民が国家から切り捨てられ捕虜、難民とされたその出発点から、この存在規定の難問に直面しつづけ、必然的に存在と運動主体をめぐる思想的な問題が、社会運動のあり方を大きく規定することになった。すなわち社会運動の成否が戦後沖縄の歴史のゆくえを根底から規定したのと同じように、社会運動における／たいする思想の問題は、戦後沖縄における存在の解放の成否が賭けられる枢要性を、歴史において担ってゆくのである。

第三節　主権性・党派性からの存在の解放思想

一　翻訳的主体化／臣民化としての日本復帰運動

先述のとおり、極東に緊張がつづくかぎりいつ終わるともしれない占領体制下にあって、その軍事優先統治の論理のうちに住民の声を反映させるには、沖縄住民は社会運動に活路を切りひらき、それを持続させることで住民の声をふくんだ政治を定着させねばならなかった。そしてさらに個別的な紛糾事項をめぐる社会運動の噴出の積みかさねのうえに、占領のくびきから根底的に脱しようとするには、沖縄住民はその社会運動を、近代そして前近代におよぶ長期的な歴史の因縁をおびた、「日本人」「日本国民」になる運動へと思想的に昇華させ、それと連関させるかたちで運動を展開しなければならなかった。

すなわち沖縄住民が自己の主権を回復（行使）するためには、「沖縄にたいする主権」の名義を抱えたままそれを潜在化させている日本政府にたいし、施政権の回復をうながすことで、みずからの主権を顕在化させねばならなくされていた。それは社会運動によって表出され、無期限占領体制のうちに政治の契機を成り立たせた沖縄住民の声を、「日本国民」の声としてみずから翻訳して命名し、その声の効果を増幅させる、この意味で観念的な操作が必要だったということを意味している。

いま述べた観念的な操作というのは、沖縄住民の声という実勢的な政治的ファクターを「日本国民」の声として主体化させるという民族主義の思想的操作のことである。潜在主権のからくりによって剥奪された政治的主権者としての主体性をとりもどし、沖縄住民の無権利状態を終わらせるためには、

「日本国民」たるべき沖縄住民の存在を運動において露出し、〈沖縄住民の声〉に主権性を付与させる、思想的方向付けがなければならなかったということである。

ここにおいて戦後沖縄の社会運動は、日本の国権（領土）回復運動、日本の民族主義運動の一部として、その内に包摂されることをみずから望む位置に立ち、それと接合した。すなわち、自分たちを捨てた日本を、帰るべき「母なる祖国」として描く、祖国復帰運動／思想の登場である。

自己の決定権、政治的主権性を剥奪する当の民族／国民国家のうちに自己を主体／臣民（subject）化させるという、この意味での自己喪失の〈主体的〉な戦略の徹底によって、はじめて主権からの疎外を克服する展望をもつことができる――それは精神において苛酷な、民族の解放運動、あるいは国民への主体化運動であった。[14] そのため、この日本国民への主体／臣民化の運動は、その論理にしたがうことの困難さと、ぬぐいきれない欺瞞性――沖縄返還後に沖縄が軍事要塞化から解放される保証は、沖縄を切り捨てた沖縄戦と対日講和条約の経験に照らして、そもそもなかった――のゆえに、この擬制的論理のうちに包摂されない、回収しつくされない不明な剰余の存在を、するどく感知させてくるものでもあった。ここでいう〈不明な剰余〉とは、〈日本人（としての沖縄県民）〉と〈沖縄住民／沖縄人〉という二つの主体の周辺に漂い、ふつうは自明な主体の内に収納され、忘却されるなにかである。

以下に、この二つの主体のあいだの関係性をめぐって、戦後沖縄の社会運動が直面し、抱え込んでいった思想的難問の推移を概観し、そのうえでいま触れた〈不明な剰余〉の問題――戦後沖縄における存在の解放をめぐる思想問題――のありかを開示し検討しよう。

二　疎外と本来性

まず戦後沖縄で代表的なものとして知られている社会運動の思想の論理を概観しよう。議論を整理しやすくするため、便宜上、三つの段階に分けて述べる。

第一の段階：沖縄住民は日本国民になることによってしか主権をもつことができないようにされているので、沖縄住民は社会運動の展開によって自力で獲得してきた実態的主権性を、日本国の主権の顕在化として献上し、日本人として解放される展望を得ようとした（祖国復帰運動の思想）。だが日本に復帰したとしても、人口の一％を占めるにすぎない一県の住民が代表制民主主義の議決を左右しうる条件はない。

第二の段階：ならば沖縄住民は、みずからが独立の単位をつくり、沖縄人を主権の担い手たらしめるよりほかに解放の道はないかもしれない（沖縄独立論の思想）。そうして仮に沖縄に主権国家が建設されたとして、その独立沖縄がみずからの主権性を確保するためには、日本国と同様な国家暴力を、日米の両大国に挟まれながら行使せざるをえないおそれがある。だがそもそも、第一段階の始めから、社会運動を突き動かしていた解放願望は、主権的主体になることではなく、逆に主権国家が突きつけてくる抑圧から解き放たれ、別のなにものかへ向かおうとする願望が含まれ、むしろこの不明な原初的願望こそが、それ自身の純粋な自己らしきものであるのかもしれない。これが先述した〈不明な剰余〉である。

第三の段階：「祖国復帰」によって軍事支配からの解放をめざす復帰思想は、ヴェトナム戦争の泥沼化に対応した日米同盟の強化策として、一九六九年に基地の維持を目的として沖縄返還が決定されることで、破綻を余儀なくされた。また沖縄の独立やアメリカとの合邦の非現実性も、それまでに自明になっていた。このような情勢のなかで、情況にたいして取りえた思想的な立場は、代表的なもので二つあった。第一に、現実の日米安保体制下の日本ではなく、平和憲法が描いた戦後日本への復帰をめざす「反戦復帰論」である。そして第二に、平和憲法自体もまた戦後日本からの沖縄の分離・要塞化によって支えられ、自衛隊の存在によって掘り崩され虚構性を帯びていることから、むしろ国家体制の中での解放に見切りをつけ、これまでの超時代的な抑圧的支配にたいする怨念をバネに、「反国家・非国民」の思想的共同体として沖縄を構成しようとする「反復帰論」の立場が現れた。

「反戦復帰論」は主に労働運動の現場で、「反復帰論」は思想・言論の領域で、六九年頃から大きな影響力をもったが、両者とも、ある意味で、どこにもない場所に夢を描くユートピア運動の性格をもっていた。前者は、平和憲法の非武装国家が現実にはなく、復帰する場所などどこにもないことを承知で、あえてそれを求めた。その無謀な論理を支えていたのは、戦後日本とは切り離された状態にありながら、その政治情勢や実態とは無関係に解放を求め、主権性を実態として獲得してきた戦後沖縄の社会運動の身体的確信だったであろう。他方後者の「反復帰論」も、支配にたいする民衆の抵抗と叛骨の歴史的実績を確信の拠り所として、「反国家の凶区」として沖縄を描いてみせた。つまり両者はともに、祖国復帰運動の思想に回収されえない、戦後沖縄の原初的な解放願望に依拠しつつ、その行き場のない〈不明な剰余〉に、それぞれ〈あるべき日本〉〈あるべき沖縄〉という居場所を、思想上の領土として与えようとしたということができる。前者は平和憲法の日本という幻境に、後者は

「反国家の凶区」としての沖縄という幻郷に。

図に示したように、〈日本人〉になることで解放されようとした祖国復帰論の夢が破れた後、「反戦復帰論」は〈日本人〉を〈平和憲法下のあるべき日本人〉に描きなおすことで自己の存在と思想を再構成し、「反復帰論」は〈沖縄住民〉を反国家・非国民の〈あるべき沖縄人〉へと導くことで、祖国解放幻想の破綻から沖縄の解放運動を救い出そうとしたということである。代表的な反復帰論者の新川明は、沖縄返還が日米両国間で決定づけられていくなかで「沖縄の闘いの意味、これまでの沖縄の一さいの努力というものが無になってしまうのではないか、とそういう非常なおそれ」をもちながら、「思想を運動として組織化」しようとしたのだと述べている。[15] 日本国民としての解放に自己の解放願望を仮託した沖縄住民は、国家に抗する沖縄人として自己を主体化し、〈あるべき沖縄〉を領有することで、国家の暴力に対抗するという構想である。

以上みてきた祖国復帰、独立、反戦復帰、反復帰の思想／運動論には、ひとつの共通する基調がある。それは国家・国民からの疎外にたいして〈あるべき〉本来の沖縄像――祖国の懐にあるべき沖縄県、独立すべき沖縄、平和を生きるべき日本人、非国民たるべき沖縄人

図：反戦復帰論と反復帰論の位置

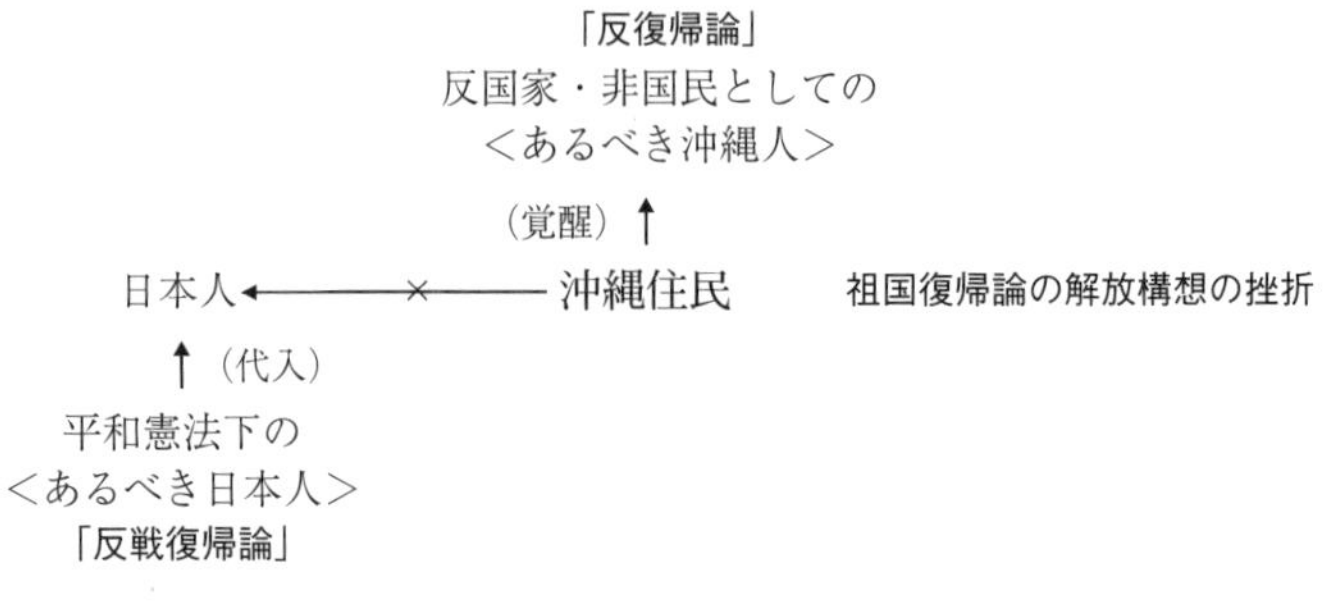

――を措定し、その本来的なあり方を回復、回帰しようとする疎外論的発想である。疎外論は不当な抑圧や支配にたいする広範な違和感に根付いて発し、疎外をもたらす現状への批判もまた強力である。だが弱点も大きい。運動論としては、支配体制側が疎外を糊塗するために部分的利益の再分配を行なうなど、分断と支配を内面化させる統治術に出た場合には崩されやすい。また思想的には、なぜ現実には到来していない理想を〈本来的なあり方〉だとして、その回復を唱導することができるのか、立論の根拠は形而上学的な神秘性を帯び、また被疎外の主体としての自己を「擬神化」する独善性に――とくにいま述べたような分断支配の進行期において――陥りやすい。(16)

戦後沖縄の社会運動は、「島ぐるみの土地闘争」を生みだし、復帰運動により米軍統治下からの脱却をなし遂げてきた。だがこの運動の展開は、軍用地料の分配や日本資本の導入をふくむ日本政府の政策的経済援助を呼び寄せ、その公共投資によって軍事的抑圧への抵抗を骨抜きにし、分断のなかで暴力を継続させ疎外を深化させるという結果を招来した。こうした沖縄統治策の進展が、沖縄戦後史の本流を占めるとするならば、上述の疎外論的思想／運動論は文字どおり戦後沖縄の苦悩を代表する思想となるだろう。だが、沖縄戦後史における思想的難関への挑戦は、これに尽きるものではなかった。

三　存在の解放思想の系譜

疎外論の系統とは異なる、存在の変革・解放論ともいうべき、もうひとつの思想／運動の断続的な表出とつながり合いの系譜を、私たちは沖縄戦後史に見出すことができる。それは一個の固定化された主義主張や党派性に収斂されていく思想／運動の構築ではないが、かといって疎外論の系統に比して、少数派の特殊事例としてあったのではない。日本復帰運動および労働運動の組織化、島ぐるみ闘争、そして復帰＝沖縄再統合との対峙といった歴史の転換点における社会運動をめぐって、ある時は抵抗を地下から準備し、またある時は先頭に立ち、あるいは敗北の意味を思想課題として引き取る者たちの思想／運動として、この解放思想は培われてきた。それは、前述した〈不明な剰余〉領域に秘められている潜勢力が、時々の状況の変化に対応しながら、存在の解放にむけて、その力を表出していくプロセスだったということができる。ただその思想／運動が、まさに時代の支配秩序とぶつかり合う矛盾と変革の最前線の場でそれぞれ実践され表現されてきただけに、人に知られることが比較的に少なく、また知ること自体が困難だったのである。本書の中心的な課題は、この埋もれた系譜を掘り起こすことにある。

本書は一定の独立性をもったモノグラフの積み重ねをとおして、この系譜とその周辺に位置する思想／運動史を時代順に追って見ていく作業の前半部をなすものであるが、いま、この系譜を担う諸個人や運動体の大きな流れを抜き出して通観してみよう。そうすることで、各章のモノグラフをつらぬく流れが明瞭になるだろう。

○世界大戦を克服する国家なき民の生存権思想

まずこの思想の系譜は、学徒兵として沖縄戦をくぐりながらも軍命を帯びて東京に生還し、終戦直後から東京の沖縄人連盟などで沖縄人解放運動に奔走するという特異な経歴をもった、読谷村出身の上地栄《うえちさかえ》という人物によって切り開かれた。沖縄戦後、日本から行政分離され、米軍占領下に置かれた沖縄の国家帰属問題が論議されはじめた一九四六年に、上地は世界大戦として行なわれた沖縄戦を思想的に終結させ克服するために、主権国家間の陣取り合戦から離脱する、国家なき人民の生存権思想を主張した。

「凡そ地球上に生きる者は死に度くないに決つとる、又生きる以上はよりよく生き度いに決つとる」。「小生のいはんと欲する処は余り国籍に拘泥はるなと言ふことだ」。日本やアメリカとの結合、あるいは沖縄独立のばあいもふくめ、国家的な帰属形態や民族主義には一切幻想をもつべきではなく、「吾々は如何なる国籍を有する様にならうが、世界の一角に於ける沖縄人の生存権を全世界の人民に向つて主張し、人類平等の一切の自由を獲得する様連動せねばならん」。戦争により期せずして国際政治の舞台に入り込んだ沖縄人は、国家なき民の立場から沖縄人の生存と幸福を、誇りをもって追求することで「全人類の幸福に向つて滔々と流れてゐる」歴史の潮流に加わり、その連動のなかで「世界人となる」存在の変様と解放を実現させていくのだと。(17)

世界大戦の殺戮と破壊、そして国家からの切り捨てという苦難を経験した沖縄人は、その経験のゆえにこそ、「国籍の問題ではなく、沖縄人全体の幸福の問題」を「沖縄人の立場」において世界の人民に主張すべきであり、その主張は、生存権と「全人類の幸福に基礎を置く」民主主義思想のもと、国家や民族をこえて人類が生存と連帯を獲得しなおす未来を呼び寄せる――上地は、そう「沖縄人の立場」とその世界史的使命を立てた。ここに、世界大戦としての沖縄戦を終結させる、戦後沖縄の思想の出発点を見出すことができる。その主題は、沖縄人という差別・抑圧によって生まれた主体を、「連動」の行為において「世界人」へと変様させる、連帯と変様——沖縄における存在の解放である。

○沖縄独立論の止揚と日沖再結合

東京での活動後、上地は一九四九年に沖縄に帰省し、瀬長亀次郎《せながかめじろう》を指導者とする沖縄人民党に参加した。そして五一年、現実の政治過程において、他党派をまきこみながら、沖縄民族独立論を止揚した日本帰属要求の思想／運動を牽引していった。日本への帰属、再結合は、主権性をもたない沖縄人がアメリカの軍事占領から離脱し、また世界の反帝国主義・植民地解放運動の潮流に合流するための戦略的方法として選ばれ、そこにおいては、日本人は沖縄と同じく占領下の圧政に苦しむ、被抑圧者の同胞の一員と見なされた。(18)

○朝鮮戦争下の沖縄—奄美—日本—朝鮮の連帯

日本帰属要求を全沖縄規模の大衆的な復帰運動へと発展させることに成功した後、人民党は奄美大島の社会民主党と合併した。そして奄美から派遣されてきた林義巳《はやしよしみ》の参加のもと、当時沖縄における基地建設のための最底辺の労働力として苦しめられていた奄美出身労働者との連携によって、米軍政下で初の労働争議を基地建設の現場で起こし、一九五二年六月二五日、朝鮮戦争勃発二周年の日を期して勝利を収めた。そこには沖縄から朝鮮半島に出撃する爆撃機を少しでも遅らせせようとする狙いが込められており、ストの勝利妥結の直後、労働者大衆の国境を越えた連帯を目ざして、非合法の地下共産党組織が結成された。(19)

○党派の利益の否定による統一戦線の構築

この沖縄非合法共産党は、人民党の背後にあって地下活動を行なう別組織となったが、東京から帰省してその責任者となった国場幸太郎《こくばこうたろう》は、一九五四年に米軍の弾圧により瀬長亀次郎が投獄され、林義巳も沖縄から追放された後、人民党および非合法共産党の党派の利益を捨て、米軍圧政下に苦しむ農民・労働者・諸政党が立場の相違をこえて団結する統一戦線運動を主導した。そして五六年の「島ぐるみ闘争」がわき起こる態勢を地下から準備し、またその成果として、出獄したばかりの瀬長が首都那覇の市長選に勝利する基盤を整備した。(20)

○「沖縄」からの自立―連帯―系列化の葛藤

その後、人民党および非合法共産党は瀬長の得た名声のもと、一九五八年以降、日本共産党と一体化して党派的な利益を追求する路線に転じ、国場も党から追放された。(21)だが党派や国家の権威、そして新たに内に現れた権威――「赤い市長」瀬長亀次郎に代表される抵抗の島としての「沖縄」の権威――を絶対化し、そこに拝跪するのではなく、沖縄を世界に開いていく解放運動の思想と世界像を再構築するという課題は、五〇年代末以降、非合法共産党から離脱した清田政信ら「詩・現実」グループの詩と批評の表現活動において継承された。また国境を越えた連帯運動は、同じく非合法共産党から分かれた琉大マル研(琉球大学マルクス主義研究会)運動が、日本本土の新左翼党派に連帯を求め、みずからも人民党同様に系列化されていく矛盾に苦しみながらも、ヴェトナム戦争の本格化のなかで展開した、基地内の反戦米兵と連帯する反戦インターナショナリズムの運動（六五年）などに、引き継がれていった。

○プロレタリア・ネットワークとしての世界の獲得

そしてこれらの取り組みの上に、ヴェトナム戦争の出撃基地となった沖縄が、米軍統治から日本政府の統治下に移っていく転換期を迎えたとき、世界の被抑圧民衆との思想的な結合をとおして、沖縄人の解放を世界像の変革とともに実現するという、存在と世界の変革・解放思想があらためて提起された。沖縄闘争学生委員会、中部地区反戦青年委員会、離島社など、無党派・ネットワーク型の運動体の形成を牽引していった松島朝義《まつしまちょうぎ》によって、一九七一年に提起された「沖縄人プロレタリアート」の思想がそれである。

この思想においては、世界資本主義のもとでの収奪や沖縄戦における切り捨てなど、差別・抑圧に包囲されることで擬似民族的に主体化された沖縄人は、ユートピアへの回帰を目ざして「沖縄」という囲いの中に閉じこもるのでなく、また抑圧や支配の側に自己同一化するのでもなく、自己の抑圧経験は資本主義世界におけるプロレタリアート（労働・制作の主体）にとっての本然的な姿そのものだと捉えなおされた。そして「日本国家の他者」である沖縄人として主体化された自己を、「沖縄人プロレタリアート」という存在規定において、「過程」的に引き受け、日本国家にたいする抵抗・自己解放運動を展開するなかで、沖縄人から世界のプロレタリアートへと自己を解体、「垂直に飛翔」させるものとされた。

こうして世界性を獲得する自己の足場として、沖縄人という存在規定を、自己の変様と解体にむけた過程的な存在様式として獲得しなおすとき、世界は国境や人種・民族などによって分割固定化されるのでない、変様し流動していく本源的な原像をあらわし、自己はこの世界をつくる労働・制作の行為主体、運動する世界の構成要素それ自体となる。そして主権国家によって分断された現実の「世界」なるもののほうこそを、むしろ世界の仮象として逆規定し、国家なきプロレタリアートが抑圧からの解放を求めて連動しあう、流動的なネットワークとして世界の原像を獲得し顕在化させてゆくこと——それが沖縄人を解放する「世界革命」なのだと設定された。[22]

松島は日本の全共闘系思想誌などに次々と論文を発表し、運動現場で磨き上げられた先鋭な感性と、鍛えられた運動論、そして存在論的哲学の論理を組み合わせた立論をとおして、まずは戦後沖縄の解放運動が残してきた思想課題を徹底的に洗い出していった。そして国家の他者とされた沖縄人が解放される道は、「世界人、世界プロレタリアート」へと自己を変様させる、存在論的な「世界革命」からしか開かれないとの結論にいたった。それは四半世紀前の沖縄戦後史の始まりにおける上地栄の思想と、奇しくも、文章上もふくめて両者の間にはなんの接点も結ばれていなかったにもかかわらず、呼応していた。

そして松島は、戦後沖縄という軍事支配に閉ざされた時空間の終焉に立ち会った人間として、権力移行期の政治的緊迫と圧力を受けとめながら、沖縄人という「国家にとっての他者」は、日本国家のなかにくりこまれた後も、「国家に規定される国民を分解する武器」として存在し、国家なき民衆の国境をこえた連帯を、自身の解放の問題として追求しつづける存在であることを論理化して提示した。

以上概観してきた思想／運動の系譜は、先にも述べたように一つの固定化された主義や思想の形成過程ではない。また組織や党派の発展過程でもない。主権国家および国家間の戦争によってもたらされた――それゆえに国家や民族には主体化しえない――抑圧からの原初的解放願望、〈不明な剰余〉が、国家や党派の閉じた主体形成にむかおうとするプロセスからすり抜け、存在の解放と越境的連帯にむかって、その潜勢力をあふれ出させていくなかに、断続的に現れてきた思想／運動の系譜である。それは沖縄戦後史という主権なき時空の歴史の舞台において、抑圧と支配を無効化させる人間社会の思想／運動の可能性を、現出させていった。

はじまりは、国家間戦争にたいして人類の生存権・幸福追求権を対置し、世界大戦を終結させる主体として沖縄人を「世界人」に変様させようとする思想／運動だった。その後、冷戦の開始とともに、東西二極対立の論理にも沿うかたちで、アメリカの覇権に抗する植民地解放運動として、また、帝国主義―資本主義において否定された人間性の回復をめざすプロレタリアの自己解放運動として、国際共産主義運動の潮流に接続した。そして終着点においては、資本主義と国家権力からの自己解放をはたす「世界プロレタリアート」のさなぎのような行為主体《エージェント》として、沖縄人という存在規定を、世界史的に引き取りなおす思想／運動を生み出した。ここにおいて沖縄人とは、民族的主体になりそこねた、あるいは民族的本質を未来に実現させようとする主体なのではなく、「たえまない止揚の力」のうえに国境・民族・階級と「自己自身の止揚」解体にむかおうとする「プロセスの直観として理解」されるにいたった。[23]そこには、二〇世紀の二度の世界大戦と冷戦、そして資本主義によって、大衆の生活レベルもふくめてひとつにつながった人類が、殺戮と抑圧によるつながり合いを克服する未来にむかって、存在規定を変様・解放させてゆく足どりを見出すことができる。

断続線の上をすすむこの足どり・系譜をつらぬいている最大の特徴は、ある思想的な身ぶりである。それは外界との接触のなかで、外から自己に入りこんできた力（抑圧）にたいし――閉じた主体の構築（沖縄人の否定による日本人化や、日本人の否定による沖縄人化など）によって排他的な暴力性を表面上斥けるようでいながら、じつはそのまま反復していくのとは逆に――「力を、力として保存しながら」内に折り曲げて、内に取り入れた外の力のもと自己を世界へと内破させ、自己と世界とその関係性を変様・解放させてゆく、そのような力の振り替えによる抵抗の編成・組み立てである。[24]沖縄人、日本人、奄美人、アメリカ人などの民族的主体を横断する連帯運動、そして党派的利害をこえた統一戦線運動、無党派的ネットワーク型組織などが次々と生み出されていったのは、この思想的身ぶりによって、抑圧の力と範囲の巨大さを、抵抗する側の広さと強力さに転化することができたからである。[25]そしてそのような身ぶりが織り成されてきた所以は、戦争と終わらない占領の圧倒的な暴力を前にして、なお生き抜いていこうとする解放への潜勢力が、主権なき沖縄戦後史の時空を満たしていたからだ。

主権をもたずに主権をこえる道、国家をもたずに世界にいたる道、そしてその道を民族や党派に閉ざされることなく変革にむけて歩むことの可能性――それをこの系譜は示唆している。

第四節 〈沖縄戦後史〉の現在：普天間問題の歴史と未来

一 物象化—日常化する占領

以上、沖縄戦後史という主権なき時空間の独自性を論じ、そこで中核的位置を占めた社会運動史について、またその社会運動史において決定的な重要性をもった思想史の展開とその特徴について、概観してきた。要約すると、戦後沖縄は、日本政府が沖縄にたいする主権を潜在化させて、沖縄を米軍統治下に無期限無条件に委ねるとした対日講和条約の日米合意のもと、①自分たちが日本国民なのか沖縄民族なのか存在規定が不分明な状態に置かれるなかで、主権を行使する権利を奪われ、②軍事優先支配の占領統治体制下に無権利状態で閉じ込められる、という二つの抑圧を負わされてきた。そしてこの抑圧からの解放を求めて、沖縄人ないし日本国民としての存在規定の明確化、日本という「祖国」への復帰による主権の回復、島ぐるみの土地闘争、越境的連帯、さまざまな形をとった軍事要塞化への抵抗など、多様な思想／運動を生み出してきた。そのなかで前節に見てきた存在の解放思想の系譜は、越境的連帯と軍事要塞化への抵抗という行為のなかで、沖縄人という存在を、①の主権剥奪、②の封じ込めの抑圧から越え出ていく越境的な行為主体として変様させ、世界の民衆が国家をこえて連帯する世界像を築きあげてきたと約言することができる。

ではこの沖縄戦後史は、その終焉から四〇年近く経った現在の日本—沖縄関係をどのように規定し、私たちはいまどんな問題に直面しているのか、そしてそのなかで培われてきた存在の解放思想の系譜は、現在にどうつながるのか。歴史から現在を捉えだしてみたい。

主権なき時空間の歴史としての沖縄戦後史は、沖縄の日本復帰によって日本国家の主権が顕在化させられることで姿を消した。復帰後の沖縄現代史は日本史のうちに統合され、歴史認識の秩序、あるいはまた日米間の国際秩序は、これで正常化されたといえる。だが第二節で見たように、沖縄戦後史における自己決定権の剥奪は返還後の日本の沖縄統治体制に継承され、生きつづけている。沖縄戦後史は、日本復帰後の沖縄県史のなかに潜在化して継続している。この、沖縄返還の後もつづいている〈沖縄戦後史〉における、ある種の占領の問題をどうとらえればいいのだろうか。

論点を明確にするためにいえば、中枢にある問題はアメリカの軍事的暴力だけではない。また同様に、日本政府・国民の、無意識をふくめた沖縄にたいする悪意や蔑視だけでもない。日米両国政府それぞれの利害判定、歴史的経緯などの諸条件がクロスするところで成り立ってきた基地沖縄の排他的で強力な維持管理システム、それが問題の中核を占めはじめている。この軍事的価値としての〈オキナワ〉は、戦時占領から講和後の長期占領、そして施政権返還後の占領継承体制が、間断なく折りかさなるなかで幾重にも強化されてきた。その現在の姿を特徴づける問題に、普天間基地返還移設問題がある。

一九九五年の米軍人による集団少女暴行事件をきっかけに、復帰後最大規模で高揚した沖縄住民の抗議運動をうけて、日米両国政府は、普天間基地の返還を九六年に決定した。同基地は市街地の中心に広大な位置を占めていて、住民にとってはもちろん、日米両政府にとっても維持することが本来不合理な、老朽化した基地だったからである。だが基地機能の移転先をめぐる決定過程で、「現状維持」以上の基地機能の強化要求がもぐりこみ、[26] さらには移転候補地とされた名護市の住民が住民投票で示した反対意思が政治的裏工作で排除されるなど事態は紛糾をかさね、国家のトップレベルの決断は履行されずに停滞した。これは何らかのシナリオにもとづいた事態ではおそらくなく、基地の撤去移転をめぐる意思決定過程で、公開された民主的な政治プロセスが機能しなかったことに停滞の原因はある。では、なぜ民主主義は機能しなかったのか。

その原因と経過を実証的に究明するには政府外交文書の公開まで待たねばならないが、歴史的な視座から次のように仮説を立ててみることもできるだろう。もとより沖縄の基地をめぐっては、住民の意向を排除する占領のシステムが、社会的、政治的、法制度的に整備の段階を終えて定着しており、そのため一時的な民主主義の〈善意〉の機会がおとずれたとしても、それを寄せつけないだけの蓄積があるからなのだと。この仮説の当否はともあれ、十数年をついやし、さらされてきた普天間返還計画の破綻という事態は、復帰後にも及ぶ〈沖縄戦後史〉の本質的な問題性のありかを照らし出す意味をもっている。国家的理性や統治の合理性をある面では越えて、そこから逸脱して自律的に成長をとげてゆく占領――それを私たちは目にしてきたのではないか。

これはロボットの反乱のごとき近未来小説的な現象なのではない。一五〇年あまり前に書かれた、ある洞察を参照したい。「社会的活動のこうした自己膠着、われわれ自身の生産物がわれわれを制御する一つの物象的な強制力と化すこうした凝固――それは制御をはみだし、われわれの期待を裏切り、われわれの目算を無に帰させしめる――、これが、従来の歴史的展開においては主要契機の一つをなしている」。この物象化された社会的な力は自然発生的に結合されたものであるため、権力者にとってさえ「彼ら自身の連合した力としてではなく、疎遠な、彼らの外部に自存する強制力として現れる。彼らはこの強制力の来しかた行く末を知らず、したがってもはやそれを支配することができず、反対に、今やこの強制力の方がそれ独自の、人間たちの意志や動向から独立な、それどころかこの意思や動向を第一次的に主宰する、一連の展相と発展段階を閲歴するのである」[27]。

近代世界に貫通する、この物象化現象を追認することは、たしかに一面で利益を生む。沖縄基地が軍事機能それ自体と、国家の中枢から遠く隔てられた地理的位置、そして日米両国による法制度的な取り決めによって、厳重に守られているばかりでなく、その地に定められた軍事的価値の自己運動の歴史によって、政治的配慮にもとづく容喙をはねつける威力を備えているとするならば、まさに基地〈オキナワ〉は無敵である。ここで一旦確立された軍事機能を停止させ撤去することは、容易にはできない。だがこの無敵要塞で働く占領の力は、政治と社会を破局に追いやる性質をもっている。

占領は、古来、戦争などの危機の管理のために政治の手段として採取されてきたが、それが合法的に整備され持続されてゆくとき、占領は、それにかかわった政治と人間を逆規定するようになる。暴力は正当化され、法は基準をうしなう。そして被占領者とのあいだの政治を否定し、人格を否定し破壊することで、占領する側の政治も社会も、尊厳をうしなうことになる。これは普遍的な現象であるだろう。もしそうだとしたら、占領が第二次大戦の戦時体制を越え、冷戦という準戦時体制をも越え、ついに「平時」にも法的社会的に浸みひろがってきた沖縄で、この占領体制の自立性を支える軍事的価値が、任意に統制できない不合理さをもって、逆に政治を支配していくのも不可思議とはいえない。

占領という事態がもたらす危機は、占領が占領と呼ばれなくなり、政治と社会の破局が日常に浸透させられてゆく段階においてこそ頂点を迎える。このパンドラの箱は、どうしたら閉めることができるのか。いま私たちが、普天間基地の返還移設をめぐって目の前にしている問題の姿は、これである。

二　現代沖縄の歴史意識に宿る希望

二〇〇九年の政権交代後、民主党政権によって模索された普天間基地移設をめぐる日米合意の見直しは、かつての与党自民党をはじめとする幅ひろい層において「国家の危機」などと叫ばれた。そこには、近世からつづく植民地主義の歴史複合的重圧を継承した、沖縄における／たいする超-歴史的な占領と、近代合理主義に発する官僚化、あるいは後期資本主義の日本社会における「システムによる生活世界の植民地化」[28]の二つの潮流が、「文明と野蛮」のふたつの異世界に隔てられることができずに、ひとつの国民国家の内部で、国家基盤にかかわる危機として合流してしまっていることにたいする苛立ちが現れていた。この危機と苛立ちは、日本復帰後の沖縄、そして日本社会に内在化された主権剥奪の時空としての〈沖縄戦後史〉が、その姿を顕在化させたところに生まれている。

そのため、この「国家の危機」にたいして、植民地主義の歴史的蓄積の上に立って問答無用に「県内移設」を要求する意見は、問題の先送りにしかならない。沖縄はもはや、蛮行が許される「野蛮未開の地」として国外に隔離しつづけることができないからである。公共事業の札束も、数十年のバラ撒きによってすでに社会基盤が整えられその無効性もあらわになったため、かつてのような威力を失ってきている。だが他方で、事態を私権にたいする公益の侵害・侵犯の問題一般としてとらえて、討議におけるコミュニケーション的理性の発動によってシステムの暴走を制御しようとする、後期資本主義社会にたいする処方箋だけでも、やはり解決策には届かないだろう。[29] 相手は、理性や討論の通じない野蛮な植民地主義者でもあるからだ。

解決策は新たにつくられなければならない。だが、なにも手がかりがないのではない。

人と人との社会関係が、物と物との関係に変わり、しかも物化された関係が人の関係から独立して人間を支配し、「人が物になり」、官僚主義的システムが統治不能に暴走する物象化と疎外――この抑圧と矛盾を克服する新たな社会文化を築いてゆくには、どうしたらよいのか。また、どこに可能性を見出すことができるのか。自律的な文化の生成という問題にかかわって、クロード・レヴィ＝ストロースは、人間の社会の存在様式を二つに分けた。[30] ひとつは、人と人の関係、「個人のあいだの具体的関係の拡がりと豊かさ」に基礎を置き、そのような社会関係のイメージのもとで結ばれる「真正性」のある社会である。もうひとつは、人間どうしの関係が近代のコミュニケーション科学の発達によって飛躍的に拡大した結果、本、写真、マスメディアなど間接的なコミュニケーション手段によって結ばれ、「書類、行政機構」に媒介された、非真正な社会である。

非真正な、つまり具体的な顔の見える人間関係を基盤としない社会関係は、近代世界に多くの福利をもたらしたが、自律性の喪失など、人間の社会生活から「ある本質的なものをとりあげてしまった」という。なぜなら真正な社会とは、その心理的な密度、濃密さによって「人と人とのあいだの関係と社会関係の体系とが統合されて、一つの全体を形づくって」ゆき、個人としてあり、また社会的存在でもある人間を新たに生み出していく――その意味で本ものの、人間社会であるのにたいして、非真正な社会では、「個人のあいだの具体的関係の拡がりと豊かさ」にもとづく多元的なコミュニケーションがなく、機能的に一元化・断片化された社会関係しかないため、前記の統合作用による、有機的な生きた社会性が形成されない。そのため、社会は官僚主義的断片化によって自律性を失い、制御不可能なものとなり「やがては社会全体を麻痺させようとしている」とされる。

この非真正な社会の存在様式は近代に発展した。だが近代以後の社会がすべて非真正性に覆われたわけではない。家族・親族関係を基礎として、機能的な役割意識やレッテルから離れた、顔の見える関係は、近隣や職場など「社会生活のあらゆる形態」のなかにも見いだすことができるとされる。この人間社会としての真正性が成り立つか否かの分岐点は、「人と人とのあいだの関係と社会関係の体系とが統合されて、一つの全体」を描くような、想像力の結ばれ方の成否にあると考えられる。そしてこのレヴィ＝ストロースの議論に、ベネディクト・アンダーソンの「想像の共同体」論を結びつけ発展させた小田亮は、真正／非真正の区別は、「あたかも神の眼から一望したように境界の明確な全体としての社会を、メディアの媒介によって想像する仕方と、全体を見とおす視座などもたずに、人と人との具体的なつながりを延ばしていって」「主従関係や親族関係などの連鎖をたどって広がるネットワークとして」「境界のぼんやりとした社会」を、全体的に大づかみに想像する、想像の仕方の違いとして、拡張して理解することができると提案する。それゆえ「国民国家のなかの民族集団」や「国民国家以前の民族のまとまり」など、「人と人の〈あいだ〉の関係を延長するという想像のスタイルによる、規模がある程度大きな真正な社会様式」もありうるとして、その分かれ目を、「国民国家や民族集団といった固定された全体に媒介された間接的」な社会関係と、そこにおけるナショナルなアイデンティティ形成の有無に立てている。(31) ナショナルな歴史経験・アイデンティティの欠如――これこそが、私たちがこれまで見てきた沖縄戦後史の第一の特質であった。

沖縄戦後史に育まれた社会文化とはなにか。そしてそこからなにを、私たちは汲み取ることができるか。

戦後沖縄は、戦争によって破壊された郷土、生活世界の再建を、国家から排除され、むしろ国家共同体の利益に踏みつけにされるように、占領支配のもとで遂げてきた。一方で主権性とナショナル・アイデンティティの獲得・構築をめざして日本復帰運動を推進しながらも、他方では、黒人などマイノリティを多く含む米兵、フィリピン人、また近隣の台湾人、奄美人、日本人など多様な「他者」集団との日常的な交流のもとで、その生活世界の再建を進めてきた。そうしたなかで「沖縄人」は、いつか日本人としてのナショナル・アイデンティティが獲得されたならばそこで消去される存在、国家なき民、〈不明な剰余〉として滞留しつづけたが、日米同盟下にあって日本の主権的主体に組み込むことを拒みつづける日本政府の国家意志を超えて世界に連帯を求め、また復帰後も、日本本土社会の「沖縄差別」に抵抗しつづけるなかで、現代沖縄社会には、国家なき或る共同性と、諸国家の枠組みをこえて世界につながろうとする開かれた社会関係のイメージが育まれ定着してきたと考えられる。

現代沖縄に湛えられた、ある親密性――それは、役所など公的な場所もふくめた日常の「社会生活のあらゆる形態」に息づいているばかりでない。むしろ、他の近代社会では普通それが希薄化しがちな国家的イシューである基地問題をめぐる場面においても、ある特有な開かれ方と濃密さをもって現れるようになってきている。二〇〇九年一一月、沖縄で開催された「辺野古への新基地建設と県内移設に反対する県民大会」は、二万一千人が集まる大規模な集会であったにもかかわらず、主権や民族、あるいは党派性など、なんらかの集合的権力や権威に寄りかかることなく、沖縄の生活者としての立場のみに立脚する、きわめて日常的な姿で行なわれた観があった。[32] そのありようは、統治不可能性を帯びた国家の無機質なシステムの暴走にたいして、それを包みこみ超え出ていこうとするような、社会関係の成熟を示唆している。

その親密性はまた、外国や遠方からの来訪者を迎え入れる場面においても、同じような濃密さをもって示される。たとえば、近年の北京からの来訪者である思想史家の孫歌も、そのことに幾度か触れている。孫歌は、沖縄という空間に「ある種の郷愁に近い情緒」を感じながら、そこには厳しい状況のなかで鍛えられた粘り強い政治感覚と、「国民国家に回収できないような豊かなアイデンティティ」が育まれているとして、基地の存在によってもたらされる経済利益と被害という「ジレンマに耐えて、沖縄人は却って国家単位の発想から自由になっている」ことを見て取っている。そして、人間の行動様式や思考、感覚の襞にまで浸透した「国家」から自由になる思想的原理の育成という、近代以後の人類にとっての課題に照らしたとき、その「沖縄の辛い自由」は「原理化」されるべき「新しい価値」なのではないかと問うている。[33]

現代沖縄の歴史意識——そこには、「人と人とのあいだの関係と社会関係の体系とが統合されて、一つの全体を形づく」る真正な社会のあり方を、国家をこえ世界に「垂直に飛翔」させていく、人間社会の文化生成の可能性が、宿されているのではないか。それは、顔の見える共同体的な社会関係に立脚しながら世界に開かれてあり、国家や党派性に閉ざされることなく、無媒介に直接、世界の変革に参与していく、人間と世界のつながり方の可能性である。そして、そこに生まれ出る〈世界〉とは——国家・民族の主権によって殺され、それゆえに民族や国家には主体化しえない、無名の無数の、戦争の死者たち――〈不明な剰余〉が、もはや何者かが語る正義の保証人として引き回されることなく、不明性と他者性のそのままに、弔われることを可能にする場所でもある（注14参照）。

この可能性の訪れは、歴史的にいうならば、戦後「沖縄において革命とは、結局、世界革命の問題」（松島朝義）でありつづけ、国家なき民としての沖縄人が、戦争と搾取でつながる世界に抗して、その「生存権を全世界の人民に向つて主張し、人類平等の一切の自由を獲得する様連動」（上地栄）する世界像を求めつづけたことの帰結である。

戦後沖縄は、四〇〇年前の薩摩侵攻にはじまる植民地的支配の分厚い歴史を負いながら、二七年間の米軍統治を、苦闘のなかにもたしかに終わらせた。そしてひきつづき主権国家の体制内に繰り入れられ日常化された占領の暴力にたいし、日常のくらしのなかで毅然と拒否を示すことができるまでに抵抗の編成・組み立てが日常化し、年輪を重ね成熟しているとするならば、そこに、近代の官僚主義と近世からの植民地主義の結合体をやぶる、新たな社会文化の生成を、感じ取ることができるのではないか。それは――近代と「戦争と革命の世紀」二〇世紀を超え出ていこうとする人類の――希望である。

むすび

先にも触れたが、本書は沖縄戦後史において存在の解放を求めた思想／運動の歩みの前半部分、すなわち、国家に切り捨てられ焼き尽くされた戦後沖縄社会が、世界最強の覇権国家による無期限の占領統治にたいして抵抗運動を地下に結んでゆき、全住民規模の「島ぐるみ闘争」を政治の表面に押し上げるにいたるまでの過程を見ていく。基礎史料と方法、各章の課題と範囲については、第Ⅰ部と第Ⅱ部の「序説」に記すこととする。

ここに歴史研究のモノグラフを編んでゆく目的は、過去を終わったこととして葬るためではない。現代世界に生きる私たちは、国民主権の名のもとで、自己決定権を名義として与えられながら、一方では国民国家における民主主義の形骸化と疎外、制御しきれなくなったシステムの暴走にさらされ、他方では国家を超えたグローバルな資本の展開と、非真正な情報社会の膨張のなかに生を営んでいる。国民としての主権性とは、このような世界において、もはや「自己責任」を追及される借財にすぎなくなりつつあるのかもしれない。いま、国家や民族、党派などの集合的権力を媒介せずに、人間がそれぞれの居場所から世界につながるグローバルな世界像を、新たに想像し構成していく必要がある。このような時代の歴史研究として、本書は、主権なき時空から、越境し連動する世界像を描き存在の解放を求めつづけてきた沖縄戦後史を、国家史に包摂させる一地方史の「通り過ぎた過去の段階としてではなく、また単なる追体験の対象としてでもなく、今あらためて経験すべき物事に満ちた場」として再構成していくことを課題とする。(34)

そうすることが、植民地主義と官僚主義が結合したシステムの占領を克服する人間の新たな文化生成の土壌をゆたかにすると考えるものである。もちろん、紙によるコミュニケーションそれ自体を、真正な人間社会の文化の生成に置き換えることはできない。だが、人間の歴史において鍛えられ生み出された知性は、紙によって語り伝えられ読む者の生に受け渡され、生きられることができる。本書がめざすのは、この意味での知的遺産のたえざる生成をひきつぎ受け渡していく学術の営為――歴史学の再生である。

第Ⅰ部

分離独立なき人民再結合としての日本復帰運動

――奄美・沖縄・日本をつなぐ左派復帰論の形成

第Ⅰ部序説

一　左派の日本帰属論としての再結合論

第Ⅰ部は、沖縄戦による切り捨ての結果、日本から分離された沖縄社会で、戦後数年間、さまざまに意見、対応があった帰属問題が、一九五〇年代に入り対日講和会議が近づくにつれ、日本復帰運動の台頭とともに日本帰属の方向に収斂されてゆく、その運動と理論の形成過程を追い、またそのなかで存在の解放思想がどのようにつむぎ出されたか、検討するものである。まずこの時期の大きな流れと主要な問題点を、おさえておこう。

帰属問題への対応としては、一方には、沖縄戦による「沖縄失陥」をとりもどそうとする脈絡から「郷土奪還」を期してはじまった、在日沖縄出身者の有力者層による「祖国復帰」論が、日本の敗戦前からあらわれていた。四五年五月の「総決死沖縄県人会」、同七月の「報国沖縄協会」からの流れのうえに、四六年の「沖縄諸島日本復帰期成会」など、戦前の沖縄県の回復を志向する保守主義的な復帰運動がはじまるのである。[1]だが、戦後沖縄とは日本帝国が沖縄県を「本土防衛」のために切り捨てたところに始まるのであり、この切り捨てと、その結果としての米軍による占領という事態が生み出した巨大な変化を前にして、戦前への回帰をとなえる主張は、全住民が国家をなくし難民、捕虜と化した沖縄においても、敗戦した帝国内においても、大きな力をもたなかった。

これにたいして、戦後当初から優勢だったのは、沖縄戦の切り捨てによる対日分離を、「沖縄人」が日本の軍国主義や差別から解放される契機として受けとめ、戦前以上の自治を獲得してゆこうとする独立論的な意見だった。独立の現実的な成否はともあれ、そこには、戦中戦後にくぐってきた現実を正面から受けとめ、さらにはそれを超えてゆこうとする思想的な力が満ちていた。では講和会議を前にして、そこにどんな変化があらわれたのか。

単純化すれば、独立論が後退して代わりに日本復帰論が台頭したということになり、これまでの研究史においても、基本的には、そのように説明されてきた。だが、こうした整理では、この政治的立場の転換をめぐる経験の中身を理解するには表面的にすぎる。まずは独立論の主張のなかにも重要な差異があったことに注意をむけたい。

すなわちいわゆる独立論のなかには、沖縄の国家的独立を自治と解放のための不可欠の条件や究極の目標として、この目標を前提的に固定化するものと、沖縄住民の自治権ないし自主権を確立することを第一義的な目標とし、この目的を実現するための手段として、独立や他国との結合などの帰属問題を相対化してとらえる性格のものがあった。違いを際立たせていえば、国家的独立論と、国権確立による解放を相対化して人民の自治権を追求する独立論という相違である。この両側面はじっさいには混合するものだが、後者は左派的な観念であり、独立論の主流を占めた左派においては、国際情勢に左右される帰属問題のゆくえと切り離して沖縄の自治と解放という根源的な目標を自立させるために、沖縄独立の主張を立てるという性格が強かった。そうすることで自己の固有の生存条件についての発言権を、遂行的に確保しようとするのである（第一章第一節・第二章第一節参照）。

そのため左派の独立論の内部では、もともと、いったん分離独立を経たあとに対等な立場で日本との再結合に進もうとする構想も、当初から主張されていた。これも戦後日本との民主的な再結合に沖縄自治の将来展望を見いだす、沖縄自治解放論の左派的な一形態だった。この主張は、当時の左派においては常識視される理論に裏打ちされていた。すなわち、被抑圧少数民族が分離の自由を認められ、帝国主義の過去を払拭したうえで、自主的に旧支配者をふくむ諸民族とともに新たな連邦制のもとに入り、民主的な再結合をはたすという、分離—再結合の理論は、ロシア革命期にレーニンおよびスターリンによって定式化された、民族問題を解決する世界革命の解放理論だったのである。そしてこの再結合の展望を視野に入れた左派の沖縄独立論が、冷戦、朝鮮戦争など国際情勢の変化やそれにともなう人の動きに規定され修正を加えられた結果、分離独立を経ない日沖再結合論に変じ、これがつまり左派の社会変革運動としての日本帰属論となっていったのである。こうして保守派の祖国復帰論とともに、左派の沖縄自治解放論の系譜上にある再結合論が並び立つことで、日本復帰の趨勢が主流として形づくられることになった。

この二つの復帰運動論もまた思想的に混合することが多く、どちらかひとつのみに割り切れないのが一般的な傾向だった。とはいえ、いくらかなりとも理論的に日本復帰を主張するばあいには、再結合論のニュアンスが前面にあらわれ、また社会変革運動としての復帰運動を推し進めたものも、こうした理念的設定だった。だがその与件的条件として、「母のふところへ帰る」といった民族主義的な祖国復帰論の文化的ヘゲモニーはたえず存在し、この二面性をめぐる葛藤は日本復帰の実現にいたるまでくり返しあらわれた。それゆえにこそ、この両側面がどのように切り結んであらわれたか、とくに再結合論が社会変革運動としての復帰運動論の推進力として台頭し、祖国復帰論と並立してくる経過を明らかにしておく必要がある。

なお、日本復帰運動における再結合論の論理とその系譜的発展は、これまでの研究で明示的に取り出され検討されることのなかったものである。その主たる理由は、まずこの再結合論を唱導した日本共産党書記長の徳田球一らが五〇年代なかばまでに政治的に失脚し、党も祖国復帰論に転換するなかで、沖縄住民を異民族視する再結合構想のあったこと自体が当事者たちによって隠蔽されていったという事情がある。そして研究者の側も、この隠蔽のうえに立って、日本帰属と二者択一的に対立する論理として、独立論を表層で固定化してとらえてきたことによる。

二 沖縄戦後史における奄美の位置と独自性

以上のように、第Ⅰ部では、従来の研究では素朴な民族感情や厭戦意識にみちびかれて自然発生的にはじまったとされてきた日本復帰運動の背景に、理論と思想、政治的解放構想があったことを明らかにし、そしてそれらが実際の大衆運動を牽引していくなかでどのような変様をくぐったかを検討してゆく。第一章では、沖縄とは異なり、戦後すぐから奄美における社会解放運動として日本復帰運動の可能性を探求し、実際に一九五〇年三月以降、奄美の復帰運動を牽引していった奄美共産党について検討する。あわせて、これと深く関わった日本共産党の沖縄・奄美対策方針の変遷を検討する。そして第二章で、戦後沖縄の社会運動をリードした沖縄人民党の、自治独立論から日本結合論にいたる転換について検討する。沖縄での日本復帰運動は奄美から一年ほど遅れて五一年三月ごろから組織化された。

すなわち本書は、一九五三年まで米軍政下「琉球」のもとに包摂されていた奄美（終戦まで鹿児島県大島郡）から検討を始める。社会運動を核とする沖縄戦後史にとって、奄美は大きく二つの点で重要な意味をもったからである。ひとつは、奄美における日本復帰運動の発展が、沖縄側のそれに大きな影響をおよぼし、また質的にも連関しあっていること。ふたつには、奄美から沖縄に渡った労働者・活動家によって戦後沖縄の組織的労働運動が切りひらかれ、そこから非合法の抵抗運動の組織化がもたらされたからである。二つめの論点については第Ⅱ部の第三章が主題的に論じる。ここではまず前者にかかわって、本書が、奄美との連関のなかから戦後沖縄の社会運動／思想史研究をおこなっていく構造的背景を説明していきたい。

奄美の復帰運動が沖縄に影響をおよぼした背景には、二つの条件があった。第一に、地上戦で焦土と化した沖縄と異なり、奄美では空襲による戦禍を除き、農村部を中心とする社会の基盤は全般に維持されていた。そこに戦後変革の波が押し寄せたのであり、終戦直後から一九五三年の日本復帰にいたるまでのあいだ、奄美ではさまざまな社会運動、文化運動がわき起こった。いわゆる「奄美ルネッサンス」である。「日常生活のほとんどすべての側面にわたる、およそ千の組合や団体がある」と、米軍の情報機関も目を見はるほどの活況を呈した。(2) 地上戦で壊滅にいたった社会を、戦火をまじえた敵軍による軍政支配下で建て直すという、戦後沖縄の原風景を奄美は共有していない。戦後沖縄と奄美の出発点は別であり、社会運動が奄美で先行したのは当然だった。

その奄美の社会運動を牽引したのは、戦後、大量に押し寄せてきた引揚者などの青年層だった。敗戦までの奄美は、貧窮をのがれ働き口を求めて、日本本土や帝国の植民地・支配地域に大量の出郷者を送り出していた。こうして糊塗されていた奄美経済の構造的矛盾が、引揚によって奄美の内部に集約されて現れるようになったのであり、この矛盾を身に負って知っていた青年たちは、戦後の変革の趨勢を、旧体制下での抑圧からの解放の契機とも、新たな矛盾のあらわれにたいする抵抗の機会ともとらえ、大地主にたいする小作人の農地解放要求、組合・青年団の結成など、多方面にわたる社会運動を推し進めていった。

第二の条件は、奄美が日本と沖縄のあいだに挟まれた地域としてあるがゆえの、地理的経済的な位置に関係する。敗戦まで日本本土経済と一体化していた奄美にとって、日本との分離は生計手段を断たれたに等しく、戦後奄美は沖縄の復興に依存し寄生する、その周縁部として、米軍統治下の琉球に統合されることになった。それゆえに米軍政下琉球から脱しようとする奄美の復帰願望は、当初から圧倒的多数意見であり、辺境として強いられた経済的窮迫がきわまった、一九四九年の食糧三倍値上げ政策以降、生きるための、貧しさからの解放を求める社会運動として、全奄美を覆うようになった。

奄美の日本への復帰、鹿児島県大島郡の復活をもとめる主張の裏側には、アメリカの軍政にたいする拒否感だけでなく、奄美を琉球王国の旧版図の辺境のごとくに遇し、また出稼ぎに押し寄せる在沖奄美人を差別する沖縄社会への反発がないまぜになった、「アンチ琉球意識」(3)の形成があったともいわれる。ともあれ軋轢をかかえながらも、全住民の、生存をかけた社会運動として、復帰運動が奄美で大々的に組織化され現われたことは、まだ基地建設のなかで戦禍からの再建を始めたばかりの沖縄社会に、将来の方向性のひとつを具体的に指し示すものともなった。

冒頭にも述べたように、沖縄の日本復帰運動は、日本在住の沖縄出身者を中心とした保守系の知識人・エリート層の沖縄返還要求運動として始まった。しかし復帰の要求がアメリカの極東政策に根底的な変革を求めるものにならざるをえないため、保守系の復帰運動が陳情請願以上の強力な運動として展開されるということは起こりえなかった。これにたいして戦後変革の気運と社会運動の趨勢を領導していた日本の左派・革新勢力の方面では、戦後沖縄の救済と復興の課題を保守派と共有しつつも、対日講和会議を目前にするまで、沖縄の対日分離の方針を支持するか、あるいは放置していた。一面で日沖の分離は、日本帝国主義下の差別と抑圧からの沖縄の解放をイメージさせたという側面もあったが、現実的には、直接の軍事占領下に置かれた沖縄を間接統治下の戦後日本と一体化させることは、戦後日本の民主化改革や占領下「平和革命」を目ざすうえで、重荷だったからである。

日本の戦後は、日米決戦の「捨て石」の舞台として沖縄を切り捨てた沖縄戦の後にむかえられたのである。敗戦受諾過程で切り捨て、戦利品のように米軍部の手のなかに収められた沖縄をとりもどすことは、間接統治下に日米合作の側面をはらんですすむ戦後日本の民主化の枠組みを、根底部分で揺るがしてしまう意味をもっていた。アメリカ占領下の与えられた民主化に出発点をおく以上、戦後日本の革新勢力にとって、沖縄は火中の栗だった。そこに日本復帰の要求を突き付け、これを戦後日本の体制変革のあり方の問題にからめていったのが、奄美共産党だった。

奄美は日本と沖縄にはさまれた中間地帯として、四六年一月のいわゆるGHQ「二・二宣言」によって、後から米軍政下琉球に統合された。統合の根拠は、奄美が南西諸島・北部琉球として沖縄と地理的に連なっているという地政学的な判断にすぎず、軍事的な価値や地上戦の経緯など、米軍政下に入る内在的な根拠はとぼしかった。それゆえに沖縄にまきこまれるかたちで自己が組み入れられた日琉分離の体制総体に抵抗することが、奄美にとって、米軍政下琉球の辺境としての位置から自己解放を進めるうえで必要になった。

巨大な、絶望的なまでの矛盾――すなわち日本の捨て石とされた沖縄が、その切り捨ての結果を負わされ、戦後世界におけるアメリカの軍事拠点としてふたたび要塞化されてゆく一方、「本土決戦」の回避と天皇制の体制護持に成功した日本は、アメリカと協調しながら民主化と復興をとげてゆく――が、日本と沖縄のあいだにあった。これに最初に立ちむかうことができたのは、基地化されゆく沖縄の付属地として、日沖の双方から辺境として使い捨てられようとしていた奄美だったのである。奄美の復帰運動を牽引した奄美共産党は、琉球を日本から分離することで編成されるアメリカの極東軍事支配体制への抵抗の文脈で、沖縄・奄美の日本復帰要求を提起した。

三　本書の基礎史料

以上のような条件や位置性に規定されるなかで、奄美の社会運動は沖縄のそれに深い連関性をもった。それゆえに第Ⅰ部では、日本帰属方針の採取について先駆的な役割を担った奄美共産党と、日本共産党、そして沖縄人民党という、奄美・沖縄・日本の三地の左派政党が、相互に影響をおよぼしあいながら、分離独立なき奄美―沖縄―日本の再結合として日本復帰運動を開始してゆく経過を見てゆく（以下、否定的略称の意味ではなく「奄共」「日共」とも略記）。

さて、本書がこれらの課題に実証的な歴史研究としてとりくむことを可能にしている、第Ⅰ・Ⅱ部をつうじての基礎史料として、加藤哲郎、国場幸太郎、鳥山淳の各氏とわたしが共同研究を行なってきた「沖縄・奄美非合法共産党文書」がある。党内文書を中心とした、この大量の文書群のうち、第

Ⅰ部でとくに関わるのは、金澤幸雄氏所蔵沖縄・奄美非合法共産党資料（金澤資料）、松田清氏所蔵奄美共産党関係資料（松田資料）で、文書目録と、そのうちの党史関係文書の全文は、加藤哲郎「新たに発見された「沖縄・奄美非合法共産党文書」について」『大原社会問題研究所雑誌』二〇〇一年四―五月号（インターネットで閲覧可能）で紹介されている。そして本書で用いている「沖縄・奄美非合法共産党文書」の大部分（第Ⅱ部で多用する林義巳インタビュー記録・手記、国場幸太郎インタビュー記録もふくめて）は、加藤哲郎・森宣雄・鳥山淳・国場幸太郎共編『戦後初期沖縄解放運動資料集』全三巻（不二出版、二〇〇四―〇五年。注記の際には『資料集』と略記する）で公開している。

現在確認できている奄美の党史総括関係文書には、まず党内文書として次の三点がある（順に「五四年党史」「五六年党史」「五八年党史」と略記。前掲加藤論文に全文掲載。また『資料集』二巻に「五八年党史」を除き復刻掲載）。

・「結成から現在まで　琉球における党の歩いて来た道」一九五四年一月一二日：奄美の日本復帰直後に、奄共の後身である日本共産党奄美地区委員会がまとめ、党中央に送られた文書。

・日本共産党奄美地区委員会「資料　戦后十年間における奄美の党の歩んだ道」一九五六年：五六年四月に作成された日共奄美地区委員会「第一回地区党協議会一般報告（草案）」の付属資料。第一回地区党協議会は、前年の日共六全協の方針転換にしたがって奄美でも非合法の地区指導部（ビューロー）を解散し、あわせて復帰後につづいた党の内紛と運動の混迷を克服する目的で開かれたもので、そこで復帰前後までの奄美の党史を正式に総括するためにこの文書が作成された。

・「沖縄・奄美大島における党建設とその活動」一九五八年七月一二日：日共第七回党大会にむけて、

日共奄美地区委員会が作成し、中央の琉球対策部署である日本共産党中央委員会・西南地方特別対策委員会に報告された党史総括文書。

そして公刊された最終改訂版の公式党史として、日本共産党奄美地区委員会著・刊『奄美の烽火　一九四七―一九五三　奄美共産党史』一九八四年がある（『奄美共産党史』と略記）。

奄共の歴史については、これら公式党史以外に、奄美復帰三〇周年前後から関係者の回顧証言がまとまって出されている。[4] そこでは党史文書の概括的な記述を補足する、こまかな個別的事実にもわたる貴重な情報がえられるのだが、党史の基本線を描くにあたっては、公式党史をふくめて、後代からの史実の粉飾、書き換えが、数多く行なわれている。だがこの限界は歴年の総括文書類を照合し、修正の跡をたどりつつ、党内外の他の関連資料と突き合わせるなどの史料批判を行なうことで、おおむね克服することができる。その史料批判の作業はこみ入ったものなので、必要不可欠と思われる場合にのみ、注記ないし本文で明示することにする。

また、史料批判と分析にあたっては、これらの運動内部からの史料・証言と照合しながら、近年、沖縄県公文書館が収集・公開を進めてきた、米軍の沖縄・奄美関係文書も、適宜参照してゆく。

こうしたことから、第一章は、党内外の多角的な史料の検討をとおして、はじめて奄美共産党の歴史を全面的に論じるものとなる。もちろん奄共の活動は、時期によって濃淡はあるが、基本的に日共および沖縄人民党の動向と連動して展開されていた。そのため人民党を主題とする第二章とあわせて、この三党にたいする検討を総合することで、対日講和段階までの左派の沖縄・奄美復帰運動／思想史の全体像が、第Ⅰ部で明瞭に浮かび上がることになるだろう。

四 〈消滅の歴史学〉という方法：実証とその彼方へ

さて以上のように、本書は、第二次大戦後の沖縄・奄美における独立論とはどのようなものであり、なぜ、いかにして日本復帰運動へと転換をとげたのか（第Ⅰ部）、そして米政府にたいし、一九五三年に奄美返還を余儀なくさせ、五八年に沖縄返還にむけた準備を開始させる動因となった、沖縄・奄美における社会運動とその思想は、いかなるものであったか（第Ⅱ部）について、既往の研究では利用・参照されなかった多量の新史料にもとづき、全面的な再検討を進めてゆく。だが史料に恵まれたからこそ、というべきなのだろうが、本書の歴史分析と叙述の方法は、いわゆる「実証主義」（観察され検証された事実にもとづいて形成された知識や理論のみが「科学」の名に値するとみて採用する立場）ではない。むろん史料にもとづいた検証はあたうかぎり行なってゆく。だが大衆的な社会運動は、とくに占領などの強圧的な支配に抗する抵抗運動のばあいはそうであるが、観察され分析される領域の外から湧き起こってくるものである。その運動と思想のダイナミズムは、記録を記す立場にあった官憲側や運動の指導者とのあいだに、対立や緊張関係をはらみながら、地の下にひろがり、立ちあらわれてくる。それを検討するためには、実証できる範囲の世界をこえてゆく方法が不可避的に必要になる。本書が、地上の革命ではなく、地のなかの革命、との表題をかかげる理由の一端もここにある。

では、どのような方法をもって分析と叙述にのぞむのか。具体的には、各章の「結語」、および第一章第二節三、第三節二、そして第四章「はじめに」を参照されたい。一言でいえば、それは〈消滅の歴史学〉である。

通常の歴史学が、誰それの歴史、どの国の歴史など、人称的あるいは領域的な歴史主体による歴史事象の所有と占有を原理とする〈主体の成就の歴史学〉だとすれば、その背後には、主体としての成就をとげることなく、名のある主体に回収され、あるいは定まった居場所なく浮遊する、歴史の非–主体領域があることが想起される（いわゆる「歴史なき民」など）。歴史家は、主体において成就された歴史を観察し検証してゆくが、記録に記されることもなく、主体の成就をささえて背後に消滅していった無名の、非領域的な歴史事象が、なおも亡霊のように主体の歴史に連れ添っている――むしろ主体化と領域的占有を超え出てゆく非–主体の歴史のほうが、〈主体の成就の歴史〉をつねに成り立たせている――ことに気づかされることがある。この両者の関係は二者択一ではない。大国の、偉人たちの歴史にたいする地下の無名者たちの歴史を、告発としてとらえ、特権化しては、同じことのくり返しであろう。両面を並び立たせる方法――すなわち、主体化され記録された歴史にたいする実証的な検討を進めるとともに、その背後で消滅してゆく領域にたいする考察をそこに連れ添わせ、〈主体の成就の歴史〉をよりしろとして、その背後に、消滅し亡霊化した歴史を浮き上がらせる方法――が、歴史の総体的な生成をとらえるための原理的方法論として必要になる。

この歴史分析・叙述の方法論については、語るよりも実際に見ていただくにしくはないものと思う。方法論的な考察は、あらためてこのような歴史哲学について論じる機会を待つこととするが、本書はこの意味で、通常の〈主体の成就の歴史学〉に〈消滅の歴史学〉を寄り添わせることで成り立つ、歴史の現象学あるいは現象学的歴史哲学の実践例、ケーススタディでもあるといえる。

第一章　奄美「独自の共産党」の生成と消滅

——主体の下の革命の沈黙——

第一節　沖縄・奄美の分離独立—再結合構想

一　奄美共産党の創設

奄美共産党は一九四七年二月、旧正月の二日、奄美大島笠利町万屋部落にある久留義蔵《ひさどめぎぞう》（義三）の実家で創立準備会がひらかれ、事実上の活動を開始した。結成への動きは、前年一二月、東京から一時帰郷した久留が戦前の共産党員、中村安太郎を訪ね、日本共産党の徳田球一書記長からの「指導」方針を伝えたことにはじまる。

久留は満鉄の社員育成学校に入学して以来、満州、勤務地の北京などで一九三〇年代から共産主義者グループに入って活動をつづけ、戦後は代々木の共産党本部に勤務していた。戦時中は「転向」と沈黙を余儀なくされていた中村の側も、終戦直後から奄美の共産主義者のあいだの連絡を再開し、日共中央との連絡をつけようと動いていた。伝えられた徳田ないし共産党中央の指導方針とは次のようなものであった。「沖縄、奄美大島では、党の規約綱領に準じて独自の党を組織すること」「党は軍政下では、非合法組織にならざるをえないので、党の合法的な行動党としての合法政党（軍政府の認可する）をつくること」（五四年・五六年・五八年の各党史参照）。

つまり日本共産党が日本国での政権樹立と連合国の占領からの独立を目ざすのと同じように、奄美ではその地の党が独自の政権構想を立てて別個に独立を目ざせということである。ここで奄美において「独自の党」たるべき奄美共産党にたいして、それと別組織のはずの日本共産党が「指導」を与えていることについて、素朴な疑問をもたれるかもしれない。これは世界労働者の究極的な国際的統一の目標のもと、一国単位の共産党が持ち場を定めて連携する共産主義インターナショナルの世界像にもとづいている。各国の共産党のもとには、当該国（帝国）が支配下に置く植民地などの共産党組織が統括・指導されることがあり、たとえば、日本の植民地支配からの「台湾民族独立」「台湾共和国建設」を目ざした「台湾共産党」（一九二八年創設）の正式名称は「日本共産党台湾民族支部」であり、日本帝国主義にたいする革命戦線の唯一的前衛党とされた日本共産党に統括される組織関係にあった。奄美共産党は、日本共産党からの指導にしたがって「独自の党」としての体面を準備しながらも、日本共産党に組織的に統合されることをみずから望み、直接的な指導と組織的一体化、そして日本復帰路線の承認を求めていくのである。

この奄共創設指令は徳田の意見および野坂参三の同意にもとづくもので、党機関の正式な決定を経てはいなかったといわれるが、(1) そうした手続上の経緯は、当時としてはまったく問題にはならなかった。戦後日本共産党の沖縄・奄美対策は、六〇年代にいたるまで、担当する幹部と専従担当者、そして出身者グループのあいだの専管的あつかいにゆだねられていた特徴がある。とくに徳田書記長時代は、後に家父長制批判が噴出するように、党活動の全般にわたり書記長の決裁が絶対的であり、沖縄・奄美政策についての徳田の意向はそのまま党中央の方針となっていたとみなすことができる。久留は

短期帰郷する個人的事情があったこともあり、この指令を伝え、指導にあたるオルグとして派遣された。(2)

創立準備会では久留、中村のほか、島本忠雄、栄枝賢利《さかえけんり》ら計六人があつまり、党綱領と規約、そして奄美人民共和国憲法草案の作成を協議した。これらの文書は同年四月の創立大会で決定されるが、作成にあたっては徳田の指示どおり、久留が持参した日共第四回大会行動綱領と第五回大会宣言、そして『アカハタ』に掲載された「日本共産党憲法草案」をひな形とした。それは日共の文書をもとに「奄美大島に適合できる当面の要求大綱を要約した」にすぎず、「独自の党」としての自立性などはなかった。すなわち「奄美人民共和国憲法草案前文」では、「我々二十二万の奄美大島人民」の「理想的な永世中立国家」の樹立をうたいながらも、「日本本土がポツダム宣言の誓約通り、真の民主主義国家として再出発した時は、相互理解の上に立って、同一民族として統合国家または連邦制国家をつくることを究極の目的とする」ことが明記された。そして「奄美共産党綱領」は第一項で「奄美人民共和国政府樹立」をかかげつつ、最後の第一三項では「日本に人民共和国が成立した時には、日本共産党の組織に合流する」としめくくられた。(3)

奄美共産党にとって、この党綱領と憲法草案前文は、やがて宙に浮いた作文と化すばかりでなく、活動の足かせとなっていった。沖縄でみられたような日本との分離を解放と見る一般世論は奄美社会にはなく、この独立方針に同調しうる勢力は、軍政府に協力する少数の追随者しかいなかったからである。だがこの文書がもつ重要な点のひとつは、まずこれによって徳田球一の沖縄・奄美対策方針の具体像を一歩ふみこんで検討し確認できるところにある。

日本に人民共和国が成立した暁には、奄美と日本の両人民共和国が「同一民族として統合国家または連邦制国家をつくる」ことがいわれているが、これは徳田が同じ一九四七年の七月、沖縄青年同盟主催の「沖縄問題座談会」で微妙な言い回しで述べていた沖縄問題への対応策にも符合する。座談会において徳田は、たとえ信託統治下に置かれたとしても民族の自主権のもとに「民族的の自治共和国《ママ》」を作ることが重要かつ必要だと述べつつ、「日本との結合」について「私は将来主従の問題でなく、結合してゆくべき対象を見出すべきであつて、その時は、自主的にどの国と結合すべきかを考へるべきだ」と述べていた。(4) この見出されるべき「結合してゆくべき対象」とは日本の人民共和国のことだったのであろう。それが奄共にたいする創設指令を手がかりとすることで読み取ることができるのである。

以下、本節では奄共創立の背景や沖縄・奄美の帰属問題の展開にふかく関わるものとして、戦後数年間に継続的に表明されていた徳田球一および日本共産党の沖縄・奄美対策方針を検討していきたい。

二　徳田球一の沖縄分離独立—再結合構想

徳田球一の沖縄対策方針を示すものとしては、四六年二月二四日の日本共産党第五回大会において、彼の提唱で採択された「沖縄民族の独立を祝ふメッセージ」がよく知られている。(5) この独立メッセージが出された第五回大会では、人民共和政府樹立の構想が具体化(「日本共産党行動綱領」)されており、徳田ら党指導部は以後、この人民共和政府の早期実現を主柱としてその他の戦略戦術を組み立てていった。ことに同メッセージや奄美共産党への指令が出された時期は、四七年二・一ストへむけて政権獲得への気運を急速にもりあげていた段階にあり、スト中止直前には、松本治一郎首班、徳田内相、野坂参三外相の連立政権構想も取りざたされる党内情勢にあった。徳田が日本の人民共和国の樹立を前提にして沖縄・奄美対策を立てていたことは、こうした戦略設定と運動展開のなかでは非現実的なものではなかった。(6)

前出の沖縄問題座談会において徳田は日本帰属の問題を問われた際、とくに「帰属の問題と云ふより寧ろ結合の問題である」とことわって、みずからの問題設定のあり方を明示している。ここでいう結合とは、各民族が独立の民族国家を形成する民族自決・分離の権利を確保し、あるいは行使したうえで、「各民族の労働者と農民」の自由意志にもとづく合意によって社会主義連邦に結合するという、レーニンの民族理論を念頭に、それを適用する意図から言われているものと解することができる。この「革命的＝プロレタリア的統一、連合」をとおして、理念的には、被抑圧諸民族の解放運動は世界社会主義革命に接合される。(7) 四六年二月、川崎市で行なわれた沖縄人連盟の全国大会準備会において徳田は「世界の解放なくしては日本の解放はない。日本の解放なくしては沖縄の解放はない」と述べたという。(8) その直後の日共第五回大会で、沖縄人連盟の大会開催（徳田は顧問に選任されている）を祝うとして、独立メッセージが採択されるのだが、そこにおいても「諸君の解放は世界革命の成功によつてのみ真に保証される」と規定されていた。

独立メッセージはこれまで、過去の日本の圧政が残した「深い傷痕」から単純に沖縄少数民族論を引き出し、そこに米軍にたいする解放軍規定が結びついて独立論をみちびき出したものと解釈され、その認識の甘さや誤りを批判されてきた。(9) しかし後述するとおり、こうした理解は同メッセージの政治構想が徳田失脚後の政治的判断によって矮小化された結果普及した誤解にもとづくものである。さらに具体的にメッセージの内容を検討していこう。

メッセージでは沖縄人を日本の被抑圧少数民族であると規定し、その自決権を保証したうえで、沖縄人と日本の共産主義者が「力をあはせて」現日本政府の責任を糾弾し、さらには両者がともに帝国主義的天皇制を克服して「民主主義革命の徹底化に邁進することを誓ふ」ことが宣言されていた。「民主主義革命の徹底化」とは、第五回大会採択の党規約の表現でいえば「民主主義革命の完遂、共産主義社会の成功的建設」である。すなわち沖縄人の「独立と自由を獲得する道」は、日本の人民共和政府の樹立と、(共産主義の)「世界革命の成功」のもとで成就することになるのだと設定されていた。座談会で言及されていた、主従の関係でなく「結合してゆくべき対象」とは、この人民共和国であったと見るべきであろう。

たしかに日本との再結合という直接的な表現は、メッセージには盛られておらず、その文面だけを見るならば、独立する沖縄がどこに帰属しようがそれには関知しないとの中立姿勢が、無責任に思慮浅く、表明されていたと解することもできるかもしれない。しかしメッセージの主旨が、沖縄人の「独立と自由」の道を自身の世界革命構想のうちに包摂されるべきものとして条件づけるところにあったことは明らかである。そしてメッセージでは(各民族の自主性尊重との兼ね合いなどから)はっきりと表明されない、この包摂と合流の展望を、ふみこんで指し示したものとして、久留に託した奄美の独立指令を位置づけることができる。

戦後の日本共産党において、奄美と沖縄は、同地への方針が設定される最初期から一体に扱われていたといってよい。「軍政下にある沖縄・奄美大島では民族自決の原則の上に立って軍事占領下のきずなを脱」するとの戦略的判断にもとづいて「高度の自治権かくとくのたたかいに主力をおき、自治政府をかちとったのちに対等の条件で日本と結合する」というのが党中央の方針だったことは、党内の文書でもくりかえし確認されている。(10)

じっさい在京の沖縄出身党員と奄美出身党員は入党と結集の当初から、それぞれ沖縄グループ、奄美グループをつくり、連携して琉球グループとして党内グループ活動を展開した。一九五四年の初の全国琉球グループ会議の記録によると、その時点で「琉球出身党員は、全国約千名と推定される」という。琉球グループの最初の党内共同活動は、四七年一二月の第六回党大会で「沖縄、大島に対する中央の方針決定」が下されるよう、事前に要望を出したことだったという。なおこの要望を出すにあたって、奄美出身党員の側は、日本復帰方針への転換を期待していたといわれる（第二節で後述）。だが沖縄出身党員の側はこれに同調しておらず、復帰方針は退けられ、大会で採択された日本共産党行動綱領の第二七項「朝鮮および南方諸国の完全な独立」のなかに、沖縄・奄美の独立方針が一括されたのだという。(11)

ただし沖縄・奄美が一体にあつかわれたのは、両者を「沖縄人」や「琉球人」として一括する決定にもとづいていたわけではない。奄美にたいして単独で少数民族規定があてはめられたことはないのである。奄美は四六年二月のいわゆるＧＨＱ「二・二宣言」で、正式に日本からの分離、米軍政下琉球への統括が発表された（正式には「若干の外郭地域を行政上日本から分離することに関する覚書」で、一月二九日の発表だが、奄美地域では二月二日にラジオ放送で発表されたため、こう呼ばれる)。こうして間接占領下の日本と同列にあつかうことのできない軍政下の沖縄と同じ条件に入った以上、奄美もまた、たとえ沖縄のように「少数民族として抑圧されてきた民族」であると規定できなくとも、沖縄にたいするのと同様の分離独立後の再結合という隔離方針を設定せねばならなくなったのだろう。こうした脈絡から、久留を介して四六年末に奄美の共産主義者に届けられた指令は、おくれて米軍占領下琉球に包摂された奄美にたいして、日共五回大会の沖縄独立メッセージを追補的にあてはめた措置だったと理解することができる。独立メッセージでは奄美と沖縄の結合は視野に入れられていないが、それは「二・二宣言」にもとづいて奄美に軍政府が開設され、米軍統治下に入ったのが二月のことであり、二月末の日共五回大会、あるいは文書起草段階では奄美が視野のうちになかったせいだと思われる。

徳田ないし日共中央の構想は、以上みてきたとおり、沖縄・奄美が米軍の全面軍事占領下に置かれ、間接統治の日本から分離されている情勢にあって、たがいの民主化を一体に推し進めることは困難であることから、いったん別に人民共和国と自治共和国の建設にとりくみ、日本の共和国政府が樹立されたのち、主従の関係でない対等の立場での結合を、相互の自主性のもとにはたす――そうすることによって「恨み骨髄に徹する」「半植民地」(徳田の座談会発言)的な過去の日沖関係を克服しようとするものであったと考えられる。それは独立方針というより、独立―再結合の構想だった。祝賀された「沖縄民族の独立」とは、日本帝国主義からの分離の意味にほかならず、沖縄の対日分離という事態のなかに沖縄の民族的自決権の成立を先取り的に読みこみ、さらには沖縄民族がその自決権を民主化された日本との再結合にむけて行使する将来展望のあるべきことを示唆したのが、いわゆる独立メッセージの沖縄解放論だった。

この再結合の展望において、左派のいわゆる沖縄独立論は、本来的に日本帰属論に発展していく論理を当初から有していた。とはいえ、保守派のかかげる復帰論が、日本の戦後改革や過去の日沖関係の克服を明確に構想することなく、戦前の状態への回帰として日本国への帰属を陳情していたのとは、やはり対照的な位置にあったのである。

では、徳田の主唱になる独立―再結合構想は、在日沖縄出身者左派グループにおいてどのように共有されていたのか。その思想的背景、そしてこの構想を生みだすにいたる歴史的脈絡について、次に検討していこう。

三　沖縄人共産主義者の夢

再結合の展望をおりこんだ分離独立方針は、徳田が独立メッセージをよせた沖縄人連盟においても四八年ごろまで主流的意見となっていた。沖縄人連盟は日本本土の沖縄出身者七万人が結集した連絡・救援団体だが、規約にもうたわれた連盟の目的「民主主義に依る沖縄再建」を推進する脈絡から、発足からまもなくして共産党系のメンバーが活動面の主導権をにぎった。同郷の出身者を網羅する同郷団体のなかで、共産党員は人数からいえば少数派だったが、その主導権のゆえに、連盟は日米の政府筋からも「共産党の外郭団体」のように見られていたという。(12)

分離独立方針は、連盟の副会長として活動の主導権をにぎっていた那覇出身の永丘（饒平名）智太郎によって、四六年以降くりかえし主張された。永丘は戦前からの日本共産党員で、第一次共産党中央委員をつとめ、拓務省嘱託や雑誌『改造』モスクワ特派員などを務めて国際事情に明るく、戦後は共産党の主導下に統一戦線をひろげる役割を負っていた。永丘は得意とする当面の国際情勢の分析から「沖縄における信託統治の将来も、自治から独立のコースを約束してゐると見做し得る」と論じ、「日本の軍閥財閥、旧官僚、帝国主義者共はわれわれの敵である」として、それらの支配からの影響を脱しないままに主張される日本復帰論をしりぞけた。しかしそこには将来の展望として、日本の人民とは、むしろ「互に手を携へて世界の民主々義化に邁進しなければならない」とする主張もそえられていた。具体的には米軍政下、あるいは信託統治下にあっても「従来よりも高度の自治を獲得することを、当面の目標」とし、将来の展望としては、沖縄において「民族的に民主々義的に完全な自治は獲得しても、国家的には、日本が完全に民主々義化した暁には連邦体となすべき」だと主張していた。(13)

永丘の表現するところは、徳田の公的な発言よりも、ずっと日沖の再結合の展望にふみこんでいる。そのため日本との完全な永久分離を志向する、少数派の沖縄独立論者からは「永丘君さえ日本帰属が自然だと言うて居る位」だと、嘆かれてもいた。(14) この失望の嘆きは、共産党は沖縄独立方針をとっているはずだという理解にもとづくものであるが、永丘と徳田のあいだには、同じプロレタリア国際主義の世界観と、そのもとで結ばれる〈沖縄人共産主義者の夢〉(後述)が通じていたと考えられる。

ところで、レーニンの民族理論を沖縄・奄美対策方針にあてはめたとする解釈の妥当性について付言すると、独立メッセージが出されるのは四六年二月、徳田らが獄中から解放されてわずか四カ月ほどのことである。そのときに彼らが指針として依拠しえたものは、戦前から身につけていたレーニン

＝スターリン主義の教養以外にはなかっただろう。のちに四九年に日共中央委員会書記局が決定した幹部党員の必読基本文献の指定では、レーニンとスターリンの著作があげられているが、そこで「民族問題がもっとも明快にとりあつかわれている」とされたのは、スターリンの『レーニン主義の基礎』であった。[15] その結論部分で引用されているレーニンのことばに次のようにある。

圧迫している国の労働者の国際主義的教育の重点は、圧迫している国の労働者が圧迫されている国の分離の自由を宣伝し擁護することに、かならずなければならない。それなしには、国際主義はない。われわれは、このような宣伝をしない圧迫民族のあらゆる社会民主主義者を、帝国主義者として、また悪党として、軽蔑する権利をもっているし、またそうする義務がある。たとえ分離の機会は、社会主義以前には、千のばあいのうちわずかに一つのばあいしか可能でなく、「実現でき」ないとしても、これは無条件的な要求である。[16]

これはレーニン、スターリンにおいて定式化された、プロレタリア国際主義の当為命題だった。共産主義の究極的な目標としては、国家の消滅とともに諸民族が融合へすすむことが展望されるが、近代資本主義段階にいたるまでの諸民族の形成は、「分離の自由という移行期をへてのみ」克服することができるとされていた。[17] 独立規定をみちびいた背景として、占領軍にたいする解放軍規定だけでない、プロレタリア国際主義にもとづいた内在的な論理がここに見出せるであろう。

そもそも解放軍規定は、四六年五月の食糧メーデーから四七年二・一ストにかけて、すでに共産党内部で事実上撤回されていたふしがあり、[18] 徳田らの沖縄対策方針がこれを拠り所にしていたとする解釈は、時期的にも無理がある。すなわち沖縄・奄美の独立—再結合の構想は、解放軍規定が生きていた段階の独立メッセージだけで単発的に終わったのではなく、徳田の表明についていえば、四六年末の奄共への指令から四七年七月の沖縄問題座談会発言へと継続的に展開されており、またこれと軌を一にした在日沖縄出身者左派グループの主張はその後もまだつづくのである。独立メッセージを解放軍規定の（副）産物だとする従来の研究の解釈は、こうした展開が視野に入らなかった段階での、時代的制約のなかで、成り立っていたということができる。

徳田は戦前から沖縄差別にたいする激情的な発言を残しており、この点からも、彼が差別の傷跡から短絡的感情的に少数民族＝独立論に走ったとの評価がみちびかれているようである。[19] しかし差別を憎み「日本の祖国観念に対して呪つて居る」から分離独立しかないというのでは徳田は沖縄民族主義者であるにすぎない。ではその彼がどうして日本共産党の書記長、東京選出の代議士でありつづけたのか。「沖縄人が被圧迫民族として内地人に抱く反感」や「沖縄にたいする植民地的な搾取」の強調は、徳田が日本の資本主義と帝国主義的支配を打破しようとする革命家として自我形成をとげた経緯を語る文脈でいわれるもので、彼はそこに沖縄独立の必然性ではなく、「大多数の沖縄人と下層内地人の奴隷的な地位と生活状態」の共通性こそを見いだしていた。単純な沖縄独立論にむかわないのは、次のような彼の生い立ちの経験が反映されていたかもしれない。「半ば鹿児島人で半ば沖縄人、しかも妾の子というわけで、鹿児島からすれば沖縄人の妾の子だというし、沖縄人からすればあれは鹿児島人が島へ来て妾に生ませた子だという。両方からよく言われない、うまくない境遇に置かれていた」。[20]

これを真に克服する道を、彼はプロレタリア国際主義のなかに見出していた。

すなわち終戦直後から立てられた沖縄の分離独立—再結合構想とは、当然ながら戦前に出自をもつのである。近代日本の沖縄にたいする差別と収奪からの解放を求めて、戦前から日本共産党につどっていた者たちが、その主唱者であった。そして社会主義の連邦制のもとで沖縄差別の民族問題を解決するとともに、国際的糖業市場の荒波にさらされて「ソテツ地獄」のもとで破綻した沖縄経済を共産主義の世界革命のなかで再生させるという、およそ二〇年来の〈沖縄人共産主義者の夢〉が、戦後沖縄の独立—再結合構想のなかに注がれていた。

この点についていては、レーニン＝スターリン主義の民族理論を沖縄に適用させるときに加えられた、次の読み替えと読みこみからもうかがうことができる。すなわち、もし徳田が「ロシア諸民族権利宣言」（一九一七年一〇月革命においてレーニンとスターリンが署名して発表）の原則規定を、ただ公式的にあてはめようとしていたとするならば、「少数民族」である沖縄人には、その原則の第四項「ロシアの領土に居住する少数民族と人種的グループの自由な発展」が該当し、第二項「分離と独立国家の結成までをふくむロシア諸民族の自由な自決権」はあてはまらないと取ることができる。第四項の「自由な発展」というのは、スターリンにおいては、たとえばアメリカで西欧出身の移民が「自由に発展し」ている多民族融合の状態（アメリカ先住民族や黒人は除外されている）を指すものとしてイメージされていた。(21)

いったい、独立メッセージが出された四六年二月の段階で、沖縄に「分離と独立国家の結成までをふくむ」自決権を主張する、民族自決の主体（国内の被抑圧少数民族・人種グループとは異なる）を見いだすことは可能だったろうか。沖縄戦で焦土と化した沖縄には、そのころ移動の自由もない収容所の避難民生活があるばかりで、最初の政党の結成もまだ一年以上先(四七年六月)のことである。徳田の独立メッセージの奇妙さはここに由来する。そしてこの奇妙さのなかにこそ、定式のあてはめからはみ出している、その独自な思想性を読み取ることができるのである。

独立して自治共和国の建設にむかうべき民族主体の結集が実在しないのにもかかわらず、メッセージでは「独立と自由を獲得する道」が開けたことが祝賀され、さらには「沖縄人諸君」と「われわれ日本人」が「力をあはせて」、帝国主義的天皇制の「ふたたびアジアの諸民族を支配する野望」を阻止し、ついには「世界革命の成功」に進むべき展望までが言明される。つまり独立メッセージは、一方では、自決権を行使する独立した民族主体としての沖縄人が先取り的に読みこまれている。だが他方では、被抑圧少数民族としての沖縄人の解放は、軍政支配下の現状に照らしてであろうか、「世界革命の成功によつてのみ真に保証される」[22]のだとされ、沖縄人単独の民族国家の建設による解放というシナリオ(「ロシア諸民族権利宣言」第二項)をあてはめるには無理があることも認められているのである。

この読みこみがなされた理由は、沖縄がアメリカの完全軍事占領下に置かれ、間接占領下の日本から分離されている現状を直視しつつ、なおもそこに希望を見いだそうとしたためだったと思われる。前記のように、日共の沖縄対策は、分離された軍政下にあっても「民族自決の原則の上に立って軍事占領下のきずなを脱」し、高度の自治権を獲得することが、将来の対等な日沖再結合の基礎になるとの戦略的展望をもっていた。すなわちそこには、軍政下の制約条件に対応した現実主義的な戦略だけでなく、将来の展望についての〈夢の領域〉が存在していた。むしろ現実的な可能性をなかば度外視した、夢の領域こそが、この戦略論を根底部分で支えていたといってよい。独立とその後の再結合、世界革命における包摂といった展望がなければ、現実はただ焦土と化した沖縄の米軍部による分離征服——それだけでしかなかった。祝賀すべきものなど、なにも存在しないのである。

だが現実が厳しければ厳しいほど、現実の厳しさに渡りあうためにこそ〈夢の領域〉は呼び出される。すなわち徳田ら日共において沖縄民族の「独立」が祝賀され、独立方針が取られたのは、米軍部によって分離されている現状認識のほかに、なにより、沖縄を焦土に追いこむにいたるまでの「恨み骨髄に徹する」過去があるからこそ、「民族的の自治共和国」の樹立を土台に、新たに帝国と植民地の関係を超克した次元、社会主義連邦における対等で自主的な結合関係に将来を見出さなければならないとの判断が、夢としてあったからだと考えられる。

この〈夢の領域〉は、もちろん徳田個人の独創であるのではなく、それは共産主義の、具体的にはレーニンの夢でもあった。世界の「勤労被搾取人民」の大部分は帝国主義下の近代世界においては被抑圧諸民族としてあり、そのため「国際プロレタリアート」の民族的に異なる諸分子の間での自発的な統一」を理論的に計画することは、世界革命を構想するうえで必須の条件となっていた。その自発的な統一・融合の実現はもちろん困難であり、仮説的な展望だったにすぎない。だがその展望を現実に近づけるためにこそ、社会主義連邦における平等な諸民族の団結というボリシェヴィキの民族理論は設定されたのであり、それがプロレタリア国際主義の革命運動を、民族や国家をこえて世界に伝播させる力となっていた。[23]夢はことばにされるとき、現実を変える行為遂行性（ジョン・L・オースティン）をおび、発語の前の「現実」は、変えられてゆくその端緒につくのである。

ふたたびレーニンを参照すれば、一〇月革命のさいに、分離の自由をふくめた民族自決権の宣言を徹底して強調する理由は次のように説明されている。「ツァーリズムと大ロシア人のブルジョワジーが、その抑圧によって、隣接諸民族の心に大ロシア人全体にたいするおびただしい憤怒と不信をのこしているだけに、分離の自由をみとめることはなおさらわれわれの義務となっている」。「こういう不信は、言葉ではなく、行為によって吹き散らさなければならない」。そしてこのレーニンの当為命題を「レーニン主義」として定式化するスターリンは、不信をとりのぞいた先の新たな民族のありようを、「新しいソヴェト諸民族」「社会主義的民族」の誕生と名づけた。それは「資本主義が打倒されたのち、ブルジョワジーとその民族主義的諸政党が一掃されたのち、ソヴェト体制が確立されたのちに、古いブルジョワ的諸民族を土台として発展」し形成されるべき、未来の民族像である。[24]

このレーニン主義の夢は、「沖縄人の気概と誇り」[25]を胸に共産主義者となった〈沖縄人共産主義者の夢〉のなかに、ふかくしみこんでいたであろう。日本共産党創設前からの徳田の盟友として知られる、那覇出身の井之口政雄は、党の沖縄・奄美政策が日本復帰論に転換した後の、一九五五年の党内討議の場においても、次のように執拗にレーニン主義の夢を追求する熱弁をふるっていた。

「沖縄人は沖縄人という意識」はいずれなくなるとしても「現在はある。これを認めさせる事が彼らを奮起させることになり、米帝と闘う事に立上らせる」。なぜなら「帝国主義者のもとではどこにも自治はない。自治というものは民主的諸権利を守りとうすという事である。簡単に云うと沖縄人の沖縄という事である」。だがこうして沖縄人の自治願望を帝国主義にたいする反撃の基盤として承認し、沖縄人を「立上らせる」一方で、「日本のプロレタリアートは沖縄人諸君は日本人だ、日本の帝国主義者がやったような圧迫を加えるものではないと云うことをはっきりさせるべきだ」と、井之口はいう。レーニン主義の夢である。だから「沖縄の復帰と自治は矛盾しない」、「沖縄は少数民族だから将来自治をあたえられるべきだ。然し現在の情勢では復帰が中心だ」という、一見したところ混乱した「理論」が力説されるのである。アメリカの軍事支配からの脱却として現状で求められる沖縄の日本復帰が、当面は自民党政権下の日本への復帰でしかなく、社会主義の連邦制のもとでの民主的再結合たりえないために、レーニン主義に依拠する〈沖縄人共産主義者の夢〉は、復帰の後でも沖縄人の自治は必要であり、それと「矛盾しない」将来展望へと先延ばしされ、延命され保持されていくのである。(26)

党創立期以来の古参党員にして獄中非転向をつらぬき、戦後は党の国会議員団長もつとめた井之口――彼が徳田なき後の日共内部では時代遅れとされた「少数民族論」の熱弁をふるいつづけることは、党の祖国復帰路線を混乱させるものだと、党内では厄介視されていた。だが井之口の「意見と言動は沖縄出身同志に大きな影響をあたえてい」たという。(27)

独立を経ようとも、独立なき日本帰属になろうとも、それは情勢にせまられた戦術的問題にすぎない。徳田の座談会発言からいえば、「帰属の問題と云ふより寧ろ結合の」内実こそが問われるべきなのである。次章第三節でとりあげる、沖縄青年同盟の上地栄の簡潔な表現を先取りしていえば、「要は国籍の問題ではなく、沖縄人全体の幸福の問題である」。

〈沖縄人共産主義者の夢〉は、夢の周囲をとりまく情勢の困難さに合わせて表現のかたちをかえながら、戦前から戦後へと受けつがれていった。夢の痕跡を追跡して、そうなぞることができる。

四　軍政下琉球の隔離政策としての独立論

だが〈沖縄人共産主義者の夢〉とはひとつではない。そして夢は、矛盾や抑圧にさらされるからこそ夢見られるのであり、夢それ自体は矛盾を解決しない。

すなわち沖縄の分離独立構想は、現実的には、日本共産党の沖縄・奄美方針に「日本の革命なくして復帰なし」という課題の序列化を派生させた。課題の序列化とは、米軍の直接軍政下に置かれている沖縄・奄美が日本から切り離されてある状態を追認することで、日本の占領下「平和革命」の展望を守ろうとする、沖縄・奄美の切り捨ての判断を背景としていた。そしてこの沖縄・奄美の枠外への放置を正当化する役割をはたしたものが少数民族論の異民族視であった。間接占領下の「平和革命」に展望を求める日共にとって、アメリカの直接的軍事支配を受けている沖縄・奄美を、自己の体制変革の構想のうちに直接に統合することは、みずからの革命構想の展望をせばめる、やっかいな難問を抱えこむことを意味した。

こうして戦後日本の解放課題の枠外に隔離された結果、沖縄・奄美の問題にたいする方針は、つねに情勢への後追いとして立てられる、いわゆる日和見的対応で特徴づけられることとなり、日共の具体的な沖縄・奄美政策が五四年にいたるまで決定されなかったという事態につながっていく。再結合の展望をもつことは、分離された状況へ介入する当面の政策を有意に立てることを不可欠としないのである。

なおこれにかかわって付言すれば、後に人民共和政府樹立の可能性が遠のくなかで、隔離と無関心を正当化する、課題の序列化と異民族視だけが徳田構想の残骸として残るという事態は、とくに戦後になって日本共産党につどった沖縄・奄美出身者にとって、容認できるものでなかった。徳田の沖縄・奄美対策構想が、日本の革命運動に包摂される長期的展望のもとで打ち出されていたことは、前述のとおりであるが、にもかかわらず、それはあたかも少数民族論と独立だけを主張したかのように矮小化され、「誤った思想」として、彼らから排撃されていった。

戦後世代の在日沖縄出身党員がえがく〈沖縄人共産主義者の夢〉は、すでに米軍によって沖縄が征服され、日本をふくむすべての外部世界から分離された孤立状態を目の前にしながら、つむがれるのである。

一九五七年一月、沖縄「島ぐるみ闘争」の高揚をうけて『歴史評論』に発表された新里恵二らの論文「現代沖縄の歴史」（執筆者は戦後世代の沖縄出身の共産党員ないしシンパ）は、「沖縄民族の独立を祝ふメッセージ」や徳田の沖縄青年同盟座談会での発言をながく引用して、はじめて本格的にこの問題の検討に踏みこんだ論文だが、そこでは「日本共産党の沖縄問題に関する態度」は「解放軍規定と結びついた琉球民族少数民族論＝独立論」として整理され、「日本の民主勢力の沖縄県民への支援と相互の共闘を、大きく阻みさえした」とまで非難された。主従関係でない日本との結合の構想が大きな論点であったことや、それと日本ないし世界革命とのかかわりについても、注意がむけられていない。そして少数民族規定の「大きいあやまち」を指摘する一方で、敗戦直後から戦前回帰的な保守主義の日本復帰論を唱えていた仲吉良光《なかよしりょうこう》を、「よく将来起こり得べき事態を予測した」「具眼の士」として発掘し、賞賛した。五三年に亡命先の北京で死去し、党内的にも宮本顕治の新体制のもとで過去の人となりつつあった徳田の、頓挫した世界革命の構想よりも、仲吉の民族／国民主義を、国民的復帰運動の推進のための戦略理論として採取したということである。仲吉らの復帰論が、天皇制と連携する戦前来の日琉同祖論を拠り所としているという保守主義的性格は、この戦略においてはあえて無視された。(28)

こうして沖縄・奄美の独立―再結合の構想は、再結合の展望を外した矮小化のうえで、解放軍規定にわざわいされ沖縄差別の「深い傷痕」にとらわれた、「少数民族論＝独立論」の「誤った思想」として処分されるにいたった。それは徳田の指導体制をほうむり、その革命構想をも一掃しようとする五〇年代後半の日本共産党の党内論理に便乗しながら、歴史に挑戦する〈夢の領域〉からの賭けが残したものを徳田個人の「大きいあやまち」として、徳田の名のもとに埋葬しようとする、歴史の清算であった。そしてこの問題をめぐるこれまでの歴史研究もまた、この操作に誘導され、歴史の清算的統制に意図せずして加担する役割から自由ではなかったといえるであろう。

第二節　非合法の大衆的復帰政党への変様

一　中央一体化の志向性と独自性

以上みてきたように、日本共産党中央の沖縄・奄美にたいする基本方針は独立─再結合構想にあった。では奄美共産党はこれをどう受けとめたか。舞台をふたたび奄美に戻そう。

創立準備会の後、中村安太郎は戦前の共産党員や労働運動の活動家などに連絡をとり、創立総会は四七年四月一〇日、名瀬市石橋の中村宅で行なわれた。このころにはすでに、戦前から東京都電での労働組合の経験をもっていた島本忠雄の指導で奄美木材労働組合、印刷労働組合などが、また久留義蔵、松江権志の指導で笠利地区にいくつもの農民組合が組織されていた。その後も各種の組合結成は急速にすすみ、奄共は青年層をオルグして軍政下のさまざまな不正行為の糾弾など、社会改革の気運をひろげた。(29) そして同年五月の名瀬で初めてのメーデーにむけて、奄美共産党は「天皇制官僚を追放せよ」「吾等に自由を」などの手書きのポスターを市内に貼って参加を呼びかけたが、これにたいして軍政府は「メーデーは共産党の行事だ」といって禁止令を下した。しかし久留らは万屋などで集会を決行し、これが軍政府と奄共の対立の始まりとなった。(30)

ここでもともと短期滞在予定だった久留が六月に再度上京することになり、奄美共産党は臨時総会を開き、そこで綱領・規約・憲法草案前文にたいする中央の意見をただして、奄美・沖縄にたいする中央の方針を決定するよう要求すること、また同時に（自分たちのでなく上京後に久留が参加する）「在本土の共産党員グループの復帰に対する要望をまとめて党中央に進言すること」を久留に託したという。[31] 中央の方針決定をあらためて求めるというのは、「党中央」の書記長徳田の指導にしたがって、綱領的には独立を模倣しながらも、奄共が実質的には日共と組織的な結合関係で結ばれることを求めていたことを示している。この日共下部組織化を求める志向性が、創立以来の奄共に貫かれていたことは、五四年以降の各党史がそろって伝えるところでもあり、まちがいないものといえる。

しかし要望を伝えられた徳田は、日本復帰方針の意見もふくめてこれを拒み、沖縄・奄美の独立方針を含意した、第六回大会行動綱領での「南方諸国の独立」が決定された。また久留は上京後すぐに日共中央の市民対策本部に配置され、職務多忙を理由に、奄美との連絡もとぎれがちになったという。久留のオルグとしての役割が、沖縄の付属地となった奄美に、沖縄への独立メッセージを適用させるという範囲を出なかったことがうかがえる。[32]

久留を送り出した後の奄共は島本、中村、栄枝の三人が中心になって、組合や青年団のオルグで次々と入党してくる若い党員たちの指導と連絡にあたり、やがて中村を最高指導者とする体制がかためられていった。中村は、奄美の最高学府にあたる大島中学の専攻科講師をつとめ、多くの若者から熱心な協力と支持を獲得しており、CIC（米軍防諜部隊）も、軍政府の認可を得ていない「大島共産党」という「中村と彼の追随者たちが、北部琉球でもっとも強力な組織化された政治的党派」となっており、多数の党員を擁するほか、すべての主要な団体に党員やシンパを潜入させ、とくに主要町村の「小作人組合や青年会は完全な支配下に置いている」と分析していた。また、中村は軍政府の施政方針を伝える役割をも担う『奄美タイムス』の主筆・編集人として、本土から出版物を取り寄せる自由があったので、党本部の久留から日共海員グループをへて送られる『アカハタ』『前衛』などの党刊行物を、そこにまぎれこませて秘密裏に入手していた。中村のもとから下げ渡される、この「党中央」の文書は、党員間で「宝物のように大事に」回覧・筆写され、人びとは中央の動きを知ることにつとめた。(33)

そして下部組織化にとどまらず、結党直後から奄共内部で復帰論が出ていたことは、いくつかの事実から知ることができる。敗戦までの鹿児島県大島郡大島支庁をひきついだ、米軍政下の住民がわ行政機構、臨時北部南西諸島政庁（以下、政庁と略記）は、軍政下であっても三権分立の法制審議機関が必要だと軍政府に要望し、軍政官の直属諮問機関として法制改訂委員会の設置が決められた。一九四七年六月二六日、副委員長に選任された中村安太郎はその第一回委員会の劈頭から、委員会の

1953年沖縄でのメーデー集会における中村安太郎（右）　左は瀬長亀次郎

性格について、独立国家的意図をもつものでなく、日本の新法令を適用するための臨時的機関であることを強調していた。(34)

中村がこのような方針を表明した背景には、もとより奄美住民の大勢が、日本復帰を望んでいた事実があった。日本本土では、奄美連合大阪本部が四七年三月の結成大会で「在阪四万郷徒」は「完全復帰を要求し且つ期待する」と宣言するなど、保守派の方面で復帰要求が部分的に表明されていたが、(35)奄美では軍政府の反応をおそれて組織的な表出をはばかられていた。日本復帰の世論

が初めて表面化したのは、いわゆる「北緯二八度線のデマ」をきっかけとした。

一九四七年三月のマッカーサー声明以降、年内に講和会議開催かとの情報がひろがったのをうけて、奄美では八月初めから「北緯二八度線以北は日本に帰属することになった」との噂が、なんの根拠もなく「全郡的に拡まった」という。(36) 日本経済から切り離された奄美では物資の不足と物価高騰が日増しに進んでいた。軍政府と政庁は四七年前半から物価を全面的に軍政管理する低物価政策を試みたが、需給バランスの不均衡という根本問題への取り組みはなされず、物価統制もやがて破綻した。物資の絶対的不足のなかで住民生活は困窮し、米軍放出物資をめぐる汚職や密貿易が横行した。こうして困窮と混迷の度合を深める米軍政下に、意志表示の機会を逸したまま、いつまでもありつづける焦燥感のひろがりこそが、二八度線の流言現象が伝える真実であったのだろう。噂自体は軍政官によってすぐ全面否定され、デマは迷惑だとクギをさされた。だが最初流言のかたちで表出された復帰問題は、やがて真剣な討論の場に持ち出されることになった。

四七年九月一〇日の私設市町村長会会議では、徳之島（北緯二八度線以北の復帰というばあいには米軍政下に取り残されることになる）の四町村長が牽引するかたちで、米軍政官への要望事項として日本復帰が決議された。前月の郡内市町村町会および校長会での日本復帰嘆願決議（くわしい記録は残っていない）とあわせて、これらが全奄美大の要望として復帰が組織的に表出された最初の機会となった。(37)

またこれより先、九月七日の名瀬市民大会実行委員会報告大会でも、米軍統治を容認する奄美独立論の表明にたいする猛烈な反駁が、聴衆の拍手喝采をよんでいた。そこで演壇に駆けあがって「日本本土復帰の必然的理由を力説し同志は相携へて目的に邁進すべきであると絶叫」し、復帰の世論を先導する役割をはたしたのは、中村の大島中学での教え子で、奄美共産党の中心的青年党員として活動していた徳田豊己だった。[38]

この復帰世論の表面化について、中村は、この時点で「日本復帰についての党議はすでに決定して」いたと回顧録で述べている。[39]だが正式の決定が党としてなされていたわけではなく、実際のところは、日共中央からの承認が得られていないため、個々人の行動によって牽引されるかたちで、暗黙のうちに復帰を「実践的には、創立以来の党活動の中心目標」としていたというのが、[40]実情のようである。

なぜ奄美共産党は分離独立後の再結合という「党中央の方針」にしたがうことができなかったか。奄美の現実の情勢に照らしてみればその不適切さが明らかだったことにもよるが、そもそも「党中央の方針」には奄美についての規定の不明確さがあった。沖縄については、沖縄人を少数民族と明確に規定した「独立メッセージ」があり、また徳田球一のいう「民族の自主権」をいったん確立するプロセスを踏むべき、歴史的経緯の必然性も説得的に立てることができた。だが一七世紀初めに薩摩に統合されて以来、よしあしとは別に日本のうちに組みこまれてきた奄美を、沖縄と同列にあつかい、奄美の「民族の自主権」を主張することは困難だった。もし奄美人を少数民族として規定する沖縄と同様の独立メッセージが公式に発せられたのならまだしも、日共中央が奄美に独立の基本方針を与えたのは、日本と沖縄のあいだにはさまれた奄美の独自性を考慮することなく切り捨て、米軍の地政学的論理を踏襲して沖縄対策に組みこんだ措置だとしか考えられなかった。

奄共はこうした日共中央の論理にたいして抗弁せざるをえなかった。それはあいまいで屈折した面従腹背といった体のものであり、中央に依存する権威主義を内包していたが、奄美共産党の独自性はここにこそ生み出されていくのである。

これからみていく奄美の日本復帰運動で、奄美共産党員は圧倒的な活動量を発揮して運動を牽引していった。奄美の復帰運動における検挙投獄者三六人、投獄日数延べ一〇年七カ月、罰金三二万一〇〇〇Ｂ円、これらの犠牲のほとんどは運動の先頭に立っていた党員たちが負わされたものであったという。そのため「復帰ぬ土台作たんや共産」ということばは、いまも語りつがれている。(41)

奄共の日本復帰運動が内的に膨大な力をもちえ、またそれが奄美の復帰運動を主導する力となりえたのは、なぜだろうか。もちろん歴史は、党などの組織だけでなく、それを支えて動かす人間を見なければならない。奄共が復帰後日共に統合されることは結党時の綱領において折りこみずみであり、その意味で党自体は復帰までの時限政党にすぎなかった。だがそこにつどった者たちは、復帰運動をとおして奄美と日本の社会変革と解放を実現させることに、自分たちの将来を見いだしていた。それは米軍政と「異民族支配」にたいする否定と挑戦だったばかりではなく、それを追認して奄美を戦後改革の埒外に切り捨て、沖縄と一括処理する日共中央の対応のあり方をふくめた、奄美と日本の関係性にたいする葛藤と変革の挑戦として実践されていたと考えられる。奄美共産党が「独自の共産党」たる所以はそこに生まれるのである。

なお奄共の日本復帰要求は、レーニン＝スターリンの民族理論への否定や抵抗だったというわけでは決してない。レーニンとスターリンは「民族は分離する権利をもっているが、しかし情勢に応じてこの権利を行使しなくとも差支えない」こと、「この権利の承認は、分離反対の煽動宣伝をも、ブルジョワ民族主義の暴露も、さまたげるものではない」ことを強調している。要は「プロレタリア革命の利益に応じて、分離に賛成しあるいは反対する」のであって、目的は民主的再結合にあるのである。分離の権利の承認は民族間の抑圧的関係を克服するための手続の問題であり、このことをレーニンは「離婚の権利」の承認（行使ではない）による関係の民主化になぞらえている。(42)

すなわち奄共の復帰方針の立場は、「分離の自由」ならぬ「統一の自由」の「煽動宣伝」をとることによって、中間地帯としての奄美の切り捨てを克服し、戦後奄美と日本の民主的再結合を実現しようとする、分離独立なき再結合論だったということができる。分離の権利を行使しない統一の自由の選択もまた、再結合論の一形態なのである。

だがこの奄共の立場が、たとえレーニンとスターリンのことばを引いて理論的に主張されていたとしても、分離の権利の承認という自決権の設定段階を一足飛びにするかのように、ただちに復帰要求の分離反対方針にむかうべきだとする判断は、理解されにくかったであろう。もとより中央依存志向をもつ奄共にとって、分離権の行使と否定のどちらの戦略をとるかの最終的な判断・決定権が「党中央」にあることは否定できず、奄共側の異議申し立ては、この意味でもあいまいで屈折したものにならざるをえなかった。

ここに見られる奄共の独自性とは、すなわち日本と沖縄の二重の辺境として奄美が切り捨てられる位置性に由来し、この辺境としての処遇を克服するための二律背反の葛藤のなかに生まれるものなのである。二律背反とは、沖縄のように独立的主体として分離を政治経済的に積極的に展望することもできず、中央との一体化によって辺境の処分を脱しようとする戦略をとるほかないが、その戦略のなかで、中央依存の権威主義を内面化し、自己の辺境としての位置性、立場を表現すべきことばをなくしていくという矛盾である。本章は、この矛盾との格闘の具体相のなかに、奄美共産党のたどった軌跡を見ていくものとなる。

二　復帰要求の表面化と奄美共産党弾圧

先述した四七年九月の奄美での復帰要望の決議は、これを知った軍政府の態度が従来のものから一変して厳しくなったことから、軍政官に提出されることなくうやむやに終わった。すなわち米軍の情報部隊は、法制改訂委員会や各種大会の動き、徳田豊巳の発言までふくめて情報をつかんでおり、奄美の世論が「日本へ戻りたいという全員一致の要望」で固まっていることを了解していたが、市町村長会の翌日、九月一一日に、前年に発布された命令第五号（集会・言論・出版・宗教・組織の自由を規定した、いわゆる「自由令」）の廃止が軍政官から突如発表された。そして一〇月四日、軍政とは「独裁的政治形態」であり「民主政治とはおよそ対蹠的」と声明を発し、「自由令」に代わる命令第一五号を一〇月一六日に公布し、軍政府ないしアメリカに敵対する行動の自由を規制した。復帰の世論はこれら間接的な禁止命令でその後抑制された。(43)

この停滞の時期、共産党の在京奄美グループは四八年四月、久留の義弟で青年共産同盟員の小西文雄を奄美に帰省させ、現地にも青年同盟をつくらせることにした。奄共も非公然活動の限界をおぎない、幅ひろく青年層を結集して活動する組織が必要だとして、中村の教え子、崎田実芳を中心に、非公然組織としての「奄美共産青年同盟」と、全奄美で公然活動のできる合法団体としての「奄美青年同盟」が組織されていった。北大島の各地区の青年団の指導部はすべて奄美共産党員で占められ、その指導と活動のもと、四八年八月一五日、名瀬市に全奄美から一〇〇〇人以上の青年があつまって奄美青年同盟の結成記念講演会がひらかれた。(44)

ここで奄共と軍政府との対立を決定的にするできごと、「赤旗事件」が起こった。まず昼すぎに名瀬港に入港した日本本土との連絡船から、中村の命で『アカハタ』三五部や書籍二〇数冊をうけとりにいった奄美タイムス記者が大島警察署に拘引された。つづいて晩の記念講演会にもCICの情報官があらわれ、講演会の中止と奄美青年同盟の解散を宣告した。一七日にはGHQのプレスコードに違反する文書を密輸入した罪で中村が逮捕され、軍事法廷で一年の重労働の判決をうけた。(45)

軍政府は四月にヘイドン軍政府長官が、共産主義の防壁としての沖縄の役割を強調し、防共政策の強化を打ち出していた。(46)だが奄美のCICは、中村に率いられた「大島共産党」が社会科学の講習会や青年会の会合などを装いながら、週に二、三度の共産主義講習会や会議をひらき、それに参加して急進化した若者たちが「夜中に名瀬の街を『インターナショナル』を歌いながら歩いていくほどの大胆さ」を示すほど増長し、奄美青年同盟の組織化を進めていることを把握しており、これへの対策として、赤旗事件の前には、奄美共産党の名瀬、小宿、知名瀬の細胞にスパイを浸透させ、党の組織と活動の概要をつかむことに成功していた。(47)

赤旗事件は、中村が収集し教材としていた共産主義文献の入手ルートと、それによって拡大してきた党の偽装組織としての青年会を叩くことで、「大島共産党」の勢いを押しとどめることにねらいを定めた、奄共への最初の弾圧事件だった。じっさい指導者中村と、彼によって保たれてきた日本本土からの情報入手経路がうしなわれたことは、奄共にとって大きな打撃となった。その後党は崎田、大山光二（三津司）らがすでに認可をえていた青年団組織を活用することで公然活動を継続するようになった。

その後一九四九年から翌年にかけて、奄美では軍政府の食糧三倍値上げ指令（四九年四月）をめぐって大きく揺れ動いた。生活の破壊、飢餓に直結する食糧値上げにたいする反対運動は大きく盛りあがり、労組、青年団、婦人団体などが結集して四九年七月には全大島生活擁護会が結成され、政庁側でも経済復興委員会から正副知事、部長級にわたる総辞職願いが提出され、官民が一体になって長期にわたる反対運動を行なった。

もはや米軍政下では食べていけないとの判断が奄美社会全体にひろがり、ここにおいて復帰の要求は生存を求める、貧しさからの解放として、決定的な世論になった。そうしたなかで奄美共産党は生活擁護会の中心になって軍政府への抵抗と政庁への批判を主導し、対外的には『新青年』（新四谷青年団機関誌）を、内部では非合法党機関誌『ジンミンセンセン』を発行し、勢力をとりもどしていった。そして五〇年一月、奄美大島連合青年団が再建され、三月二五日には、奄美共産党員を中心とした名瀬市連合青年団が、表向きは失業対策問題を立てながら、実質は日本復帰運動の推進を主題とする、青年決起集会を開催した。[48]

しかしその三日後の三月二八日、軍政府の法務官・情報官は名瀬警察署の武装警官を引きつれて徳田豊己ら数人の青年活動家の家宅を捜索し、『ジンミンセンセン』や党役員の名前を記した徳田の手帳などを押収した。これによって非合法組織の奄美共産党の存在が物証をもって発覚し、名瀬・古仁屋で奄共の役員と青年団幹部ら一八人が逮捕された（「奄美共産党事件」）。容疑は『ジンミンセンセン』

のなかに、「斗魂　一九四九年」と題する「斗いの詩」が収められており、その最後の一節に「えい打倒せ　軍政府」と記されてあったことから、これが特別布告三二号第二章「安全に反する罪」の「合衆国政府、民政府または琉球政府を武力をもって転覆することを主張する」行為などに該当するとして、党員らの一斉検挙が強行されたのであった。(49)

以上のような経過で、奄美共産党はついに復帰運動に取り組み、その牽引役を担うようになった。このことについて「五四年党史」は次のように述べている。「一九四九年頃から党活動の活発化と組織の拡大にともなって「奄美人民政府樹立」の綱領をもつ地方組織による革命運動では祖国復帰・民族解放と言う当面の重要要求を解決することはできないとの意見が強くなり、琉球の祖国復帰運動を民族運動として取り上げ奄美大島に於ける党組織を正式に日本共産党の下部組織としなければならないと考えるようになった」。そして五〇年三月「青年団を中心にして青年ケツキ大会の形式で復帰運動を始めて大衆の前に提起して表面化した」と。

この記述は実情に近いものだと考えられる。ところがこれよりも後の党史記述では、徳田球一路線の独立論に従っていた過去を、すこしでも以前にさかのぼって否定し、そこから身をはがそうとする配慮からであろうか、以下に見るように根拠の確認できない書き換えがくりかえし行なわれ、党レベルでの復帰方針への転換時期が前倒しされている。それは一面で宮本顕治体制下の党内論理に他律的にしたがったものであろうが、同時にまた、個々の党員が日共中央の方針に逆らう葛藤のなかに切りひらいた奄美の復帰運動への献身と投企を、党（奄美と日本の）の正しさと無謬性のもとに集合的に回収しようとする、奄美における党の中央集権史観の表現でもあった。

すなわち前出の「五四年党史」では「四九年頃から」とされていた復帰路線への転換が、「五八年党史」ではなぜか「四八年から」日本復帰が「党内の統一的意見」として発展したと一年さかのぼらされている。これについて復帰一〇周年の六三年時点の党史紹介の文書（日本共産党奄美地区委員長崎田実芳「奄美同胞の祖国復帰と復興へのたたかい」『アカハタ』一九六三年一二月二五日）では、その点の根拠を挙げるかのように、奄共が公然組織として四八年八月に結成した奄美青年同盟が「ポツダム宣言の厳正実施、即時祖国復帰を綱領にかかげ」たとした。しかし奄美青年同盟が日本復帰を綱領に規定したということは他のどの史料・文献からも確認されず、また言及されたことがない。そして八四年公刊の『奄美共産党史』では青年同盟はたんに「「ポツダム宣言の厳正実施」などをかかげ」たとされ、六三年文書の主張は否定されたかのようである。ところがもう一方で、『奄美共産党史』では奄美共産党がこの四八年なかばころにはすでに「党是として、日本復帰をかかげ」高まりゆく復帰運動に指導的役割をはたしていたと述べ、それにかかわって五〇年一月発行の『ジンミンセンセン』には「復帰運動についての党の任務も書いてある」と主張された(50)。しかしこれもまた事実に反する。

同誌は「吾が大島の同志諸君」に人民の革命へむけた「民族運動を展開」すべきことを呼びかけているが、その民族的主体は「奄美民族」「大島民族」であり、この主体が「階級闘争を先鋭化させ、第二次大戦後の国際的民族解放闘争の陣列に運動を発展させる」ことが主張されている。「日本の同志達の献身的努力と勇敢なる闘争は益々人民に革命への情熱と自覚を高めつつある」ことが関説されても、それと結合しようとする方針は言及されず、日本復帰はもちろん主張されていない。なぜ「日本の同志達」との結合さえ明確に言及されず、「国際的民族解放闘争の陣列に運動を発展させる」ことだけが抽象的に主張されているのか。

マル秘の印が押された非合法の機関誌とはいえ、それは対軍政府の意味での秘密あって、いずれ念願とする「日本の同志達」との結合がかなった場合には、この機関誌は党の活動資料として提出されるかもしれない。そのさいに「党中央」の承認なく、かつて与えられた基本方針と「指導」を勝手に取り下げていたことがあらわになるような文書は、作成することができなかったということではないか。『ジンミンセンセン』の記述からは、むしろ復帰世論が奄美社会でかたまっていたこの段階においても、党の正式の機関誌レベルでは創立時の奄美独立綱領から依然離れられずにいたことこそが確認できるのである。このときの日共書記長は依然として徳田だったのだから、当然といえば当然である。

ではどうして五〇年三月に「青年団を中心にして青年ケッキ大会の形式で復帰運動を始め」ることに踏み切れたのか。表面をおおう歴史の書き換えの変遷の下に隠された、沈黙の歴史をたずねてゆこう。

三　沈黙のなかの革命党

『ジンミンセンセン』発行の翌月、奄美を復帰運動の開始にふみこませる衝撃力をもったアピールが、奄美出身者が集住する宮崎県東大島町から届けられた。

東大島町の青年団は四九年八月から全国に先がけて復帰運動を開始していたが、徳之島で教師をしていた為山道則が同島の青年団長会議で復帰の討論会を開いたという理由で公職追放をうけ、四九年末に本土に密航、宮崎の青年団に合流して運動を本格化させ、五〇年二月一七日に復帰運動開始のアピールを奄美の各市町村長、団体、機関など発送した。[51] これが幾十通と舞いこんできたとき、「三年前、復帰決議をして痛い目にあった市町村長達は、電報を手にして戸迷いつつ、さかんに青年達をたきつけた」という。タブー化して久しい復帰要求を表面化させるには、当時汚職追及などで活躍していた奄美の青年団が、宮崎の青年団に応えて立ち上がるべきだとする、その行動力への期待がある一方、これで痛い目にあわせれば青年団もおとなしくなるとの目論見もあったという。[52] こうした思惑もあって、電報は三月初め奄美の地元紙に掲載され、奄美の世論に衝撃をあたえた。そしてみずからの主導のもとに名瀬市連合青年団を一月に結成していた奄美共産党は、なかば悪意のまじった、この期待に正面から応えたのであった。それが三月二五日の青年集会となり、予想どおりに「奄美共産党事件」という全面的な弾圧にさらされることになった。

当時日本共産党豊島地区委員長をつとめて東京で奄美の運動にたずさわっていた、徳之島出身の松田清は、このときの「奄美の方をびっくりさせた」為山道則の役割と奄美の党との関係について、次のように証言している。「この男は党員でも何でもなくて、何も知らないまま復帰運動を始めたんです。党員で周りの状況の厳しさが分かっていたら、あんなことできなかっただろうね」。[53]

奄美共産党が「党中央の基本方針」に背いて、復帰方針への転換をとげるにいたった経緯は、以上のようなものであった。奄共の転換を可能にしたものは、四九年に食糧問題をめぐって復帰の世論が水面下で決定的になった事態をうけて、その食糧値上げ反対運動のなかで大衆的非合法政党として躍進をはたした実績と成果に裏打ちされた自信だっただろう。だがそればかりではない。むしろこの転換は、復帰運動の表面化を求める世論が奄共にその前衛となることを求めた結果だったといえる。奄共と青年団にたいする悪意もが、背中を押したのである。

ここにおいて奄共は、自己の党内論理と米軍政下の利害をこえて、体制変革を目ざす「独自の共産党」となった。それは、軍政と貧窮からの解放を希求する奄美社会の世論を背に、中央の方針に反して日本復帰運動に投企する党派への、革命的生成変化であった。

後の回顧のなかで中村安太郎は、復帰方針への転換の背後にあり、また支えともなったのは、「一つの方向へ流れはじめていた」「二二万郡民の要望」、また「党員一人ひとりの心の底からの希望と要望」であり、そこから導き出される「現実の検証」であったと述べている。(54) この述懐にいつわりはないものと考えられる。

では、ここにつむぎ出された奄美共産党の独自性は、どのような可能性と限界をもったものだったのか。

さきにも論じたように、奄共の復帰運動は戦後日本に結合し復帰することとそれ自体に「異民族支配」からの解放を見出して、行なわれていたばかりではない。奄美・沖縄を除外した「党中央」の変革と解放の構想にたいし、そこに参画しかつそれを変えていくために、実行される潜勢力を秘めていた。そこには日本本土からのステロタイプの押し付け、現地の情勢にたいする無理解にさらされながら、みずからの決意で「復帰」を形づくろうとする「復帰」の主体の矛盾と力強さとを見出すことができる。矛盾の必然性をかさねて認識させられながら、むしろ認識するからこそ、必然からの自由を切り開こうとする、変革と解放のための運動がたたかわれるのである。このことはまた、後の沖縄の「復帰」

をめぐる主体にも通じる思想であった（第Ⅱ部序説注3参照）。

だがこの独自性は限界と表裏一体になっていた。奄共は、徳田球一らの革命構想にいち早く組織的・制度的にも一体化することで、軍政下の貧窮と荒廃から脱出しようとする中央依存のかたちでしか、突きつめたところの変革構想を立てられなかった(55)。奄共は奄美独自の革命戦線の前衛党であったことはなく、革命構想は完全に中央に依存しつつ、復帰運動においてそれを奄美社会に引き入れ結合させようとしていた（具体的戦略は第四節四参照）。そしてこの地域社会の変革を担う主体的条件の弱さは、中央がその都合にしたがって奄共の下部組織化の要望を承認するにいたった後、明白に露呈することになる。奄共はみずから求めた党中央との一体化に没入し、中央の権威主義を内面化して模倣する「党中央」の単なるミニチュアと化していくのである。

その具体相は後にみていくが、そのひとつの帰結として、さきにみた復帰方針への転換時期の前倒しなどの、とめどもない歴史の書き換えという奄共の党史記述の一大特徴が生み出されていることを指摘しておこう。そしてこのことは裏側からもとらえる必要がある。

すなわち奄共の党史が、たとえどれほど後代からの粉飾に満ちていたとしても、それは奄共の活動それ自体が、当時から欺瞞に満ちていたということを決して意味してはいない。表面にあらわすことのできない表現の困難さ、それが現在にいたる歴史として見いだされなければならない。それは公式党史の成就した歴史が、その影においてつむぎ、沈黙において語る歴史である。

奄美共産党の独自性と力とは、こうした表現の困難さにおいて生成していた。そしてその主体性とは、主体であることの困難さ、それ自体に立脚していた。

四　復帰―民族運動の高揚と統制

一九五〇年七月、米軍政府は奄美・沖縄・宮古・八重山の各群島に政府と議会を設置し、知事と議員の公選を実施すると発表した。ここにいたって選挙戦を行なうためにも、合法活動を担う政党の結成が不可欠となり、中村安太郎は、自由主義者の詩人で県視学をへて月刊誌『自由』社長となっていた教育者、泉芳朗らとはかって、八月に奄美大島社会民主党（社民党）を結成した。綱領には「民主主義の実現」「社会主義に立脚」などの文言とともに「軍政府への協力」をかかげ、軍政府からの認可をえた。結成当初は幅ひろい方面からの陣容をそろえたものの、一〇月に選挙を終えてから翌五一年初めにかけて、奄共は社民党名瀬市部をつくり、そこから党の指導者を続々と社民党に加入させた。さらにそこを拠点に、社民党を中心とする超党派の復帰運動組織「奄美大島日本復帰協議会」（復協）を組織した。(56)

復協はいよいよ講和会議の開催が確実になった情勢をうけて、奄美社会の各界団体が結集して五一年二月に結成された。泉芳朗が議長に就任し、以後奄美の日本復帰運動の中核組織として活動した。さっそく奄美共産党員の提案と活動のもと、全奄美群島に支部が結成され、「奄美大島即時日本復帰陳情署名簿」作成のための署名運動が開始された。そして四月一四日には一四歳以上の人口のうち九九・八％の一四万人近くが署名する圧倒的な成果をあげた。(57)

署名簿は五月に「奄美大島の日本復帰についての請願書」（中村安太郎の執筆になる）とともに東京に送られ、奄美総連合（日本本土の奄美出身者組織）本部をとおして関係機関に請願手続きがとられた。

その結果国会でも六月初めに「領土問題に関する決議」が採択され、奄美の運動に牽引されるかたちで、講和会議を前に沖縄・奄美・小笠原の復帰問題は国論化された。(58)

住民の意志を物質化した膨大な署名簿の到着によって、東京でも復帰運動は急速に進展した。五一年六月には奄美連合全国総会で、復帰運動を推進する全国統一組織として「復帰対策委員会」(委員長昇直隆)が設置され、七月から全国で一〇〇万人署名運動が展開された。(59)しかし七月一〇日、対日講和条約最終草案がAP通信のスクープで報じられ、琉球列島と小笠原諸島を信託統治下に置く方針が伝えられた。これをうけて奄美では抗議総決起大会がたてつづけに開催された。

このなかでとくに重要な意味をもったのは、軍政府の中止通告をおしきって開かれた七月一八日の奄美大島連合青年団主催の青年決起集会で、そこでは「復帰三原則」(信託統治絶対反対、日本復帰貫徹、全面講和締結)が決議され、また信託統治反対をうったえる全郡断食祈願が決められた。八月一日からのハンストの影響は大きく、八月五日には名瀬市の全官公庁をはじめ、商店、映画館、飲食店などもいっせいに営業を停止、小中学校生徒をふくむ一万人が断食に参加し、街はゼネストのような状態になった。(60)民族主義で急進化した奄美の復帰運動は、国際的にも大きく報道され、講和会議出席のため九月二日サンフランシスコに到着した吉田茂首相は、その日の会談でさっそくアメリカの講和問題担当者ダレスから「日本のためにいろいろ計ってやっておりながら」「ハンガーストライキのような示威運動をされることは、アメリカの立場をきわめて困難にする」と苦情をうけ、統制を求められた。(61)

この時期、四九年末から基地建設の本格化によって活性化した沖縄経済とは対照的に、日本本土経済から分離された奄美社会は、米軍政下琉球の辺境として経済的窮乏に迫られ、働き手を根こそぎ沖縄に流出させる崩壊に面していた(第三章参照)。奄共はこの生活の危機を、民族主義的な反米抵抗運動に振りむけようとして、復帰運動を推し進めていった。だが講和条約の調印が終わり、奄美の住民のあいだに失望と虚脱感がひろがるとともに、今後の運動の進め方をめぐって復帰運動の内部に保守派と革新派の亀裂が走るようになった。これによってこれまで一九五〇年三月以来、奄共を牽引役として大同団結を組んでいた時期は終わった。[62]

これは軍政府の圧力に抗しながら復帰の意志表示を全奄美規模で組織化する段階では必要だった、奄共と青年団の行動力が主導的な役割を終え、事態の行方を決する中心的舞台が東京における対日本政府の交渉・陳情活動に移ったための変化であったといえる。日本政府としても、講和会議で潜在主権を認められ、またダレスから苦情をうけていたこともあり、奄美の復帰運動に介入し統制をかけていく十分な理由と条件をもつにいたっていた。

復協は五一年九月に全郡支部長会議をひらいて今後の運動方針の立てなおしをはかった。この会議では、復協の三つの中核団体のうち、奄美大島連合青年会と奄美官公庁職員組合は、講和条約三条撤廃と信託統治絶対反対を確認し、この路線で無条件復帰をかちとるまで、あくまで闘うべきとの姿勢を打ち出した。しかしもうひとつの中核団体の奄美連合教職員会は、三条撤廃と信託統治反対はかかげないで「スローガンを日本復帰促進の一本にし、全住民の真情を新しく打ちだすべき」と主張した。この新方針は対日講和と日米安保条約が共産主義勢力に対応した措置として締結され、奄美が防共の砦として組みこまれた以上、アメリカに支持される運動でなければ復帰の目的は達せられないとの現状認識を背景にしていた。奄美の論壇では、より直接的に、軍事基地を米軍に提供する「誠意」をみせて復帰を推進するべきとの意見も知識人からあがっていた。[63]

会議では激論のすえ「信託統治絶対反対」「完全日本復帰」のスローガンのもとに「実質復帰」を促進するという折衷的対応で運動の継続が決められた。[64] これ以後、サンフランシスコ（講和・安保条約）体制に正面から挑戦しようとする奄共らの完全復帰にたいし、体制に抵触しない「鹿児島県大島郡復活」をメイン要求にかかげ、これが実現するまでの暫定措置として為替、送金、渡航の自由など軍政緩和を求めていく実質復帰路線が、もうひとつの運動の潮流として台頭していった。[65] それは日米安保の体制の枠内で施政権返還を実現しようとする返還構想であり、二〇年後の沖縄返還のさいにあらわれる「体制内復帰」の起源にあたる。

条約調印後、実質復帰路線がにわかに奄美の復帰運動内部にあらわれた背景には、日本外務省の意向、そしてそれをうけた本土の奄美連合の保守派幹部からの働きかけがあった。奄美連合は以前から政府や国会議員への陳情請願を中心に活動していたが、[66] 調印後、外務省から、アメリカが信託統治を提案することはないだろうから、信託統治反対の運動はアメリカを刺激するのでやめた方がよい旨を告げられ、これをうけて東京都復帰対策委員長の金井正夫は、五一年一〇月、現地の復協へ次のような書簡を送った。「安全保障条約さえ強化せられたら、信託統治協定の必要もないと思いますから、今度の国会で安保条約にたいし反対党が騒いでもらわないことを希望する次第で、これが大島のためにもなることと存じます。従って復帰運動のスローガンに条約第三条撤廃を掲げる必要もなく、早期日本復帰要望だけで目的は足りると考えますから、御地においてもそのつもりで復帰運動を進めてください」[67]。この金井書簡は雑誌『自由』一一月号に紹介され、復帰運動関係者に大きな影響をあたえたといわれる。

一方、この保守派の実質復帰論の台頭にたいし、奄美共産党の側は、東京やワシントンを舞台にした事態の推移に介入できる手がかりをもっていなかった。行き詰まりはやがて内攻的な急進化と奄美の政治社会情況からの遊離へと転化してゆくが、この奄共の復帰運動の限界を決定づけた大きな要因として、同時期の日本共産党の混迷があった。東京の日共中央は、奄共にとって保守派の台頭に対抗する手がかりをもたらすことがなかったばかりか、むしろ運動を閉じた内攻化へとみちびく役割をはたしていくのである。

本章第一節では四七年までに確立された日共の沖縄・奄美対策を検討したが、次節ではその後、独立－再結合の構想が破綻し、修正されていく経過を検討する。

第三節　独立—再結合構想の破綻と修正

一　冷戦のなかの隔離方針の継続

分離独立—再結合の構想を示すにあたって、徳田球一も永丘智太郎も、根本的な問題は沖縄の自主性が尊重されることであり、帰属や国籍は二次的な問題だとしていた。帰属がどうあれ当面沖縄の自治と自主性が確保されれば、それが将来の沖縄解放の基盤となるはずだという判断であるが、その保証は、一にかかって連合国の協調体制が維持されることにあった。永丘は一九四六年段階で、沖縄の今後がアメリカの意向によって左右されることをつねに強調しつつも、信託統治理事会に「沖縄に格別の関心を持つ中国と、常に弱小民族の肩を持つてくれるソ連とが加わつて」おり、中ソ両国がアメリカを牽制しつつ連合国の協調態勢が維持されることに希望を見いだしていた。だがこの期待は四七年以降の冷戦の進展によって断たれ、米ソの協調体制に依存していた分離独立—再結合構想は、四八年後半ごろから次第に限界をあらわにし、修正を余儀なくされてゆくのである。

四七年九月に結成されたコミンフォルム（各国共産党・労働者党情報局）の第一回会議宣言は、アメリカが「帝国主義的反民主主義陣営」の先頭に立って、ドイツと日本の大資本家を世界支配の道具に用いようと準備していると指摘し、各国共産党はこれにたいして自国の民族独立と主権の擁護の旗をかかげ、隷属化に反対するべきだと要請した。(68) このような米ソ対立の世界大の展開においては、アメリカ単独の信託統治を是認し、そこでの高度の自治達成を展望することは、もはや方針として正当化できなくなっていた。徳田はもちろん永丘ら沖縄人連盟の左派グループも、一九四八年にはすでに国際情勢が東西二極対立の段階に入ったことを十分承知していたが、それでもまだ全面対立にいたっていない以上、基本的には事態を静観しつつ、ヘンリー・ウォーレスら米国内での対ソ融和政策の活動に期待をよせ、ポツダム宣言の厳正実施（占領軍の早期撤退をふくむ）を楯にして、国内での党勢伸張をすすめる対応をとり、この脈絡のなかで沖縄民族の自主性の強調をつづけていた。(69) しかし大局的には従来路線の延命で対応できたとしても、軍事占領下にある沖縄・奄美には冷戦の非妥協的な論理が波及してきていた。

先にみたように、沖縄の軍政府は四八年四月、共産主義の防壁としての沖縄の役割を強調して防共政策の強化を打ち出し、八月には奄美共産党にたいする最初の弾圧、赤旗事件が起こった。なお、赤旗事件で押収された党文献は、徳田球一の決定にもとづき、党本部勤務にもどっていた久留義蔵から、長崎県海上地区グループが受け渡し役となって届けられていた。そのため海上グループの党員も奄美で逮捕され、すぐ徳田に報告が行ったが、徳田は抗議も行なわず、「絶対騒ぐな」と指示して波紋がひろがるのを防いだという。(70)

ちょうどこの時期、四八年八月二六日の第一二回中央委員会総会で日共は対日講和にたいする基本方針を決定した。その第三項「領土」には、「民族的、歴史的にみて、もともと日本に属すべき島々の日本への帰属」が主張されていた。(71) このいわゆる固有領土返還論の主張は、後に六〇年代になると、「アメリカの直接軍事占領の下に置かれた沖縄、奄美大島、小笠原諸島の返還を指していることはまったく明らかであ」り、「従来の方針から一挙に方針を変更」したものだったと、沖縄復帰運動の論理のなかで評価する解釈が提起された。(72) しかしこの講和方針が従来の沖縄・奄美独立論を明確に否定するものだったとはいえない。かりに沖縄・奄美が歴史的な固有領土だと主張されたとしても、「沖縄民族の独立を祝ふメッセージ」は「たとひ、古代において沖縄人が日本人と同一の祖先からわかれたとしても、〔中略〕沖縄人は少数民族として抑圧されてきた民族」であると規定したのであり、この少数民族規定が撤回されないかぎり、日本帰属の主張は成り立たない。

では、この固有領土返還論はなにを意味していたか。それは沖縄・奄美ではなく、米英ソのヤルタ秘密協定によってソ連が獲得した樺太・千島の領土問題を暗に指していたと考えられる。四八年六月、野坂参三は衆院本会議での質問演説で、米中英ソのいずれの大国にたいしても中立を守るとの中立主義政策を表明していた(73)。日共の中立主義路線は、ソ連から要請される米ソ二極対立の論理にたいしてある程度の自主性をたもち、間接占領下の現状に即した平和革命の展望を守ろうとするものだった。そのため連合国対日理事会ソ連代表部も警戒し、日本国内の領土返還要求を支持する上記のような日共の言動が、中立路線を具体的に示すものとして調査分析されていた。徳田や野坂は党内での会合では、なんどか「樺太、千島を日本に帰せ」という主張を口にしていたともいわれる(74)。

これは四七年末の第六回党大会後、四八年になって従来の「民主人民戦線」にかえて採用された「民主民族戦線」の「民族」性にかかわる問題だった。日共にとって「民族の独立」は、もちろん、まずもってアメリカ帝国主義の日本植民地化に反対する意味で用いられていた。だが片山内閣から芦田内閣に移行する時期の日本政府の混乱にたいして、国民の基本的要求を反映した民族戦線の結集を社会にアピールするなかで、戦線は広範な民族主義的要求にこたえるものにならざるをえなかった。六回大会でも、すでに野坂は「われわれの陣営は広はんなものであり、またかかるものにしなければならぬのである。これをせばめる戦略戦術は絶対に排除しなければならない」と、党の基本方針を報告していた。[75] 千島領有についてソ連側の主張を無条件に支持することは、国民感情や戦線の拡大にそわない対応として、この基本方針に抵触していた。他方、日本本土の対米「独立」がはたされない時点での沖縄・奄美返還の要求は、野坂のいう「絶対に排除」されるべき対応のほうに近かった。アメリカとの対立を惹起させる当面の不利益ばかりでなく、冷戦の軍事拠点となるべき同地との一体化がかりに実現したとしたら、それはアメリカの極東軍事戦略の論理を講和後の日本に全面的に波及させる〈日本の沖縄化〉を招き寄せ、共産党の行動の自由をいちじるしくせばめることにしかならなかったからである。奄共の赤旗事件への徳田の対応からは、このような意味での危機の招来を遠ざけようとする、沖縄・奄美隔離方針の継続こそが、読み取れるのである。

二　独立―再結合構想の崩壊と、つぐむ言葉

以上は四八年の講和基本方針における固有領土の意味についての分析である。だがこうした党中央レベルでの大局的な冷戦回避、隔離方針維持の対応とは別に、情勢の変化に敏感に対応せざるをえない、現場の在日沖縄出身党員グループのあいだでは、同年末から翌年にかけて、独立―再結合の展望の行きづまりをうけた新たな運動への転換が、苦悶のうちに模索されはじめていた。中央の方針に反し、現場は日本帰属論へと迫られてゆくのである。

その模索は、党中央レベルでの対応に先がけた転換であるという先駆性や先見性への評価によってのみ、重要な意味をもつのではない。むしろ歴史的にこれは初めてだというような、新しさのイン

デックスによって歴史をたどるような、歴史研究におけるわたしたちのまなざしを、インデックスの背後にかくれる影の部分へと動かす点において重要な意味をもつ。そこには、結局のところ外からの政治的圧力（後述するコミンフォルム批判）をうけることでしか方針を変えていくことができなかった党中央の大局的な対応を、つねに下から支えていた者たちがもった、政策文書に表現されることのない苦悩と、その苦悩の深さをバネにした思想／運動の飛躍と変様を、たしかにかいまみることができるのである。以下にこの葛藤と模索のかたるところを、表現の困難性においてつながる、わたしたちの歴史において展開させていきたい。

まず前提として、四八年なかばに沖縄人連盟におとずれた組織再編があった。連盟ではこれまで、共産党系の勢力が活動面での主導権をにぎってきた。とくに四七年二月に結成された沖縄青年同盟（青同。形式上独自組織だが連盟の青年部に相当）は、連盟の「前衛」として左派の政治運動へ連盟を牽引する役目を担った。だが四八年一月以降青同委員長が関与した援助物資の横流し問題が表面化し、その紛糾をへて八月には、前年から日本復帰運動を活発化させた保守派によって共産党員を幹部から一掃した新体制が確立されるにいたった。この間、内部の共産党グループのフラクション活動を規制するための調査委員会が連盟内に設置され、名称も「朝鮮人連盟」との類似性から共産党色をうかがわせるものだとして、沖縄連盟に改称された。これによって共産党系の人びとは連盟における活動の場をうしない、青同は共産党と一体化する方針をいっそう明確にしていった。(76) そのなかで青同の沖縄独立方針は、分離独立という自治権確立の契機を経ないままに日本との再結合にすすむものへと修正されてゆくのである。

その修正のあり方を、青同の中心メンバーでもあり、沖縄学生同盟南灯寮の自治委員長だった宮原邦男の論稿から確認しよう。彼は四八年六月発表の論稿では、「沖縄民族の解放と言っても世界的被圧迫民族の解放の一環としてこそ始めて可能であり、そのことは又世界的な階級問題の解決との関連なくしては考えられない」と民族問題が階級問題に従属することを原則づけながらも、スターリンによる民族の定義(「マルクス主義と民族問題」における文化・心理面での共感の歴史的形成の重視)に依拠して「当然沖縄を中心とする南西諸島を以て一民族を形成するものと見なければならぬ」と主張し、当面は民族権の確立の方向で運動がすすめられるべきだと論じていた。だがその半年後、四九年一月の論稿「沖縄『民族』といふこと」では、日本在留沖縄人の諸運動をめぐる「様々な矛盾に追ひ込まれ」前説を否定し、「今では沖縄の日本との結合論を唱へる」ようになったと述べている。(77)

この転換を理論的に支えていたのは、いわゆるフォルクとナチオン(Volk, Nation)の弁別であった。フォルクとは支配者にたいする人民、ある地域住民、そして血縁集団を指し、ナチオンは、資本主義段階において政治経済的に封建的細分状態を克服したところにフォルクを変質(あるいは統合)させて生まれた、地縁的原則に立つ近代的民族集団である。(78) 宮原は資本主義以前の「悠久の歴史的過程」において「沖縄にも別民族を形成し得る原初的要因はあつた」としながらも、「理論的には民族は資本主義に入つて始めて終局的に形成される」として、「民族を終局的に決定するに最も重要な資本主義の発展過程が日本との統一下の同一条件にあつたが故にかかる原初的要因も次第にうすれて既に消滅しつつありむしろ日本人意識が逆比例的に高まりつつ現在に至つた」と整理する。そして「奴隷的な沖縄の現実」にまったく無関心な「極端な国際主義」と、「沖縄「民族」とか沖縄人等を強調することにより沖縄の解放が現在の様な資本主義的関係内で直ちに可能である」と考えて日本の政治に無関心な民族主義、という二つの偏向を批判した。なぜなら「沖縄の完全な解放は結局インターナショナリズム的関係に於て始めてあり得る」からであり、またそこにおいて「民族問題消滅の過程」が必然性をもって現れるからだとされた。

ここではプロレタリア国際主義のもとで沖縄民族主義を止揚し、分離独立の自決権を解放戦略のために自発的に撤回する結果として、日本との結合論が打ち出されている。当初から戦後日本との「統一の自由」を追求した奄共が、奄美の切り捨てに抗する中央志向によって自発的に分離独立を否定したのとは異なる、迫られた独立プロセスの否定であった。この背景には沖縄をめぐる内外情勢とかさなりあう、国際共産主義運動の要請があったと推論できる。四八年六月コミンフォルムはユーゴスラヴィア共産党への非難と追放を決議し、その反ソ的な民族主義と反国際主義がユーゴの独立をうしなわせ「帝国主義国家の植民地にかえてしまうだけ」だと非難した。日本共産党も八月にこの決議を支持したが、ユーゴの民族主義にたいする激しい攻撃は、従来の沖縄対策方針の問題性を照らしだす意味をもったはずである。米ソ対立の論理の世界規模の席巻のなかで、依然としてアメリカ単独の信託統治を是認し、高度の自治の達成を期待するということは、もはや現実味がなくなっただけでなく、沖縄を「帝国主義国家の植民地」として放棄し西側の軍事戦略を有利にさせる利敵行為として、反動の烙印を押されかねないものとなった。米軍の完全軍事占領下にあるため、沖縄では間接統治の日本本土のように占領下革命の可能性を残しておける余地がなく、米ソ対立の影響を直接こうむりうる位置にあったのである。

このような趨勢のもと、宮原は「沖縄『民族』といふこと」で、プロレタリア国際主義のもとでの「沖縄の完全解放」を、日本との結合のなかで追求するようになる。しかし占領下で政治経済的に分断されている現状では、資本主義のもとで日本と沖縄の民族結合が進展していることをいま具体的に発見することはできない。そのため宮原は「戦後沖縄が国際的に特殊な環境に置かれて日本との関係がうすくなつたからといつていきなり民族をとなへることは歴史に逆行する」と述べて、分離独立なき再結合の必然性を歴史のなかに見いだそうとした。このように歴史を語ることそれ自体が、民主的再結合の夢の必然性と根拠を、遂行的に形づくろうとする営みにほかならなかった。

この分離独立なき結合論は、仲吉良光や吉田嗣延ら保守派の在京沖縄出身者が主張していた復帰論と、表面的な方向性では一致する。だがこの日本帰属を肯定する共通性をもって、二つの運動（論）が合流、連携しあうことはなかった。これまで永丘や青同関係者は彼ら復帰論者を、「軍国主義超国家主義日本への復帰派」あるいは「日本民族の袖の下にかくれて、自ら沖縄人であることを隠蔽しようとする保守反動」などと非難していた(79)。このように日本と沖縄の民族を峻別して当面の統合の可能性を全否定する意見は四八年後半以降見られなくなる。しかし宮原は分離独立なき結合論をうちだした四九年一月の論稿でも、「我々の敵は国際的資本主義勢力であり、直接には沖縄をかくもみじめな立場に追ひやつた日本の帝国主義的反動的勢力である」と述べ、みずからの立場が戦前の日本への回帰である復帰論ではなく、戦争経験をふまえた戦後民主化勢力との結合だということを明確にしていた。

むしろ青同は四九年一月の日本の衆院総選挙にむけて、これを「保守反動勢力と民主々義勢力との一大決戦」ととらえ、「日本の民主化によつてこそ我々は救われ、沖縄の解放も促進される」との認識のもと、社会党をふくむ「くさつた保守反動政党」を排撃しながら、「革命的政策をもとめて大きくまとまる民主陣営の動向」に参画するという、共産党の革命路線に沖縄解放を一体化させる方向にすすんでいった。まずは日沖の民主的再結合の基礎となる日本の民主化を推し進めようとする方針であろう。総選挙で共産党は三五議席を獲得して躍進した。そして選挙後から党の沖縄・奄美出身グループでは「何とか返還運動を組織しなければならない」という雰囲気が生まれたというが、運動はなんら展開されることはなかった(80)。

この時期、日共分裂が起こる前の四九年のこと。宮原らがくらす沖縄出身者の学生寮、南灯寮は「荒れ放題、内面も外面ものすごく荒れて」いたという。南灯寮は「共産党の巣窟」ともよばれ、党細胞が主導権をにぎっていたが、運動に熱心に取り組んでいたその学生党員たちが、なぜか「酒を呑んで暴れ」「ガラスを割ったり」「ムシャクシャした気分で」荒廃に身をまかせるようになった。そして「当時の党員はかなり党から離れて」いったという(81)。独立をへた民主的再結合の展望が砕けた後も、新たな方針が立てられることはなく、残るものは沖縄・奄美を日本の民主化の課題の枠外に隔離しつづける米軍占領の追認と放置でしかない。むしろそれこそが日本共産党中央の方針の本質である——そう見通されたのかもしれない。

宮原らがすでに内部的に行き着いていた分離独立なき結合論は、戦前への回帰である復帰論と、表面的には同じに分類されてしまう。違いを立てようにも、共産党や日本の革新陣営は沖縄返還を要求しもせず、取り組もうとしない。孤立無援である。かといって米軍政下の「奴隷的な沖縄の現実」を容認する分離独立にもどることもできない。苦悩を対外的に表現することも身動きすることも許されない沈黙のなかに四九年は暮れていった。

沖縄戦後、焦土のなかで自覚され表現された「沖縄民族」は、「沖縄『民族』」、そして結合を求める「日本人意識」の土台へと変身をせまられていった。そしてこの変身の先にはなにが待っているのか。いまでは悪評とともに知られている、エンゲルスの「歴史なき民」という観念が、ここによびだされるべきであろう。それは――「自分たちの歴史を持ったことが一度もなく、もっとも未開な文明段階にやっと到達するときにはもう異民族によって支配されている民族、あるいは異民族の圧制をとおしてはじめて最初の文明段階にむりやりひきずりこまれた民族」。(82) 沖縄人が「民族をとなへることは歴史に逆行する」のだと、断念を記した宮原が向きあっていたのは、この観念である。

宮原ら沖縄青年同盟員たちと同世代で、このとき同じく東京の大学に学んでいた「流民」の子、良知力《らちちから》は、その時代、彼／彼女らと出会うことは、おそらくなかったろう。だがそれから約三〇年をへて良知が「歴史なき民によせて」次のように書いたとき、彼は四九年の宮原たちとともにいる。

「こういう民族は自立して生きていく能力をもたない、とエンゲルスは言う」。またヘーゲルにならってエンゲルスはこうも言う。「歴史の歩みによって情容赦なく踏み潰された民族のこれらの成れの果て、これらの民族の残り屑は、完全に根だやしにされ民族でなくなってしまうまでは、いつまでも反革命の狂信的な担い手であろう。およそ彼らの全存在が偉大な歴史的革命にたいする一つの異議なのだ」。「そのくらいならドイツ人やマジャール人に吸収同化してもらえるだけありがたく思わねばならぬ、とも」。だが良知は問う。「政治的に自立してない被抑圧民族にとって、ブルジョワ革命の世界史的進展と自分たちの民族的解放の運動方向が一致しなかった場合、彼らは普遍史的理念のために自分たちの特殊的・民族的要求を殺さねばならないのか」。「特殊的な定在を離れ、民族や個人を捨象した普遍史がありうるのか」[83]。

沈黙は無であったのではない。もしその沈黙のなかに、表層上の分類にこれ以上切り取られ切り捨てられるのをこばむ、口をつぐむなにものかがたたえられているというならば、歴史に現在が読みこまれ、交錯しているということ——そこまでだ。沈黙は無ではないが、「噤《つぐ》む言葉」を語らせることはなんぴとにもできない。拒絶の要求には言葉がなく、沈黙は伝達をこばむ。意味は言葉から剥離する。だが「意識が目を凝らしはじめるのは／ようやくこのときからだ」[84]。

三　分離独立なき日沖再結合への転換

さて、この行きづまりからの突破口は、五〇年一月、意外にも、世界史的権力で身をかためた老革命家、スターリンからもたらされた。彼のイニシアティブによるコミンフォルムの日共批判では、アメリカの東側にたいする軍事的な脅威の具体例として、冒頭部分で次のマッカーサーの発言が引用されている。「私は沖縄に二十五の飛行場をつくったが、ここからは超重爆撃機が、日に三千五百回出発できる……現在太平洋はアングロサクソンの湖となっているのだ」[85]。中国革命と時を同じくして、四九年一〇月、アメリカでは五八〇〇万ドルの沖縄基地建設予算が大統領の承認をうけ、沖縄では大規模な恒久的基地建設が本格的にすすめられるようになっていた。すなわち要塞化されつつある沖縄の存在は、「占領者を美化する」日共の平和革命論の「欺瞞」を論破する動かぬ証拠とされていた。この文脈でいえば、コミンフォルムの日共批判とは、沖縄で中ソにむけた爆撃基地が確実に構築されている事態をただ座視している、日本共産党の沖縄対策方針を一喝し、転換させるための批判だったということができる。

そのせいであろう、日共はコミンフォルム批判をうけいれるとすぐに、沖縄での基地建設に反対するための調査活動を開始し、五〇年二〜三月の『アカハタ』には、それまでの姿勢とはうって変わって、基地建設など沖縄関係の記事が続出するようになった。そして三月一四日、井之口政雄ら共産党国会議員団は記者会見をおこない、GHQの要請のもとで日本政府の通産省や職安、日本の大手ゼネコンが協力し、沖縄の基地建設工事に日本人業者や日本人労働者が参加しているのは、軍事工業の復活、対外的軍事援助、軍需物資輸送、さらに日本人が国外の軍事基地建設に参加することなども禁止するポツダム宣言の精神に違反していると声明を発表した。(86)

そしてコミンフォルム批判後の党の新路線のなかの沖縄対策として、五〇年二月四日、「沖縄大島解放同盟」の準備会が、沖縄・奄美の出身者約五〇人を沖縄連盟(旧沖縄人連盟)事務所にあつめて結成された。同盟準備会は「沖縄、大島諸島の完全解放」と「沖縄、大島人の自由に表明された意志に基ずく民主日本との結合」を要求して平和のためにたたかう、との宣言を発表した。また、綱領には次のような主張が盛りこまれた。「▽ポ宣言の完全実施▽沖縄、大島の軍事基地化反対▽沖縄大島の完全自治▽日本との交通貿易、通信、送金の完全自由▽戦争反対、平和の擁護、全面講和の促進」(87)。「完全自治」との文言に従来方針との継続性が残されているが、本質は自治独立の段階を経ることのない「自由に表明された意志に基ずく民主日本との結合」、それが「沖縄、大島諸島の完全解放」であり自治でもあるという設定である。

沖縄大島解放同盟は「党派を越えてひろく平和運動」を行なうとしたが、沖縄出身者の方面からは、沖縄人連盟で活動してきた共産党員たちが参加し、永丘智太郎が委員長となった。奄美出身者の方面からは、社会党系参院議員の川上嘉や東京朝鮮高等学校校長の安岡富吉、共産党奄美グループの松田清らが参加した。安岡は四九年の民族学校弾圧によって東京都立となった朝鮮高校の校長に就任したが、それは朝鮮人連盟の活動拠点のひとつである東京都北部地区（大地区制）のオルグを、松田清（四八年後半からの小地区制では豊島地区委員長に就任）が担当し、北部地区では朝鮮人党員と奄美出身党員のあいだの協力関係が作られていた関係によるという。(88) 東京朝鮮高校では、校長に次ぐ校務主任も奄美出身の哲学者、牧野周吉が教職員組合委員長と兼務してつとめるなど、奄美出身者との関係が深かったといえる。(89)

この組織がかかげた分離独立なき再結合路線は、コミンフォルム批判をうけいれた日本共産党の新たな沖縄対策方針となるべきものだった。冷戦による沖縄要塞化は独立―再結合構想を完全にほうむったが、分離独立なき結合論に道をひらいたのである。だがそのとき、日共は他ならぬコミンフォルム批判によって一大分派抗争に突入し、機能停止におちいっていくのである。そのためこの沖縄新方針が党の機関で決定されるのは一年ほど後のこととなった（後述する「当面の少数民族対策案」）。

四　日本共産党の分裂と固有領土返還論の否定

ここで一九五〇年の日本共産党の内部分裂が、奄美共産党および、対日講和会議にむけた新たな沖縄・奄美対策にどのように関わったか、検討していきたい。

まず分派抗争の経緯をあらましみておこう。これまで日共はＧＨＱの占領下でも平和的な革命は可能だとする占領下革命論をとってきたが、五〇年一月、これを厳しく批判してアメリカ帝国主義の植民地化政策に抵抗するよう指示する論評がコミンフォルム機関紙に載った。米ソ対立の論理を日本にも適用させるのがその主目的であったが、最初この論評がスターリンの意向であることを知らなかった徳田球一、野坂参三ら「主流派」は、宮本顕治、春日庄次郎ら「少数派」の反対意見を押し切って、批判に反撃する「所感」を発表した。ところが続いて北京の『人民日報』も論評を支持し、論評の重さが明らかになると、一転して「占領下平和革命」の誤りを認める方針に転換した。この混乱した対応と方針転換をめぐって、それまで積もってきた「主流派」ないし「所感派」への批判が党内からふきだし、宮本ら「少数派」ないし「国際派」とのあいだの対立が表面化した。そして五〇年六月のＧＨＱによる弾圧（党中央委員全員にたいする公職追放、『アカハタ』の発禁処分など）、朝鮮戦争勃発を機に、主流派は地下に潜伏、国際派幹部を排除して「臨時中央指導部」（臨中）を結成。他方、国際派は公然機関として全国統一委員会（のち全国統一会議）を組織し、全党あげての大分派抗争にいたった。その後五一年八月、コミンフォルムが二度目の論評を発表し、主流派のもとでの統一回復を勧告して分派抗争は一年あまりで収束した。そしてソ連および中国共産党の指導のもとに、スターリンが起草した日共「新綱領」の「民族解放民主革命」路線があたえられ、武装闘争方針に転じたが、日共はこれで社会から完全に孤立するにいたった。その後五三年の徳田の北京での客死をへて、五五年七月の第六回全国協議会（六全協）で武装闘争路線を自己批判し、野坂を第一書記にすえつつ、宮本を中心にした現在につらなる指導体制をかためていった。

この分派抗争のなかで東京の日共奄美グループは、久留義蔵、松田清、平休助や学生グループの多くが国際派に属して活動し、さっそく松田は五〇年六月に主流派の党中央によって除名され、久留も活動停止処分を受けた。そうした折、奄美共産党事件で橋口護、徳田豊己の二人が奄美を脱出してきたが、以後奄美から上京してきた党員はすべて国際派に入れられた。彼らは国際派の発行する文書を奄美にも送った。だが奄共は「党の組織的分裂を避けるため「多数派」の方針を支持する方針を決定」し、国際派の文書の配布を禁じ、党籍を有する者にたいしては自己批判を行なって復党することを勧告し、復党しないときは連絡を絶つ旨通告した。その結果中央との連絡は完全に「切断」され、党の文書もまったく入手できなくなった。(90)

奄共の日共分裂への対応は苦渋に満ちた選択であった。奄美共産党事件以降の軍政府のあからさまな弾圧に抗しつつ、復帰世論の高まりをうけて対日講和会議へむけて公然と復帰運動を展開せざるをえなくなった重要な時期に、中央との唯一の連絡ルートである在京奄美グループと、みずから連絡を絶たねばならなくなったのである。

奄共は一九五〇年七月、群島議会選挙へむけて合法政党として社民党を結成するにあたって、非公然の党を正式に日共の地方組織として承認するよう中央に要請する方針を再度決定していた。(91)しかし当時中央に連絡をつける手段はなかった。奄共の指導者たちは、本土での党分裂の実態を把握できないまま、「党の組織的分裂を避けるため「多数派」の方針を支持する」という、党中央(徳田球一)への忠実さを示す対応をとるほか手だてがなかった。この強いられた連絡手段の途絶のなかで、奄共は独自の判断で復帰運動にとりくんでいくことになった。つまり奄共の独自性とは、「党中央」の奄美への無関心に上乗せされた、党分裂の機能停止によって強いられて生み出されたものでもあった。

一方、日本共産党は分派抗争のなかでも、同時に、中ソの要請にこたえるために、対日講和会議へむけた方針決定をせまられていた。そして中立主義路線を脱した新たな領土問題対策の一部として、琉球問題対策も立てていった。

前述のとおり一九四八年八月の日共の対日講和の基本方針では、おそらく千島問題にかかわるものとして「民族的、歴史的」な固有領土の日本帰属が主張されていたが、この固有領土返還論はコミンフォルム論評をうけて、撤回された。国際派の指導者、宮本顕治の執筆になる『前衛』五〇年五月掲載の論文は、「千島の一部帰属が、ヤルタ協定による理由も、プロレタリア国際主義の把握がなければ、正しく理解されがたい」として、従来の「国際政策上の中立主義」を排除してソ連の陣営に属することを公然と目ざすべきだと論じたが、この点について宮本は同年一月一八日の党内討議のなかで次のように説明していた。講和問題について「党の「中立」はありえない」、「領土問題についても、「歴史的」云々では決められぬ」[92]。このことから、「歴史的にみて、もともと日本に属すべき島々の日本への帰属」を唱えた四八年の基本方針が、千島問題にかかわる対応として含意をもっていたことがうかがえる。しかしこれは沖縄・奄美にも間接的な影響をおよぼした。もとより沖縄・奄美にたいしては少数民族の自発性にもとづく再結合方針をとっていたのだが、ここで党内的には固有領土返還論が全般に否定されたことから、沖縄・奄美の帰属問題を固有領土返還論に立って転換する道は、理論的立場として原則的に成り立たなくさせられたからである。

対日講和をめぐる国際情勢は、朝鮮戦争勃発後に急展開をとげ、五〇年九月からアメリカ政府はいわゆる対日講和七原則をもとに関係国との個別交渉を開始した。この七原則には在日米軍の駐留継続への配慮、アメリカを施政権者とする琉球・小笠原諸島の信託統治などが盛りこまれていた。当然ソ連はこれらの提案にまっこうから反対し、一一月、対米覚書を米側の講和七原則の全文とともに世界に公表した。これはアメリカの日本における軍事基地確保の意図を暴露して、二極対立のもとでの東側陣営の立場を有利にすることをねらったもので、とりわけ、すでに指摘があるように「講和問題をめぐる日本国内の政治的対立を視野に入れ、《全面講和》論の理念をかかげて、政府の講和推進の立場に反対する政治勢力への、外からの鼓舞を主眼とした外交戦術の展開であった」[93]。中華人民共和国もこれに呼応し、一二月に周恩来外相が声明を発し、「国連の名前をかりて、琉球列島と小笠原諸島に対する長期占領を実行し、極東において侵略のための軍事基地を作ろうとする」ものなどと非難した[94]。

この流れをうけて日共主流派の臨中も、五一年一月「琉球、小笠原諸島を日本に返すこと」をふくむソ連の対米覚書の主張は、「日本の人民の利益と希望に全く一致するものであり、講和によつて日本の人民が当然保証されるべきものである」と同調した[95]。だがここではソ連の講和方針を復唱したにすぎず、琉球返還の主張を正当化する論理はまだ打ち出されてはいなかった。

翌二月の主流派による四全協決定においては、炭労の講和方針の「侵略によらない旧領土の返還」要求や、自由・民主両党の「旧領土（かつて日帝が侵略した）の返還」要求が、「自主権と領土返還の要求をもって、日帝の利益を代弁し」「再びアジア、ソ同盟への侵略を企図している」ものだと非難された。ここでも第一義的な関心は千島問題であったようだが、ソ連擁護をいそぐあまりか、旧領土の返還要求は一括して否定されている。国際派の方面でも、国際主義者団は「南樺太、北千島、沖縄の返還要求」を強調した民主党大会を『アカハタ』が無批判に報道しているのは中立主義の「民族主義者の新しい欺瞞」のあらわれだと日共主流派を批判していた。(96) つまり旧領土返還論は沖縄・奄美にかかわる講和対策についても禁じ手となっていた。

当時日共の代弁役のような存在であった労農党の堀真琴は、「日本の侵略によらざる旧領土は全部日本に返還さるべきである。但し千島、樺太はソ連に還すべきである」との意見を述べていた。(97) つまりアメリカ占領下の琉球・小笠原には固有領土として返還を求め、千島・樺太は歴史がどうあれ例外とするとの対ソ同盟政策であるが、これが立てられれば日共としても好都合だっただろう。しかし党内的には、沖縄・奄美は「民族的、歴史的」な固有領土だから返還だと規定する論理は、沖縄人を日本の支配から解放されるべき被抑圧「少数民族」とした五回大会の沖縄独立メッセージがはばんでいる。ならばどういう根拠で沖縄・奄美の返還要求を立てうるのか。ここで難問をのりこえさせる唯一の解決策が、「少数民族」の自主的な意志表示にもとづく民族結合という論理であった。

五　少数民族政策としての琉球返還論

ところで、これまで日共における沖縄・奄美対策関係の活動は、出身者グループがおこない、これへの指導は、久留義蔵が所属した市民対策部に便宜的にまかされてきた。事実上の隔離棚上げ方針であって具体的に検討すべき政策の中身はないので、在日の沖縄・奄美出身党員がおこなうグループ活動を形式的に監督するだけですんだからであろう。しかし前述のとおり党分裂のなかで松田は除名、久留は活動停止処分をうけ、主流派においては沖縄・奄美対策は機能停止にいたった。このことも影響してか、琉球対策はその後「朝鮮人部」の後身として五〇年九月ごろ設置された民族対策部（民対）の管轄に移された。独立方針が米ソ対立の進展によって消えたとしても、少数民族規定までが消滅したわけではないことが、ここから読み取れる。

民対に沖縄・奄美対策の担当任務をあたえた経過は次のようなものであった。まず五一年二月末、党大会に代わるものとして主流派は第四回全国協議会を開催、四全協決定「日本共産党の当面の基本的行動方針」三のG項として「在日少数民族との連携強化」の方針を発表した。この方針はすぐに具体化され、「当面の少数民族対策案」がまとめられた。これは三月一五日付の関東地方委員会の党報で発表された。そこにおいて朝鮮、台湾問題につづいて、「沖縄から一切の軍隊を撤退させ、その帰属は、沖縄人の自由意志にまかせる」との方針が表明されたのである。この対策案では、これら少数民族を「日本革命の同盟軍」であると規定した。指導方針としては「日本革命を成し遂げなければ、自身の問題を解決し得ないことを執ように宣伝啓蒙する」こととし、日本人民の要求である全面講和・占領軍撤退などの問題との結合・共闘が必要だとして、民族対策部の強化が主張された。[98]すなわち在日少数民族としての「沖縄人」の自由意志にもとづいて琉球帰属問題を解決するとの方針は、党大会に準ずる四全協決定の具体化として設定されたのである。

この「当面の少数民族対策案」にもとづき、日共は五月に民対全国代表者会議を開催、中央と各級機関に設けられた民対が本格的に活動を開始した。では民対の活動のなかで沖縄・奄美対策は積極的に実践されたのかというと、そうではない。民対は党の外郭団体としての「在日朝鮮統一民主戦線」(民戦)など、朝鮮人党員組織の活動に対応する部署として実質的に存在し、最初の対策案以後、沖縄・奄美対策が民対の方針で積極的に取り上げられることはなかった。とはいえ、沖縄・奄美対策は正式に民対の担当であった。

この設定のもと、「琉球民族は少数民族として取り扱」うとの方針は、関東や関西など各地の現場細胞レベルにもひろく浸透した。沖縄・奄美出身者の集住地区は朝鮮人のそれとかさなり合うことが多いので、両者が連携しあう基盤は一面でたしかにあった。だが現実的には、在日沖縄・奄美出身党員グループの活動が、独自性を反映した組織化にむかう回路もないまま放置され、党内的には「民対が朝鮮問題を中心にやって」いくなかに解消されるというのが実情となっていった。こうした状態は、五三年九月に琉球対策の独自の部署が新設され、五四年一一月以降、党の琉球グループ活動が中央と全国の地域レベルで正式に組織化されるまで、つづくことになる。[99]

沖縄・奄美対策が一九五四年まで党内では民対の管轄に置かれていたことは、次のエピソードからもうかがえよう。五四年四月、復帰後の奄美衆院議員再選挙への党の応援部隊として、日本本土各地から総勢四五人が派遣されたが、民戦からは地元鹿児島からの四人についで多い三人が派遣された。民戦部隊は朝鮮映画『郷土を守る人々』のフィルムも持参して公開上映会を開催、選挙運動にいろどりをそえ、また一般にふかい共感をあたえたという。[100]

こうして日共の沖縄・奄美対策方針は従来の独立―再結合構想から転換された。すなわち、いったん独立するなどして自主権を確立し、帝国主義段階での統合を清算するというプロセスを厳格にふまずに、「沖縄人の自由意志」にもとづいて即時の再結合を肯定するという方針への転換である。被抑圧少数民族である沖縄人が、いまだ（社会主義的な意味で）民主化されておらず、むしろ反共弾圧の猛威のもとにある戦後日本に自発的に結合するというのは、社会主義段階における革命的な再結合などとは無縁であり、すでに党の理論的立場としては破綻したに近かった。分離を否定した再結合が肯定されるのは、社会主義の体制変革が結合先（旧帝国）で先行していたばあいの話である。だが対日講和会議をひかえた段階で決定された日共の沖縄・奄美返還要求は、千島問題に抵触する固有領土返還論ではなく、「日本革命の同盟軍」たらんとする国内少数民族の自発的な帰属・結合の意志を肯定するとのかたちで組み立てられていた。混乱する党内外の情勢のなかで、これ以外の方針を立てるのは無理なことだったのであろう。ともあれここにおいて、これまで聞かれようとしなかった沖縄・奄美の「自由意志」の声は、講和会議の対策を根底的に成り立たせるものとして、求められるようになった。

復帰運動は一九五一年春から奄美につづいて沖縄でも復帰請願署名運動をとおして組織的に展開され、九月の講和会議へむけて盛りあがりをみせていった。その情勢をうけて日本本土の左派の各陣営で、沖縄・奄美の返還要求があいついで出された。日共国際派の全国統一会議では、七月発表の「当面の行動目標（案）」に「琉球・小笠原諸島の特定国による信託統治反対。日本への返還」をかかげ、また八月の全国代表者会議では、アメリカの講和条約草案にたいする周恩来の激しい非難声明を引用して、「南方諸島の米国による占領」に反対する立場を示した。[101] 日本社会党は、当初は沖縄・千島の返還を希望した四七年の芦田発言を批判するなど、沖縄の分離を容認する姿勢をとったが、沖縄出身で復帰論者の参議院議員、島清（右社）の活動もあって、五〇年九月から沖縄の日本帰属を主張するようになった。そして五一年七月には「講和条約草案に関する要望書」を発表、琉球諸島・小笠原諸島などが「歴史的にわが国土であり、これらの地域の住民は純粋に日本民族であって、かつその住民は住民投票によってその帰属を決すべきことを決議している」として、領土権の確認を求めた。そして共産党系の労働組合全国組織、産別会議も同月に「奄美大島、琉球、小笠原諸島」を「歴史的にも民族的にも日本に帰属し、かつ現地の人々も日本復帰を要望している日本周辺の島々」と規定し、日本から分離されて米軍基地が維持されることへの反対を表明した。(102)

情勢の後追いであるためのあわただしさは傍点部分の事実誤認からもうかがえるが、(103)「現地の人々」の声を参照することによって、講和会議の開催を目前にひかえたこの段階で、日本の左派陣営はようやく沖縄・奄美返還要求の立場を表明することができた。

では日共中央、すなわち徳田球一らの日共主流派はどうであったか。その対応は、これまで蚊帳の外に置いてきた奄美共産党をふかく巻きこみながら表明された。

第四節　奄美共産党の飛躍と歴史の消滅

一　復帰運動の承認と「真の民族運動」の発見

一九五一年七月、奄美の復協は第一回郡民大会で、東京に密航陳情団を派遣することを決議した。奄共はこの機会を利用して、党中央に下部組織としての承認をもとめる密書を、陳情団に入った党員の松江謙志に携行させて送った。そして八月半ば以降、松江は日共神奈川県委員会をつうじて中央へ要請書を渡し、このときにはついに「個人的にであるが認められた」という(104)。この承認が誰のどのようなものであったのか、明瞭に述べられたことはなく、またこれによって奄共と日共を結ぶ機構や政策が再検討されるようになったわけでもない。それはまだ先のことである。とはいえ、たしかにこのとき奄美と日共中央のあいだの関係は、劇的な転換をとげつつあった。そのとき、なにが起こっていたか。

松江がコンタクトをとったころ、二度目のコミンフォルム論評が八月一〇日付で発表されていた。その内容は、徳田ら主流派を支持して「分派主義者」を断罪するもので、これ以後国際派は総崩れとなり、主流派のもとに復党をいそぐ者が続出した。奄共の承認要請が個人的にだが認められたというのは、まず分派抗争に決着がついて、国際派に属した奄美出身者グループと奄共の関係が回復し、中央につながる人脈のルートが取りもどされたせいかもしれない。だがこれは連絡の条件が整ったというにすぎない。下部組織化の要請が認められた背景は別にあった。このとき日共中央はこれまで奄共からの統合・復帰要求を黙殺し遠ざけてきた姿勢をすて、対米独立闘争の正しさを裏付ける国民運動として、突如として奄美の復帰運動を大々的に取りあげる党内キャンペーンを開始していたのである。そこで奄美は「労農腕を組み」「プロレタリアートの指導権が確立されつつある」「日本民族の先駆」だと、最大限の賛辞でもちあげられるにいたった。

日共非合法中央機関誌『平和と独立』（五〇年六月にマッカーサー指令で発禁にされた『アカハタ』にかわるもの）は、五一年八月一五日に「信託反対、吉田打倒、平和のために死斗せん　大断食斗争のアマ美大島人民」との記事をかかげた。記事は次のように報じる。「単独講和の信託統治に反対する奄美大島の民族闘争は急激にたかまり、吉田内閣の売国行為に憤激して八千人の大断食がおこなわれるにいたった。廿万の同島民は日本共産党臨時中央指導部にあてぞくぞく電報をよせ党の政策を支持し」、日本「共産党が率先して吉田内閣排撃の国民大会をひらくことを要望している」。この熱望をうけ、「臨中ではこの電報をひろく発表し、日本人民の奮起と同島民への激励の行動（メッセージ、集会その他）をうったえた」と。

この臨中の全党的指示にしたがったものであろう、講和会議の前後に復協に届けられた政党や政治団体からの激励メッセージ電報でもっとも多かったのは、党本部以下、国会議員団、県委員会から関係団体にわたる共産党系のものだった。[105] もとより日共中央に「ぞくぞく電報をよせ」復帰運動への協力や支援を求めたのは、奄美の各団体に入っている奄共メンバーだっただろうが、この呼びかけにこたえて、日共理論機関誌『前衛』は、奄美の復帰運動の理論化をこころみる論文を載せるにいたった。

五一年八月の六一号掲載、大沢久明「単独講和の陰謀は粉砕できる」は第四節「奄美大島の声を聞け」で、復協、奄美全官公、奄美全逓などから寄せられた電文、「貴党の領土問題方針にたいしまんこうの感謝を捧ぐ」「平和を愛し自由を守り、民族独立のため、日本復帰を絶叫し、全面講和を主張する」などを紹介し、「どうしても涙を止めることはできない」「日本はいま、全体が奄美大島だ。奄美大島の運動こそ、真の民族運動なのである」と規定した。

さらに九月発行の『前衛』六二号、田原稔「民族独立・吉田内閣打倒の先駆・奄美大島」は、「奄美（アマミ）大島がどんなところか、恥かしいことながら、私は何も知らない」と冒頭でことわりつつ、ほとんどすべての情報を寄せられた電報にもとづいて、「烈々たる愛国心」の貫徹や、プロレタリアートの「尖鋭な階級意識」とその指導権の確立を、奄美の復帰運動にやみくもに読みこみ、「その方向と行うところは、まさにマルクス・レーニン・スターリンの教える道である」と絶賛した。そして奄美・沖縄を「古代からの日本の領土である」と規定したうえで、「奄美大島の民族解放の闘いは、日本民族の先駆」と意義づけ、密航による本土への陳情も辞さない奄美にならって、日本本土でも合法活動の範囲を越える愛国的「実力行動がうちだされ」るべきことを呼びかけた。

田原論文は「この島に、共産党の組織があるかないかはわからない」と記しているが、じっさいこれまでの党の奄美対策とも、まったく連絡するところなく、あたかも空想上の日本民族解放闘争のメッカとして、奄美はつかみ出された。もし上京中の松江や在京奄美出身党員グループとの連絡があったならば、カタカナ書きの電文のみに依拠して地名などの固有名詞に数多の誤記を重ねるような記述は、この論文のうちに残されることがなかったであろう。具体的な事実を知ろうとすることなく、性急に奄美がもちあげられた理由は、なんだったたか。党分裂の混乱のなかで出遅れた講和問題への取り組みを挽回し、中ソから要請される抗米民族運動の具体的成果を、奄美の「悲壮なハンストの中での闘い」がもたらしてくれるからではなかったか。つまりアリバイ的な穴埋めとして「日本民族の先駆」島・奄美は発見されたということである。

その後一〇月一六・一七日の第五回全国協議会（五全協）において、スターリンの指導にもとづく日共「新綱領」と武装闘争方針が採択された。また「沖縄、奄美大島、小笠原諸島の同胞に訴える」と題した特別決議も採択された。この特別決議はこれらの地域を「日本の国土」と規定したうえで、「諸君らを祖国から引き離した不正な講和条約を破棄する以外にない」との立場を明示し、「諸君をはじめ、すべての日本国民がこれを求め」、また「ソヴェト同盟や中華人民共和国はじめ、世界の多くの国民も、この条約に反対して、これと闘かう我々を支持している」として、団結とさらなる闘争の展開を呼びかけた。(106)

この特別決議はさしあたり、第五回党大会の沖縄独立メッセージの分離独立方針を清算する役割を担った。だがこの決議それ自体の固有の意味は、これが講和会議終了から一カ月以上たった時点で出された、事後的な声明であったことから読み取られるべきだろう。このタイミングの遅れはなにを意味しているか。

たしかに日共は九月上旬の講和会議開催前、党内分裂のあわただしい収束過程にあった。とはいえ、奄美を「日本民族の先駆」として激励の電報をおくる党内キャンペーンは、その一カ月前から始められていた。復協の記録によると、最初七月一六・一七日に「日本共産党」と「日本共産党本部」から、「信託統治反対の闘いを感激して聞く」「奮闘を祈る」との趣旨の激励電がつづけて届いたのを皮切りに、八月に入ってから電報は日共方面から続々と舞いこんだ。とくに五日の「日本共産党本部」からの電文にはこうある。「全国民に諸君の闘いを知らせ奮起を促している。八千万国民はもとより、ソ連、中国をはじめ、世界の人民は諸君の味方である。あくまで吉田の売国講和に反対し民族の独立のために闘おう」[107]。この時点で党内キャンペーンはすでに開始されていたと見える。また文面は前引の五全協特別決議とかさなるものであり、決議を発する準備は整いつつあったといえる。にもかかわらず、なぜこの時点で日共中央は、一カ月後の講和会議にむけて（あるいは直接に宛てて）正式に党として沖縄・奄美の返還ないし日本帰属を要求する声明を発することができなかったのだろうか。

それは奄美につづいて、五一年五月から沖縄でも復帰請願署名運動が開始され、難航のすえ講和会議直前の八月末まで時間をかけて約二〇万、満二〇歳以上の七二％の署名が集計されるのを待っていたからなのかもしれない（署名運動については次章第四節参照）。つまり党自身が設定した少数民族対策としての沖縄・奄美対策方針にしたがって、「沖縄人の自由意志」による日本との結合要求が総意として表明され、沖縄・奄美の側が日本を「祖国」と呼ぶのを確認するうちに、北京亡命中の徳田ら首脳部の承認をえて、講和会議前に党の正式声明を出す時機を逸してしまったのではないか。いずれにせよ、この五全協特別決議は、日共中央がついに対日講和会議が終了するまで、沖縄・奄美の返還要求を発することができなかった失点をおぎなう意味で出されたものであったといえる。

なおこの決議の存在を研究史において最初に取りあげた犬丸義一は、日共が五回大会以降「沖縄独立論を主張したという問題は、明白にこの時点において克服されていることが、このアピールによって明らか」だと、その画期的意義を論じた[108]。しかし沖縄にたいする少数民族規定は誤りとして撤回されたわけでもなく、このアリバイ的な決議ひとつで、従来の日本共産党の沖縄対策方針をめぐる問題が解決されたわけでもなかった。先にみたように沖縄・奄美対策を民対が担当し、「琉球民族は少数民族として取り扱」うとの方針は、党内で放置されつづけたのであった。

奄共の党史によると、奄共は五一年一〇月以降に、日共中央との連絡を復活させ、党の文書も入手できるようになったという。ならば奄共は五全協特別決議をこのとき入手していたのだろうか。奄共の関係者の回顧や、党史総括文書、あるいは方針設定などを行なう党内文書は、日共中央の方針の推移を相当の注意をはらって追跡している。にもかかわらず、特別決議については一言も触れられたことがない。ここから推論できることは、この決議が党内の沖縄・奄美対策部署との連絡協議のうえで、党内的に従来方針を変える意味で出されたのではなく、琉球返還論を先に出していた中ソの対日講和方針にこたえる意味で対外的で出された、スローガンの単発的な表明にすぎなかったということである。

日共第七回大会にむけて作成された奄美地区委員会の「五八年党史」は、沖縄少数民族論について、次のように述べている。「党は五十一年サンフランシスコ平和条約草案が発表された前後から実践的にはこの誤りを克服するために努力し、少数民族論的偏見を訂正する方向にすすんだ。しかし、このような偏見が党内からまったく一掃されたとは云いがたい。だから本大会においてこの事実を認識して自己批判」する必要があるのだと。この記述は、五全協特別決議の表明についての無責任さを、意図せずして証言するものとなっている。これにたいして犬丸が提起した高い評価は、日共中央の側がこの決議の発表によって沖縄帰属問題は解決済みとなったと見なす論理のあり方を、これもまた意図せずして呈示するものとなっている。

この関連でいえば、じつは奄美を「日本民族の先駆」とした『平和と独立』『前衛』の記事や論説も、関係者の回顧録や党内文書でいっさい言及されることがなく、奄共の側がこれらの存在を知っていたか定かではない。しかし八月に奄美の復協や労組などに続々と舞いこんできた、日共方面からの多数の激励電文だけは確実に読んでいたはずである。奄共は中央の奄美にたいする冷遇姿勢が一変し、無断で始めてしまった日本復帰方針への転換が、激励電報によって承認されたことを喜んだであろう。松江に託した下部組織化の要請が個人的に承認されたというできごととあわせて、まだ曖昧なかたちだったが、奄共の側は、このとき党創設以来の悲願の成就を見通していた。そしてそこから新たな展開へとふみだしてゆくのである。

その経緯を「五四年党史」の記述から引いてみよう。「陳情員の一人として、党員を密航させ、党本部に連絡させたところ承認を得たとのことだったので、一九五一年十月頃からその方針の下に活動を続けて来た。しかし中央ではまだ具体化されず、奄美出身の党員を通じての連絡がつづけられた」。すなわち、まだ相互的恒常的な連絡手段のない、中央の奄美グループからの一方的な文書送付のみの関係であったが、奄共指導部は下部組織化の承認という事態をうけて、従来から志向していた日共中央との一体化路線をさらに本格化させていくのである。そしてこのとき、奄共の独自性は消滅する過程に入った。

二 「琉球地方委員会」としての飛躍

一九五一年一〇月以降、奄美共産党は講和会議後の新事態にたいする新たな対策方針を立てていっ

たという。それは次の三つの「戦略戦術」からなっていた。(109)

第一は、奄美内部において復帰運動を反米の日本民族独立運動へと発展させていく活動である。すなわち、講和条約第三条を軍事植民地化を目ざすものとみて、復協を強化して条約三条撤廃署名運動を実行させ、日本のアメリカにたいする抵抗運動を奄美から展開するということである。

第二は、「一九五一年十月以降の日本共産党の琉球地方委員会としての方針のもとに」、自己を奄美・沖縄における日共下部機関として組織化していく非合法面の活動。すなわち、「琉球地方委員会」の正式承認・発足を中央に要請しつつ、他方で沖縄に出稼に出ている奄美共産党員を奄共沖縄グループの沖縄細胞として活動を強化し、沖縄本島に非合法党活動を進出させるのだという。五一年一一月、沖縄の米民政府は、講和条約が発効する五二年から従来の琉球四群島別の分割統治を「琉球政府」のもとに一元化するとの構想を発表していた。これに対応する措置として、奄共は日本共産党が日本の革命戦線の唯一の前衛党であるとの設定のもと、その下部機関である自己を全琉の指導機関に擬していくのである。

第三は、第二の非合法活動に連動する合法面の活動である。琉球政府をアメリカの傀儡政府と規定し、その方針を阻止するためとして、奄共は自己の合法機関としての奄美大島社民党を発展的に解消し、沖縄における合法左派政党である沖縄人民党と合流して、「全琉統一政党」の琉球人民党を結成するとの方針を立てた。そして沖縄人民党メンバーに「基本党の確立を説」き、「日本共産党の琉球地方委員会」に引き入れつつ、琉球立法院の合法舞台を活用して、全琉人民を奄共の主導下に結集するのだという。

以上の新方針のもっとも大きな特徴は、いうところの戦略戦術の設定をみちびく情勢認識の視点が、従来の奄美内部の問題に根ざしたものから、国際的な政治情勢、およびそのなかでの日本、奄美の位置役割をつよく意識したものへと、格段に拡張されたことにある。大局的でもあり観念的でもある世界情勢認識を直接、奄美に位置する自己の任務役割の設定へと引きつけて、総合的な戦略戦術を展開しようとする、これまでにない勇壮さが見いだせる。そのすべての根幹に、「日本共産党の琉球地方委員会としての」自己規定があった。

なお奄共が日共との連絡を回復し、一体化にすすんだ五一年一〇月とは、日共が一大転換期をむかえる時期にあたった。党内分派抗争をおえた日共は、五全協において、国民の「真剣な革命的闘争」による「民族解放民主革命」を唱える、いわゆるスターリン「新綱領」を採択した。それはまた日共がいわゆる武装闘争方針をふくむ非合法活動を本格的に展開していく転機でもあった。

新綱領の民族主義と非合法活動の路線への転換は、奄共の側に大きな鼓舞を与えるものとして受けとめられたであろう。それはなによりも、これまで米軍の弾圧に抗して非合法下に民族抵抗運動としての復帰運動を組織してきた奄共の運動方針を是認する意味をもち、この路線のもとでは、先の『前衛』田原論文で絶賛されていたように、奄美の運動は先駆的位置を占めるからである。だが田原論文が奄美の実情をなんら関知しない、宙に浮いた机上の空論であったように、日本の実情を関知しないスターリンが設定した日共新綱領の勇壮な戦略設定を、奄美共産党が、その日本とも異なり軍事占領下にある琉球で先駆者的に展開しようとこころみたならば、得られるところはなんであっただろう。

日共にたいして組織上・戦略上の一体化をもとめる奄共の悲願が成就される事態とは、これまで積みあげてきた、奄美に根ざした「独自の共産党」としての自主性と独自性をとり去り、外部から移入した観念的な革命戦略でそれを満たし、活動現場の論理から遊離していく、内在的な解体過程の始まりとなりうるものだった。この奄共解体にいたる過程を、上記の新方針の展開過程とあわせて、以下に見てゆくことにしよう。

上記三つの戦略戦術のうち最初に進展があったのは第三の合法党戦略で、五一年一二月末、那覇で開催された沖縄人民党第五回大会＝琉球人民党第一回代表者大会で、琉球人民党の結成が決定された。ここで社民党は琉球人民党の大島地方委員会となった。

この両党の合流は最初沖縄人民党の側から切り出された。米民政府の琉球政府構想の発表をうけて、沖縄人民党から中央委員・本部書記の島袋嘉順が奄美に派遣された。島袋の来島目的は、翌年三月の第一回琉球立法院選挙を前に、「沖縄、奄美で反植民地化、祖国復帰のためにたたかっている民主的大衆政党が合流し、主席選挙と立法院選挙に対応するための、具体的協議を進めようということであった」という。[110] 奄共指導者たちはちょうど同様の構想を立てていたことから、社民党を沖縄人民党と合流させることを決定、奄共常任書記の崎田実芳と社民党書記長大山光二が沖縄へ派遣され、第一回大会に参加した。

一カ月後の五二年一月三〇日、名瀬市でひらかれた社民党大会で両党合流の決定が事後承認され、役員が選出された。社民党委員長の佐野喜一が大島地方委員会議長となり、他に浜畑秀麿、大山光二、大瀬築美、崎田実芳、竜明文、林義巳が中央委員に選出された。また赤旗事件以来公然の政治活動をひかえていた中村安太郎の入党と、彼の立法院選挙（大島一区）への出馬を決めた。[111]

奄美—沖縄をむすぶ初の政党は、こうして組織されたのだが、奄共はこれによって得るものと失うものとがあった。当初は奄美社会から広範な人材をあつめて組織された社民党は、五一年初めの名瀬支部結成から、しだいに奄共の公然政党との性格をつよめ、講和会議後同年一〇月の第三回党大会では、復協議長に専念したいと委員長辞任を申し出ていた泉芳朗にかわって佐野が委員長に就任、副委員長に田原忠義、書記長に大山光二と、三役すべてを奄共幹部で独占し、社民党は完全に奄共の表看板にすぎなくされた。(112) それから一年あまりで解党と沖縄人民党への合流が決定された。たしかに奄共は全琉に活動の場をひろげうる合法舞台を理念として獲得したといえる。だが現実的にはこれによって奄美社会で唯一実質的に活動していた奄美土着の「大衆政党」をなくしてしまった。これは後に復協から琉球人民党大島地方委員会＝奄共が追放される事態の伏線となった。

社民党を解党することで沖縄人民党と合法舞台における組織的結合をはたした奄共は、米軍の支配体制により近く迫り、奄美・沖縄の統一戦線に取り組むことができた。第二の非合法党の沖縄進出方針はそのなかで実行されてゆくことになるが、そこで主導的役割をはたしたのは、奄共の側の理論設定ではなく、むしろそれを否定したかたちで沖縄で展開された奄美出身労働者の労働運動であり、これに呼応した旧沖縄人民党の側の運動展開であった。このなかで五二年六月に琉球人民党書記長、瀬長亀次郎は沖縄における非合法共産党の建設の方針を決定した。これについては第三章で述べる。

たしかに戦後沖縄の社会運動を大きく前進させた奄美—沖縄統一戦線運動を準備し、可能にさせた点で、奄美共産党がはたした役割は、歴史的にも見のがすことはできない。だがこの運動を現実に主導する役割は、もともと戦後沖縄社会との接点をもたず、さらに奄美においても基盤を失いつつあったこの党が担うことはできなかった。奄美における運動基盤の喪失は、上記新方針の第一の戦略である三条撤廃運動の展開のなかで、やがて露呈していった。

三　奄美返還のヘゲモニー闘争における敗北

三条撤廃運動は、奄美の復帰運動のなかで築いてきた基盤に立脚したものであったため、当初は順調にすすんだ。五二年六月二八日の郡民大会で三条撤廃を要求する第二次署名運動が決議され、日時を要したが今回もまた徹底的な署名簿作成がすすめられ、一一月一七日までに住民の九九・九％の署名があつまった。九月には、復協は「完全日本復帰促進大平和祭」と全郡代表者会議で三条撤廃による完全日本復帰を宣言、また一〇月には復協議長の泉芳郎新市長をむかえて、名瀬市議会も三条撤廃を決議した。そして沖縄でも、立法院議員再選挙で当選した中村安太郎の提案によって「条約第三条の権利を放棄し又は第三条の廃棄による琉球の即時完全母国復帰」を要求する立法院の決議が全会一致で可決された。

こうして三条撤廃運動は沖縄・奄美の復帰要求を表現するカンパニアのごとくひろまり、政治過程に定着していった。八月の中村安太郎の立法院議員当選につづき、九月には名瀬市議選挙で佐野喜一、田原忠義、大山光二の人民党三候補が全員当選するなど、奄美共産党は非公然の野党政治勢力として躍進をとげた。

一方、東京でも、講和会議と五全協以後、日共奄美グループが中心となった革新派の結集がすすみ、活発に運動を展開した。まず五一年一一月一一日、沖縄団体の代表もむかえて、久留義蔵、松田清、宗前清恒らによって奄美大島復帰青年会が結成され、幅ひろい共同闘争が呼びかけられた。翌月には青年会機関紙『奄美大島時報』（松田清編集）が創刊された。さらに一二月二五日には社会党の川上嘉、共産党の平休助らが中心となって革新派の同志的組織「復帰問題懇談会」が結成された。会長に哲学者の牧野周吉が就任し、奄美出身教授グループも参加、国内の労組や民主団体との連携をふかめて、米日両政府にたいする「ペコペコ陳情運動」を脱却し、広範な国民運動に強化するとの方針を打ち出した。(113) これらの動きは五〇年二月に日共琉球グループがおしすすめた「沖縄大島解放同盟」準備会結成の延長線上にあらわれたものといえる。

そして条約発効後からは、奄美での奄共主導の運動と連携しながら、日本本土の奄美復帰団体でも、革新派による吉田政府・琉球比嘉政府への対決姿勢が打ちだされるようになった。ところが、こうした革新派の躍進にたいして、保守派は奄美連合からの脱退も辞さない姿勢で対抗し、五二年八月一一日、それにおされて奄美連合全国大会では「共産党とは一線を画する」方針が決められた。――反撃の開始である。

この背景には七月三一日、衆議院で領土に関する決議が、奄美のみの単独・実質復帰のふくみをもって可決され、共産党のみがそれに強硬に反対するというできごとがあった。(114) 奄美で三条撤廃運動がすすむなか、東京では、沖縄から奄美をきりはなして講和条約第三条の枠内で日本に復帰させる、奄美単独の「ワク内復帰論」が着々とすすんでいた。

この動きを決定的にさせたのが、九月二六日に報道された岡崎勝男外相とマーフィー駐日米大使の会談だった。会談では奄美の返還について好意的に検討されていることが報じられ、保守派はもちろ

ん、奄美住民を歓喜させた。(115)

会談に先だってマーフィーは七月に沖縄を視察し、激しい復帰運動を展開している奄美の日本返還を希望する米民政府首脳の意向を知らされていた。そして八月には本国の極東担当国務次官補代理へ、政治的効果が見こまれる時期に奄美返還を行なうよう勧告する書簡を送り、奄美返還が米政府内で検討されるようになっていた。奄美返還の結論が米政府内でかたまるのは、共和党への政権交代をはさんだ翌五三年五～六月のことであるが、軍部の主張する戦略的利益を上まわる奄美返還の効果の一つは、次のように主張されていた。「共産主義者やその他の反アメリカ分子が、日本と合衆国の間にくさびを打ちこもうと試みるのに用いた、主な宣伝武器の一つのための基盤が、大部分除去されることになろう。そうすることによって、類似のグループが琉球［＝沖縄］の住民にたいして訴える効果も、減らすことになろう」(116)。

岡崎・マーフィー会談によって日本本土では保守派が復帰促進の主導権を奪取し、以後条約三条に抵触しない実質復帰の要求に、運動は方向づけられていった。そうしたなか、三条撤廃署名簿をもって現地代表が上京し、五二年一一月三〇日、奄美連合復帰対策委員会主催の国民大会がひらかれた。大会では「旧鹿児島県大島郡の即時行政権回復」だけが決議され、久留、松田らの復帰青年会が出した三条撤廃決議案は、アメリカに配慮して委員会幹部が握りつぶした。また運動の方法論について「沖縄と共同して全国民の問題として三条撤廃を貫くべきだ」とする意見が出されたが、戦略基地沖縄とは異なる「奄美の独自性」を強調すべきとする意見が結論となった。(117)そして一二月二五日、これまで三度にわたって沖縄・奄美・小笠原の復帰を決議してきた衆議院は、ここにいたりはっきりと奄

美に限定した返還決議を出すにいたった。(118)

これら東京における保守派の反撃は奄美での復帰運動にも波及し、五二年末から翌年一月にかけて、復協指導部の陣容を刷新し、政党(すなわち人民党のことで、他に政党はない)を復協から排除するとの決定が、復協代議員総会で強行された。この再編は保守革新の大同団結による民族運動を持論としていた泉芳郎議長の上京不在のうちに強行され、これまで復協内で少数派であった保守派が、奄美連合教職員組合を中心に、奄共の支配下にある名瀬支部ではなく地方の代議員を背景に「革新同志会」なるグループをつくり、職制や地域有力者を動員して政党排除の賛同署名をあつめるなどして進められた。

こうして奄美共産党は復協から追放され、奄美の復帰運動を牽引する前衛として社会的影響力を構築してきた、そもそもの足場をうしなった。その後も奄共は勢力挽回の機会をえることがなく、条約三条の枠内復帰論が現実化していくなかで、蚊帳の外に追い出される結果となった。

この追放劇は、米民政府の方面から流されていた、人民党は共産党であり「人民党主導の運動では復帰は実現しない」との説が岡崎・マーフィー会談以後説得力をまし、日本全体の変革をめざす観念的な三条撤廃・全面講和論よりも、奄美における現実の具体的成果の追求がまさったことのあらわれであり、運動に勝ってヘゲモニー闘争(グラムシ)に敗れる典型であった。

東京の奄美連合保守派や日本政府の関係者にとって、三条枠内の実質復帰をおしすすめるには、奄美現地の復帰運動における琉球人民党=奄共の主導権は障害となっており、これを失脚に追いこむことができたのは自派の運動の勝利として決定的な意味をもった。総理府南方連絡事務局の田上茂美名瀬出張所長の上京を機会に、奄美連合は五三年六月、政府側沖縄返還運動の中心人物であった吉田嗣延（南連第二課長）もまねいて「現地側、役所側、東京側の最高幹部」をそろえた復帰問題懇談会を開催した。そこでは次のように人民党＝奄共にたいする勝利宣言が語り合われたという。[119]「現地の運動は従来人民党がリードして居た為め、過激に亘り、反政府的言辞が多かった」が、「幸にして政党を排除する事に成功したので、実質復帰の面にも注目する様になり、所謂、観念的でなく、運動が大人になった事は、成長を意味したものと言える」。

すなわち復協からの人民党追放は、経済構造を背景とした復帰運動の苛烈さからいって、もはや避けられなくなった奄美の施政権返還を、対米（反米）自主独立路線の前進として落着させるか、それとも講和後の日米協調友好関係の進展として意味づけるかという、奄美返還の意味を決する一大分岐点にかかわる政争にほかならなかった。

奄共の側は、これまでの貢献の実績と、復帰運動は超党派の民族運動であるという了解に依拠しながら、「人民党を排除し、復協を乗取る策謀はＣＩＣ（米軍情報官）と、その手先たちによって周到に組み立てられていた」、「復帰運動を撹乱した元凶は、アメリカ帝国主義者であった」と、敵方にたいする非難をくり返して現在にいたる。しかしこの政争に敗れた原因を、「権力者がばらまく謀略的なデマ」の巧みさや、「人びとは人民党こそが復帰運動の組織者だとわかっていてもこういう謀略には弱かった」という、「人びと」の弱さばかりに求めるのは、自己の権力中心史観と、そのなかでの情況認識の視野のせまさをみずから告げている。[120]

権力者の策謀なるものは、それ以前にもさまざまなかたちであり、奄共はその包囲網に対峙し、くぐり抜けながら運動を推し進め、成果をかちとってきたのである。それが失脚、追放の憂き目にあうようになったのは、その謀略を乗りこえられるだけの戦略戦術の設定と客観条件の情勢認識力を、この段階ではうしなっていたことを意味していただろう。かつて奄美独立論を自律的に克服するさいに依拠しえた「現実の検証」は、このとき閉ざされていた。この敗北の起点として、五一年一〇月以降の新綱領路線の適用と、それによる奄美の社会状況からの乖離が根本にあったと考えられる。

奄共は追放にいたる前から、台頭する三条枠内復帰論にたいして、「岡崎、マーフィー会談が、単なるデマに過ぎないことを見破るだけの常識を有せず」「自己陶酔」におちいっているのだと切ってすてる、内輪の常識に立てこもっていた。[121] かえりみれば、すでに現状認識から敗北していたということになろう。だがここで結果論の後知恵から奄共の敗北を嘲笑しても、このあざけりはいずれ自分に帰ってくるばかりだ。勝ち負けの結果によって突き放すのではなく、奄共の経験に可能なかぎり寄り添いながら、できごとの意味を見定めていこう。

四　夢の成就と足場なき「指導機関」への変様

奄共は五二年一〇月、枠内復帰論の「デマ」に対抗するうえでも、従来の奄美の復帰運動を質的に高める段階に入ったとして、琉球人民党大島地方委員会会議をひらき、一年前に開始した日共新綱領路線の適用を全面的に完成させる戦略方針文書、「日本復帰運動について」を決定した。[122] それは奄美の抗米復帰民族運動を日本―奄美―沖縄をむすぶ「日本復帰闘争」へと発展させ、これと日共新綱領の「民族解放民主統一戦線」を結合させることで、奄美を基点に「日本復帰民族解放民主統一戦線をつくりあげ」るという、奄共における中央一体化の夢の完成形だった。

その骨子をみると、まず国際的位置づけとして、全琉の労働者と農民が団結して、米日同盟の植民地化・軍事基地化にたいして民族解放闘争をたたかうことで、基地沖縄が日本・朝鮮・台湾を押さえ、小笠原から日本の心臓部をねらうという日本革命の包囲網を破綻させる。こうして日本復帰闘争が日本の民族解放国民運動の一翼となることによって、日本に民族解放国民政府を樹立する条件をつくり、世界の平和擁護闘争との連帯においてこれを達成する、との構想だった。次に奄美・沖縄における復帰運動の再編戦略としては、奄美・沖縄の共同闘争を確立して奄美のみの枠内復帰という分断の策動を打破する。そのために、運動条件が成熟しつつある沖縄・宮古・八重山に早急に復帰運動組織を確立させ、強化された奄美の復協とあわせて、これを全琉の労働者・農民を中心にした「全琉の日本復帰人民協議会」へと発展させる。そして立法院での議会活動においては、アメリカの植民地政策の暴露をすすめ、カイライ琉球政府打倒の統一綱領のもとに野党連合を結成するとの闘争方針を立てた。これらをまとめたものが奄共の「日本復帰闘争」であった。

ここにおいて、対米関係だけでなく、むしろ奄美の独自な位置性を切り捨てる日本との関係こそをつくりかえるという奄共の復帰運動の夢が、現実の運動方針においてシナリオ化されるにいたった。この方針書において奄共は、奄美の返還は「全世界の民族解放勢力が一層統一を固め、実力をもってアメリカ帝国主義の侵略計画を打ち破る時に始めて可能である」と断じた。つまり「売国政府」を打倒しないかぎり日本の独立はなく奄美・沖縄の復帰の道もないということだが、これを裏からいえば課題の序列化である。だがこの段階での奄共は、内的には序列を超克していた。すなわち日本が世界の民主勢力とともに「真の独立」にむかう「時期は、いよいよ真近くなってきて」おり、これを防ぎ止めるためのアメリカの外郭基地とされている琉球の解放の成否こそが、革命のカギをにぎると設定されていた。ここにおいて奄共は、奄美の日本にたいする従属的な地位を逆転させ、みずからを中核になぞらえるのである。

だがこの中央との一体化が内的に完成にいたってまもなくして、奄共は復協から追放された。それは単なる偶然ではない。追放の原因は「権力者がばらまく謀略的なデマ」と「人びと」の弱さの結合だけではなかった。方針書「日本復帰運動について」で、奄共はこの時期の日共と同様の独善的なセクト主義を、徹底して展開している。反対意見の側への罵倒、軽侮ばかりでなく、「従来の復帰運動」にたいしても、自派が設定する「その本質が理解されず、多くの欠陥が含まれていた」として、「人民大衆をこの線まで高め引き上げ」る任務を明確にした。さらには復帰運動の進展がおくれた沖縄・宮古・八重山も当然啓蒙宣伝の対象であり、「わが党は率先垂範」教化していく役割を負うとされた。

無惨なまでの孤立的独善性である。夢は苛酷な現実にわたりあうため現実をまげてでも夢見られるが、その夢が現実へと無理にシナリオ化され固定化されたとたん、夢をもって現実を征服しようとするいとなみの代償によって、夢それ自体も破滅する。夢はもはや夢ではなく、矛盾と困難のなかに生きられている現実を夢の虚構によって征服する、思考の停止、放棄となるからである。

奄共はこの夢の独善化の昂進過程において、奄美返還をめぐる現実政治の敗北をうけとった。現実が夢のシナリオを裏切るのはごく当たり前のことだ。ここでの分かれ目は、自己が「中央」になる夢の成就が敗北の一因となったという現実にあらためて向きなおり、そこからさらに夢を新たにつむぎ出す、内省的な抵抗力、あるいは自己（および内なる中央）にたいする批判精神を、夢と現実のはざまにうち立てることができるかいなかだった。

だが奄共は自己と「中央」それぞれへの批判精神を確保する場所を、自己が「中央」と一体化する、すき間のない世界観においてもつことがなかったようである。夢の敗北は一方では中央への依存のさらなる深化をもたらした。復協から追放されたあと、五三年七月、琉球人民党大島地方委員会は「日本共産党創立三一周年を祝す」とのメッセージを日共中央指導部に送っている。そこでは日共があらゆる弾圧と迫害に屈せず政府樹立のために「闘っている姿は我々のただただ敬服するところであり」、「奄美大島を始め琉球の祖国復帰の闘いも又、祖国の完全独立と世界恒久平和の確立によってこそ、はじめて勝利しうるものであり、祖国日本の民族解放国民運動の一環であると信じ」るとの信念が吐露されている。(123)

そして中央への全面敬服によって救いを待つ信仰の内面をみたすものとして、もう一方で奄共は、自己が「中央」の一部であることを証だてる、みずからの「下部」を求めつづけた。ただしそれは夢のシナリオを裏切った現実において求められるものではなく、夢のなかにこそ求められ描かれた。その表現手段が、自己によって自由自在に書き換えることが可能な、党史だった。公式党史の書き換えをかさね、無数の修正の痕をさらしながらも語りつづけてやまない、奄美共産党史の強迫観念の根源は、ここにあるものと考えられる。

では誰が「下部」となるのか。それは途中で離反していった奄美の大衆にではなく、夢のシナリオのなかに引きこむことのできる他者に求められた。復帰にいたるまでの党史叙述の定式を完成させた

「五六年党史」以降、奄共の党史はみずからの「下部」として「沖縄」を確保しようとする歴史認識を強化しつづけた。「五六年党史」にいわく、奄共は五一年一〇月以降「琉球人民党を合法舞台として活動する方針を立て」沖縄における諸々の運動全般を指導し「勝利させたのである」と。さらには八四年の『奄美共産党史』は、こう述べている。

琉球人民党の結成後、奄美共産党の活動は、大部分が人民党によって遂行されたが、それでも、唯一の真の階級政党としての、非公然の共産党は厳然として存在していた。奄美共産党の活動は、人民党の運動方針、立法院をはじめとする名瀬市等の議会活動をはじめ、復帰運動の重要方針の決定や、基地労働者の組織化など労働者、人民の生活と権利を守るため指導機関としての役割りをはたした。(124)

これは現実をありのままに映し出そうとする語りではなく、プログラム化された夢によって征服された現実のありさまを叙述したものである。足場をうしないゆく「唯一の真の」全琉球の「指導機関」——それが解体過程にある奄美共産党の姿だった。

ではこの夢で一体化した「中央」は、現実の奄美社会をどう遇するものであるのか。

五三年七月、奄共と沖縄側人民党メンバーは沖縄で会合をひらき、沖縄・奄美を統括する日共琉球地方委員会の早期確立を日共中央にたいして要請する決定をおこなった。一方、日共中央は五二年初めから沖縄・奄美の党組織について討議を進めていたというが、なんらの決定にもいたらぬうちに、五三年八月八日、ダレス声明でアメリカから奄美返還が発表されてしまった。日共で初めての沖縄・

奄美対策の専門部署となる、「西南諸島特別対策委員会」（書記高安重正）が中央本部内に設置されたのは、翌九月になってからだった。

ダレス声明にたいして『アカハタ』は、「これは決して日本国民にアマ美大島を返還したことにはならない。なぜならば日本は依然として、全一的にアメリカの占領下に支配されており、吉田政府は、その忠実な召使いにすぎないからである」と主張し、「これによって、アマ美大島の状態は、アメリカの直接管理下にあったときにくらべて、少しでも改善されることを期待できるであろうか」などと返還の意義自体を否認した。(125) いわば〈真の奄美復帰〉を思いえがいて、現実の奄美返還の意義を否定する論法だが、この新綱領の論理においては、日本の本体のほうが全面講和の達成などで〈真の独立〉をはたさないかぎり、「占領下」の日本に、奄美や沖縄が返還されようともなんの意味もない、つまり日本の革命がないならば奄美・沖縄の復帰は、実現されようとされまいと変わりがないという、奄美・沖縄問題の黙殺と無化がもたらされるのであった。意味がないというのは、日本にとって、より正確にいえば日本革命をめざす日本共産党にとって、ということである。

「党内には、日本の完全解放なしには、琉球の日本復帰はあり得ないという思想が、相当根強く浸透していた」とは、五四年に発表された日共中央レベルの最初の琉球対策の方針書に述べられた総括の文言である。(126) 日本の解放なくして沖縄の復帰なし――これは一見、将来の見通しを客観的に語るにすぎないかのようにみえて、現実的にはそれがじつは課題の序列化であり、将来ではなく現在において沖縄・奄美の問題を不急事項として脇に置こうとする論理であったことが、上記の奄美返還への対応であらわになったといえる。なお日共のこうした対応ぶりは、六〇年代後半にも、自民党政府のもとでは沖縄返還は不可能だとする見通しへの固執においてくり返された。

一九五三年一二月二五日の奄美返還の直前、奄美共産党の解散および日共奄美地区委員会への移行、沖縄人民党の党名の復活と非合法組織としての日本共産党沖縄県委員会の確立などが決められた。これで奄共の歴史は終わり、これに代わる奄美地区委員会のその後については、本書の課題の範囲外のこととする。ただしかつての奄共の最高指導者、中村安太郎が一九七九年のインタビューで残したいくつかのことばを取りあげて、中央との一体化、中央への主体化において消滅させられた、沈黙の主体のゆくえについて検討する結語へとつなげていきたい。そうすることで、結語は、本章で主題とした奄共をめぐる諸問題を次章以降にも貫通する課題へと接続させる、連結の場ともなるだろう。

中村は奄美返還後、三度の衆院議員選挙の出馬と落選などで生じた巨額の負債を貧弱な党の財政にかわって個人的に負うことになり、一九六〇年以降は政治の世界から完全に身を引いた。「身ぶるいするような借金を背負って」、紬の行商で「北は北海道から、殆ど全国を巡回し」「身心をすりへらした」という。インタビューはその長い沈黙のあとに、おこなわれた。[127] そこで中村は、奄共に独立論はあったのかとの問いに、こう答えている。「とにかく、われわれの考えは、日本でも早く革命がくれば、その時はもう一緒にここも解放されるんだというような、その程度の考えで」奄美共産党を作ったのだと。また、結局のところ復帰してもなにも奄美にとって解放にならなかったではないかという、青年たちからの批判には、こう答えた。「復帰というのは、とにかくアメリカの異民族支配の中で朝から晩までわれわれの活動が制限されているし、人権もないしね、そういうものから、とにかく日本に一日も早く帰ろうというような立場からの主張であってね。われわれのように、国民生活の本当の民主化とかあるいは革命とか、そういうものでなければ労働者・農民の本質的な解放はないという立場に立てば、別に復帰したらどうのこうのというようなことは、ないわけです」。

復帰しても当然どうのこうのもないのだと中村がいう、「われわれ」の「立場」とは、奄美復帰の意義を否定した、先の『アカハタ』論説と同じものである。この「われわれ」の立場では、復帰しようがなにが起ころうが、辺境には「革命」的な意味はない。たしかに、独立論もなく綱領的な独自性もなかった。しかし「その程度の考え」ですべてが終始したわけではなかった。それは表現できないだけだ。

中村自身、インタビューから五年後に六〇〇頁におよぶ回想録『祖国への道』をまとめたとき、奄美共産党とともに生きた米軍政下八年こそが自己のすべてであり「それ以前は「人生の習作」であり、それ以後は「人生の蛇足」である」との決算に行きつくよりほかなかった。そして臨済のことば、「随処為主」を、知人が読み替えた「居る処を以て中央となす」との表現に出会い、「抑えがたい感動を覚え」たという。(128)

「われわれ」が「居る処を以て中央となす」、中央の無限の増殖・内面化――その観念が、辺境において動きはじめた変革の生きた経験と存在意義を無化し、切り刻む。

自己が中央と一体化し、「歴史なき民」から脱却して民族的主体を獲得する。この歴史の成就によって、もとより表現と主体の困難さのなかに生み出されていた奄美共産党の独自な歴史は居場所をなくし、消滅した。消滅すべくしてそれは消滅したということもできる。だが歴史のなかに困難がありつづけるかぎり、この〈消滅としての歴史〉が跡を断つことはない。こうした問題関心を念頭に置きつつ、本章の小括を記していこう。

結語　成就し消滅する歴史のなかの、隠れて在る主体性

奄美共産党は創設当初から日共の下部組織への統合と、日本復帰方針の承認を日共中央に執拗に要求し、それが承認されないまま、口火を切って奄美の復帰運動を牽引する役割をはたすようになった。それはたしかに奄美における強力な中央志向のあらわれだった。だがその反面、戦後日本の〝革命情勢〟にみずからも参画しようとする、中央依存の追随的な姿勢が、沖縄・奄美の分離によって軍事問題と向き合うことを回避した、戦後日本の革命構想に変革をせまる、ラディカルな批判ともなる、両面性をあわせもっていた。

「中央」から無視され、辺境のなかの辺境へと、中間地帯が二重に切り捨てられ、飢餓と社会崩壊に追いこまれようとする事態に立ちむかう、この意味で自己本位的である奄美の側の上昇願望が、「占領下革命」の戦略地図を中央であやつる日本革命本部の欺瞞と抑圧を、根底的に批判する先鋭な役割をはたすようになるのである。普遍的な解放と革命をかたる者が、自己の革命展望の位置性とその特権性を、普遍的な言説で粉飾し覆い隠そうとするとき、その欺瞞をやぶるものは、普遍性の名のもとで切り捨てられる辺境の側の位置性に立脚した自己本意の主張だった。そしてその営みは、観念に描かれた革命を、真に開かれた地平に置きなおす端緒に、たしかにつながっていた。

当初はまったく他律的に「中央」の指示にしたがって結成された奄美共産党は、奄美に立脚する「独自の共産党」として、日本の革命運動に参加するために、また奄美の社会を米軍政下から解放するた

めに、復帰運動を牽引する大衆的復帰政党へと自己変様をとげていった。その変様においてはじめて日琉分割統治の巨大な矛盾総体を撃つ声があげられたことは、忘れてはならない。それが自己本位的であり、中央依存の権威主義的な弱点をぬきがたくもっていたとしても、それがはたした変革の役割と機能は、むしろその弱点によって支えられていた。思いつきや当てはめで解決できることなどは、歴史的に矛盾とはいいえまい。矛盾に取り囲まれているなかで、矛盾に立脚しつつ、ある組み合わせや配合のなかから、存在を相互に変え矛盾からの解放の契機となるような触発や変様を見つけだすこと――それが存在において重要な意味をもつのである。(129) 変身はそのとき起こる。確実に、弱者において、弱点において、現実のものとして。

なお、奄共が復帰要求を左派において先駆的に提起することができた背景のひとつには、奄美における米軍政府と基地の存在の希薄さがあった。奄美群島には五〇年に沖永良部島にレーダー基地がつくられただけで、大きな軍事施設は建設されず、そのため軍政府の人員も二〇人程度で、ごく少数だった。そのため、日本復帰という変革要求がもつ機能には、もとより、復帰によってアメリカとの関係を変える側面と、「帰る」先の日本との関係を変えるという二つの側面があったのだが、奄共の復帰変革運動では、当初から後者の側面が決定的に重要な意味をもってあらわれていたのである。沖縄でも、五〇年代末以降、日米協調の沖縄統治体制が築かれ日本の存在が大きくなるにつれて、復帰とは、「異民族支配からの脱却」といった対米関係の問題以上に、対日関係を変える難問にふかく関わっていることが自覚されていくようになった。すなわちこの段階で、奄共がとりくんでいた日本との関係を変えるものとしての復帰変革問題は、沖縄においても重なるようになった。つまり沖縄の日本復帰要求を戦後日本政治の五五年体制の枠内に安全に取りこむかたちで位置づけるか、それとも沖縄を切り離したことによって成り立つ、平和憲法下の戦後日本の「平和主義」の構造を根底的に転換させる破壊力をもったものとして、それを受け止めるかという、沖縄返還問題の本質へと、奄共の日本復帰問題はつながってゆくのであり、この葛藤の最初のあらわれを、私たちは奄共の歴史のなかに見ることができる。

こうした歴史の展開において、奄共が「独自の共産党」だったという独自性と自主性は、どのような意味を私たちの歴史認識につきつけてくるか。

すなわち奄共ないし奄美の復帰運動においては、沖縄とは反対に、分離独立を経ないことこそが、戦後奄美と日本の民主的再結合であるとされた。中間地帯としての切り捨て、処分に抗するがゆえの分離独立の否定であり、独立を否定する日本帰属の意志のなかに、戦後奄美の自立性は秘められていたのである。つまり分離独立の否定による主体の放棄＝「復帰」こそが、奄美の解放として追求されたのであり、奄美の自立性・自主権は隠されることで表現されていた。隠された主体性は、のちに「復帰」（つまり独立的主体の否定）が実現したならば、当人においても、「復帰」を許可した側にとっても、最初からなかったことにされるであろう。だが独立的主体を否定する復帰要求の主体は、復帰というかたちでの、対等の立場での民主的再結合を構想し、はげしく夢見ていたのである。

こうした奄共の独自性や革新性は、その指導者たちによってみずから、日本共産党の下部組織としての公式的な党史編纂において否認されていき、歴史から隠滅させられてゆく。独立的主体を否定する復帰要求主体の時限的な「復帰政党」として、奄共は独自だったのであり、その独自性が「復帰」の実現とともにみずから消滅させられてゆくのは必然でもあった。それは消滅すべくして消滅したのであり、最初から隠れて在ることによって存在していたものである。したがって本書は、この消滅を惜しみ嘆くのでもなく、また消滅の過程に歯止めをかけ、亡霊化する主体こそを真の姿として称揚し独立的主体へと救済（成仏）させることも、なすべきとは思わない。消滅の歴史は成就した歴史を、裏側から、また影となって、つねにすでに揺さぶっているのであり、生成の裏側にはりついたその消滅の運動を主体に回収することは不可能だからである。

だが、成就した歴史に消去させられ、沈黙と消滅のなかに在る、この隠された非-主体は、最初から変革の主体であった。そして主体化の外にいる、この変革の趨勢は、中央や地方、下部といった存在の拘束と分断を超克する、存在の解放と世界（像）の変革を、届けていたのかもしれない（第三章注43参照）。

第二章　沖縄人民党と沖縄民族解放への道
──焦土の夢の亡霊的主体への変生──

はじめに　沖縄人民党の土着性と世界性

沖縄人民党（一九四七〜七三年、日本共産党に合流）は戦後沖縄を代表する左派政党として知られている。政権に縁のない少数勢力でありながら、米軍統治にたいする抵抗運動の旗手あるいはシンボルとして、大きな存在感と役割を残してきた。本章では、沖縄人民党が結党当初に立てた沖縄の自治独立方針から、なぜ、どのようにして日本帰属の方針に転じたか、その経緯を、この転換をささえた内在的な論理の形成過程とともにたどる。

日本復帰方針の採取にいたるまでの初期人民党については、これまでもさまざまに検討が加えられてきた。研究史をふりかえると、まず党みずからが発表した公式党史がある。それは貴重な情報源ではあるが、反共弾圧につながる非難攻撃から党を守る自己防衛の必要や、政見の一貫性をアピールしようとする政治的な配慮によって、じっさいの歴史経緯が隠蔽され神話化される傾向が強い。たとえば、行動の自由のない焼け跡の占領状態のなかで、初期人民党は、軍政統治にたいする批判的な革新勢力の立場を最初から鮮明にして旗揚げできたわけではなかった。それは当時の状況では当然のことである。また結党時から綱領の政策の第一に「人民自治政府の樹立」がかかげられていたことはよく知られている。ところが変節のそしりを受けまいとする配慮からか、後代の公式党史は対米抵抗と日本帰属の方向性は最初から選ばれてあり、それが自律的に発展した結果、表面化したという側面を強調している。

だが防衛的な歴史統制を押しだした結果、歴史としてリアリティのない神話だけが残されることになってしまっている。このような統制された自己像のアピールは、すでに時代的な防衛の役割を終えているだろうし、虚実をないまぜにした無謬の党史を護持するのでは、かえってこの党が担った歴史的な役割の重要性をも、すべて信憑性のない神話として埋もれさせる意味しか、いまでは残していないと思われる。

歴史研究の課題としては、この党にむけられた反共攻撃とこれにたいする防衛的歴史統制という、両面の政治主義的解釈から自立した人民党史の記述が求められてきた。この課題にたいして開拓的な役割をいまも残している成果として、一九七〇年代までの国場幸太郎、新崎盛暉《あらさきもりてる》の研究がある。また近年では、公式党史の情報だけに依存せずに、戦後初期沖縄の政治・経済・社会状況の全体像のなかに人民党の位置と役割を相対化しつつ定置する、鳥山淳の研究があらわれている。それは戦後沖縄の政治社会状況のなかに、その部分として、脱神話化された沖縄土着の人民党史を置きなおす作業として、研究史上重要な意義をもっている。(1)

本書は、こうした先行研究の成果に学びながらも、戦後沖縄社会に立脚した人民党が、他方で沖縄の範域をつきぬけて第二次大戦後の世界情勢に関与した側面についても、脱神話化の検討を進める。具体的には、とくに日本共産党や奄美共産党、日本本土の沖縄出身共産主義者グループなど〈外部〉

との相互関係に注意をむけながら、政策展開と理論構築の推移を検討していく。戦後沖縄の土着政党としての人民党が、絶対的権力をにぎったアメリカの占領統治体制に自足することなく、たえずその外へと自治と自由の空間をひろげようと志向してきた革新性の基盤には、まずもって沖縄に領域的にとどまることのない「左翼」としての世界観のひろがりが、支えとしてあったと考えられるからである。

結党以来の自治独立の方針をみるばあいでも、一方で焦土と化した沖縄戦後の土壌に土着した、自治と新沖縄再建のリアルな渇望が、他方で、第二次大戦後に世界的にひろがった社会主義による新世界の建設運動に沖縄から参画しようとする思想と世界観に支えられ、そこではじめて政治党派の運動として表現可能にされていたこと——この両面の関係を押さえる必要がある。さらにいえば、同党の思想／運動の最大の特徴は、沖縄解放構想を自治独立から日本帰属へ——いわば内部から外部へ——展開させ、内部の自立と外部との連帯の両立を一貫して追求しつづけたところにあるのであり、もし沖縄の範域をこえる世界性の文脈、あるいは党の世界観への検討がなければ、同党の基本方針の転換過程についての分析も、これをただ外からの影響関係でとらえ、外から表層的に記述するだけの、図式的な整理で終わってしまうだろう。

外部はつねにすでに内部でもあり、主体としての歴史観や世界観もその交錯のなかに立てられていた。したがって人民党の歴史的位置と個性は、まずそれ自身の土着性と世界性の両面を分析の視点として具備させるとともに、内部と外部が重なりあうなかで、どのような飛躍や発展、断念と断絶がそこに刻まれていったのかを吟味する作業をとおして、明確に浮かび上がるものと考える。そして本書は、この内部と外部の関係性をめぐる葛藤を、焼け跡の出発点から日本復帰まで一貫して背負いつづけた沖縄人民党（および、そこから分岐していった党派と個々人）の思想と運動の軌跡を、戦後沖縄の社会運動史・思想史を代表する位置を占めるものとしてとらえ、検討していく。(2)

以上は党の対外関係にかかわる問題だが、もう一点、人民党の歴史を検討する上で、もっとも重要な論点でありながら、研究史の上ではほとんどふみこまれてこなかった問題がある。党創立から日本復帰後の解党にいたるまで一貫して最高指導者でありつづけた瀬長亀次郎の指導体制は、党内でどのように揺れや軋轢、対立と追放を生み出しながら作り出されてきたのか、党内権力の変遷史や組織論をめぐる問題が、それである。この点もまた公式党史の叙述は、瀬長の圧倒的な指導体制があたかも自然に、なんの軋轢も生み出さずに、合理的な必然の結果、成立してきたとする操作を、注意深くおこなっている。自然的必然的な絶対的指導者像とは、まさに神格化とほぼ同義である。本章および第Ⅱ部は、公式党史ではほぼ存在を抹消されてきた指導的活動家、上地栄、林義巳、国場幸太郎などの活動と思想を検討しながら、この組織論の問題にふみこみ、内側からも、人民党史の根底的な脱神話化にとりくむことにする。

第一節　結党時の新沖縄建設構想

一　焼け跡のなかの結党

沖縄人民党は一九四七年七月二〇日、石川市に本島各地から約二〇〇人の地区代表があつまって創設された。委員長には浦崎康華、常任中央委員には組織部長をかねた瀬長亀次郎ら五人が選出された。これに前後して六月に沖縄民主同盟、九月に沖縄社会党が結成されている。

この時期に戦後沖縄で政党が結成されるようになったのは、税制の部分的施行、収容地区間の交通規制の緩和、住民の旧居住地への復帰など、ようやく沖縄戦の廃墟のなかから、軍政府と沖縄民政府のもとに統治体制が整備されはじめ、統治政策への批判勢力も台頭してきたためであった。沖縄民政府は軍政府の意志を住民側に伝え実行させるための中央執行機関であり、四六年四月に軍政府により志喜屋孝信《しきやこうしん》が知事に任命されて発足した。あわせて知事の諮問機関としての沖縄議会も、戦前の県会議員に一部欠員を補充するかたちで副知事又吉康和が議長となって設置された。いずれも自治政府機関ではなく軍政の補助的な機構にすぎなかった。

政党結成の大きな推進力となったのは、日本本土の民主化など戦後世界の趨勢を実見して帰郷してきた引揚帰還者たちだった。日本や南方などからの引揚者は一九四六年だけで約一六万人にのぼり（総計約一八万人）、米軍の防諜部隊（ＣＩＣ）は、引揚者のほとんどが帰還後なんらかの政治活動に関わったと見ていた。(3)

その大量の引揚者から、後に民主同盟を結成する人びとが中心になって、四七年五月五日、戦後初の民間の政治集会、沖縄建設懇談会が知念高校で開催された。懇談会は多方面から三〇〇人以上があつまる成功をおさめ、沖縄民政府批判など政治活動の自由が切りひらかれた(4)。またその四日後には、市町村長・議会選挙法の制定に関する対策および指示が軍政府から沖縄民政府に下され、知事・議会の公選も視野に入れて、政党結成の必要がひろく認識されるにいたった。

人民党結成の中心人物になる瀬長と浦崎は、このとき東京のGHQから派遣された選挙制度の指導スタッフと面会し、政党およびその下部組織となる労働組合の結成について打診し、基本的な了承をえた(ただし軍作業員の組合を除く)(5)。以後彼らは米軍の宣撫用機関紙から出発した『うるま新報』のスタッフを中心に結党準備を進めた。

『うるま新報』紙は、戦前から社会大衆党沖縄支部長として活動していた右派社会主義者の島清を米軍が主幹に任命して、一九四五年七月から発行を開始した。島は浦崎、兼次佐一《かねしさいち》、宜保為貞、比嘉栄、池宮城秀意《いけみやぐしくしゅうい》らかつての同志や知人を社員にむかえ、独立採算の株式会社への移行を準備したあと、後任の社長を瀬長に託して四六年九月に政治活動を再開するため上京、日本社会党に入り、翌年第一回参議院選挙に東京から出馬し当選した(6)。米軍の宣撫工作の一環としての新聞発行事業に、戦前からの社会主義者が集められたのは、戦犯の容疑者となるような日本の軍国主義の協力者を排除して、占領統治の協力関係をまず定着させる必要があったからだった。こうした脈絡のなかで、ながく転向と沈黙を余儀なくされてきた社会主義者たちは『うるま新報』に集まり、地方支局と人員を拡張していく同社の組織化の進展が、人民党結成の地盤となっていった。

民主同盟が、山城善光、桑江朝孝、宮里栄輝ら日本本土で沖縄人連盟などの運動を起してから帰還した青年たちの勢いのもとで、民政府批判から結党にむかったのにたいして、人民党は、転向と戦火を沖縄でくぐり抜け、目の前で郷土を焼きはらわれた者たちによって、占領統治への協力活動のなかから生み出された。戦後沖縄に政治を再生させようとする両党のスタンスの相違は、こうした戦後の原風景の違いにたどることもできる。

島からうるま新報を託された瀬長は、浦崎をふくむ新報スタッフおよび他の社会主義者を結集し、また各地の有力者もあつめ、沖縄本島の南北にわたる大衆政党として沖縄人民党を結成した。七月二〇日の党結成大会（午後二時から一時間）では、瀬長が「経過報告」し、綱領、政策、役員などを決めたあと、「人民大会」（約三〇〇人参加、三〇分）に移り、「政策遂行決議、米軍政府に対する感謝決議」を採択した。そこでは、「日本軍国主義者共の捲き起こした侵略戦争下にあって極端に虐げられたわが沖縄人は米軍上陸以来、その人道主義的好意と物質的援助によって漸く露命をつないで来た」として、「全沖縄住民の意を体しここにマッカーサー司令部並びに琉球米軍政府に対し衷心から感謝の意」を決議する一方、「南西諸島百万住民解放のため闘わんとする沖縄人民党」は「大衆の不平不満、要求を組織してその実現」をはかるとの瀬長の決意表明で大会が締めくくられ、つづいて三時半〜六時まで、「沖縄人民党結成演説会」を一般聴衆もふくめ約二千人の参加で開催するという、両面性をたくみに施されていた。そのため結党当初では、「思想的偏向のいささかもない、どちらかと言うと保守的な政治ファンが地方支部の顔役を占め、何の変哲もない無色無臭の政党、といった感」があったとも、「鵺的」とも評された。(7)

また沖縄政界での位置づけは、民主同盟に結集したのが、沖縄民政府の中心人物である又吉康和副知事・総務部長にたいする野党的批判勢力であったのにたいし、人民党は民政府与党と目されていた。この政界における位置づけは、当時の政界事情を知る者たちの衆目の一致するところであったが、結党当初から米軍の占領統治にたいして批判的な革新勢力だったとアピールする、後代の人民党公式党史では黙殺されている。だが沖縄社会がまだ焼け跡の占領状態を脱していない段階で、最初から軍政に対峙する姿勢で人民党が公党として発足できたわけではなかった。人民党が政府与党の位置づけから発足した背景には、とくに瀬長が戦後沖縄政界に位置をえるためにとった処世術にかかわる、次のような政界の論理がはたらいていた(8)。

終戦直後から設置された沖縄諮詢委員会以来、総務部長の又吉康和は社会事業部長の仲宗根源和と対立関係にあった。又吉ら保守派の民政府主流派は軍政府にたいして従順で、また民主化の改革が進むのを好まなかったが、これにたいし第一次日本共産党の結成メンバーから反共主義に転じ、戦中に県会議員となっていた仲宗根は、社会科学の知識で理論武装した正論を立てて攻撃していた。これをかわし牽制するために、又吉は仲宗根に対抗できる与党の論客として、瀬長を取り立て重用する策をとった。すなわち四六年四月に諮詢会が沖縄議会に再編された際、戦前からの県会議員の選挙の結果きまった補充議員候補の推薦を、又吉は取り消させ、仲宗根派の候補にかえて強引に瀬長を任命させた。そのため瀬長は沖縄議会の「最初の頃は最も熱心な与党議員」として行動したと、仲宗根から評されてもいる。ともあれこうした民政府内の派閥対立のなかで、瀬長は、又吉派の政治家として沖縄政界にデビューをはたした。戦前に逮捕投獄された活動歴をもつ元日本共産党員であることは、仲宗根源和、新垣幸吉、中村安太郎などと異なり、まだ——その慎重さゆえに、五〇年代前半までは

――米軍側に知られていなかった。

うるま新報社長への就任も、この与党又吉派の論客としての活動の延長線上にひらけた道だった。四六年五月に貨幣経済が復活すると、同紙は米軍政府と沖縄民政府の機関紙として指定され、給料は民政府総務部長の又吉をとおして軍政府から支給されるようになった。御用新聞という以前に官報として、当時唯一の新聞である新報は存在していた。又吉は戦前に『琉球新報』社長もつとめた新聞人だったことから、軍を説得して新聞発行の監督事務を文化部ではなく総務部の担当にさせ、自己の影響下に置いた。この無償配布の官報の段階で、瀬長は社長に推挙された。有償販売の民間企業となるのは四七年四月のことである。

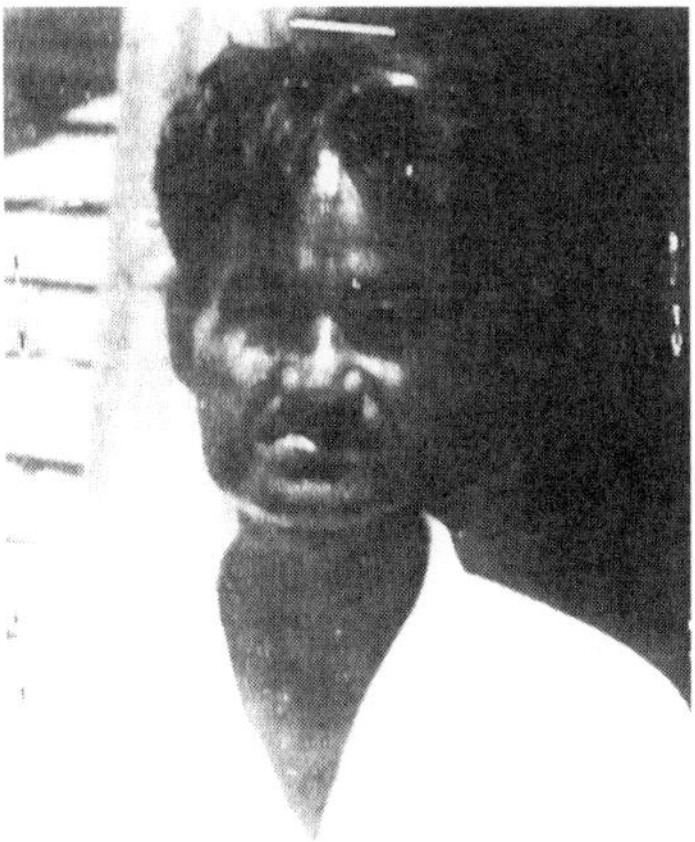
終戦直後の瀬長亀次郎

以上のように、沖縄民政府の与党又吉派が押さえた機関紙として『うるま新報』があり、また又吉のお膝元から現れた言論政治家として瀬長があり、そこに生まれた人民党が政府与党と目されるのは当然でもあった。初代委員長の浦崎も新報の前原支局長であり、又吉と同郷（那覇の泊）の後輩で親しく、その他の党員も又吉との知己や新報社員が大部分を占めたようである。なお、先に結成された民主同盟は仲宗根源和が委員長となり、反又吉派が結集して民政府批判を展開していた。時期的にみても、民主同盟を追いかけるかのような人民党の結成は、政界の派閥対立の論理で受けとめられるものだった。

しかし沖縄政界に公党として発足するうえでのこうした位置どりとは別に、結党を進めた中心部では、明らかに一定の政治思想上の個性が形づくられていた。それは民政府与党としての位置づけからいずれ逸脱してゆく方向性を、この党が結成時から内的にもっていたことを証しだてるものだった。その特徴は灰燼に帰した軍国主義からの再建を社会主義的な民主化の方向に求めるもので、この面の特徴は、党中枢部の自己規定として、党文書の文言に確認することができる。すなわち結党時にかかげられた党綱領は、「全勤労大衆の利害を代表し、ポツダム宣言の趣旨に則り、あらゆる封建的保守反動と闘い、政治、経済、社会並びに文化の各分野に於て民主主義を確立し、自主沖縄の再建を期す」とうたっていた。

ではこうした方向性はどのように政策展開されようとしていたか。結党当初の人民党の主要なもくろみは、まず市町村長・議員選挙で、公認候補および政策の近い中立候補者を支持し、幅ひろい全島的な「統一戦線的大衆政党」(9)をつくること、そして沖縄知事を任命から公選にあらため、「軍政府及び人民に対し等しく責任を負う人民自治政府」をすみやかに樹立し、「新沖縄建設及び沖縄の民主化」を達成することにあった。九月一三日、人民党はこれらの要綱とともに、女性、官公吏、教員、そして軍労働者にたいする政党加入および公民権行使の自由を明確に認めること、とくに軍関係の職場をふくめた労働三法の権利の確立、いまだ廃止されない治安維持法など悪法の撤廃、その他住民生活の改善を求める諸点をあげ、これらの早急な実現を沖縄民政府へ請願した。この請願ではまた、民政府の「与論無視の独善的傾向」を指摘して、「今少しく」民意を尊重するよう要求し、政党としての存在意義を示していた。(10)

民政府の中心人物である又吉に取り入ることで、制約の多い占領下に活動空間を切りひらきつつも、ただ無批判に政府に与するのではない、左派の大衆政党としての立場が、すでにこの段階から示されていたといえる。だがこうした党勢拡大の展望は、出鼻をくじかれた。沖縄民政府に陳情書を提出した一〇日後の四七年九月二三日、民政府各部長から各課長、学校長らにたいし「政党加入に就て」と題する通牒が発せられ、職員は「入党を遠慮」するよう命じられた。これによってすでに人民党に入党していた民政府職員、教員らはそろって離党し、さらにこれが波及して市町村その他関係公共団体の職員も離党したり、あるいは党籍を置いても活動に消極的になってしまったという。[11] つづいて一〇月一五日には軍政府から特別布告第二三号「政党について」が公布され（奄美での自由令の改訂、命令一五号の前日）、米軍政にたいして敵意をもった「有害なる」政治活動は禁止された。[12]

さらには、うるま新報社にたいしても、中立公正であるべきことを軍政府は申し入れ、翌四八年二月一日、人民党は常任中央委員瀬長の「辞任及脱党」を届け出た。その理由は「専ら新聞事業に専念し、うるま新報を中立の新聞たらしめるため」と言明された。[13] 米軍政府の指導に忠実に従うこうした穏健で柔軟な姿勢が反映されたのか、瀬長が辞任を届け出たその日におこなわれた初の市町村長選挙では、本部町（常任中央委員の兼次佐一）、糸満町、具志川市で人民党公認候補が当選した。また翌週の市町村議員選挙では、本部町の一〇人、首里市の七人、具志川市の四人、糸満町の三人など合計二九人の公認候補が当選した。こうして沖縄本島の南北にわたる、「右や左の思想の集まりだった」[14] という初期人民党の体制は、戦後沖縄の占領統治体制のうえに根を下ろした。

こうした最初期人民党の堅実な足取りは、民主主義の普及という占領政策に沿うものとして、米軍政府側にもおおむね好意的に受けとめられていた。一九四八年にまとめられたＣＩＣの秘密報告書は、共産主義的な背景に疑いをもちつつも、人民党の主目的は、民政府の腐敗にたいする批判をとおして米軍政府と民衆の支持を獲得し、沖縄民政を支配することにあると分析し、党員シンパ合わせて二千人規模の、もっとも重要な政党として評価した。党の実権を握っていた瀬長が、うるま新報の部下であり、政治的指導力や影響力をもたない浦崎を前面に立てた点についても、瀬長が他党や軍政府からの圧力で新報の社長の地位を追い立てられることがないよう慎重を期した措置として理解を示し、また控え目で有能な浦崎を党の看板に立てることで、「すべての階級の人々の利益のために、よりよい政府と迅速な復興を実現する」好印象をあたえるとして歓迎していた。(15)

二　瀬長亀次郎の「沖縄民族解放の道」

次に結党当時の演説会での瀬長亀次郎の発言を参照しながら、最初期の人民党の基本的な政治思想を検討しよう。一九四七年九月二日、大宜味村喜如嘉における演説会で、瀬長は次のように述べている。(16)

吾々青年が沖縄の礎である
社会主義が出てから百年余　新聞界に於ても一国社会主義体制のロシアはつぶれるであらうと批判して居たが　意に反してドイツのナチズムが亡び　アメリカと肩を並べて世界二大強国として人類の歴史に輝いて居るではないか

我々も又沖縄人民自体の中に沁んで居る民主的思想を発揮した場合　其の沖縄人民戦線は出来るだらうと私は信ずる

民政府およびその上に立つ米軍政府の施政にたいする批判も言及されるが、その批判姿勢は勢いにまかせたものでなく堅実なものだった。一方では現在の「悲しみをこへて涙も出ない」状態を克服する民主化の推進力として青年の批判力をかかげながら、他方では、野心的な批判や革新が、実行不可能な解決策を言あげして世論の歓心をかう「英雄主義」につらなり、戦前の独裁主義がやがて選挙戦のなかから台頭してくる展開に警戒を呼びかけていた。そして「事実出来得る事」「あなた等の生活から生れて来る可きもの」を政策にかかげ、名利のためでなく実直に民主主義運動を推進する決意を述べていた。

瀬長以外の弁士もふくめて、人民党のこのような姿勢は、演説を筆記した警官によれば、個人攻撃に走って具体的実現方法に「掴みどころのない民主同盟より遙かによかつた」などと、聴衆のあいだでも「賞賛」されていたという。

対外関係についても、こうした内政面での堅実な批判姿勢と軌を一にしていた。米占領軍にたいする解放軍規定を取らざるをえないなかでも、「沖縄民族解放の道」を冷静に見極めようとする毅然とした姿勢が特徴的だった。瀬長は演説会で次のように述べている。(17)

我々沖縄人の運命はロンドンに繋りニユ《ママ》ヨーク、南京、東京に繋がってゐる　即ち沖縄を支配する者は他国であることを思はねばならぬ　我々を支配するこの者を恐れることなく見極め　我々の生きる道を求めねばならぬ　慎重に現実のこの姿を批判して　この中からのみ沖縄民族解放の道を見出さねばならぬ

大衆に密着した民主化を生活レベルから具体的におしすすめて「人民自治政府」を樹立することを沖縄内部での課題としつつ、同時にその「民主主義沖縄」が国際政治においてどのように遇されるか、総体としての「運命」をみずから見極め、できるならばそれを自主的に選びとろうとしていた。(18) このような進路を人民党が取るうえで、「新沖縄建設」が独立国家にいたるか、あるいはアメリカや日本などとの協力関係ないし結合にいたるかは、「沖縄民族解放の道」がどこに見いだされるかによって決められるべきものであり、いずれも可能な選択肢のひとつにすぎなかったと見るべきであろう。ただしその選択が、決して沖縄住民の望むところに無条件にゆだねられることにはならないであろうことを、少なくとも瀬長は、確実に予期していた。だからこそ自治の獲得へむけた大衆の熱意を喚起し結集して、人民自治政府のもとみずからの憲法をさだめ、自治沖縄を実現させることが必要だった。他国からも尊厳をうけるべき不可侵の自主権を、一歩でも既成事実化させることは、進路を見極め選びとる主体を担保するためにも必要であり、この意味では、立憲自治政府の樹立要求は、独立主権国家の建設のためというより、沖縄の運命を支配する他国を見極め「我々の生きる道」を選び出すための手段として想起されていたと考えられる。

演説記録からもうかがえるように、人民党は結成当初から、沖縄政界のせまい派閥対立の次元をこえた、世界情勢を見渡す視野をもっており、それが堅実な民政府批判を可能にさせていた。その基礎に社会主義の思想運動に本来的にそなわっていた世界性、「左翼」としての世界観のひろがりがあったことを指摘できるだろう。

さらにいえば、右にみたような人民党の自治独立論の戦略設定は、演説会より先に、東京の徳田球一が沖縄青年同盟（青同）の座談会（四七年七月発行）で語っていた議論にかさなるものである。徳田はいう。「吾々は何れの国と結合するとしても、民族の自主権を決定しなければならない」。国際情勢の推移に規定され「今直ぐに如何にするかと云ふことは決定し得ない」。だが「国籍問題は問題にならない。根本問題は自主性の問題である」、「吾々は如何なる場合でも自主性を失つてはならぬ」。なぜなら民族の自主権こそが、他国との民主的結合の内実を保証するからである。(19)

もちろん初期の人民党においては、沖縄人連盟や青同で主流を占めた、自治権確立後の日本の人民共和政府との再結合という展望が一足飛びに言及されることはなく、むしろ対日分離のなかで自治の局面をひろげる目標が強調されていた。それは「軍国主義的、帝国主義的教育遺制の排除」（結党時の綱領の政策四〇）を進める対日分離が、まず沖縄の「人民自治」の自主権を確立するための前提条件となっていたからだと解することができる。

三　在日沖縄人共産主義者との関係

沖縄への引揚帰還者に戦後日本の民主化と共産主義運動の影響を受けた者が多く含まれ、それが諸政党結成の推進力となったことはよく知られているが、人民党においてはどうだったのか。公式党史

『沖縄人民党の歴史』は、結党準備の時点から「本土から引き揚げた先進的活動家たちにより、本土の政治情勢、なかでも日本共産党の活動や沖縄人連盟などの動向についての情報や資料がもたらされ、沖縄の活動家たちに一定の刺激と影響をあたえた」と述べているが、具体的な関係についてはなにも示されていない。[20] 宮本顕治体制下の日共で徳田球一などとの関係を蒸し返すことはタブー視されたからかもしれない。だがたしかに、人民党は最初期から、日本共産党とのあいだにある種の連絡関係をもっていた。

まず日本共産党からの戦後沖縄へのアプローチをみると、戦前の共産党員、仲宗根源和は早くも一九四五年一〇～一一月に米軍将校の手をつうじて徳田球一・志賀義雄連名の手紙をうけとったという。「党再建に昔の同志に連絡して来たわけであった」が、その後書簡は散逸したという。だが同じく仲宗根のもとに密使をつうじて届けられた沖縄人連盟からの手紙（四六年一〇月一〇日付）は、CICが英文訳を記録している。そこには「沖縄人の究極的な解放」のために全力をつくすなど、徳田の提唱のもと日共第五回大会で採択された、いわゆる沖縄独立メッセージと軌を一にしたメッセージが記されていた。[21] 徳田は沖縄人連盟の顧問となっている。

これらはまだ人民党結成前の動きだが、徳田はその後、四七年春に沖縄人連盟の前衛部隊として結成された沖縄青年同盟のメンバーと何度か面談し、座談会にも出席するなど、沖縄人連盟本体よりも青同への指導や関与をとおして連盟に影響力を及ぼしていた。[22] その青同で機関紙記者を勤めていた人物に波平徳八がいる。波平は一九二五年与那国に生まれ、徴兵により日本本土で従軍し、敗戦により除隊後、共産党に入党、尼崎地区委員会に所属した。そして四七年に無届で沖縄に密航し、九月に東京でひらかれた沖縄青年同盟の中央委員会会議では、「九月一日に沖縄から上京された波平徳八君の沖縄事情報告」がおこなわれ、七月に結成された人民党についても話題にのせられた。青同は会議で人民党へのメッセージ送付を決議し、また準機関紙『沖縄タイムズ』創刊号には人民党の行動綱領などが掲載された。この非合法往来の後、波平は翌四八年四月に正式に沖縄に引き揚げ、すぐに人民党に入党、常任書記となり、八月の第二回党大会では最年少の二六歳で常任中央委員に名をつらねた。この波平の後見人は徳田球一なのだと、CICは報告している。(23)

波平がなぜ人民党結成の前後に日本―沖縄間を密航往復したのか、任務とその背景は不明である。徳田球一が四六年末に一時帰郷する久留義蔵に奄美の元共産党員への指示を託したこと、その独立―再結合の基本方針が奄美・沖縄一体のものであったことは、前章で見た。もし徳田が久留に託したのと同様の指示を沖縄にも伝えようとしていたなら、波平はその適任者だっただろう。いずれにせよ、波平の密航から引揚後の幹部入党にいたる経過からは、人民党が結成当初から日本共産党、すくなくともその沖縄出身者グループとのあいだに連絡と人的結びつきをもっていたことが確認できる。この関係は、その後共産党グループの引揚入党者が増え、党内にフラクション（グループ）活動を組織し、さらには党全体の基本路線を左右するレベルにまで発展していくことになる。

しかしながら、こうした日共との関係が人民党に直接組織的な影響をあたえたということはありえない。下部組織化を切望していた奄美共にたいしてさえ、日共は直接的関係を拒否していたのであり、担当部署も存在していなかった。影響関係は個人の活動をとおしたレベルにとどまる。むしろ浦崎康華は、どれも東京の政党の支部、代弁者にすぎなかった戦前とは異なり、「終戦後の沖縄の政党は外部の圧力や連絡もなしに沖縄住民独自の立場から客観的情勢に照応して独自の力量で全住民の生活の安定とおき縄の民主化を実現させようとその綱領政策を公衆の面前に於て大衆とう議によつて立案決定した」ことを誇らしげに述べている。(24) ちょうど戦前からの保守的知識人層において、たがいに連絡を取りあったわけでもなく、各自で日本復帰が構想され、後に結集が進んだように、戦前からの左派知識人・活動家においても、日本帝国主義からの解放のその後について、不安定で制約の多い米軍政下であっても、まず当面は沖縄独自の自治獲得を第一義的に追求していき、他方でそれを確保できる恒久的政治体制を、日本の民主化の行方を視野に入れながら、爾後の課題として模索していくといった姿勢を、別々に取らせていた——そう解釈するのが妥当だと考えられる。

第二節　冷戦下の革新政党としての再出発

一　「人民戦線」運動における政治の復活

一九四八年二月、うるま新報社長との兼ね合いをめぐる軍の指導にしたがって、瀬長亀次郎が公的には党から離れた後、人民党の活動はしばらく停滞した。ＣＩＣによると、この二月以降、ライバル関係にあった民主同盟から、人民党は共産党の偽装組織だとの噂が流されはじめ、これは幅ひろい陣容を目ざしていた人民党にとって打撃となった。他方で民主同盟も、四八年四月には青年部が発行した新聞『自由沖縄』が発行停止処分をうけ、幹部が軍事裁判にかけられるなど、軍政府の政党にたいする態度は厳しさを増した。こうしたなかで人民党の創立一周年式典にはわずか二〇人しか集まらず、八月の第二回党大会には一三〇人が集まったが代議員の定足数には足らず、役員選任手続も延期されるありさまだった。瀬長はおそらく自分自身にむけられた噂の流布によって戦前の活動歴が発覚するのをおそれたのか、党の事実上の主導権をにぎりながら、この大会でも依然中央委員からも離れていた。(25)

ちょうど沖縄で政党が結成された四七年にはじまった東西冷戦が、確実に沖縄政界にも影響を及ぼしはじめた。だがこの停滞を破る転機もまた、同じく冷戦による国際情勢の緊迫化のなかからもたらされた。

一九四八年八月、米軍政府は中国内戦で劣勢にあった国民政府軍を支援する必要から、沖縄での円滑な港湾荷役作業を数百人規模で求めた。だが劣悪過酷な労働条件であったため欠勤者が続出し、懲罰的措置として、突如市町村売店の閉鎖、食糧配給停止指令を下した。食糧の大部分を補給物資に依存していた軍政下沖縄の社会は、これ以後ずさんな経済施策にたいする生活防衛のために、大衆的な政治運動の領域に足をふみ入れていくことになる。

飢餓に直面した住民の猛反対によって先の指令は十日たらずで撤回されたが、以後沖縄民政府および軍政府にたいする批判とともに、民意を反映させる措置として知事・議会の公選を求める声がひろがった。だが翌四九年一月には配給物資の大幅値上げと所得税徴収が一方的に決定され、火に油を注ぐ結果となり、三月には沖縄知事の諮問機関である沖縄議会が、議員総辞職を決議した。議会の抵抗は軍政府との力関係ですぐに終息させられたが、はじめて示された沖縄住民の組織的な対米抵抗運動の衝撃は軍政府を揺さぶり、指令はここでもふたたび撤回された。(26)

こうしたなかで沖縄人民党は、民主同盟、社会党と共同で「人民戦線」(または「民族戦線」とも呼称された)を結成し、多くの演説会をひらくなど活発に運動を展開した。一九四九年四月四日に人民党拡大中央委員会で民族戦線結成を提案した瀬長の「提案理由説明」は、人民党の公式党史が摘記しているが、それによれば、この民族戦線とは明確に「沖縄民族対米軍政府」の戦線であった。(27)

この四九年に人民党がおこなった演説会(他党と合同開催をふくむ)は、四七年の一二回、四八年の四回から一気に三二回に増えた。(28) その演説会のひとつ、五月六日の名護の三党合同演説会で、書記長新垣幸吉は食糧問題の起こった段階での情勢認識の大きな変化を次のように述べている。

戦争も終り日本軍閥の手から離れ解放されたのでありますが　我々は勝利の国アメリカの名誉ある

平和の民主々義をたたへて来ましたが　余りにも人民がぼやぼやしてゐる内に米軍政府は配給品の半減三五％実施とか我々の首にかかはる事が起つて来たのであります　そこで人民総束となって我々の支配者たる軍政府と闘はなければなりません

また新垣は、ナチスにたいするフランスの人民戦線の勝利や、日本ファシズムにたいする中国の人民戦線がついには資本主義にたいする「中共軍の勝利」にまでいたっていることなどを例にあげながら、民族の団結の力をもって「今や奴レイ的体制より解放すべく沖縄人民が自覚する処」にいたったと強調している。(29)

人民戦線演説会で演説に聞き入る聴衆

三党合同演説会は四九年五月上旬に那覇、糸満から北部にかけて七回開催され、「各開催場とも聴衆殺到」、延べ二一〇〇〇人の聴衆をあつめ、警察の報告でも、聴衆は「絶えず拍手を為し多大の感銘を」受けていた旨、記録されている。(30)そして演説会と並行してあつめられた所得税全免要求の署名は約三万人、成人人口の一割に達したという。(31)

これには沖縄民政府もただ傍観しておくことはできず、政党にたいする対抗措置として、六月一日から七月にかけて二次にわたる「民政府主催時局講演会」を本島各地で計十回開催することになった。又吉康和など主要部長が演壇に立ち、三党演説会でふりまかれ

た批判を否定し、民衆に忍耐と理解、そして「軍政府への完全な協力」を呼びかけた。(32)

四八〜四九年にかけての食糧問題は、戦後沖縄における政治の復活を画するできごとだった。アメリカの沖縄統治方針が長期保有か返還か決まらず、予算のない状態で軍政下に復興が停滞するなか、ふたたび戦争の足音が近づく事態にたいして、沖縄社会は政治を渇望し、政党勢力と議会がこれにこたえてみせたのであった。当時、沖縄農連会長だった平良辰雄《たいらたつお》は、この時期を「戦後の沖縄政治の台頭期」と評している。(33) このなかで人民党は、前引した四七年の瀬長の演説にあった支配者への「見極め」の姿勢から、新垣の演説にある「我々の支配者たる軍政府と闘」う道へと、大きく舵を切った。このような急進的な転換は、人民党の内部でどのように進められ、その結果なにをもたらしたのか。ふたたび視点を党内にむけよう。

二　最初の人民党弾圧事件

ＣＩＣがつかんだ情報によると、三政党の結集を最初に呼びかけたのは浦崎康華だったという。浦崎は一九四八年八月の第二回党大会で、民政府の抑圧的な措置にたいする三政党の協同行動を訴えたが、瀬長亀次郎の反対にあい、委員長を辞任した（後任の委員長は兼次佐一で、新垣幸吉が第二位の書記長に就任）。しかし翌年の食糧問題の深刻化のなか、沖縄議会で瀬長が民主同盟の仲宗根源和と協力関係を結ぶようになると、浦崎の主張は三党合同の「人民戦線」の結成というかたちで復活されることになった。

四九年五月の三党合同演説会は那覇の国際劇場に二五〇〇人をあつめてスタートしたが、そこで浦崎は次のように演説した。「私たちがこのような運動を五月一日に始めるということは記憶すべきことです。なぜならこの日は、世界各地で大衆の力を示すために人びとが集まっているからです」。この発言をうけて、ＣＩＣはこの演説会を「メーデー集会」と呼び、浦崎の急進主義に警戒すべきことを記録している。(34)

食糧問題の展開とともに急進化をとげてゆく人民党内の情勢について、ＣＩＣはまた、信頼できる情報として党内が三つのグループに分かれているとの報告を得ていた。第一は瀬長亀次郎、兼次佐一、池宮城秀意ら進歩主義者で、目的は「沖縄の状況を改善するためにできることは何でもする」。第二は仲井真元楷、仲本斉政ら、情勢が自然に発展するのにまかせようという立場の党内保守派。そして第三が新垣幸吉、波平徳八、浦崎らの「極左グループ」で、共産主義の学習のための研究部門を党内に設置しようと動いていたという。(35)

この報告の特徴は、結党以来実権をにぎってきた瀬長らを中間的位置に置き、以前にはなかった極左グループないし「急進派」の台頭を記録していることにある。この分析はけっして的外れではなく、演説会の記録を見ても、うるま新報社長や沖縄議会の公職を得ていた瀬長や本部町長の兼次らの発言は、現実的施策にむけた堅実さをもつのにたいし、新垣らは共産主義のイデオロギーに立った激烈な軍政批判と戦闘的アジテーションを展開していた。

世界規模の冷戦の進展は、島づたいに隣接する台湾にまで、中共軍の攻勢と国民党軍の撤退となって押し寄せてきており、食糧問題をめぐる沖縄社会の抵抗運動のなかで、共産主義勢力が沖縄でも台頭しはじめたことは、否定できない動きだった。三月二日の軍民連絡会議で、民政府知事の志喜屋孝信は「今まで私は共産党に注意を払って侵入しない様に努めて居たが、此際彼等は益々助長する報告を受けた」と述べ、「斯る重要問題に付いては軍も慎重な態度を以て研究されたい」と求めていた。[36]

ここに「侵入」とあるように、急進派の台頭は外から、東は日本から、そして西は台湾と八重山のあいだの人流からもたらされているとみられていた。その中心人物と目されていたのが、先にも紹介した常任書記・青年部長の波平徳八で、軍政府は志喜屋の希望に反し、弾圧策に打って出た。[37]

四九年三月、波平は郷里の八重山群島に一時帰省し、中共軍が沖縄を解放する展望について調べ、また周囲と語り合っていたが、それが無許可の旅行だったとして、四月に那覇の自宅で逮捕された。そのとき日本共産党理論誌『前衛』など、多数の共産主義文献の所持が確認され、それらが新垣幸吉の所有物であったことから、新垣の自宅にも警官が調査におとずれた。戦前からの共産主義者である新垣は、若手の人民党員のために共産主義を学ぶ定期的な会合を開いていたとされ、大量の文献を所持し貸し出していた。この波平逮捕と新垣家宅捜査のニュースは、五月七日、北部の今帰仁《なきじん》で合同演説会をつづけていた瀬長、新垣らのもとに届き、衝撃をあたえた。演説会は翌日も本部町で継続されたが、今度は瀬長が本部町の兼次佐一宅で検挙連行された。この影響であろう、九日、社会党党首の大宜味朝徳は人民戦線運動からの同党の脱退を警察に報告し、これによって三党の人民戦線運動は強圧的に頓挫させられることになった。

先に逮捕された波平は軍事裁判所で有罪・強制労働三カ月の判決を受けた。だが米軍の民間情報教育部（CIE）と保安部により瀬長にかけられた容疑は、以前に米軍将校から譲り受けたうるま新報社の発電機が不当所持に当たるといういいがかりで、那覇で同時に逮捕された編集長の池宮城秀意ともども証拠不十分ですぐ釈放された。だがもうひとり、同時に同じ容疑で逮捕された国際劇場主の高良一《たからはじめ》（元うるま新報支局長）には懲役五年・重労働の判決が下され、量刑の重さに関係者をおどろかせた。瀬長への直接の弾圧は議員資格の問題に波及し、逮捕による失格辞任となれば世論を刺激してかえって問題を大きくしてしまう。そのため「メーデー集会」の三党合同演説会などに会場を提供し、みずからも壇上で演説をおこなっていたシンパの高良が、みせしめに重罪に処せられたと考えられる。

発電機の摘発は同じ条件にあった沖縄タイムス社には適用されず、軍政府が瀬長と人民党をねらい打ちにしたことは明らかだった。そのため発電機事件後、新報社の幹部は、軍政府の圧力で会社がつぶされてしまうとの見通しから、瀬長に社長辞任を勧告した。瀬長は八月五日の同紙に「民族解放運動の一ぺい卒として琉球民族戦線結成のため全身全霊をうち込み、わが民族のゆるぎない生活をうちたてるべく働く」との声明を発表して辞任した。じっさいは社員の生活のためだと迫られ、「真綿で首を絞められる様」な解任だったという。後任には、瀬長とは逆に人民党との関係を断って新聞発行に専念する道をえらんだ池宮城が就任した。

つづいて米軍政府は、食糧問題のほとぼりが冷めた四九年一〇月に沖縄議会を解散、新たに沖縄民政議会を発足させた。人選は規模を縮小したうえで「トラブル・メーカー」とにらまれていた人民党の瀬長と民主同盟の仲宗根を外し、政治運動にこれまで関わりをもたなかった人物ばかりがあつめられた。

波平の逮捕から沖縄議会解散にいたる米軍政府の措置は、議会総辞職から人民戦線運動へと抵抗運動を組織化させた中心人物、瀬長と人民党にたいする弾圧・追放策として連続性をもっていた。(38) 瀬長はこれにより公的な活動舞台と地位、そして収入の多くも奪われることになった。米軍側は、これで人民党の急進化を抑えることをねらったのかもしれない。じっさいCICの報告書は、「社会党の人民戦線からの撤退後、諸政党の活動は比較的に停滞したままだった」と記録している。──ただし、その状態は「一九四九年一〇月、日本共産党員である上地栄が沖縄人民党に参加するときまで」のことだったと、締めくくられている。CICが「極度に急進的」と評する上地の沖縄政界への登場は、新たな局面をひらく衝撃をもっていた。(39)

第三節　「もっとも危険な共産党員」上地栄の思想と運動

一　瀬長・上地・仲里トロイカ体制

一九四九年一〇月一六日、沖縄人民党は第三回党大会をひらき、指導体制を全面的に刷新強化した。委員長制から書記長制にあらため、うるま新報社長の地位をうしなった瀬長亀次郎がようやく正式に第一位の書記長に就任した。そして新たに常任中央委員として、同年四月に東京から引き揚げてきた上地栄が就任した（米軍側情報によると、追って副書記長に就任）。委員長だった兼次佐一は離党したが、上地らの急進的な意見に反発したのが原因だといわれていた。

兼次にとどまらず、第三回大会の前後には党員の相当な入れ替えがあった。人民戦線運動における軍政府批判の開始と発電機事件などの弾圧を背景として、九月には首里支部全員が離党し支部解散にいたり、党内保守派の中央委員、仲井真元楷・仲本済政らも離党した。結党当初の保守から革新までそろえた大衆政党としての性格は、ここで一掃された(40)。

新たな人民党は、これ以後、外堀を埋められるかっこうで政党政治家としてすすむ決意をかためた革新派の瀬長（四三歳）をトップに、急進主義の上地（三〇歳）が活動全般を牽引し、そしてもうひとり、四九年六月創刊の党の事実上の機関誌『人民文化』の編集主幹として迎えられた仲里誠吉（三四歳）が対外的言論活動をリードする、三人の首脳を中心とする体制を築いていった。仲里は和歌山高等商業学校を卒業し、那覇市立商業学校教師をへて戦後は貿易庁準備委員長、民政府翻訳課長をつとめたが四九年四月に辞職、人民党員に転身した。英語に堪能で、民政府課長の高い地位と収入をなげうって入党した仲里は、はやくも一一月の那覇市長選の党公認候補となり、五〇年には党唯一の沖縄群島議会議員に当選、「議員の中でも理論家としてピカ一」との評判を得ていた。(41)

情勢の自然な発展を待つ党内保守派の退場をうながしたのは、食糧問題を背景にした新垣幸吉、波平徳八ら共産主義者の急進派の台頭であったが、この急進主義の路線は、その後軍政府の統治方針がいわゆる「シーツ善政」の融和路線に転じてからも、上地の主導のもとで党内に定着されていった。対米抵抗の旗手としての人民党の個性は、この段階で確立されたといえる。そして日本帰属方針を採取し復帰運動を先導する人民党の一大転換点は、この急進派台頭の延長線上に、五一年初めにもたらされた。急進化と日本帰属方針への転換がどのように結びついてもたらされたのか、その思想的背景を検討するために、この動きの中心にいた上地栄の思想と運動について、東京時代にさかのぼって検討しよう。

二　戦争と国家をこえた沖縄人の生存権思想

上地栄(戦後に上地平栄から改名)は、読谷山大湾出身で中央大学法学部に入学したが学徒出陣で海軍に入隊、劣弱な沖縄方面根拠地隊司令部付を命じられ沖縄戦に送りこまれた。敗走をかさねるなか沖縄人虐殺にも直面するが、兵員名簿をとどけ戦況を報告する特命をうけた陸軍中尉、森脇弘二の案内役として、敗戦三日前に戦火をくぐってサバニ舟で沖縄を脱出、奄美をへて日本本土にたどりついた。ところが徳之島に上陸すると、同行した森脇中尉が、「今回ノ沖縄戦線ノ失敗ハ琉球人ノ「スパイ」行為ニ因ル」との報告談をおこない、上地は「非常ニ憤慨シマシテ、刺違ヘテ、ヤラウト云フ考」を起した。だが「司令官ノ命令デ脱出シテ大使命ヲ持ツテ居ルカラト云フノデ」思いとどまった。ところが森脇は沖縄人スパイ説を九州地方にもひろげ、沖縄からの疎開者にたいする差別・圧迫事件を日本各地で引き起こす結果を生んでしまった。そのため事情を知る上地は、貴族院議員の伊江朝助男爵ら東京の沖縄出身有力者に実情を報告、四五年一二月の沖縄人連盟大会でも「沖縄戦の真相」と題した現地報告をおこなった。以後、大学に復学して翌年一月に沖縄学生会を結成、東京の沖縄出身学生運動の中心人物の一人として沖縄人連盟、『自由沖縄』編集部、とりわけ連盟の「前衛」とされた沖縄青年同盟（青同）で活躍した。上地は沖縄疎開学童救済の街頭募金活動など、現場の地道な運動に日々精力的にとりくむ一方、指導者としても、四七年二月の青同結成時から中央執行委員・渉外副部長として活動し、四八年四月の青同第二回全国大会では大会議長をつとめた。(42)

沖縄人民党時代の上地栄（中央）

波平徳八と同様に上地も人民党に入党してすぐ幹部となるが、上地のばあい東京でもすでに沖縄出身者の主要な論客、活動家となっていた。沖縄人連盟、青同での言動から見ると、彼は徳田球一や永丘智太郎が提起した分離独立―再結合論の理論設定を継承しつつ、そこに沖縄人としての思想的立場を確立させた、青年部隊のリーダー的存在であった。

一九四六年当時の上地の文章を見ると、[43]「地理的、歴史的、人種的関係」から一途な日本復帰論を唱える者にたいしては、「必ずしも人種が同じ故を以て一国を為さねばならぬと言ふ理由は成立たぬ」、「一民族一国家の標榜は侵略者ヒットラーが唱えて失敗した」、「此の思想が帝国主義と表裏を成していたからだ」と論駁し、そもそも、いうところの「切つても切れぬ様な密接な関係を殊更に切つて考へたのは誰であつたか、断じて沖縄ではなかつた筈だ」と一蹴する。他方、当時沖縄人連盟で共有されていた、いずれアメリカ一国の信託統治になるとの見通しについては、「アメリカは民族の自主を重んずる国であるから県民の希望によつては行く行くは独立も許される」のならばそれでよい。しかし「といつて小生はアメリカ様々を言ふんぢやない。アメリカは民主国であるからオキナー人の自由を尊重して呉れると思ふ。又言論自由の国であるから行届かぬ点は遠慮なく進言すれば可い」というにすぎない。したがって「日本が民主国になり沖縄人が大手を振つて歩ける日本になつたならば、その時は県民の総意によつて態度を決すれば良い」。

「要は国籍の問題ではなく、沖縄人全体の幸福の問題である」。それゆえに復帰論の民族主義だけでなく、沖縄独立をことさらに言い立てる者にも、批判はむけられる。

唯小生のいはんと欲する処は余り国籍に拘泥はるなと言ふことだ。慶長の役に負けると知りつつ島津に手向つて大衆を戦渦に巻込んだ謝名親方の考へをイササかも有つてはいかんと思ふのだ。大勢を考へずに〝琉球琉球〟を叫んだ謝名クンを英雄視して賞賛した人が今〝日本日本〟を言つてゐるのはナンセンスの様だが実は同じ轍を踏むモノとオレは観とる。

ここでは琉球独立のロマンチシズムも復帰論者のナショナリズムも、ともに否定されている。当時の一般的理解を反映して、アメリカの民主主義への期待も語るが、一方的にそれに依存するような解放軍幻想をもつわけでは断じてない。「アメリカ様々」も〝琉球琉球〟も〝日本日本〟も、みな同じとされる。文字どおり沖縄戦の戦火をくぐり抜けて日本での沖縄差別に直面し、自己の運動をはじめた上地栄には、戦後沖縄という時空間が、沖縄人・日本人・アメリカ人の三者が入り乱れて殺戮をかさね、沖縄を焼き尽くすなかから生まれていることが、原風景として見えていたからかもしれない。

国籍にこだわるなというと、すべて大国の決定を傍観しておくべきで「沖縄が独立しても、日本が再び強くなつた時又奪られて終ひ、其の時は又非道い目に遭ふだらうと心配」する「勝てば官軍」式の考えと混同されやすい。だが上地は「何でもない様であるが、之は帝国主義的考へ方」だという。なぜなら「凡そ人類の歴史は全人類の幸福に向つて滔々と流れてゐるのであつて、寸刻も停滞しない」、むしろ今回の大戦で「其の勢を一段と増してゐる」からだという。

このような透徹した思想性が、帰属問題に関する主張としては同じ立場にあった他の論者にもみられない、上地の思想的独自性をなしていた。徳田球一がレーニン主義の原則論に依拠してそこに沖縄人解放の夢を込め、また永丘智太郎が国際情勢の分析にもとづいて戦後世界の趨勢として沖縄人解放を論理的に必然化させていたことは前章にみた。それらは、共産主義の世界革命の実現を信じるイデオロギーや情勢の客観的優位に多く依存しながら立論されていたがゆえに、イデオロギーの相違や情勢の変化をこえて、解放への夢を思想的に自立させるまでの力には乏しかった。一言でいえば、ソ連などの世界革命の趨勢が届いてこなければ、沖縄人の解放は保証されず、それゆえに沖縄人の解放はソ連や日本の踏み台へと序列化されてもやむをえない、世界革命の副産物でしかありえなかった。だが上地の沖縄人解放論は、時勢の推移や特定のイデオロギーをこえた人類普遍の生存権に、体験をとおして立脚していた。

凡そ地球上に生きる者は死に度くないに決つとる、又生きる以上はよりよく生き度いに決つとる。民主々義思想は全人類の幸福に基礎を置くものと思ふ。自然の恩恵を大国の人民のみが享けるものと考へるのは不合理な話だ。吾々は如何なる国籍を有する様にならうが、世界の一角に於ける沖縄人の生存権を全世界の人民に向つて主張し、人類平等の一切の自由を獲得する様連動せねばならんと思ふ。此の点特に青年は目醒めねばなるまい。今次戦争に依つて沖縄の島は期せずして世界的になつた。是を機に〝禍を転じて福となす〟沖縄人が世界人となるか如何かは、一に沖縄人としての誇を持ち得るか如何かにある――とコー思ふんである。

戦争を生き抜いて戦後の民主主義の時代をむかえた人類の一員として、沖縄人は、国籍の帰属がどのようになろうとも、誇りをもって生存権を要求し幸福を追求する責務をもつ。そのように沖縄人として生きることが、それぞれの場所で生存と自由を求める世界の人びととの連動をも生みだし、全人類の平等と幸福の実現へとむかう道に沖縄人を立たせるということだ。世界大戦としての沖縄戦の体験から、人類の生存権を「沖縄人の立場」において築きあげた上地の論述に、私たちは戦後沖縄の思想の自立のはじまり、その精華を見出すことができる。

以上みた上地の議論は、一九四七年まで沖縄人連盟や沖縄青年同盟で主流を占めた、アメリカの信託統治を是認し、そのもとで沖縄の自治権確立を追求する主張の一部としてあった。しかしこの立場からの主張は前章第三節二でみたとおり、一九四八年前半までで姿を消し、同年夏には沖縄人連盟は神山政良新会長のもと幹部から共産党員を排除した新指導部体制へと再編された。再編後の連盟には共産党系のメンバーは積極的に関与しなくなったが、その背景には、新会長神山政良に遠慮する徳田球一からの指示があったと、神山は証言を残している。[44]

四九年一月の総選挙で日本共産党は三五議席を獲得し、書記長の徳田は、民主人民政権樹立の「九月革命」へむけて活動を活発化させていった。だが青同メンバーら沖縄出身党員は、沖縄人連盟という活動拠点をなくし（名称も沖縄連盟に変更）、活動方針の面でも、信託統治下の高度の自治権獲得は展望をなくし、苦渋をへて日本民族との結合論へと転換しつつあった。こうした背景のもと、沖縄青年運動のリーダー上地栄は、四九年四月、同じく共産党員だった喜納良子らとともに沖縄に引き揚げ、人民党に入党することになる。

そこにはどんな展望があったのか。上地の帰郷にかかわって、興味深い情報がある。一九四九年三〜六月、沖縄連盟副会長の稲嶺一郎は、GHQの依頼をうけて沖縄を政情調査におとずれた。稲嶺が提出したその報告書では、次のように主張されている。[45] 最近徳田球一が沖縄青年同盟の指導者を、最後の引き揚げ船[46]で沖縄と石垣島に一人ずつ派遣し、「土地を奪われ貧窮に追いこまれた沖縄の農民青年層への浸透」をはかり、また八重山から台湾を経由して中国共産党との連絡を確立する工作をおこなった。これによって、これまでも取りざたされてきた人民党と日本共産党の交流関係は、たしかに裏付けられたのだと。その二人というのは、米軍に大部分の土地を取り上げられた読谷の出身の「Sakae (new Koei) Kamichi」と、石垣出身の「Kanzo (new Chokyo) Miyayoshi」と記されている。

この二人の姓は、同報告に多々見られる翻訳官の漢字読み違えで、「上地サカエ」「宮良カンゾウ」が正しいと推定できる。そして青同における役職は、報告書では前者がchief executive、後者がdirector of welfare departmentと記されている。前者は第二回大会で「議長」をつとめた上地栄、後者は財政部長から第二回大会では中央執行副委員長にもなった宮良寛三《みやらかんぞう》を指すことは、確実だろう。宮良寛三も青同結成当初からの中心メンバーである。

上地の沖縄帰還および人民党入党後の活動に、徳田からの直接的な指示があったかまでは断定できない。だがじっさいに上地が首脳部にいた期間の人民党の活動は、第一に、徳田の指示とされるところに符合する農村部への浸透、そのうえで第二に、上地の持論である、国籍の問題をこえた沖縄人自身の自立と解放の道として、帰属問題にとりくむ活動、この二つによって特徴づけられるのである。いずれにせよ、上地が日本や中国における共産主義の勢力拡大などの情勢に呼応する運動の組織化を目ざして、沖縄へむかったであろうことは、ほぼまちがいなく、それは東京で育まれ行き場をなくした、戦後〈沖縄人共産主義者の夢〉のつづきでもあった。

三　上地主導下の人民党躍進

一九四八〜四九年にかけてアメリカ政府は沖縄の長期保有方針を決定し、四九年一〇月に赴任したジョセフ・シーツ軍政長官のもと、軍政府は沖縄住民と協調しながら基地建設と復興を促進する姿勢に転じた。シーツ長官は政党指導者とも懇談の機会をもち、軍政府の施政方針そのものを攻撃することは許されないが、その方針を実施する民政府の職務遂行に関して批判することは正当であり、米琉の相互理解のためにも協力を申し入れた。(47)

これに対応して人民党は、人民戦線運動で軍政府との対決を公言するところにまで振れた急進化路線を修正し、復興から取り残された農村部への浸透と民政府批判に活動を集中させるようになった。事実上の機関誌『人民文化』では、五〇年四月号以降、「人口の八割を占める農民」が生活苦にあえいでいる実態を集中的に調査報告する特集を組み、七月号からは、その問題の元凶として、軍政府からの戦災復興費の執行権限を一手ににぎり、地域的にも偏った分配を専断的におこなっていた民政府の工務交通部、および松岡政保部長への批判キャンペーンを展開した。

このなかで瀬長は、かねて親交の深かった琉球農林省総裁の平良辰雄を対談や座談会記事のゲストにまねき、また沖縄政界に衝撃をあたえた論文「復興費の行方」を執筆するなど、中心的な役割をはたし、社会的影響力をひろげた。瀬長にとって人民党のこうした活動展開は、民政府への批判をとおして大衆と軍政府の支持を得、沖縄民政の主導権を獲得しようとしていた、結党当初の堅実な批判路線に立ちかえる意味をもっていたと考えられる。たとえ軍政下にあたえられる民主主義が表面的であり、限界をもっていたとしても、瀬長は、やはりまだ慎重に党の舵取りを進めようとしていた。相手は自分たち焼き尽くした世界最強の軍隊であり、これと闘える人民は、まだ視野のうちに現れてはいなかった。

各地の演説会でも瀬長は、民政府に不正や独断があれば報告するよう軍政府高官から要請され、政党は民主主義に必要だとシーツ長官からお墨付きを得たことを紹介していた。そして「九〇万の琉球人の反感を招くことは、アメリカにとっても不利益となる」という共通の利害関係のもと、人民党は住民の生活条件の改善のため、軍政府から提起された協調路線のなかで存在意義を発揮するとの姿勢を明らかにしていた。[48] だがシーツ長官らとの会談で、瀬長とともに党代表として出席していた上地栄の対応は、それとは異なるものだった。

上地もまた、当分のあいだ当局への批判攻撃は中止し、農民問題への取り組みに集中しつつ党自身の力をたくわえていく方針を明らかにしていたが、それは融和策に呼応した軟化姿勢のあらわれではなかった。[49] 五〇年初めから半ばまでの演説会で、上地は、当局の融和姿勢は自責の念や懐柔策から出たものだとして、「この現象は政党側の最終的な勝利に行き着く」、「われわれの言うことが正しければ軍政長官を恐れる必要はない」、「軍政府とわれわれのあいだには相違があり、子供が大人の世話をすることはできないのだから、われわれは軍政府がなにをするかにかかわりなく、自分の問題は自分たちの立場で解決しなければならない」などと述べ、いずれ「ずるがしこい支配者たちに容赦ないとどめの一撃を打つだろうことを誓う」と公言していた。

このような上地の戦闘的な姿勢は、たんに演説会での個人的な発言にとどまらず、党全体の動向を決定づけるところにまで、影響力をひろげていった。『人民文化』編集部は、一月号を発行した段階で、政治的記事を載せる編集方針を変えるよう、民政府をつうじて軍政府から警告を受けていた。だが警告後初めて発行された四月号は、先にもふれたように農村と貧困の問題に焦点を当て、これを当局批判と受けとれば（CICサイドはそう受けとめた）、以前に増して、ほぼすべての記事が政治的になった。この件についても、上地は演説会で警告のあったことを紹介しながら、「編集方針の変更のために四月号の売れ行きはよくなっている」と妥協を拒む姿勢を誇示していた。

そして軍政府の融和策のもと五〇年九月に実施された初の沖縄群島知事・議会公選をめぐって、上地の急進主義路線は、瀬長のより穏健な路線を凌駕するかたちで党内のヘゲモニーをおさえていった。七月初めに選挙日程が発表されてから、知事選には復興費の執行問題をめぐって論戦を交わしていた松岡政保と、瀬長と親交の深い平良辰雄が早々に立候補し、当初人民党は知事選では平良支持にまわり、沖縄群島議会で多くの議席獲得をめざすと見られていた。ところが告示から十日後になって、「潜行を続けていた人民党の協議が八月一三日の党大会で明るみに出、瀬長書記長の出馬が決定」され、平良側にとっても「突然の出来事」と受けとめられた。出馬声明では、「農民に理解ありといわれた平良氏又単独で出馬する勇気を欠き」当間重剛など民政府首脳の推薦をうけ「結託」したため、「人民党が何れをも支持出来」なくなったので「之等反動の陣営に対し全党あげて闘いいどまん」とするにいたったと、消去法的な一見奇異な論理で説明された。(50) この予想外の瀬長出馬の背景について、CICは社会党党首の大宜味朝徳や、政治評論家、信頼できる人民党内部からの情報として、次のような経緯があったことをつかんでいた。(51)

すなわち瀬長とその側近たちは、まだ人民党が知事選に勝利できるだけの影響力をもっていないので、党が協力できる唯一の政治家である平良を支持し、当選後の知事を味方につけるのが得策だと主張していた。だが上地栄、波平徳八、仲里誠吉をはじめとする若手の幹部は、これまで年配の候補を応援しても当選後かえりみられることがなく食い物にされてきた経験をふまえて、党員か党の支持者でなければ応援すべきでない、「もはや古臭い政治家にはだまされない」との意見でまとまった。そして最終的には党の分裂を避けるために瀬長が若手に屈するかたちで出馬を決め、これによって瀬長は党内での威信を失ったのだという。

瀬長にとって、平良不支持の動きは、戦前からの活動経験と豊富な人脈を有する自分の政治的判断力への不信任に等しかった。だが平良支持に固執すれば、「平良の親友」だと公言する自分も旧時代の政治家だと若手から烙印を押されかねず、最高指導者としてやむをえず出馬要請を呑んだものと思われる。戦時体制にむかおうとする国家を敵としたときに受ける弾圧の厳しさは、若手には共有されなかった。だが弾圧のなかで党が内側から分裂解体する危機の深刻さもまた、瀬長は経験的に理解していたということだろう。

ところが党大会では、上地のほうを知事候補に推す瀬長出馬反対意見まで飛びだしたという。この選挙戦の演説会でも、上地は人民党で「最も人気のある弁士」であり、とくに聴衆の八割を占める一般労働者からの支持があついと報告されており、党内外での人気実力とともに、これまでの瀬長の圧倒的地位を揺るがす勢いだったようである。

知事選の結果は、農村から民政府首脳部にいたるまで支持をひろげた平良辰雄が約一六万票で圧勝したが、実力者の松岡政保はその半分以下の約七万票しか獲得できず、事前の予想をくつがえして大差で落選した。この敗因をつくった存在として、復興費問題を暴露した人民党の役割は大きく、一万四千票の獲得にとどまった瀬長は、平良の圧勝の立役者の位置を占めた。党首脳部内での微妙な立場とは別に、瀬長は、だれよりも聴衆をわかせるカリスマ的な演説をもって沖縄の指導者をあらそい、大衆の不満を代弁するリーダーとして全沖縄に名をはせることになった。党首脳部急進派の判断は、結果的に自分たちの指導者としての瀬長を、人民党の顔以上の存在に成長させることになったといえる。

群島議会選挙では仲里誠吉ひとりの当選にとどまったが、瀬長の存在感のもと、人民党は「知事公選の時以来、グッと台頭」「堅実さにおいては他党を圧している」との評価を一般誌からも得るようになった。CICの分析でも、人民党はわずか一カ月の選挙戦で人民戦線運動のときを上まわる影響力と支持者を獲得する成功をおさめたとされた。じっさい党員数は、五〇年四月に民政府に提出された資料によると、大まかな数であろうが、四七年の一〇〇人、四八年の一五〇人、四九年の二〇〇人、五〇年の三〇〇人と微増で推移してきたが、知事選後には五〇〇人以上の入党があり、五一年一二月の第五回党大会では「千余の同志が固く団結している」と報告された。また五一年の琉球大学の学生約二〇〇人にたいする世論調査でも、知事の平良辰雄が委員長をつとめる沖縄社会大衆党の二一%をおさえ、二六%の支持で一位を占めた。(52)

四　日本帰属論への転回の狼煙

このような人民党の躍進を牽引していたのは、明らかに上地栄であった。CICは、「なんらはっきりとした収入源ももたず、知人から莫大な借金をかかえながら、全時間を政治活動のために注いでいる」上地を、瀬長以上に警戒し、「沖縄でもっとも危険な共産党員」と位置づけていた。新聞もまた、「街頭に或は演説会場でその特種の生彩を放」つ「人民党の花形闘士」と呼んだ。(53)

上地はたしかに組織者、演説家として人民党にかつてない躍進をもたらした。だがもうひとつ、上地は人民党での活動をとおして、一時的な党勢の拡大以上に意義ぶかい遺産を、戦後沖縄の政治過程にもたらした。東京時代からとぎすましてきた、国籍あるいは沖縄の独立いかんにもとらわれない、沖縄人解放のための思想である。

一九五〇年九月一二日、沖縄群島知事選の天王山といわれた三候補合同の演説会が首里中学校庭でひらかれた。それまでの沖縄の歴史上最大の政治集会と思われる二〜四万人が本島各地からつめかけた会場で、最初に演壇に立った上地栄は、次のように瀬長への応援演説をしめくくった。「沖縄の人たちは、瀬長の〝亀さんの背中〟に乗っかって、本土の岸まで運んでもらおうではありませんか」。当時まだ公的にはタブーであった日本復帰を、突然ユーモアをまじえて打ちだし、会場は数万人の拍手と爆笑でわいた。(54)

上地のこの演説は、戦後沖縄ではじめて公の場で日本復帰をかかげた発言として、後々まで語りつがれることになった。また人民党の公式党史や瀬長の回顧録などにおいても、党の復帰運動の先駆性を示す証拠として言及され、上地の名はこの応援演説の事実に付随するかたちで、除名後も党史から抹消されず生き残ることになった。それはこの歴史的演説が上地の創意と個人的な決断において、くり出されたという経緯をものがたっているようにみえる。

いずれにせよ、人民党としてもなんら決定されておらず、沖縄全体のなかでも、まだだれも正面か

沖縄群島知事選挙合同演説会　1950 年 9 月 12 日、首里中学校庭

ら主張しえなかった日本帰属論を、上地は初の知事公選のクライマックスの場で、ぶちあげてみせた。それはなにを思っての行動だったのか。

首里演説の五日前、九月七日に真和志村（現那覇市）で約八〇〇人を集めてひらかれた人民党演説会で上地は、「公の場でいうことではないが」としながらも、「琉球人の解放」の展望を次のように語ってみせた。(55)

昨日の今帰仁での集会で、わたしは、占領下に置かれて自由などあるのかと訊かれたので、「ばか」と答えた。これまで日本は繁栄すると言い張ってきたが、いまの日本を見てみよ。時代は移り変わっているのだ。さあ、団結／結合しよう［報告書原文は unite ―― 引用者注］。団結／結合した人民にかなう勢力はどこにもない。世界の諸民族との協同こそが、解放への道である。

演説記録を英訳したＣＩＣ報告書からの重訳なので、上地がその場で正確にどんな言葉づかいをしたかまでは分からない。だがここには明らかに、占領下に苦しんでいる日本と結合し、その先に世界の人民との協同を展望することで「琉球人の解放」が実現するとの構想が提示されている。この真和志演説をふまえて見れば、首里演説の発言がたんなる思いつきではなかったことが推察できる。それは、選挙戦の終了後からは帰属問題が沖縄の一大テーマになるとの見通しのうえに、投票日を待たずに機先を制するように上げられた狼煙だったのではないか。むしろ帰属問題を、自分の力で、あるべき方向へと牽引してみせるとの思いさえ、そこにこめられていたかもしれない。そう自負できるだけの強靭な思想的立場を、上地は築いていたからである。

第四節　復帰世論の構築と権力闘争

戦後沖縄における組織的な日本帰属要求は、一九五一年一〜三月にかけて、人民党と社大党から打ち出されてきた。これまでの研究史においては、この時期になぜ、どのような必然性や力学がはたらいて、日本帰属要求の世論表面化と運動の組織化がすすんだのか、十分に解明されてこなかった。本節では、この表面化のプロセスをたどりながら、そこに埋めこまれた人民党の党内外にわたる権力闘争を検討していく。

一　政治としての世論表面化

人民党の党史では、独立の方向性があったことに触れず、結党当初から復帰を志向していたかのごとく装っているので論外だが、研究史では、内発的にではなく外在的な情勢への後追いとして復帰運動は始められたのだと、いわれてきた。[56]ではなにを追いかけたのか。復帰を求める自然発生的な沖縄の世論だというのが、これまでの代表的な解釈であった。[57]しかし五〇年の段階では、沖縄住民が復帰を求めていることを証し立てるような動きは、表立って出ていなかった。以前からの復帰論者とされる平良辰雄が沖縄群島知事当選後に結成した社会大衆党でも、五一年一月三〇日の段階で「党としては現在世論の熟するのを静観しているといった形だが、各新聞とも講和については余り触れていない点から世論はまだそこまで行っていないと見ており確定的態度は決定していない」との見解を発表していた。[58]

むしろ〈日本への復帰を求める世論〉といったものは、政党あるいは沖縄を取りまく政治情勢がそれを必要だと認識するにいたった段階において、各種意識調査などの方法で確認され、直面する政治情勢に応えうる、政治的な主張へとまとめあげられていく。[59]もちろんこのころまでには、終戦以来の占領軍の暴力的支配と生活の困窮によって、米軍占領からの脱出を求める意識は、住民のあいだに相当程度普及していたと考えられる。また五〇年六月の朝鮮戦争勃発によって、荷揚げ要員の徴発問題や灯火管制がふたたび起こり、新たに建設されゆく軍事基地のもと、再度戦争に巻きこまれる不安がひろがっていた。しかしそこからの脱出を、日本への復帰運動を起こすことによってはかるという政治ないし政党への信頼は、住民のあいだにそれほどひろがっていたとは思われない。『うるま新報』編集長の池宮城秀意は、五一年三月一七日の同紙で、人民・社大両党が日本帰属方針を決定したことについて、次のように論評していた。「しかしながら沖縄においては、日本以上に政党は未熟であり、政党と大衆のつながりというものは稀薄であることは周知のことであって、政党の動き或は意見をそのまま大衆の動きまた意見と置きかえることは誤りである」。[60]

〈日本復帰を求める世論〉とは、各政治勢力が世論の動向にも注意しながら、それぞれの判断で、対日講和会議へむけて復帰運動などの政治運動を起こしていくことによって、相互規定的に遂行的に形づくられ、沖縄住民の主流的意見として浮かびあがっていったと考えられる。[61]そしてこうした帰属問題をめぐる民意の集約・表出の機能を担うことによって、政党もまた、少数の同志的結社以上の社会的存在へと成長していったのであろう。

だとすれば問題は、だれがこの潜在的な要求の表面化－世論化のサイクルを回しはじめるか、である。一九五〇年三月、奄美の復帰要求が、宮崎県の青年団からのアピールにこたえた奄美共産党の青年集会とその弾圧事件によってタブーを破られ、一気に公然化したのと同じように、だれかが扉を破り、歯車を回しはじめる必要があった。沖縄においてその役割を担ったのは、人民党と上地栄だった。

二　政党の意思表示と人民党の誘導戦略

人民党における日本帰属方針の採取は、組織の意思決定過程としてみれば、不自然かつ性急な動きのなかで推進された。以下に経過をたどっていこう。

一九五〇年の年末におこなわれたと思われる『月刊タイムス』の「一九五一年に処する党策」についてのインタビューで、書記長の瀬長は、従来の方針を基本的に維持する慎重な姿勢を明らかにしていた。議会対策についての問いには、「沖縄（勿論全琉）の基本法たる憲法議会の設定にまで内外の世論を高め、一日も早く沖縄住民の人権を擁護する憲法をつくらなくてはならぬ」と答え、講和問題についても、「住民自治政府の樹立が可能になるような状態に沖縄の地位を引上げるべきだと思う」と述べたが、ただし「この問題は実に重要な問題であるので、近く中央委員会を開き更に、党大会を開いて最終的態度と方針をきめなければなるまいと考えている」と補足した。(62) 沖縄独自の憲法のもとでの「住民自治政府の樹立」という党の基本方針が、講和会議を前にして再検討されることになるのか、まだ不明だが、もし変更があるとしても全党員が参加する党大会で最終決定する必要があるということだった。

そして年が明けて五一年一月二八日、人民党は拡大中央委員会ではじめて帰属問題について討議をおこなった。新聞報道と公式党史によると、(63) 講和会議に関しては全面講和を要求することを決定し、帰属については「住民自身の意志によって」民主的に人民投票によって決すべきだと上地栄から説明された。「琉球人自身の意思表示が重大な要素である」とはいいながら、ソ連もふくめた全面講和の要求は、沖縄住民の要求とは次元が異なるところから理念として取り入れられたものであった。この点については人民党史でも、「全面講和の要求をかかげたことは、党が世界の平和・愛国・民主勢力、とくに独立、平和、民主主義という日本人民の課題の中に、沖縄県民の課題を位置づけたことによるもの」だったと説明を加えている。すなわち、前章でもふれたソ連による五〇年一一月の対米覚書・全面講和要求の発表（アメリカによる琉球信託統治への疑義をふくむ）、それと歩調を合わせた一二月の中国外相声明（アメリカの琉球信託統治・長期占領にたいする非難をふくむ）、これらを支持した一月一七日の日本共産党主流派の全面講和論の発表（琉球返還をふくむ）、そして一月一五日に結成された全面講和愛国運動全国協議会による署名運動の開始（共産党、産別会議などが参加し、四八〇万人の署名をあつめた）などの動きが、影響をおよぼしていたと考えられる。

つまり一月末に人民党が帰属問題に関してまず打ち出した全面講和要求は、明らかにこれら東側および日本の革新陣営の動きに呼応したものとしてあり、また「琉球人自身の意思表示」のための人民投票要求とは、この左派陣営のアメリカにたいする琉球信託統治批判に呼応する世論形成を、沖縄現地の左派政党として促進する必要から提起されたと考えられる。

沖縄の米軍基地が東側陣営にとって脅威であることは、五〇年一月のコミンフォルム論評をみるまでもなく明白だった。だがもし冷戦の論理に沿って、正面からアメリカ帝国主義の継続占領反対をとなえたら、弾圧と孤立をまねき、世論もかえって萎縮し沈黙してしまう。そのため上地ら人民党首脳部としては、国連憲章の第一条で保証された人民自決の普遍的権利を立てて、継続占領反対の意思表示をうながすことでしか第一歩をふみだせなかったのだろう。ともあれこれが沖縄の政治勢力から発せられた、日本帰属のふくみを帯びた講和対策方針の第一声となった。

ところが人民党史によると、拡大中央委員会の討議では、党としての立場を明確にしないまま人民投票を要求するというのでは「政党としての責任」を果たしていないとの批判が出され、「具体的方向についてはひきつづき検討することになった」という。これは当然のことで、憲法制定と自治政府樹立を「一九五一年に処する党策」として語った瀬長書記長のインタビュー記事が、新年号としてまだ書店にならんでいる時期に、いきなり「日本人民の課題の中に、沖縄県民の課題を位置づけ」る転換が呑みこめるわけがなかった。瀬長は四九年の人民戦線運動以来、「琉球民族の主権」の確立策として憲法制定を要求してきたのである。(64)

そうして一月二八日につづく二回目の会議は、約二週間後の二月一三日の中央委員会でおこなわれることが決まった。ところが、人民党史によると、それより先に、二月一日に少人数の常任委員会がひらかれ、「社大党、社会党、共和党の三党に対し、講和問題に関する四党会談の開催と共同闘争を呼びかけることを決定した」という。そして四党会談は一六日の開催に決まった。肝心の帰属問題にたいする具体的方向が、まだ党内で決まっていない段階で、他党に共同闘争を呼びかけるというのは、どういうことなのか。

人民党は、結党以来の人民自治政府樹立方針や「琉球の主権確立」論を信じてきた党員からも同意を取りつけなければならない問題を、党内にかかえていた。これにたいして、復帰論者である平良辰雄の知事当選後に結成された社大党には、占領初期からの論調を引きずる、そのような行きがかりはなかった。人民党としては、四党会談で帰属問題に関する態度表明をせまり、社大党に様子見の姿勢を維持できなくさせれば、群島議会の圧倒多数勢力である与党の影響力のもと、世論は大きく動き出す――そのような計略が練られていたのかもしれない。じっさい、東京では一月二九日に吉田茂首相がアメリカのダレス特使と会見し、琉球の信託統治に同意する意向を示したと報じられ、翌日には日本政府与党の自由党も同調し、沖縄群島政府与党として、社大党は態度決定をせまられる情勢にあった。そして社大党は、三一日の常任委員会で「日本復帰署名運動を行うことを決定した」ともいわれる。だが中央委員会での承認を待つ党内手続きもあり、米軍政府の反応をおそれたのか、この決定は公表されなかった（後の党史記述でのみ述べられている）。[65]

こうして迎えた二月一三日、二回目の討議の結果、人民党中央委員会は「沖縄の解放は反帝闘争であり、方法として日本復帰を叫ぶ」との結論にいたり、アメリカの信託統治に反対し、各団体に呼びかけて広範な大衆運動を盛りあげ、人民投票をおこなうことなどを党の基本方針として決定した。これが戦後沖縄で最初の、日本復帰を要求する正式な機関決定の発表となった。これをうけて翌日、追いかけるように社大党も日本復帰の要望を発表し、一六日の四党会談は、瀬長亀次郎の司会のもと、人民党の上地栄、社大党の兼次佐一が党の日本復帰要求の立場を公言する場となった。態度を保留した他の少数政党は、後日になって共和党が独立論、社会党が信託統治賛成を発表したが、人民党の誘導のもとで社大党が日本復帰要求を公表したことで、すでに政界の大勢は決まっていたのである。

その後三月一八日に人民・社大がそれぞれ臨時党大会をひらいて日本復帰方針を正式決定し、翌日の群島議会でも復帰要求の緊急動議が一七対三で可決された。この段階にいたると、両党の党大会は「全住民の一〇〇％の関心」をあつめていると報道されるほどの注目をあび、社大党には三〇〇人、人民党には五倍の一五〇〇人もの聴衆が押し寄せた。また平良知事も、緊急決議の有効性に疑義を呈する共和党議員にたいし、「現在は政党の動きが大きな世論」であり、琉球民政長官でもあるＧＨＱのマッカーサー元帥にも報告すると群島議会で答弁するところまで、態度を明確にするようになった。(66)

以上みてきたように、沖縄の日本復帰要求は、東側・革新陣営の全面講和要求・信託統治反対声明に呼応しようとした人民党首脳部が、たくみな誘導戦略のもと、与党の社大党を態度表明にまきこんでいくかたちで、政界の圧倒多数の意見として構築された。人民党首脳部にとって次なる課題は、政党から大衆へと意思表示の運動をひろげ、占領継続反対の大衆的世論を形成することにあった。こうした運動戦略の起点として、群島知事選における上地の首里演説をとらえることも可能であろう。内外からの注目をあつめることが必至の、講和にたいする意思表示という政治の舞台（争点）を活用して、その表面化過程に自己のイニシアティブをもぐりこませ、占領継続に反対する世論を、沖縄の自主的な立場のあらわれとして先導し作りだそうとした——見事なオーガナイザーの姿をそこにうかがうことができる。

三　署名運動における世論構築の完成

だがこうした人民党の思惑が、これ以上意のままに主導権を得て実現されることはなかった。社大党は、四党会談で復帰方針を明らかにした当初から「絶対に反米主義は排斥」する方針でのぞんだ。そのため人民党が再三にわたり「日本復帰期成同盟」での共闘を呼びかけても、全面講和方針を理由に拒絶され、人民党が共闘の場では全面講和は留保すると妥協し、社大党提唱の「日本復帰促進期成会」に人民党も参加するかっこうになった。[67]

同期成会は復帰請願署名運動をおこなうための組織として一九五一年五月に結成されたが、その趣意書には「全面講和や基地提供反対等の主張をせず此の運動を単に琉球の帰属問題に限定する」とのことわり書きが入れられた。これは人民党の全面講和、反帝闘争としての日本復帰の理念に対抗しつつ、その急進性を否定し、日米両政府の許容範囲内に運動を限定しようとする措置であったと考えられる。先行した奄美での復帰請願署名運動が、五一年一月から日本共産党などが進めた「全面講和愛国運動」に呼応しようとする奄美共産党の提案からはじまり、二月下旬から四月上旬までで約一四万人、住民の九九%という迅速な成果をあげたのとは対照的であった。[68]

期成会の署名運動は、社大党のリーダーシップのもと人民党員も参加して進められ、予想外の日時を費やしたものの、一九万九千余人、満二〇歳以上の七二・一%の署名を集めて終了した。

ところでこの七二%の復帰署名という数字は、講和前から沖縄住民が圧倒的に日本復帰を要求していた証しとして、よく取りあげられる。だが実態はそのようなものとして無条件に参照できるものではなかった。この署名運動では、先行した奄美の圧倒的な成果に刺激されたのであろう、当初は五月二〇日から一カ月間で三〇万人の署名を目標に立てた。五〇年末の沖縄群島人口は国勢調査で約五七万人、二〇歳以上は三〇余万人で、奄美同様の一〇〇%をねらったはずである。しかし運動はいっこうに盛りあがらず、六月一〇日の集計では目標の一割の三万人弱にすぎなかった。これでは逆効果である。期限は七月二〇日まで延長され、六月二八日には「日本復帰促進青年同志会」が結成され、青年たちが夜間に戸別訪問して署名をうながすなどローラー作戦を展開したが、七月初めでもまだ六〇％の署名で、ついに講和会議にまにあう八月二六日ぎりぎりまでかけて、七二％の集計で我慢して署名簿は空輸されることになった。

すなわち運動のねばりで七二％にまで署名をまとめあげていった点にこそ、重要な意味があるのであって、こうした運動以前に、〈復帰を願う沖縄住民の世論〉というものが、自然発生的に政治的意見としてまとまっていたわけではない。政党主導の政治運動が、戦火に打ちのめされた経験から危険な政治的意志表示をしぶる民衆にぶつかりながらも、もはや後には引けなくなり、復帰署名を求めて住民の生活空間のすみずみにまで入りこみ、出会いとくわ入れをおこなったこと、それは戦後沖縄の政治史において画期的な意味をもつ、政治空間の生成過程だった。

なお作家の大城立裕は日本復帰後の座談会で、「五一年に復帰署名七五《ママ》％と言ってるけれども、私の実感としてはあの数字は信用していないですよ。では、あの数字は何を意味するんだというと、［中略］当時としては、復帰というのはそんなに悪いものでもないし、つい名前を書く、といったようなそれの集積の七五％であって、案外、当時の実感としてはそれだと思います」と述べている。他方、日本政府内部で復帰運動をおしすすめた吉田嗣延は、署名運動が不調だった原因は、米軍が食糧配給を停止するなどの「兵糧攻め」で復帰運動を抑圧したからだと回顧録で述べている。しかしこの時期の沖縄では復帰運動にたいする弾圧はなかった。むしろ奄美共産党の活動への弾圧の文脈で、奄美で軍政官が復協の総決起大会に中止命令を下したことに関して、五一年七月、沖縄の米民政府は「琉球諸島合衆国民政府本部からの指示」として「日本復帰に関する公の論議は本質上はこれを政治的活動とみなすべきではない。従って非政治的機関でも日本復帰を公に決議するための集会をなすことは差支えない」との指令を出し、復帰運動の容認を発表していた(69)。

奄美・沖縄の住民がみずからを日本人と規定して日本帰属の意思を表明することは、奄美・沖縄の主権が、独自の政治主体としての琉球や、かつての琉球王国の旧宗主国として発言権を主張する中国（国民党）などにあるのではなく、依然住民の総意のもとに日本政府に委ねられていることを証し立てる意味をもつ。この前提を確実にすることは、講和会議において、奄美・沖縄の代表が参加することもなく、日本政府がアメリカなど各国とのあいだで合意をむすび、奄美・沖縄にたいする主権を潜在化させる権限を有することを根拠づける決定的な意味を、政治的にもっていた。吉田嗣延は潜在主権の論理を成り立たせるこのからくりを承知したうえで、当然却下されるはずの復帰請願を後押しし、いつか将来に奄美・沖縄にたいする主権を日本政府が顕在化させる展望を確保しようとしていたのであろう。彼が米軍の弾圧を言い立てるのは、復帰論者としての個人的心情に引きずられていたのではなく、当時の日本政府外務省の沖縄班長としての立場から、日本帰属が沖縄の圧倒的世論である――署名が一〇〇％に届かない残りの二八％は弾圧のせいだ――と証言しておかねばならなかったためだと考えられる。

以上みてきた日本復帰要求の表面化過程で人民党は、沖縄群島議会二〇議席中一五議席を占める与党社大党を意思表示へと巧みに誘導して、孤立化を避けると同時に、沖縄の多数派世論の先頭に立つ先駆者として、大きな存在感を社会に示すことに成功した。大衆の潜在的要求をバックに党外の多数派勢力を共同行動にまきこみ、大衆の要求を表面化させることで強圧的支配にたいする変革を必然化させる、まさに前衛としての役割をはたしたといえる。だがこのとき人民党首脳部が党外の多数派を活用する工作をおこなったのは、ほかにもうひとつ理由があったと考えられる。大勢を示し、大衆の要求に忠実にしたがうとの原則のもと、党内の議論を円滑に転換させる、党内世論への工作である。

先にもふれたように、人民党はこれまで「琉球民族の主権」確立と自治政府の樹立を基本方針として公言してきた。そのため二月一三日の中央委員会で、反帝闘争の方法として日本復帰を要求するとの結論を採取した後も、党内では「日本復帰の根拠としての民族問題に関する理論的把握」は一致しておらず、二月末の常任委員会で「瀬長書記長によりこのための徹底的な討論の必要が強調され」、討議がかさねられた。そうして三月一八日の臨時党大会で正式に復帰方針が決定されたあとは、この方針を「各支部におろすとともに、数次にわたる党幹部学習会」や懇談会を開催し、四月後半期には本島一〇カ所で演説会をひらき、延べ五千人の参加を得たという。(70)

しかしながら、このような合意形成のステップをふんで党内の意見を一致させるより先に、首脳部は、すでにみたように他党に共同闘争をよびかけるなど対外的に動きだしていた。独断専行との批判が党内に起こってもおかしくなかった。だが米軍の占領を日本帝国主義からの解放ととらえ、アメリカの民主主義のもとで沖縄の主権性や住民自治を拡張させようとしてきた従来の解放論は、冷戦の開始とともに沖縄がアメリカの軍事拠点として要塞化されるなかで展望をなくしており、アメリカの軍事支配から脱する道を、新たに冷戦の二極対立下に探りだす転換は避けられなかった。この転換の牽引役を、人民党の首脳部が沖縄解放の前衛として担うにあたって、大衆政党としての人民党本体、あるいはその一般党員は、他党と同じような工作の対象とされねばならなかったのである。

おそらくはこうした文脈においてであろう、CICがつかんだ情報によると、大衆規模の世論構築のため復帰署名運動がつづけられる一方で、上地栄は瀬長亀次郎に地下活動をおこなうグループ組織について相談したという。だがこの提案にたいする返答はなされず、六月二〇日、上地が瀬長に辞任を申し出ると、瀬長はすでに上地の党籍は抹消されたと答え、三〇日、中央委員会の秘密会合で上地は一方的に除名された。そしてこの処分に同意しなかった仲里誠吉も、つづいて辞任を申し出たという。(71)

しかしながら、仲里は人民党唯一の沖縄群島議会の議員であり、上地のように一方的に除名処分にすることができなかったのか、協議がかさねられたのだが、九月六日、仲里誠吉は離党届を提出した。仲里は離党の理由を「優れない健康の回復と家庭経済の立直しのため」と発表したが、議員はつづけるとしていた。ところが人民党は議員辞任をつよく勧告し、仲里は議員からも身を引いた。

問題が公職にかかわるだけに今回は新聞沙汰にもなり、次のような上地栄のコメントも掲載された。「脱党と同時に議席も去れとの要求は党セクト主義と公式主義の現れで党として大きな誤りだ。仲里氏も感じただろうがもっと同志愛があってもいいと思う」。このセクト主義との指摘が、仲間割れによる根拠のない中傷合戦ではすまない深さをもつことは、仲里辞任にともなう補欠選挙が一〇月に告示された際、人民党が、わざわざ新聞広告を出して次のように選挙拒否を声明したことで、ひろく知られるところとなった。[72]「今や人民にムダな負担を負はせ、且何も出来ないくせに出来るかの如きげん想を与える群島政府と同議会の即時解体を要求し、完全な自治権を有する、全琉統一自治政府と議会の公選促進に、全力を集中すべき時に立ち到ったと断定したからである」。

たしかに米軍政府は、公選で生まれた沖縄群島政府の平良知事と群島議会が、大衆の支持を背景に発言権を増すのを嫌い、五一年四月に臨時中央政府を設置、その主席に琉球諮詢委員会の比嘉秀平委員長を任命し、群島政府の権限を骨抜きにする策を進めていた。そして翌五二年には臨時ではなく正式な中央政府（琉球政府）の主席と議員の公選がおこなわれるものとみられていた。しかしそれとこれとは別である。人民党の選挙ボイコットで補欠選挙は一一月四日、社大党候補の無投票当選となり、群島議会の存在意義は人民党によってさらに空洞化を後押しされ、仲里への投票に託された民意は無に帰する結果となった。そして群島議会を「〝自治〟のげん想を与えるマヤカシ」だと「断定」し、いさぎよく投げ棄てたところで、同じ米軍統治体制下で実施される中央政府の選挙によって「完全な自治権」がもたらされるとは考えにくく、ならば完全な自治権が保証されるまで、人民党はマヤカシの選挙を拒否して孤高を守るということになるのだろうか。

このような乱暴な断定と独善化の傾向は、一二月の第五回党大会でピークに達し、上地を「最初の党規約に基く党の最高刑罰」として除名した理由は、次のように説明された。[73]「党中央委員会は、個人主義的英雄主義すなわち「おれが」一番えらい、人民党は「おれが」いなければつぶれて、消えてしまうといったような「おれが」主義を生み出した本部お任せ主義・幹部お任せ主義の大きな誤りを指摘し、そういう害毒をなくしてしまうために、前中央委員上地栄を党規約によって除名処分にした」。また仲里問題については「ねばり強い努力と、献身的な行動が要求される日常闘争の中で、前中央委員仲里誠吉が脱党して、安易な道を選び乍らなお人民解放を叫んだ事実は、一層党内の団結と強化を促した」と説明され、議員辞職を勧告した経緯にもふれぬまま、一方的に侮辱と勝利宣言をたたきつけるありさまだった。

一般党員が党本部および幹部に任せきりにしてしまう「害毒」の元凶として、上地は追放されたということだが、これは表向きに立てられた理由で、問題の本質は、上地や仲里の個人的性格にではなく、これからの党の指導のあり方をめぐる党首脳部内の意見対立にあったと思われる。上地の除名と仲里の離党にともない、元中央委員の波平徳八も離党、元書記長の新垣幸吉もしばらくして東京に転居し、これでいわゆる急進派は一掃され、人民党首脳部は島袋嘉順、又吉一郎、神山孝標ら、瀬長の指示通りに動くイエスマンだけでかためられることになった。

前年の群島知事選以来、主導権をにぎってきた若手の急進派が、大衆規模の復帰運動が開始される一方で、水面下に地下前衛組織をつくり、急進化をさらにすすめていこうとしていた事態への危機感が、影響していたものと思われる。上地の除名から一年後、五二年七月にCICが得た情報によると、瀬長は、周囲からしばしば上地と仲里の復党を求められてきたが、「これらの人びとは急進的にすぎ、いずれは党の支配権をにぎり、党の政策を極左的にしてしまうことをおそれ」て受け入れなかったという。(74)

党大会では、このような急進主義問題を公言できないせいもあって、上地と仲里の「個人主義的英雄主義」の弱さに、問題を矮小化した説明がなされた部分もあるのだろう。だがそうした事情を割り引いたとしても、一連の首脳部の内紛過程からは、なお見逃せない論点が二つ引き出せる。

第一は、変革組織としての指導のあり方、あるいは指導者の権力の問題である。上地の「「おれが」主義」問題が、首脳部の主導権争いを隠して、党大会で一般党員の納得を得るために立てられたものだったとしたら、実際に「人民党は「おれが」いなければつぶれて、消えてしまう」というような発言があったかどうかはともかく、そう誹謗されても不思議ではないほど、上地の指導力が、一般党員にもよく知られていたということになるだろう。一般党員から不審をまねくような専断的な指導としては、たしかに日本帰属方針への転換過程で党内の意思決定より党外工作を優先させた問題があったが、この問題は決して単なる「個人主義的ヒロイズム」の現れとして片付けられるものではない。人民党が、米軍統治下で必然的に生まれる大衆的な不満の受け皿となり、だれでも入れる大衆政党として党勢を拡張していく一方で、他方では、言論の自由が認められない軍事支配下にあって、首脳部としては、隠密行動や方針の急転換など、ときに強力な組織統制が避けられなくなることがある。

この変革組織の指導問題はこの後も人民党につきまとい、やがて瀬長は地下組織の建設に同意していくことになるが、重要な問題は、変革を牽引する前衛組織として避けがたい指導問題がはじめて明確にあらわれたとき、それが上地個人の独断問題として、瀬長の独裁的決定によって処理されたことにある。処分の理由が上地の地下組織建設提案だったとしても、また党内の合意形成を怠った指導にあったのだとしても、「害毒をなくしてしまうために」上地一人を追放するという安直で乱暴な解決策がとられたことに相違はない。すなわち人民党は、その最大の力の源泉として、瀬長亀次郎の圧倒的な指導力をもち、成長をとげてきたのだが、重大な意思決定の場面に直面したとき、裏返しに、それこそが最大の弱点ともなりかねなかった。理由はなんであれ、瀬長に次ぐ指導者にたいする乱暴な放逐は、人民党の前途に暗い陰をおとすものだった。

それとも関連するが、第二の重要な論点は、首脳部の内紛に関連するばあいの人民党の言動の粗暴さと、闇雲な攻撃性である。

党大会において上地の除名と仲里の離党について説明するさいの人民党の口吻の独善性や粗暴さは、だれの目にも明らかであり、このような乱暴な物言いは、かつて政敵としてきた仲宗根源和や松岡政保にたいしてさえ、とられなかった。事実と条理に立って正義をもとめる人民党の姿は消え去っている。そして問題は、この粗暴さが体制批判へと転化することである。仲里に議員辞任を強要したことへの批判をかわすためなのか、補欠選挙のボイコット声明では、群島議会それ自体を「何も出来ないくせに出来るかの如きげん想を与える」場として全否定し、問題を軍事支配の巨悪へとすり替え、さらには「完全な自治権を有する、全琉統一自治政府」という幻想を、むしろみずから作りだしている。自己の正しさを強弁するかのように政治批判の攻撃性をエスカレートさせ、かえってまわりをすべて敵に回すような闇雲な破壊性が人民党を支配している。

これは人民党の命ともいえる批判勢力としての公正さを台無しにさせる、党にとって破滅的な危険をもつ特徴であり、この破壊傾向はこのあとも再三、姿をあらわすことになる。

以上の二点は、一九五〇年代の沖縄の解放運動において一貫して中核にあった人民党にとっての最大の弱点としてあり、また、つづく六〇年代以降においても、人民党の限界をのりこえようとする諸勢力、個人にも、否定されながら継承される、重要な論点となった。この問題については、また後にふれることになるだろう。

第五節　分離独立なき再結合の決断と沖縄人のゆくえ

一　国際共産主義の植民地解放運動との結合

前節では日本帰属の世論の形成・表面化過程と、それに付随した人民党首脳部の党内外にわたる権力闘争をみてきたが、本節では思想問題に目を転じ、人民党の日本帰属論への転換がどのような論理のもとに決断され、占領初期からの沖縄人解放構想にどのような変様が起きたのかを検討していく。

人民党は、講和問題をめぐる内外の情勢の急展開に合わせて、首脳部主導で一九五一年三月の臨時党大会までにあわただしく日本帰属論を解放戦略として採取した。「沖縄の解放は反帝闘争であり、方法として日本復帰を叫ぶ」（三月一三日、中央委員会）という、反帝闘争のための日沖結合論である。その急転回を支えたのは、本章第二節で紹介した上地栄の帰属論（日本やアメリカとの結合、あるいは沖縄独立のばあいもふくめ、国家的な帰属形態や民族主義には一切とらわれず、沖縄人の生存と幸福が実現する道を選ぶべきとする）であったと思われる。その後、人民党は講演会をひらいて一般党員や大衆に新たな解放戦略の適切さを訴えていったのだが、そこでの質疑応答などもふまえて、党の復帰理論を宣伝するパンフレットとして、雑誌『世論週報』「日本復帰論特集号」を六月初めに編集（発行は七月一二日付）し、方針転換を定着させていった。だがこの編集過程では同時に、前節にみた主導権争いが進行しており、そのせいであろう、雑誌は帰属問題で主導的役割を担ってきた上地栄や理論家の仲里誠吉など急進派の首脳部を欠いた陣容で執筆され、琉球民族の主権確立と人民自治政府樹立をとなえてきた瀬長がみずから、三〇ページにわたる長大な総論「日本人民と結合せよ」（以下、「結合論文」

と略記）を書き、方針転換の弁明を試みることになった。

そのため、この「結合論文」や三月の臨時党大会での瀬長の一般報告などを検討することで、瀬長あるいは従来の人民党が、いかに自己矛盾や困難にむきあいながら、それをのりこえて方針転換を論理化したか、またその結果、いかなる思想的課題に直面したのかを具体的にみていくことができる。

まずは決断の出発点となった理論設定について確認しておくと、瀬長は人民党の復帰論がじつは結合論であることを、転換の当初から強調しつづけた。はじめて帰属問題にたいする基本方針を決定した五一年二月の中央委員会で瀬長は、「民主主義の原則に則って主権がじん民に与へられることを条件として日本に結合する、言い換へれば日本に復きする」と述べていた。[75] すなわち人民党の「復き」論とは、日沖の対等な条件のもとでの民主的再結合の「言い換へ」だったということである。また三月の臨時党大会での一般報告においては「琉球の帰属は分離結合の理論から進めねばならない」と、問題にたいする理論的枠組みを明瞭に示してみせた。[76] レーニンの名前やロシア革命の民族政策といった語彙が出ないのは米軍占領下にあるからであって、瀬長がレーニン主義の「分離結合の理論」に依拠していたことは疑いない。

だがこれは一般的な理論の参照にとどまり、理論の適用だけでは問題解決にはなりえなかった。なぜなら復帰という日本国への帰属要求が日本人民との民主的結合であり、そこに「新沖縄建設」の解放が展望されるという保証は、じつのところ理論的にはなにもなかったからである。

かつて徳田球一も参照した社会主義における「結合の問題」からいえば、このときの現状では、日本と沖縄の「各民族の労働者と農民」[77] が再結合を自発的に決定し、「民主主義革命の徹底化」に進みうるような客観状況はまったくなかった。五〇年五月の論文では瀬長自身、アジアを中心に「激動する世界人民解放戦線」が結成強化される一方で、日本の政府は「じん権の尊重は薬にもしたくないといつた顔付きで」あるとして、「正に日本が未だ民主くわされない証左」をあげていた。(78)

にもかかわらず瀬長は、「結合論文」で日本人民との結合によって民族解放戦線を組み立て、その威力を発揮させることが、沖縄を貧困と抑圧から救い、解放に導く道となるのだと論じた。(79)だが結合の必然性をうったえるその主張は、以前の地に足のついた弁論とは異なり、論理の飛躍、戦後日本への根拠のない過大な期待などを含み、この論文を瀬長は、解放への希求を「叫び、結びとする」のである。

たとえば同論文で瀬長は、「弱々しく見えた労働者が一つの階級としてめざめ団結するとき始めて強くなるように」「日本人民との結合によつて人民の政治力が強く」なることで沖縄の重要問題の多くが解決されると高言するのだが、戦前の経験から復帰後もかならず差別があるとみる独立論者からの批判にたいしては、「そんなにひがむことなく、まつすぐあるくことだ。沖縄人民の力を信ずるように、日本人民の力を信じて」と、反論ではなく懸命な説得をこころみるばかりだった。他方でまた、保守系の復帰論によくある「只子が親を慕う感情、どうにも説明出来ぬやむに止まれぬ気持ち」を軸にした観念論では、十分でないとする。だがそうした祖国復帰の観念論と、労働者の階級連帯の観念論のどこがどう違うのか、明確に弁別することもできていなかった。これでは日本の労働者、庶民によってこそ沖縄人が生活現場で差別された経験を、のりこえることはできない。

しかし瀬長はこのとき、「祖国」に目がくらんでいたのでも、日本だけをみていたのでもなかった。

本章冒頭から立てている人民党における「左翼」としての世界観のひろがりという視座が、ここで大きな意味をもってくる。「結合論文」で瀬長は、インドネシア、インド、朝鮮、ヴェトナムなどですすむ民族解放運動を数えあげ、東西二極対立がこれらアジアの「植民地か半植民地の人民と結びつく」世界的な民族解放戦線の形成につらなっていることを示唆していた（五一年一二月の党大会一般報告では、党内むけのせいだろう、より直截に「なが年帝国主義の抑圧に苦しんだ」世界の諸民族が「独立と解放を叫んで立ち上」り、「革命闘争等も、おそろしく進展している」ことを具体的にあげ、これらを二極対立における「ソ連組」と分類している）(80)。そして沖縄解放の模索が、日本の民族独立運動と結合することで「世界人民の面前にその姿を表示し」、「民族解放の戦列に加わって」ゆく展望のうちに、共感と支え、歴史の発展の趨勢を見出していた。反帝闘争の「方法として日本復帰」が採取される所以である。

二　世界へいたる夢の中継点としての日本

しかしどうして反帝解放闘争の方法が日本復帰なのか。日本では「じん権の尊重は薬にもしたくない」どころかレッド・パージがふきあれ、共産党は追放され地下に追いやられるとともに、分派抗争で混迷を深めていた。

「逆コース」のもとで保守勢力がいきおいを取り戻し、人民の生活は苦しくなり、言論の自由も失われている——これらの動きについて、こまかに語る自由はないけれど「われわれは知っている」のだと、瀬長は「結合論文」で述べている。それでもなお日沖の民族解放共同戦線の期待を、日本帰属の主張のなかに込めることできた拠り所はなんだったのか。おそらくそれは夢であった。アジアの反帝植民地解放闘争と国際共産主義運動が結合するなかに、「沖縄民族解放の道」がきり拓かれる一大展望の夢が、国籍上の帰属の問題をこえて存在していた。すなわち復帰を決議した三月臨時党大会の一般報告で、瀬長はいう。

われわれはかつて沖縄なるが故に搾取されたのではなく、軍閥を先頭とする帝国主義者は等しく全国民から搾取を続けた。

だが圧制下にあえいでいた人民の勢力は増大し、今や一大勇気を振り起して起ち上り世界の偉大なる民主勢力と歩調を合して進軍を開始せんとしている。またわれわれ琉球百万の人民もこれに和して、日本の進歩的勢力と共に起ち上るべきである。(81)

この「世界の偉大なる民主勢力」の「進軍」への信頼こそが、軍政下にあたえられる民主主義の限界を突破するために、日本帰属にむかう決断を支えていた。沖縄の苦しみは帝国主義の世界のもとにあることによって生まれているのであり、沖縄戦にいたるまでの日本時代と、これからもつづくであろうアメリカの軍事支配は、帝国主義のもたらす苦しみとしてひとつになる。そしてこれを敵とする反帝闘争とは、根底的には国籍の問題をこえた世界の問題なのである。

それゆえにこの世界像のもとでは、日本共産党の混迷も問題にはならなかったであろう。たとえ日共が混迷におちいっていたとしても、スターリンとコミンフォルムが行なった日本の情勢への介入のなかに、瀬長もまた戦前から内面化していたところの、コミンテルンの伝統的世界像の新たにされた姿を読みとることは十分可能だった。コミンフォルムの日共批判を、その当時アジアで頻発していた反帝独立武装闘争の背後にある東側の世界戦略と軌を一にしたものと捉えることは、歴史的理解としても外れたものではなかった。また、人民党の復帰論への転回過程では、日共の分派抗争はまだ収束していなかったが、すでに五〇年のテーゼ論争の段階で、日共各派はアメリカ帝国主義の全一的支配からの民族的解放を革命の第一の任務とする「民族解放民主革命」論を、いずれも受け入れていた。(82) 五一年一〇月の日共新綱領を待つまでもなく、日共もまた世界の植民地・従属国の民族解放戦線の拡大のなかに取りこまれてゆく趨勢は明らかだった。スターリンとコミンフォルムの介入が「日本革命」の戦略として妥当だったかどうかの問題とは別に、「歩調を合して」連帯すべき「進軍」はたしかに日本にも及んでいた。

人民党にとって、日本との結合、そしてありうべき日本共産党との連携は、革命の世界像のなかに沖縄が参入するための中継点にすぎなかったと考えられる。日本結合＝復帰論をとることが、必ずしも日共への組織的結合ないし合流を意味するものではなかったことは、五一年末に琉球人民党を結成した際に、奄美共産党側から「基本党の確立」すなわち日共と組織的に連なる非合法共産党の建設を呼びかけられたのをことわり（「五四年党史」）、沖縄の合法舞台における大衆政党一本ですすむ道を選んだことから確認できる。

実際のところ、瀬長と人民党が「日本人民と結合せよ」との叫びを発するとき、目ざされていた結合とは、理念的には、日本の範域を越え、アジアの民族解放闘争の舞台におけるコミンフォルムとの結合だったということができるだろう。四七年にコミンフォルムが結成されたとき、日共内部では

「このヨーロッパの問題については、わが日本共産党とは無関係である」「わが共産党は、日本人民の解放をめざす日本人民の政党である」との意見が表明されていたという。この「国際政策上の中立主義」を排除してソ連の陣営への公然たる服属を主張するとき、日共国際派の指導者、宮本顕治は、コミンフォルムとはたんなる友党的存在であるのではなく「ソ同盟共産党を先頭とする世界プロレタリアートの、新しい結合」であると論じた。(83) それと同じように、瀬長もまた沖縄人民党を沖縄の解放をめざす政党にとどめるのではなく、「世界プロレタリアートの、新しい結合」に接続させようとしたのではないか。

すなわち日本帰属論への転換を支えていたものは、「全世界の働く人民の力を信じ、完全自治の獲得のために」(人民党第五回大会一般報告)、それと一体になろうとの夢であった。だがほんとうに夢は現実となるのだろうか。沖縄人は世界人となり、世界は沖縄人に自治と解放をもたらすのだろうか。

瀬長が「結合論文」を発表してまもなく、レーニン・スターリン主義の民族理論とその実践的適用のあり方を総覧する書物が、九月に東京で刊行された。青木文庫版『経済学講座』第九巻『民族および植民地問題』である。瀬長はこの簡便な講座本を、おそらく読んだであろう。あるいは読んでいなかったとしても、「結合論文」のなかに刻まれている瀬長のことばにむけて、次のように引いておきたい。「あれこれの情勢のもとで、あれこれの民族の分離が合目的であるかどうかという問題を、マルクス・レーニン主義は、それぞれのばあいにおいて、社会の発展の利益と、社会主義のためのプロレタリアートの階級闘争という見地から解決する」。すなわちレーニンはいう。「自決をふくむ民主主義の個々の要求は、絶対者ではなくて[中略]世界的運動の一部分である。個々の具体的なばあいには、部分が一般と矛盾することはありうる。そのときには、部分を拒否しなければならない」。そしてスターリンは「率直にいっておかねばならない」と、こう続ける。「民族自治権は労働者階級の独裁を確立する権利の行使をさまたげることはできないし、また、さまたげてはならない。前者は後者に譲歩しなければならぬ」、「民族の自治は、民族問題を解決しない」(84)。

結語　復帰主体とその亡霊的主体の生成

こうして人民党は、さきの瀬長の臨時党大会一般報告にあるように、琉球百万人民が「一大勇気を振り起して起ち上り」、「日本の進歩的勢力と共に」「世界の偉大なる民主勢力」と合流すること、それがこれまで探しつづけてきた沖縄解放の道なのだと決断した。日本帰属方針の採取は、当時の内外情勢や、この党のこれまでの歩みからみても、決して外れた判断ではなかったといえる。だがそれは代償をともなう長い苦悩のはじまりであり、またその苦悩のなかに秘められた、表現できないある種の賭けのはじまりでもあった。

すなわちまず軍政下の統制をこえる解放の展望を、日本帰属の先につかみとるために、人民党は、これまで戦後沖縄がどこにも帰属しない、ただの「オキナワ」だったことに支えられてきた解放感を、みずから統制し、多様な可能性に開かれていたかつての新沖縄建設の解放構想を、事実として抹消する自己否定に道をえらんでいった。臨時党大会における日本復帰方針の決議文には「琉球民族は初めから日本民族の一部である」との文言が入れられた(85)。こうした民族論が人民党の理論的立場にそぐわないことは、瀬長の「結合論文」を読めば明白だった。この文言はおそらく、分離独立なき再結合論の、理論的な不明瞭さと弱さに疑問をぬぐえない党員や支持者からも納得をとりつけ、「一大勇気」の決断を運動としてひろげるために、大衆政党としての立場から挿入されたのだろう。だがここで超歴史的な民族統一論を取ったことによって、結党以来の柱としてきた沖縄民族の自治解放論は否定され、あたかも人民党が「初めから日本民族の一部」として日本の独立だけをめざしてきたかのように、自己の歴史は隠滅させせられることになった。人民党の公式党史の矛盾は、このときからはじまるのである。

自己の歴史をみずから隠滅させ、うしなうこと――それは自己のことばをうしなうことでもあった。臨時党大会での一般報告で、瀬長はさきの引用文にあるように、「われわれ琉球百万の人民もこれに和して、日本の進歩的勢力と共に起ち上るべきである」と決意のことばを述べたが、これにつづけて、意味の取りにくい謎めいた文を、こうつなげて語った。

そしてわれわれ琉球人民は自分で働いて生きて行く覚悟を必要とする。日本復帰の民族感情はこの二面から生まれてくる。(86)

このことばはなにを伝えているのだろう。

前段の、琉球人民の覚悟というのは、「そして」を「だが」に置き換えて読んでみれば、なにを言おうとし、なぜ「だが」とはっきり言えなかったのかも理解できる。つまり、もしも再結合が「日本の進歩的勢力」への従属的な依存や吸収となったならば、日本帰属はふるい日本の帝国主義支配のもとへの回帰となり、反帝闘争の沖縄解放たりえないことを「琉球人民」は覚悟して、「自分で働いて生きて」ゆかなければならないと、この文は告げているのだ。では後段にいう、「日本復帰の民族感情」が生まれてくるところの二面性とはなにか。そこにあえて表現をあたえれば、日本民族として解放されることを決意する、沖縄民族の解放への決意という二面性、すなわち二重化された意識である。この矛盾をはらんだ決意を立てるのは、その矛盾を解消して、沖縄人の解放をもたらしてくれるプロレタリア国際主義の世界革命のなかに、日本人としての沖縄人が参入するという、大局的な統合の展望がえらばれたためだった。しかしこのことばは誰が語っているのか。

日本人になる沖縄人、琉球人民である。だがこの主体は、「日本復帰の民族感情」が生まれ「祖国復帰」が叫ばれるなかで、消えてゆくべき存在であった。この謎めいたことばは、みずから消えてゆこうとする主体が、自己のことばと歴史の消滅を肯定するために、自己にむけて発した、断末魔の独白だった。(87)

瀬長がこうした日本と沖縄の二面性ないし二重意識について語ることは、後にも先にもこれ一度きりのようだ。民族の意識を二重化してそこに拘泥することは、プロレタリアートとしての統合の未来像(国家と民族の終局的な消滅)をくもらせてしまうからだろうか。だが二重性の矛盾があるからこそ、矛盾を内包したまま、それを克服する未来をめざして主体化の決断は下されたのであり、日本復帰の民族主体は「この二面から」こそ「生まれてくる」のである。ということはつまり、この決断のあったことが自己の祖国復帰闘争の内なる始原として思い返され、思いが新たにされるたびに、すでに主体の外に追いやったはずの、消えたもう一面の主体はよみがえってくるということだ。だがもしそこで、この亡霊のよみがえりを否定し、完全に消去しようとするならば、葛藤は最初からなかったことにされ、「一大勇気を振り起こし」た決断も土台をなくしてしまう。すなわち自己の守ろうとする、えらびとった復帰主体の空無化がはねかえっておそってくるのである。

瀬長が二面性について二度と語らなかったということは、彼が「覚悟」をきめた、すぐれた活動家であり指導者だったことを示している。ふたたび二面性の矛盾につきあたったときも、彼ならば過去の決断の是非にとらわれて迷いに立ちつくすのでなく、前進してたたかいをつづけていっただろう。だがかつて何度となく「沖縄民族の解放の道」や「琉球民族の主権」確立を叫んだ、身体にのこる記憶を抹消し、そしてその抹消の記憶をさえ抹消し流しさろうとして前進をつづけてゆく、その先には、運動の持続だけが目的となって方法が自己になる、復讐がやってくるのかもしれない。つまり日本人になることだけが目的となる一方で、「復帰したらどうのこうのということは、ない」という日本の解放状況への従属と、自己の存在意義の無化が、奄美共産党と同様におとずれてくるのではないか（第一章末尾参照）。

まだこの段階ではそう言うのははやすぎる。瀬長個人の道ゆきの帰結は、一九五〇年代末の戦後沖縄最大の分岐点をめぐる考察において、あらためて見てゆくことにする。だがこの問題は瀬長や人民党だけのものではない。日本復帰による沖縄の解放という道の選定において、後戻りできない思想的な交渉と賭けが、沖縄戦後史においてはじまったのであり、瀬長と人民党はその先頭に立っていた。その始まりの姿を、いちどはっきりととらえておこう。

主体化の決断において捨てられ消えたはずの原初的主体は、みずから名乗ることも自己の歴史をもつこともできないものとして、えらばれた主体の背後に取り憑く。そして名前と歴史とことばとをなくすなかで、表現の外部にある――矛盾・葛藤・二重性としての――自己の歴史を、主体の歴史の影として、その背後に維持してゆく。ここにおいて、復帰主体の生成におけるその亡霊的主体との交渉が、日本帰属方針の採取とともに戦後沖縄の思想史においてはじまった。

分離独立における沖縄の自主権の確保も、日本における人民自治革命という帰るべき場所の保証もないままに、日沖の民主的再結合を、沖縄人の解放、新沖縄建設の夢のよりしろとしてえらび、結合を復帰と叫ぶこと――これによって、自己のすべての歴史とことばは無化されていくことになるのか、それとも新たにされてゆく矛盾にわたりあう決断を、亡霊的主体との対話とともに、この道の先に更新していくことができるか。それが復帰運動の主体をめぐる、沖縄戦後史の秘められた課題、なんの保証もない賭けとなって、はじまった。

幾万の亡き骸の埋まる、焼き尽くされた大地に描かれた、沖縄人の新沖縄建設という解放の夢は、復帰主体の構成において姿を消した。それは復帰主体の背後にまわり、その亡霊的主体へと変生をとげたのであった。

第Ⅱ部

「島ぐるみ闘争」の地下の革命

―― 沖縄非合法共産党の潜在と遍在

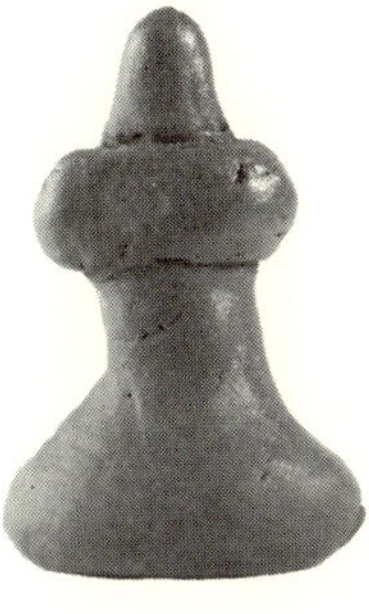

第Ⅱ部序説

一　奄美―沖縄統一戦線と沖縄非合法共産党

第Ⅰ部では奄美・沖縄における左派政党とその解放構想の形成過程をみてきた。第Ⅱ部では、こうした到達点を土台に、それを組み替え、越境し、新たなものを生み出していった運動の展開が、主たる検討対象となる。すなわち奄美共産党と沖縄人民党という、それぞれ独自性をもった二つの地域政党が、一九五一年末に奄美・沖縄の統治体制の統合に応じて合流（琉球人民党の結成）して以降、米軍政下琉球では、沖縄・奄美・日本の再結合という方針の観念的設定を、運動実践において問いなおし、現実化させていく運動体が、二政党を土台に新たに生み出された――沖縄非合法共産党である。

戦後沖縄・奄美の国際的地位をとりきめる公的な舞台として対日講和会議が開催されるという条件をえて、奄美・沖縄には、五〇年代に入って、社会運動の高揚と政治的な活動空間の創出がもたらされた。中村安太郎を指導者とする奄美共産党・奄美大島社民党と、瀬長亀次郎の沖縄人民党は、朝鮮戦争下でなお継続される米軍政にたいする世論の忌避感を、どこからも異論の出しにくい民族主義運動、日本復帰運動に集約し、組織化することに成功、対米抵抗の潜在的世論を牽引する左派政治勢力として、社会に大きな存在感を示した。だが五二年の講和条約発効後は、行き詰まりに落ちこむ危険に直面していた。

琉球の分離と占領の継続は、日本政府が承認し、日本の世論もまた、独立回復の祝賀の影に隠れたこの問題にあえて異を唱えるものではなかった。他方、米軍の沖縄基地化に反対する日本共産党も、弾圧非合法化をへて地下に潜入し、中ソから与えられた非現実的な武装闘争方針に進むことで、戦後得ていた世論の支持をまったく失い、地下のセクト主義運動になりはてていった。こうしたなかで、日本復帰運動を民族主義のカンパニアに盛りあげ、日本の戦後改革の機運に合流するかたちでしか米軍政下からの脱却を構想できずにいた奄美共産党の運動方針は、明らかに限界にいたっていた。同じく民族主義の祖国復帰運動を立てながら、日本人民と再結合することで、反帝植民地解放運動の潮流に合流しようとした沖縄人民党も、この方法的戦略を現実化させる土台となる日沖の労働者の連帯を、軍政の事実上の継続のなかで展開できず、また、それまでの党勢拡大を牽引してきた上地栄ら若手幹部を内紛で放逐し、瀬長の個人政党として独善化してゆく方向へとむかいはじめていた。

この閉塞状況に突破口を開く役割を担ったのは、奄美共産党から沖縄の琉球人民党本部に派遣された活動家、林義巳であった。林は、沖縄で進められる基地建設の現場で、最底辺の労働力として酷使されていた奄美出身者の労働運動を組織するという、だれもが軍事権力との対決を恐れて——また、離島・奄美差別も絡まりあい——なしえなかった活動を、地下のオルグ活動をとおして推し進め、基地依存経済の構築過程にあった沖縄社会からの圧倒的な支持を獲得し、争議にも勝利を収めた。そしてその勢いに乗って、中村安太郎の琉球政府立法院議員への復活当選を牽引し、また瀬長が立法院で提起していた労働三法の制定も実現させた。さらに水面下では、人民党を追われていた上地栄らと連携しつつ、瀬長とともに非合法の地下共産党を人民党の背後に結成することに成功した。

林の活動は、沖縄本島内の農村部や、離島・奄美をふくむ周縁部から、基地建設のための労働力を劣悪な条件下で調達する基地経済体制の矛盾に対峙する社会運動の形成をもたらし、これまで労働運動と非合法の反体制運動に踏みこめずにいた沖縄の人民党を変え、また奄美共産党の民族主義運動では手をつけることができなかった労働問題をとおして、奄美–沖縄間の連帯の道を切りひらいた。

この奄美–沖縄統一戦線運動（一九五二年の日本道路社ストから五四年の人民党弾圧事件まで）は、弾圧に抗して非合法の形態で編成され、また奄美・沖縄にまたがる越境性を特徴としていたため、これまでその全体像を知られることがなかった。第三章は、この埋もれた越境の社会運動を、奄美・沖縄双方の戦後史にとって重要な意味をもったものとして、また、戦前とは異なる沖縄・奄美・日本の新たな結合のあり方を、アジアの植民地解放運動という世界史の潮流のなかで、初めて具体的な運動展開によって表現したものとして、掘り起こす。

二 恐怖政治下の統一戦線運動

奄美–沖縄統一戦線運動は、アメリカ政府が、一九五三年一二月、沖縄との統合に抵抗の強い奄美諸島を日本に分離返還し、さらに五四年夏から秋にかけて、林ら奄美出身活動家を島外追放処分にして、それをかくまった瀬長ら人民党員を一斉検挙し投獄する大弾圧（人民党事件）に打って出ることで、終息した。だがこの統一戦線運動は、沖縄における非合法共産党の創設という遺産をのこしていた。

第四章では、人民党が壊滅状態におちいったあと、奄美との統一戦線ではなく、沖縄内部における対米抵抗の統一戦線の構築へと運動目標を一部組み替えて、本格的に活動を開始した、特異な党派組織、沖縄非合法共産党について検討していく。

沖縄非合法共産党は、当初、奄美―沖縄統一戦線の労働運動を推進するための地下組織として、一九五二年六月に沖縄の人民党の背後に結成され、活動を開始した。そして五四年四月以降は、形式上は日本共産党の一県組織として位置づけられるようになった。しかし実質は、日共の運動方針とは別個に、それとの対立をはらみながらも、独自に沖縄の実情に即した活動を継続した。とくに五四年秋の人民党弾圧事件のあと、沖縄各地で散発的に起こっていた米軍の強硬政策と恐怖政治にたいする住民の抵抗運動を支援して、そのあいだをつなぎ、やがて全沖縄の「島ぐるみの土地闘争」を現出させる地下からの牽引者として、重要な役割を担った。

そこでは、幅ひろい抵抗運動の結集を可能にさせるために、沖縄の野党第一党、社大党を恐怖政治のなかの萎縮から再起させ盛り立てていく方針も、情勢を変えるための統一戦線の戦略としてとられた。奄美―沖縄をむすぶ越境的労働運動のなかから生み出された地下共産党は、恐怖政治のもとで個々に分断・孤立化させられた沖縄の社会を、生存のための抵抗へとつなぎ合わせる、越境横断的な統一戦線運動の前衛となってよみがえった。そして情勢の切り返しのなかで、住民の対米抵抗運動のシンボルとして弾圧をうけた人民党を、今度は「総反撃」のシンボルとしてよみがえらせる方針を追求し、五六年末、出獄した瀬長亀次郎の首都那覇市長当選という巨大な成果をおさめた。そのあと、沖縄非合法共産党は地下にある影の組織としての位置にとどまったまま、消滅していった。

かえりみれば、戦後沖縄の革新政党は、一九四九年の人民戦線運動、五〇年の群島知事選、五一年の復帰運動、五二年の奄美―沖縄統一戦線、五三年の労働三法公布と全沖労の発足、そして革新陣営が過半数を制した五四年三月の立法院選挙と、しだいに占領支配の継続にたいする住民の抵抗の結集軸としての機能を高め、社会的な影響力を増していった。だがそれゆえに、軍事優先統治をおびやかす障害物として、米軍からの圧迫をうけるようになった。相つぐ運動の牽引者となっていた人民党は壊滅状態に追いこまれ、また中道路線の社大党には、抵抗運動に加担することがないよう厳しく圧力が加えられた。こうして公的場面における革新政党の機能がマヒ状態になるなかで、社会的合意を得ないかたちでの軍用地の武力強制接収や、凶悪な軍人犯罪の横行など、強圧的な支配と恐怖政治が社会をおおった。ここにいたって、政治的活動空間への圧迫が、その社会に生きる者の生存をひとしくおびやかす危機として受け取られる情勢におよんだとき、自己の党派としての勢力伸張を目的とするのではない、沖縄非合法共産党の運動が地下にあらわれ、社会を地下からつなぎ合わせる役割がこの運動体に託された。そして、その地ならしと種まきのうえに、社会に必然化された抵抗運動が、地上に押し上げられていったのであった。

沖縄非合法共産党の独自な統一戦線運動は、抵抗運動の組織化を許さない軍事支配が党派を壊滅させ、恐怖政治の抑圧と危機が社会の全面におしひろげられるなかで、党派性の論理をこえた次元で展開されたものであった。それは「島ぐるみ闘争」とよばれる、沖縄住民の党派をこえた「総反撃」を準備する地下組織として、党派性の超越を、自己の組織・行動原理のうちに組みこみ、実践において先取り的に実現させていた。

そしてこの一九五六年の、全沖縄規模の対米抵抗運動の発生は、戦後沖縄の占領統治体制をくつがえす政治的変革の可能性を、現実的な課題として呼び寄せた。

三　沖縄戦後史の第二幕にむけて

一年近く続いた瀬長那覇市長の不信任解任をめぐる攻防のすえ、一九五七年末、ついに米軍側は、国際社会も注視するなか、法を改定して強引に瀬長を公職追放する強硬手段に打って出た。にもかかわらず、翌五八年一月の那覇市長選では、瀬長が後継者に選んだ兼次佐一が当選してしまった。この政治的完敗と軍の大失態をうけて、アメリカ政府は、沖縄を軍部・現地軍の専管統治に任せる占領開始いらいの統治政策をあきらめ、政治主導の統治体制（高等弁務官制）に転換、さらに日本政府への沖縄返還を準備しつつ、日米協調体制のもとで沖縄社会の不満を抑制していく態勢に移った。奄美返還につづく沖縄返還は、たしかに手の届く範囲に近づいた。だがこの転機に際して、住民の抵抗運動をリードしてきた革新政党の側は、目の前に近づいた変革の主導権をあらそうように内部対立と分裂を重ね、住民の幅ひろい利害を集約する機能と支持をうしなっていった。そしてこの動きを見て、米政府内で開始されていた沖縄返還にむけた協議も、翌年には大統領の決定で時期尚早だと取りやめにされた。(1)

こうして戦後沖縄の政治史は、ひとつの時代に幕を閉じ、この一九五八年の分岐点以後、後半部となる第二幕がはじまることになる。すなわち第一幕が――国家に切り捨てられ全住民が難民化した焼け跡の出発点から、米軍の要塞島の首都に「赤い市長」を生み出し、世界からも注目をあつめるにいたる――革新政党の成長発展過程だったとすれば、頂点にいたってから転げ落ちるかのように革新陣営が内紛と分裂を重ね、これに反して日米両国政府が協力して、経済援助と漸進的な政治統合を資源として、沖縄のゆくえを決する主導権を取りもどし、日米安保体制の枠内で基地機能を維持したままの七二年沖縄返還を推進してゆく、後半部の第二幕が、そこからはじまるのである。

なお、この政治史の舞台の上で展開された社会運動史の大きな転機は、いま紹介した五六年の「島ぐるみ闘争」から五八年の革新陣営の分裂および統治体制の転換にいたる分岐点の他に、二つあった。第一は、日本から分離された戦後沖縄のゆくえを日本帰属にむかう方向へと決定づけた、五一年の日本復帰運動である。そして第三の転機は、第二の転機の結果始まった日米協調統治の完成形として沖縄返還をめざす日米両政府にたいし、基地のない無条件全面返還をかけて、六九年二月に計画された政治ゼネストが、日本政府との協調をえらんだ初の公選主席、屋良朝苗の判断で、直前に中止させられた、二・四ゼネストの挫折である。これにより現在につづく日本統治下沖縄の米軍一極集中状態が決定的になった。

以上三つの転機のうち、第一の転機が第二の転機に結実し、第二の転機の顛末が第三の転機のあり方を根底的に規定したという意味で、やはり五〇年代末の第二の転機が、社会運動史においても、もっとも重要な意味をもったといえる。そしてこれと同様のことが、戦後沖縄の解放をめざす社会思想史においてもあてはまる。第二の転機をへて政治を制度化させたあと、社会運動の思想は、次のような新たな試練に直面していった。

それは目ざすところの日本復帰なるものが、内と外とで二重に折りかさなる分断の体制への没入という、新たな苦難の始まりであることに由来する試練だった。すなわち第一に、獲得した政治的発言権をもとに、復帰運動をとおして国家の到来を求め、招きよせていく営みは、いち早く国家からの保護と援助を引き出そうとする諸勢力の思惑を生み、党派的系列化と利益誘導の競い合いによって、それまで米軍を前にした一体性を築いてきた沖縄社会が内的に解体されてゆく危機を呼びこむプロセスを作動させた。そしてこの内的な分断は、第二に、それのみならず外部との関係における分断と孤立化の未来へと、つながっていた。四七都道府県のうちの一県として統合される未来は、戦後沖縄固有の問題にたいする自己決定権が、少数意見として国政レベルで無化され、また米政府との交渉も日本政府に阻まれるという、復帰後の主権国家体制における分断と無力化につながっており、従属的な系列化と利益誘導にとりくんでいく経験は、このような自己解体と無力化の未来の姿を、如実に浮かび上がらせてくるものだった。

解放の展望が見えないなかで、内部の社会性の解体に苦しみ、それでも――分断の体制のなかに帰ってゆかねばならない（だれが軍事占領下にありつづけることを望みえようか）。それが五八年の分岐点以降、現実にあらわれてきた日本復帰の突きつけてくる、思想／運動上の試練だった。

「行くも地獄」「退いても地獄」――沖縄の日本復帰をめぐって、そのように評されたことがある。[2]いずれも疎外であるなかで、復帰という「地獄」、沖縄の自己疎外と解体がえらばれた。それは五〇年代に戦後沖縄の政治空間が自立し始めた当初からえらばれてきた道ゆきの、ある意味で必然的な帰結であった。だがそれゆえに、それは予想をこえた事態ではなかった。「そしてわれわれ琉球人民は自分で働いて生きて行く覚悟を必要とする」（傍点引用者。第二章「結語」参照）。ならばこそ、日本にむかうその先に、道はまたひらけてくるかもしれない。そこに故郷はなくとも「沖縄は自ら帰る」[3]。

そしてこの復帰という国家への没入と自己解体のダメージから、もういちど再起し、分断と無力化を克服する世界像をつかみとる課題は、分岐点から半世紀をへた現在にまで引き継がれ、持ち越されている。

主権なき時空としての沖縄戦後史は、どのように終わらせることができるのか。国家と主権の到来が答えになりえないならば、それは、なにをもって超えてゆくことができるのか。序章でも述べたように、この問いは、領域的空間性をこえた問題として現代世界にひろがり、いま、さまざまな場所に、模索が遍在している。

問題のこうした構造的状況的な質の相違のゆえに、本書は、まずは一九四五年から五六年までの沖縄戦後史の第一幕でいったん括り、全住民が難民・捕虜と化したゼロの地点から、社会はどのようにして再起をとげるにいたったか、その歴史経験をまとめて提起しておくこととする。この、戦火をくぐりぬけた戦後沖縄の歴史の地層には、一切の発言権、政治的決定権を奪い、住民の生存を軍事に従属させる、外なる強固な政治体制（戦時・占領体制）にたいする日常空間からの抵抗の可能性が、手ずから掘ればあふれ出るかのように、埋めこまれているからだ。

これにたいして、一九五八年の分岐点からの第二幕は、主権国家体制における政治参加の機会を求め、それが徐々に獲得されてゆくなかで、内部に浸透してゆく分断と無力化にたいして、国家の抑圧機能から解き放たれる社会像を新たに織りなしてゆこうとする、時間をかけた、緩慢かつ険しい歩みとなった。そこでは、内なる分断にむきあう個々人の思想レベルから大衆的運動の生成までを新たにつなぎなおす営み、そしてまた、外面的な抵抗と社会の内側における新たな文化生成を、両面的につなぎ合わせる営みが、重ねられていった。

その足跡は、本書の続編で描いてゆくこととしたい。

第三章　越境する名前なき前衛党
――奄美―沖縄統一戦線と沖縄非合法共産党の誕生――

第一節　越境の前衛：林義巳

本章は、一九五二年四月の対日講和条約発効によって戦時占領が終了した後も継続された軍事支配にたいし、その抑圧と恫喝に抗する社会運動がどのように形成されていったかを検討してゆく。第一節では、奄美共産党から沖縄の人民党本部に派遣された林義巳の活動において、どのように両地の社会運動の諸課題がつなぎ合わされたかを見ていく。そして第三・四節では、その結果として奄美―沖縄の統一戦線運動と沖縄非合法共産党が生み出されていく経過を見ていく。また第二節では、この運動の背景にある、奄美から沖縄への膨大な労働力移動と社会的差別構造について分析をはさむ。そして結語において、この統一戦線運動と非合法共産党が、沖縄戦後史および同時代の世界史、冷戦史においてもった意義について検討する。[1]

一　奄美、「満州」から米軍統治下琉球へ

林義巳は一九二九年、奄美大島北部の笠利村和野に生まれ、四四年、一五歳のときに満鉄大連鉄道工場技術員養成所に入所した。若年層もふくめた島外への労働力流出が顕著であった奄美諸島では、

満鉄が実施した養成学校への入学者選抜試験の難関に応募して島外に生計手段と夢を求める者が少なくなかった。近代奄美の過酷な社会経済条件は出郷を必然とし、人びとは鹿児島、関西を中心とした日本本土や、帝国の新たな膨張支配地域へとむかった。林の父、善武もまた一九一七年頃、鹿児島県立糖業試験場で第六回糖業伝習生として講習をうけた後、糖業帝国主義建設期の台湾へ渡った。

林の満州時代は日本帝国崩壊までの一年二カ月と、ソ連軍の南下から逃走しながら一月に大連を出港、二月に名瀬港に着くまでの半年間の引揚過程という、二年に満たない期間にすぎなかった。だが、大連の「一大マンモス工場」群のなかで「はじめて日本帝国軍隊がわかりはじめた」抵抗と弾圧をめぐる諸々の経験、「生まれてはじめてストライキということばを耳にした」日々の記憶は、大戦後に成人となってからまもなくして踏みしめられていった林の足跡の、出発点となった(『資料集』三巻、三一頁。以下、本章では同書からは頁数のみを［　］内に示す)。それは林自身の直接的な「満州経験」だけから孤立的に規定されたのではなく、満州帰りの同郷の越境者たちが奄美で、また大戦後の越境先、沖縄本島で、再会をはたし相互に触発されるなかで起点として彫琢されていった、交流と往還の産物でもあった。

奄美群島は、大戦後しばらく置いて、四六年一月末になって米軍占領下の「琉球」(沖縄、宮古、八重山諸島)に組み入れられ、日本本土から分離された(「二・二宣言」)。ちょうど林義巳たちが名瀬に引き揚げた時のことであった。鹿児島県に属していた奄美が「琉球」に組みこまれたのは、米軍部が南西諸島全体(九州のすぐ南から八重山群島まで)の戦略的信託統治を要求し、国務省も奄美群島を琉球諸島の一部として誤認していたことによるが、この軍部の要求がとおった背景には、地上戦としての沖縄戦の外部にあったとはいえ、奄美の独立混成第六四旅団が沖縄を守備する第三二軍の指揮下に編制され、軍事的には奄美・沖縄・宮古・八重山の四群島がすでに日本軍において統合されていた事実が影響をおよぼしていたと考えられる（また、琉球人を日本国内の少数民族とみて日本分離を正当化していく米軍の沖縄統治の論理にとっても、古琉球の版図として奄美を琉球にふくめる措置は適合的だった）。米軍版「琉球」は琉球王国の復古を想像したばかりでなく、南西諸島（琉球弧）を一体に軍事的に編制した日本軍の地政学的視座を相続し、踏襲したものだったといえる。(2)

四八年一〇月、林は臨時北部南西諸島政庁（敗戦前の鹿児島県大島支庁）の財務部に就職した。この頃からマルクス・エンゲルスなどの共産主義文献を借用、回し読みし、「大連鉄道工場の同僚を中心に〝共産党〟つくりを進め」、五〇年五月、先に四七年四月に非合法下に設立されていた奄美共産党に合流するかたちで同党に入党した［三二頁］。二二歳のときのことである。

二　奄美共産党、琉球人民党、そして沖縄細胞へ

入党から三カ月後、五〇年八月に奄美共産党の合法舞台と位置づけられた奄美大島社会民主党が結成されると、林はその中央委員のひとりになった。そして五一年一二月、四群島（奄美、沖縄、宮古、八重山）統一の琉球政府の発足に対応して、合法面の社民党は、沖縄本島における合法左派政党の沖縄人民党と合同し、琉球人民党の大島地方委員会となった。だが旧沖縄人民党、すなわち沖縄側の琉球人民党と、奄美共産党は組織的に結合したわけではなく、沖縄においては奄美共産党に対応する非合法地下組織はなかった。これは沖縄側の瀬長亀次郎琉球人民党書記長が、五一年一二月、那覇市で

開かれた琉球人民党第一回代表者大会に参加した奄美代表から非合法共産党の確立を説かれたが、断固拒否していたからである(「五四年党史」)。

沖縄人民党は奄美の大衆政党としての奄美大島社民党とのみ合流した。この判断の背景には、奄美共産党と人民党の次のような対照性があったと考えられる。米軍政下で許可されない共産党の結成にすすんだ奄美共産党が、四八年の「赤旗事件」、翌年の「奄美共産党事件」など、相次ぐ摘発と弾圧をうけ、そのせいもあって住民へのひろがりをもてず、セクト化の傾向を深めていたのにたいし、人民党のほうは、瀬長一流の弁舌もあって、大衆に直接訴えかけることで党勢をひろげてゆく大衆性を特長としていた。ことに五一年に復帰運動の牽引役として存在感を大きく示したせいであろう、五二年三月の第一回立法院議員選挙で瀬長は、激戦の那覇中央にあって一二八六七票の最高点で当選をはたすのである。

第二章で見たように、日本帝国主義下に逮捕投獄された経験をもつ瀬長は、上地栄らの急進的運動方針を党内から強引に排除してまで、米軍からの弾圧を慎重に回避していく方針をとり、沖縄を代表する大衆的政治家の地位を築き上げてきた。そうした瀬長と沖縄人民党にとってみれば、奄美も統合した琉球政府・立法院の発足にあたり、奄美で復帰運動の牽引役として合法舞台で活動する社民党との合流こそ必要ではあれ、奄共との合流は弾圧とセクト化という沖縄人民党にとっての二重の制約を呼び寄せかねないものと映っていたと思われる。

軍政にたいする批判者としての姿をも老練にあやつる、大衆政治家としての瀬長の存在は、米軍政下琉球にひろがる抑圧と矛盾に変革を生む震源地となる、巨大な力を秘めていた。合法面だけに限定した組織合同という不安定な結びつきのなかから、沖縄と奄美の人民党のあいだの関係は、今後どうすすむのか。微妙な緊張感のなか、五二年三月、林義巳は、琉球人民党の大島地方委員会（および地下の奄美共産党）から那覇の同党本部・旧沖縄人民党本部に、専従の党活動家として派遣されてきた。

林が沖縄に渡った五二年にはすでに朝鮮戦争期の基地建設ブーム（五〇年〜五三年前半）がピークをすぎ、沖縄本島の労働市場で最底辺に置かれていた奄美、先島や離島からの出稼労働者は、劣悪な労働条件でも働き口をえられず、路頭にあふれるまでになっていた。なぜ奄美で安定した職場をもち、党の幹部に入ったばかりの青年が、生活の保障のまったくない活動家として沖縄への越境に進んだのか。奄美の党で設定した任務が渡沖のきっかけとなったことは確かだとしても、それに応じる林のがわにはまた別の論理があった。

日本道路社ストライキ中の林義巳

奄美共産党は、「琉球人民党本部を中村安太郎の理論で指導すること」という指導部の基本方針にもとづき、林に二つの任務をあたえていた。第一に瀬長亀次郎らが非合法共産党の建設に反対しているのでこれを説得し共産党を結成すること、第二に沖縄の復帰運動の立ち遅れを、先に出稼にきている奄美共産党員の「沖縄の同志」と協力して克服し、「日の丸復帰運動」を強化すること［三四頁］。
これにたいし、林はもともと「奄美の日の丸をかかげる復帰運動っていうのは、こんなの何だっという姿勢で」「ブルジョワ民族運動じゃないか」と、反対意見をもっていたという〔(三二)頁〕。「奄美共産党の革命路線の不明確、あいまいな組織原則と個人中心指導、左右の日和見思想、非合法主義は厳密に点検されなければならない」との思いを秘め、それを乗りこえる道を求めて、林は渡沖した。そのため着任早々から、「中村安太郎の理論で指導する」という基本方針と第二の任務(日の丸復帰運動の強化)は「非現実的であり、組織的にも、理論的にも誤ってい」るとして、「ためらうことなく放棄した」。代わりに第二の任務については、沖縄人民党が従来から推進してきた、土地問題をはじめとする「沖縄の日常要求と結合した復帰運動」の方針を適切なものと認めて、渡沖後の琉球人民党本部での会議で討議したうえで、これに従うこととした〔三四―三五頁〕。

着任してすぐに、林が任務を切りかえる決断をできたのは、奄美の党とは異なる、沖縄の人民党のありかたと大衆からの支持に、確信を得ていたからだった。林は安謝港ではじめて沖縄の地に降り立つなり、たまたま小学校の先輩に出くわした。――行き先を問われて、警戒しながら「人民党本部」とだけ答えてみた。すると「セナガさんた家《ヤ》だろが。知っているが。送ってやろう」と返ってきた。沖縄にきている奄美出身者の多さにも驚かされたが、「瀬長さんと人民党が大島の人びとの中にまで深く浸透し親しまれているとは、これまた、大島では想像もされていなかった」。「CIC〔米軍防諜部隊〕のいやがらせと、非合法主義、セクトで大衆の中に根をはれないでいた大島の政治活動」とは対照的だったからだ〔三三頁〕。

だが第一の任務(非合法党建設)は、手離すことはなかった。林はそこに新たに第三の任務として、基地労働者の組織化という課題をみずから設定することによって、それと結合させるかたちで、基地労働者の組織化とともに進む党建設へと、自己の「任務」を再設定した。(3) この第三の、独自な活動の基盤となったのは、沖縄着任の二日後、三月二九日に早くも結成された奄美共産党沖縄細胞であった。この日、さきに出稼のため渡沖していた奄美共産党員の泰重弘、安茂、白畑三蔵と林が参加してひらかれた第一回細胞会議で細胞確立が決定され、林が細胞委員長に選任された。その後、旧沖縄人民党で瀬長書記長に次ぐ幹部であったが五一年に除名ないし離党にいたっていた上地栄、仲里誠吉をメンバーに加え、沖縄における共産党の結成と米軍基地周辺の労働者の組織化にとりくんでいった〔三五―三七頁〕。第二章で見たように、上地は前年六月、非合法の地下活動グループを瀬長に提案して意見が合わず、除名されるにいたっていた。

ここには大きな危険が内包されていた。沖縄の人民党員から「敵対視」されていた元幹部から協力を得つつ、意見統一にいたっていない非合法共産党建設と労働運動の組織化を、林らが独自に進めていくことは、「労働者階級の只一の合法政党である琉球人民党の統一と団結にヒビをいれること」になりかねない。だが沖縄細胞はこう結論した。「共産党否定論克服は話しあいでは進展しない」、むしろ当面の緊急課題である「労働者の闘いを組織すること」と「アメリカの朝鮮侵略戦争に一刻も早く打撃をあたえること」、これに積極的に取り組んでいく「大衆闘争の中でしか思想統一ははかれない」のだと〔三五頁〕。

三　沖縄のなかのアメリカへの越境

この「思想統一の苦闘」に突破口をあたえたのは、これもまた、奄美からの出郷者のあいだで生まれる偶然の再会だった。五二年四月、林は那覇の平和通で大連の養成所の同期生だった竹下登と出くわし、彼が清水建設の下請け、日本道路社に雇われ、浦添村城間の飯場で米軍牧港発電所の工事に当たっていたことから、林は飯場に潜入し、労働者の組織化を始めるようになった。

沖縄人民党は四七年の結党時から、労働者保護法の制定、組合結成の自由、罷業権・団体交渉権の確立、そして世界労働組合連盟との提携をその政策としてかかげ、五〇年五月発行の準機関誌『人民文化』六号では、松田真一「労働組合を作らう」などの労働運動関係の論稿を載せてもいた。だがそれを実際の行動にうつすとなれば、雇い主としての米軍事権力との直接的な対峙が避けられない。労働者に組合結成を説いても、「何か知らないが作つたら、それこそ、という危ぐが軍作業全般にしみ透つている」一方、沖縄人民党自身、目の前で大量の不当解雇が行なわれていることを知っていても、有効な手だてを講じえなかった。(4) 非合法の党建設というリスクに踏みこむ展望をもてずにいた背景には、たしかにこの労働者階級の政党としての自己規定にも背理せざるをえない、軍事占領下の政党活動の限界が横たわっていた。

続々と建設がすすむ軍事基地を前にして、沖縄で労働運動を開始すること――それは広大な基地を囲み、逆に住民を包囲する「立入禁止／オフ・リミッツ」の境界を、ふみこえていく運動を前提としていた。沖縄戦の戦闘過程から始まり、その延長線上に確立していた軍事占領支配のうちに、まったく新たな政治・社会運動を創りだすことを意味していた。

沖縄の人民党員たちは来沖した当初の林に、こう沖縄の現状を教えさとしたという。「基地の中ではセパード犬が飼われ訓練されている。犬がほえるとアメリカ兵は目くら《ママ》めつぽうに打ちまくる」「犬の住いは人間の建物など比較できない立派なものだ」、だから「晩に基地周辺を歩くときは気を付けるように」と。そのために林は特別の警戒心をはらって、星ひとつないまっ暗な夜、ススキのヤブのなかを進み、「たれさがった二重の有刺鉄線」へたどりつくと合図の指笛を吹いた。迎えにあらわれた大連の同期生、竹下を見つけると、この鉄線の境界を越えていった。陽が闇をはらうと、中には想像をこえた軍作業現場の泥だらけの飢餓戦、米軍と日本資本、暴力団が結託した「収奪と支配」があった［二三六頁］。

第二節　米軍統治下の在沖奄美出身者と「大島人」

一　朝鮮戦争期の奄美から沖縄への人流

ここで大戦後の奄美—沖縄の歴史を大きく規定した膨大な数の人の移動、往還の動きをともなった越境の人流の、社会的政策的な背景に目を転じてみたい。

敗戦後に奄美にもどった引揚者（戦時中の本土疎開からの引揚者もふくむ）は四六年末の時点で約五万人で、当時の奄美の人口二二万の四分の一を占めた。(5) この引揚者たちは、奄美共産党の結成をふくむ戦後初期の各種社会運動の牽引役となったが、有効な引揚者対策が立てられないまま、膨張した人口はやがて沖縄への流出労働力となっていった。沖縄への大量の労働力流出は、四九年一〇月、中華人民共和国の成立とともに沖縄での恒久的基地建設が米本国政府において決定され、その基地建設にあたって低廉な「琉球人」労働力を優先雇用する方針が示されたことで堰を切られた。

すでに四九年四月の米軍放出食糧三倍値上政策の実施によって、奄美経済は破綻に瀕していた。救済段階から「自立の段階」への移行を標榜した食糧値上決定は、沖縄のような軍作業や貿易による経済「自立」の方途ももたない奄美においては、飢餓状態の拡大と深刻化しかもたらさなかった。上記の「琉球人」雇用方針は、食糧値上反対運動に全奄美が揺れるさなかに、恒久的な基地沖縄を構築する米軍新政策（「シーツ政策」四九年一〇月〜五〇年七月）の一環として、一二月にシーツ軍政長官によって発表された。ここで言明された「ドルを稼ぐ機会をもつであろう」「琉球人請負者や労務者」は、沖縄においては「沖縄人」の意味に解され、そう報じられることが多かった。(6) だがこの「琉球人」、とりわけその「労務者」のうちには、沖縄本島以外の米軍政下琉球の労働者がふくまれることが、米軍当局においては明らかに含意されていた。

五〇年一月二七日、米軍政府は琉球列島米国軍政本部布令第二号「海運規則」を発表した（三月一日施行）。同規則は「自由企業と列島貿易を促進するため全琉球を通じ海運に関する画一簡明なる規則を規定し実施する」ことを目的とし、琉球内四群島間の渡航を制限していた命令は、この海運規則の施行によって廃止された。(7)

「海運規則」が施行された五〇年三月一日をもって、すでに前年の食糧値上げ政策以降はじまっていた奄美から沖縄への労働力移動は、煩雑な渡航申請手続の歯止めをなくした。(8)これ以後毎月約千人が転出し、五三年一二月の奄美復帰前には、在沖奄美出身者は三万から五万、一説には実態として七万人にのぼったともいわれる。七万人だとすると、奄美に本籍を置く者の三〜四人に一人が沖縄にいたという驚異的比率となる。人数がはっきりしないのは、奄美を管轄する官庁組織の変転と相まって、正確な統一的統計データが整えられておらず、またそれにたいする厳密な検討もこれまで行なわれてこなかったためである。(9)

この人流は、いったいどれほどの規模であり、またどのような社会関係のなかで進行したものなのか。まず人数ついては、現住人口の推移を手がかりとして検討を試みることとする。

戦時期の一九四四年二月の時点で一八万三千人だった奄美の現住人口が大戦後の引揚以降、最大に達したのは四九年末調査の約二二万人（対四四年比で四万六千人増）で、この四九年の時点ですでに一万人近くが沖縄に滞在していたといわれる。(10)在沖奄美出身者は群島間の渡航が自由になった五〇年から急増し、逆に奄美の現住人口は激減していった。五〇年末に二二万五千、五一年末に二一万三千、五二年末に二〇万五千、そして一二月二五日に復帰が実現した五三年末の時点では一九万八千にまで落ちこんでいた（対四九年比で三万人強の減）。日本本土への一般人の渡航が、軍事機密上の不安などを理由に制限されていたため、この減少分はおおむね沖縄への移住者に相当すると考えられる。それに符合して、後の人口統計で大島支庁は復帰前の在沖奄美出身者を三万五千人と推定している。(11)

しかしこの現住人口の増減から捕捉される移住者の動向は、本籍を奄美に残して住民登録を転出先に移した、正式の移住者たちのそれであって、短期間であったり不安定な滞在条件のもとにあった者たちによる、統計に反映されない人流が、この数字の外に相当数、確実にあった。むしろある意味で、こちらの統計外滞在者の方が、基地周辺の工事現場から「歓楽街」、都市部に吸収された在沖奄美出身者像の典型であったといえる。

この時期の人口統計をみる場合に考慮すべき条件として、転出先の市町村で住民登録の手続きを取ることが、労務手帳の発行と配給食糧の受給に必要だったことがある。労務手帳がなければ正規の雇用先の大部分を占める軍政府関係の職場や軍の作業隊に勤めることはできない。転出証明を持参して正式の船便で渡航することが、沖縄での正規の就職のための必要条件だったのであり、このため統計から推定される三万五千人という数字は、沖縄での正規の就労条件をクリアして滞在した者たちの数を推し量ったものと見るべきだろう。

しかし那覇市など沖縄側の市町村は、こうした正式の船便を利用した転入希望者にたいしても、住宅難や治安を乱すなどの理由で転入をこばむ姿勢をとっていた。五〇年六月には、こうした沖縄側の市町村から知事にいたる要望をうけて、米軍政府さえもが、治安と風紀の維持のためとして沖縄から奄美出身者を追放する方針を表明し、物議をかもすこともあった。この群島間渡航自由化から三カ月後の五〇年なかばの時点で、すでに在沖奄美人は「一般的には一万から二万程度の数であると見られては居るが実際には三万から以上」と推定され、那覇の街に「うようよといる」奄美出身者のほとんどは、行くあてのない無籍無職の「あふれ階級」だと見られていた。(12)

正規の統計にあらわれない滞在者が統計的データの倍いたというのは、前述した復帰直後の三万五千人という推計にたいして、一般の推測では最大で七万人といわれたことにも共通する。制度的感情的な障壁に加えて、住民登録や転入学のためには「法外な不正な手数料がくっついているという事実」が一般的だったことなどから、「大島出身者の多くは無籍者で配給も受けられず、同じ琉球に住みながら簡単に転入学もできないという不思議な状態」が、奄美の復帰にいたるまでつづいたようである。警察に摘発されて新聞ダネとなっていた「大島人」青年男女は大抵「無籍者」だった。(13)当時の表現では住民票を移さない他群島移住者を「無籍者」と呼び、「転籍」とは住民票の転出入を意味した。本籍の転出入はほとんどない。

これら「無籍者」のほとんどは奄美復帰後五四年四月実施の琉球政府の臨時外国人登録を前に、滞在条件の不安定さのために追放処分をうけるのを覚悟して、追い立てられるように出航し、関西や京浜地方へ河岸を変えていった。また住民票を移していた正規の移住者であっても、公務員・軍労務者は復帰後に解雇されることが米軍政府・琉球政府から予告されていたので、大部分が外国人登録前に引き揚げたという。にもかかわらず、五四年四月の臨時外国人登録をおこなった奄美出身者の「残留組」は二万八千人、未登録者をふくめればこの時点でも約三万人がいたと推測されている。このことから三万五千人という復帰前の統計的推計が、いかに小さいか推し量ることができよう。復帰準備のために五三年八月に奄美の官民合同で結成された奄美大島復帰対策委員会は、在沖奄美出身者を約五万人として、その対策を日琉両政府と折衝しているが、「無籍者」をふくめた実態は七万人の方が近いのかもしれない。これにしても各時点の滞在者であって、沖縄—奄美間を往還した者の総数ははかり知れない。名瀬市を除く奄美農村部では働き手となる男女がほとんどいなくなり、「老人と子供ばかり」という状況があらわれたことは、多くの証言が語るところであった。(14)

二 「大島人」差別と労働規律の編制

奄美人が、朝鮮戦争にほぼ重なる時期に、大量に沖縄に流れこんだのは、米軍統治下の経済政策がもたらした必然の結果だった。敗戦にいたるまで、出稼のほか、砂糖と紬を主な移出産品として日本本土経済と一体化していた奄美にとって、日本との分離は生計の道を断たれるに等しい打撃だった。そのうえ、米軍統治下琉球の復興資金など予算の多くは、基地建設のすすむ沖縄に注がれた。そのため奄美や離島、先島から沖縄へと職と物資を求めて労働力移動が進行したが、従来は鹿児島県下にあって沖縄との結びつきが弱かった奄美出身者は、渡沖後にさまざまな社会的困難に直面せざるをえなかった。

その一端を在沖奄美出身者の送金と資金「流失」の問題を手がかりに、かいま見ていこう。まず一九五一年の一月から七月までに、沖縄から奄美へ郵便局の小口郵便為替を通して送金した金額は一七〇〇万円、逆方向の沖縄入金分七〇六万円と差し引きして約一千万円が流出した。宮古には八八万円、八重山には三七万円の流出である。奄美出身者は宮古出身者とともに沖縄社会で強く排斥された内なる余所者だったが、その宮古と比べても一桁ちがう。沖縄への出稼と送金に依存せざるをえない奄美の経済構造と窮状が反映されている。ところがこの送金データを報道した沖縄の新聞は、「大金が沖縄から流れ去つた」「大島人大いに稼いで故郷へ送金というところ」などと評している。この後の五二年三月からの一年間のデータを見ると、沖縄振出―奄美地区払い渡しの送金総額は七六四六万円、逆方向の七六五万を引いて六八八一万円の流出で、これは奄美群島の五二年度徴税額六九三一万円に匹敵した。(15)

五〇年代初めの沖縄の恒久的基地建設を支えた底辺部に、奄美出身者を筆頭とする米軍統治下琉球の周辺部の労働者がいたのだが、それらの労働者は「シーツ善政」によってあたえられた「ドルを稼ぐ機会」を沖縄から横取りする存在であるかのように見なされた。仕事をえらばずに「粗衣粗食簡単なバラックの宿舎等に甘んじながら働いて得た金はひたすらに大島に送金することをこの上もない楽しみに」する勤務態度は、沖縄の者よりも使いやすいと、日本資本の土建業者の「評判が非常にいい」、その一方で「兎角沖縄人として大島人といえばパンパンか泥棒と一途に決めてカカる」一般の風潮が、新聞の論調、事件報道にも色濃く反映され、「何か事件があれば大島出身者ではないかと一応は疑をかけられる」のが、どこでも常識となっていた。(16) なりふりかまわずひたすら底辺労働と送金に明け暮れる、雇用者の「評判」のよい沈黙の労働力、それと風紀・治安を乱す取締対象としての潜在的犯罪者集団。「大島人」（蔑称のニュアンスをもつ）に与えられたこの二つの顔は、一体となって出稼者たちの身体を締め上げた。

安く働こうというものがあるなら、それがナニ人であろうが一向にかまわない、それが資本家の論理である。だが安く、よく働こうという者が、ある労働市場の包摂範囲における周縁部からの出郷者によって調達され、同時に、社会的地政学的に構成されたその周縁性を「勤勉」性からの逸脱の標識として利用することによって、労働過程における強力な規律化が推進されてきたこと——これは他ならぬ近代日本社会における「沖縄人」という標識の機能をめぐって、つとに指摘されてきた問題である。(17)

戦後沖縄の基地依存経済・社会が、米軍統治下の「琉球」のひろがりのなかで構築されるただなかに、「大島人」がよき労働力として、また潜在的犯罪者として負ってきた役割、それはあたかも三〇年代大阪における「沖縄人」の像の再現である。前者における「大島人」にたいする監視や恫喝のまなざしは、後者の「沖縄人」にたいするさげすみと同種の、同じ構造の下の現象であって、〈被抑圧者である（あった）沖縄人がなぜ大島人を虐げるのか〉といった問いは意味がない。「被抑圧者」が受ける抑圧条件の一つは錯綜する分断である。いまここで問われるべきは、〈基地沖縄〉を建設し動かしつづける米軍統治下琉球の労働市場の、この歴史の現場において、プロレタリア化された「大島人」にたいする監視と恫喝、そして収奪の労働過程がなにを、またどんな抗いを生みだしたか、である。そして林義巳は、このアメリカ帝国主義の軍事要塞における植民地主義的な労働規律の境界——アメリカ人—日本人—沖縄人—奄美人(18)——を越える越境の前衛として、労働戦線を切りひらこうとする位置についていた。

第三節　沖縄非合法共産党の誕生

一 「スト事件」のなかの合法―非合法の越境運動

一九五二年五月、林義巳ら奄美共産党沖縄細胞は、装甲車さえ出動させた米軍の威嚇のなかに、沖縄側の人民党員とともに戦後沖縄で初めてのメーデー集会（人民党主催、三〇〇〇人参加）を実行し、労働運動を開始する決意の旗をかかげた。そして六月五日、戦後沖縄初の大規模労働争議、日本道路社ストライキがはじまった。林義巳が影のリーダーとなり、大連の同期生、竹下登が闘争委員会責任者となって、全従業員一四三人（ほとんどが奄美出身者）が、数カ月も支払われない賃金の獲得、畳や食器、箸さえない飯場の待遇改善などを求めて、会社にスト突入を宣言した。

その五日後、「労務者全員は十日昼四時ごろから「吾等は日本人だ」「蚊帳を与えよ」「悪質土建資本家を倒せ」等のプラカードを押立て、メーデーの歌を合唱しながら市中デモ行進をし行政府、立法院におしかけ善処を要望した」[19]。争議団の懸命の説得で、なんとか同郷の奄美出身議員一人が、さっそく作業現場に実地調査におもむくことになった。このころは「まだ沖縄島では、デモなど見かけない時期で、二列縦隊で進むデモの集団［中略］、これを見る街の人々は、異様なものを見るような姿勢を示していた」といわれる[20]。

だが立法院議員である瀬長は、労働法案の審議に入っていた立法院への院外運動として、スト突入のインパクトを院内に呼び入れる役割をはたしていった。弾圧を避け運動をひろげるため、あくまで合法舞台の大衆運動に軸足を置こうとした瀬長と、非合法領域にもふみこんで変革の趨勢を掘り起こそうとする林の活動は、ここから連動をはじめるのである。

翌六月一一日、立法院本会議は、瀬長が緊急動議のかたちで提案した「日本道路建設株式会社土建労働者の待遇改善について」の決議を、全会一致で可決した。決議文には「我が琉球における労働者階級の、惨めな状態」、「奴隷労働の排除」などの、激しい文言があったが、「さすがに誰も反対する者はなく、人民党嫌いの民主党の議員さえ「実に由々しい問題だ」、「主席に要請するだけでなく副長官と会社側にも出すべきだ」という勇ましい意見」[21]。その言葉どおりに、沖縄における最高権力者のビートラー琉球民政副長官、琉球政府主席、関係土建業者あてに決議文は送付された。

さらに院外では六月一五日、那覇劇場で「労働組合促進　労働者大会」が開かれた。新聞は、「日本道路のスト事件」が「琉球一〇万労働者を立上らせるさそい水となって」全島各地から労働者が「二千余も押しかけ」たと、驚きをもって報じた。記事がいうように労働争議は米軍統治下沖縄で「事件」だった。この大会は、つづく運動の盛りあがりのなかで「第一回労働者大会」と呼ばれ、この大会から、幅ひろい労働者が結集する大衆的労働運動が実質的にはじまったといえる。大会は職場の状況報告、スローガン説明のあと、瀬長の演説とつづき、全会衆による緊急動議として「琉球人民及び労働者の危機を救うため祖国日本の労働者に決議文を送り我々琉球一〇万労働者の現状を訴え」ることが決議され、インターの合唱でしめくくられた[22]。ここで発せられた日琉労働者連帯の呼びかけがもった歴史的な意味あいについては、後にふれる。

一方、日本道路争議団の闘争委員会（まだ労働法規もないため組合ではない）は、引き延ばし戦術に出た会社側にたいする「窮余の一策」として、六月一八日、翌日の正午から立法院玄関前広場でハンストを決行すると宣言、同時に全基地内の労働者にたいして団結と決起を呼びかけた。『琉球新報』二一日社説「日本土建業者への死の抗議」がいうように、ここに「日本道路会社の琉球人労働者のストライキは今や全琉球の注目を浴びるにいたった」。二二日には第二回となる「全琉労働者大会」(労働組合結成準備会主催)が、ハンスト団一〇人の入ったテント小屋を中心に、立法院前でひらかれた。そしてその翌日、人民党は緊急に中央委員会をひらいて「全力をあげてスト団の要求貫徹のために闘う」との声明を出し、二五日正午から、同じく立法院前で、第三回となる「スト団を殺すな　琉球労働者大会」を開催すると発表した。

二　労働運動における法と党の創設

この六月二五日の第三回大会には、沖縄本島各地の労働者など約千人があつまった。立法院本会議は「すでにハンスト団の脈はくは生命の危険を示している」との危機意識にあおられるかたちで、議場での審議続行不能の状態に追いこまれた。

何しろ千名近い労働者のデモンストレーションで口笛や怒号、拍手の波が足許から議場に押しよせる、満員の傍聴席からは上はづった野次が飛ぶし、議事なかば護得久議長も労働者代表との会見に引っぱられる有様、とにかく盛り上る労働者の意欲に議場は完全に引きずり回された感じであった

［中略］

とうとう議会は上程予定の予算案などもオッ放り出し三十一名［全議員］がゾロゾロと降りて来た

その一人の顔が見える度に労働者が手をたたいて迎える、かくて議員と労働者との歴史的会見となった[後略](23)

立法院本会議は、議場を後にして労働者大会に合流するかっこうになり、午後四時、議長・副議長に瀬長をふくむ議員七人が、スト斡旋委員として争議団とともに清水組(日本道路社の親会社)の出張所に乗りこむことになった。交渉を見守るために約五〇〇人の労働者が十数台のトラックの荷台に乗りこみ同行し、議員たちもこれに分乗していった。このとき——この争議の勝敗は事実上、決した。二五日夜一〇時、ついにスト期間中の賃金と食費の支払い、再就職先の確保などすべての要求を受諾することを会社側が約し、労働者の勝利で議会の斡旋交渉は終わった。争議団が労働者の権利として固執した、スト期間中の食費二万六千円の支払いが、スト終盤の最大の争点だった。会社側は労働法規が存在せず、組合でもない相手にこの争議権条項をのむことを頑として拒んでいた。だが議会代表はこの労働者のスト権の保証を支持し、院外にあって事実上の法の創設を断行し、その順守を勧告したのであった。

争議の勝利を伝えられたハンスト団は、六月二五日深夜一一時半、仲間たちの手で病院に搬送された。このあと、なにが起こったか。林義巳は一九七五年のインタビューで次のように語っている。

瀬長さんが日本道路ストライキの勝利した後に、当時の那覇地区病院はいまの首里の琉大のあとだったからね、向こうにハンスト団を収容して、その帰りに[中略]「義巳君、ちょっとここに寄って行こう」って言うから、安里の三叉路に下りたわけよ。僕は何しに行くか意味が分からなかったわけ。小さい食堂に入ったわけ。味見屋という食堂。頭をぶつけるようなところで、二階に行って、「義巳君、すまなかった。自分が誤った。いまから一緒に闘おう」ってよ。あの時は僕は一生涯忘れられない。〔中略〕

瀬長さんはあの時は素晴らしかったわけよ。青二才の僕なんか、あの時二一歳か二二歳か、自分が誤ってたってさ。〔中略〕瀬長さんがそういう自己批判するなんて僕は全然思わない。もう日本道路ストライキの闘いのなかで一緒になって、いままで共産党を作るのを反対だとかそういうことは全部忘れてしまって、闘いの念で一身一体になっていたからね。〔(四)頁〕

「味見屋」というのは、人民党の極秘会合によく利用された、瀬長の旧友が営む食堂である。そこで一九五二年六月二六日未明の深夜、瀬長・林会合がおこなわれ、沖縄における非合法共産党の創設が決定された。そして夜が明けて二六日朝九時、瀬長は、琉球政府総務局にむかい、総務局長、立法院議長とともに、会社側から争議団への賃金・食費の手交式に立ち合った。こうして争議は正式に決着した。

戦後沖縄で初の大規模な労働運動・争議である日本道路ストの勝利と、沖縄非合法共産党の創設は、まったく同時に連動して起こった。(24) 運動による法の創設の背後では、占領者の設定した法の合法域をふみこえた「非合法」の党組織の生成過程が、同時に進行していたのである。

三　労働運動空間の創成と再結合論の完成

労働者大会はこのあとも、沖縄本島各地ですすむ労働争議の続発のなかでくり返され、人民党は「全琉球労働戦線の統一」などの決議を提議、やがて「軍協定案に反対」のプラカードや、「全琉労働者起上れ」と呼びかけるポスターなどが、那覇の市中の日常風景のうちに溶けこむようになった。(25) 労働法制定にむかう審議が加速したこと以上に重要な意味をもった根底的な変化は、この労働運動空間の創成であった。

この運動空間こそ、人民党が結党以来かかげていた勤労大衆の党としての理念を実現させる、自己の立脚基盤となるべきものであった。前記の第一回全琉労働者大会で「祖国日本の労働者」との人民的連帯が呼号されるにいたったこと、これは一年前、なんらたしかなより所もないままに瀬長が発していた賭けと決断、「日本人民と結合せよ」の観念的な「絶叫」に、欠けていた現実的な基盤をあたえる意味をもっていたのである。

その「結合論文」で瀬長は、「生産力の源泉でありながら〔中略〕弱々しく見えた労働者が一つの階級としてめざめ団結するとき」、最初は「資本主義を母胎として発生し」た観念にとどまっていた「民族という言葉は真赤な血に染つて生きかえる」のだと論じていた。(26) すなわち労働者階級という主体の形成＝連帯への広がりがあって初めて、沖縄戦の廃墟のなかで構想された「沖縄民族の解放」を止揚し、包摂しうる新たな反帝民族結合運動、日本復帰運動が、日本資本主義の復活とアメリカの極東軍事戦略の結合に対峙する解放運動として、成立するのである。労働運動空間の創出は、この意味でたんに労働と生活の条件を改善するための基盤であるばかりでなく、アメリカの軍事支配からの脱却をめざす、復帰解放論という政治的将来展望を成り立たせるための思想的な基盤としての意義をもっていた。日本復帰がいわゆるブルジョワ的ナショナリズムのみに還元されない、階級的反帝闘争という左派の運動として成り立つためには、形成と同時に連帯を求めて境界をふみこえてゆく労働運動の世界像が、その下支えとしてなければならなかったのである。

アメリカの許容する範囲をなぞる従来の人民党の大衆政党一本の路線では開きえなかった突破口を、林義巳と奄美出身労働者たちがおしひらき、瀬長はいつともしれず、輪のなかの中心にいた。このとき、弾圧とセクト化をよびこむ厄介さをもっていた非合法下の地下共産党という形式は、その意味内容を変え、弾圧に抗して運動空間をおしひろげるためにこそ必要な手段となった。先に引用した林の発言、「闘いのなかで一緒になって、いままで共産党を作るのを反対だとかそういうことは全部忘れてしまって」いたというのは、このことを指している。そしてまたこうした事態の展開は、瀬長にとっても、受けいれがたいものでは決してなかったであろう。

かつて世界恐慌下に社会主義者として活動を開始した瀬長は、事実上の非合法状態にあった全協(日本労働組合全国協議会)日本土建労組のオルグとして一九三一年に京浜地区に派遣され、朝鮮人労働者の飯場に入って、日本土建神奈川支部を同年四月に創立するにいたった。その組合員数九〇〇人のうち日本人はわずかに二二人。この朝鮮人労働者の労働争議の中心人物として、瀬長は三二年に検挙投獄されている。その回顧録で瀬長は、このころの争議は民族的差別による「ピンハネやめろ、食事を改善せよ、といった〝人権スト〟みたいなものであった」と、回顧している。(27) 組合結成から検挙にいたる過程の三一年一一月、瀬長は日本共産党に入党しており、みずからも沖縄出身者にたいする差別に抗しつつ、最底辺にあった朝鮮人労働者と「階級的兄弟」としての連帯を追求した。

このとき瀬長は二〇代前半で、さまざまな点で、二〇年後の林義巳の姿と重なるところがあった。林は、米軍統治下の沖縄を代表する政治家となりつつあった瀬長を、社会主義活動家としての原点に回帰させる導き手としての役割を、おそらく意図せずしてはたしていた。

では瀬長のほうは、奄美出身者の日本道路争議に接し、「闘いのなかで一緒に」なるなかで、これをどう受けとめていたか。争議の妥結後にフォスター民政官代理から、今後は立法院が労働争議の調停に乗り出すことのないようクギをさされた問題をめぐって、狼狽する他の議員たちを前に、瀬長は次のように立法院で演説していた。「生きるための最低の要求を労働者の為に解決した事実はむしろ誇るべき」ではあるが――


併し最後に言っておくが日本道路の争議を立法院が解決してやったのだ等と自惚れたり、責任を感じたりするのは当らない。争議解決の鍵を握っていたのは立法院ではなく全人民をやきつくした所の労働英雄ともいうべき十名の死の抗議であった。火の玉となって本当に命を賭した十名の民族解放の闘魂、それに立法院が動かされたというだけの話であることをこの際認めなければならない。(28)


ここで動かされたのは瀬長自身でもあった。スト勝利後に味見屋二階で林に語ったことばが、そのことを告げている。

そして瀬長は五二年一〇月に、立法院の舞台裏を詳細に報告した論文を発表した。そこでは立法院が「争議を契機として盛り上った労働者階級の逞しい威力に押されて、遂に、よくいえば宗旨変えをし、実際はおそれて」労働三法の制定へむかうようになり、「人民の生活権擁護のための立法」府へと変質しうる契機がひらかれたことが、報告されている。だがもちろん琉球政府の擬制的な三権の上では、アメリカが主権をにぎっている。そのため「外国の統治下にあってはそれがどんな形をとられようが、議会内部だけではどうにもならず外部の人民大衆との有機的つながりがあって始めて一歩一歩政治を人民のための政治にとり戻すことができるという働く人民の民主々義の鉄則がいかに正しいかということを」、瀬長はあらためて「再確認」する。その「外部」の力とは、まずもって琉球「十万の労働者階級を中核とする民主民族戦線の結成とそれを母胎とする全人民の絶えざる議会を含めての琉球政府の監視」であり、またその上に立って「祖国日本」の「働く人民と結合すること」であった。(29)

この論文を収めた『世論週報』「時事問題特集」号は、瀬長「結合論文」を収めた前年七月の同誌「日本復帰論」特集の続編、「続日本復帰論」としてまとめられたのだと巻頭に記されている。瀬長および人民党の「日本復帰論」は、この二つの特集号のあいだで、労働者階級による民族的再結合運動としての理念を現実化させる飛躍的な発展をとげた。その再結合論の発展を支えていた「人民大衆との有機的つながり」の確信において、沖縄非合法共産党結成の決断は生みだされていたのである。

第四節　奄美―沖縄統一戦線

一　朝鮮爆撃基地を包囲する労働戦線

こうして、沖縄と奄美の社会運動の先端部分が融合し、人民党内にひとつの革命が呼び起こされた結果、戦後沖縄における共産党の創設は決断された。共産党の正式な発足には、日本共産党との連絡と、そこからの承認の手続を待つことになる。だが、当時、武装闘争方針のもとで地下に潜入し、混乱を引きずっていた日共中央との連絡が進むのは五三年八月以降のことで、そうした承認を待つまでもなく、この運動体は、みずからの母体となった奄美・沖縄連帯の運動をさらに推し進めていった。

日本道路争議の勝利に火ぶたを切られたように、基地関係労働者の争議は、沖縄本島全域にわたって相ついで起こった。争議の起こった主な企業を順に見ていくと、日本道路社は牧港の米軍発電所工事を請け負い（五二年六月）、松村組は美里村で軍用道路の舗装原料となるコーラル（小石）を製造（六～八月）、アメリカ人請負業者の北谷《ちゃたん》のＶＣは、胡差《こざ》モータープールの運転手六〇人の解雇をめぐる争議（一〇月）、日本本土業者のジョイントベンチャーであるＫＯＴは、小禄《おろく》の航空隊の修理工場（一一月）、清水組の本部《もとぶ》砕石場は基地建設工事の原料（五三年一月）、カルテックスはその基地を機能させるための石油供給（一〇～一一月）と、労働三法成立過程で発生した争議は、それぞれ米軍基地建設の各部門へむけて、沖縄本島全域にわたってくり広げられていた。それはこの時期の大量の労働需要が、基地建設をめぐって生まれていたことを当然反映したまでだともいえるが、このことはすなわち、戦後沖縄における労働運動が、基地を取りまく形態以外では起こりえなかったという情況性のきびしさ

日本道路社スト勝利後の争議団　右から峯田安二、岡山輝和、林義巳、畠義基

を指し示している。(30)

この基地を取り巻く労働争議の続発の背後には、林義巳たちの姿が見え隠れしていた。上地栄ら沖縄側メンバーもふくむ奄美共産党沖縄細胞、および日本道路争議の闘争委員会は、六月一八日、翌日からのハンスト決行を宣言したとき、同時に、団結と決起を訴える「全労働者えの呼びかけ」のビラを手分けしてつくり、「ゼネスト準備」を目標とし、基地内で、作業現場で、ひろく手渡してまわった〔三六頁〕。ハンスト突入後の大々的な新聞報道もかさなり、この呼びかけはすぐに反響をよんだ。ある関係者の手記によると、まずシベリア帰りの奄美出身者が、基地の各事業所ゲートで勤務する警備員の非番の同僚をかりあつめ、二列縦隊で整然と行進して争議団の支援の挨拶にあらわれた。

そして日本道路スト以後、奄美出身者の範囲をもこえて全沖縄にひろがりゆく労働争議の背景について、七月四日、米軍情報機関は次のような情報をつかんだ。「林義巳は、労働争議を醸成するというただ一つの目的のために、沖縄中のさまざまな作業場を訪問してまわり、また、瀬長を、現在進行中の労働争議に遅れないよう、精通させている」(31)。

なにが進められていたのか。林義巳は七五年のインタビューに答えていう。

あの日本道路ストライキというのはそもそも、朝鮮への爆撃をどうストップさせるかというのが最終の、あのストライキの目標というのはこうだったんだから。飛行機をもう飛ばさんように叩き落としてよ、しようというのが、その目的で闘いをしてきたのが日本道路ストライキだからね。

自然発生的だとかね、経済的な要求だけじゃないんですよ。最終の目的は朝鮮戦争で、朝鮮をバーッと全部、毎日やっていて、沖縄でも必死ですよ。あの朝鮮戦争の爆撃を停止させるためにどうすると。どっかで原寸（釘）を打とうかと、細胞はその方針を持っているんだからね［（五）頁］。

一九五二年六月二五日――すなわち朝鮮戦争勃発二周年として、日本本土でも朝鮮の戦線に呼応する「吹田事件」「大須事件」などの蜂起事件が大小さまざまに起こった日である。この日、前節でみたように立法院玄関前広場で、ハンスト団一〇人の入ったテント小屋を中心に、沖縄本島各地から労働者約千人があつまり、第三回琉球労働者大会が「スト団を殺すな」と銘打って開かれた。そのとき、朝鮮戦争の出撃基地沖縄で、「二周年」が語られたことを記録する者はいなかった。だが瀬長は、「われわれのこの集会の重要さが、八千万の日本の同胞と世界の労働者に知られるとき、労働者階級の解放は実現すると、私は信じる」と演説し、また大会は、かならずや争議を「二五日中に解決」することを動議によって決議し、深夜の決着にいたるまで、たたみかけていった。[32]

朝鮮への爆撃基地オキナワを包囲する、越境の労働戦線は、秘かにひろがっていた。

二　「自然発生的運動」と占領空間の流動化

日本道路ストの争議団は、「人間以下」の奴隷労働で使い捨てられようとした者たちが、生存をかけてギリギリのところで起ちあがって始まったのだと、みずから主張した。瀬長亀次郎もまた、立法院での争議支援決議の提案のなかで、争議がやむをえず「自然に発生したもの」だと、その正当性をアピールした。当事者たちのこうした言明によって、これまで、研究史においても当時の報道などにおいても、五二年に頻発した労働争議は自然発生的なものだといわれてきた。(33) だが大衆運動とは、戦後沖縄にかぎらず一般に自然発生的にみえるものである。自然発生的とよばれる運動の、その背景は、どのように理解したらよいのか。

この問題をめぐっては、アントニオ・グラムシの卓越した見解から、分析を始めるのが適切だろう。すなわち「自然発生性」という概念は「意識的指導」と対置されるものだが、もとより厳密な内容をもつものではない。純粋な自然発生性などというものはありえない。それは純粋な自動機械が存在しないのと同じである。もろもろの運動のなかの「もっとも自然発生的な」運動における、「意識的指導」の諸要素は容易に確定しえないが、それはその混在を腑分けして評価可能にさせるような記録が残されてこなかったためだ。では日本道路スト争議団や瀬長らによって語られてきた、運動が自然発生的に起こったのだという主張は、なにを意味しているのか。それはかならずしも、みずからの「意識的指導」の側面を隠蔽した、陰謀的な語りだというわけでもない。グラムシはいう。

運動が「自然発生的なもの」であるということは指導者たち自身によっても口にされた。そして、このような言いかたがなされたのは、正しいことであった。このように確言することは、刺激剤であり、強壮剤であり、深部における統一のための一要素であった。とりわけ、運動がなにか恣意的で、冒険的で、作為的なものであるということ［そして歴史的に必然的なものではないということ］を否定することを意味していた。それは、大衆に、ひとつの「理論的な」意識、自分たちが歴史的かつ制度的な価値の創造者であり、国家の建設者であるという意識を与えたのであった。(34)

すなわち運動が自然発生的であったという当事者の語りがあることを、そのまま歴史的評価にもちこみ、復唱するならば、運動自体の内的ダイナミズムの構成について、分析は放棄されるにひとしい。そして純粋な自然発生性なる観念を設定することによって、運動とは切り離された「知識人」が設定され、分析は、この知識人が再度「民衆と同じ戦列に立って、大衆運動の自然発生性を対自的にとらえかえし、思想化し、論理化すべき」であるという、結果的には「意識的指導」の役割に過度の期待をよせるところへと、閉ざされていくことにつながってしまう。(35) むろん知識人や政党などの「意識的指導」に固有の意義役割がありうることを否定するものではない。しかし自然発生的局面と意識的指導の局面は、もとより混成しているのであり、両局面は任意に統制しコントロールできないかたちでからみ合って運動を構成している。そしてこの複数性のからみ合いの進展のなかに、運動はさらなる変様をとげてゆくことがありうるのである。

すなわち日本道路ストは、林たちが設定した基地労働者の組織化方針にみちびかれたものである一方、その運動のインパクトは、「意識的指導」の方面にたいしても、非合法党建設の課題を一気に解決させたばかりでなく、当初はおそらく予想しえなかった、軍事権力者との正面対決の場面を、次に見るように引き出していった。それは運動が指導体制にフィードバックしたというような、静態的な関係であるよりも、運動が法と党を生み出し、選挙戦へとつながり、ついには軍事力を背景にした恫喝への勝利があたかも「自然に」引き出されていく——そのような占領下の社会状況の流動化であった。

三 米軍の敗退と「強硬政策」のはじまり

日本道路社ストによって切りひらかれた奄美—沖縄の労働者連帯運動は、五二年八月におこなわれた奄美大島笠利地区での、立法院議員再選挙をめぐって、米軍司令官と直接対決する政治闘争に発展した。これは三月に実施された第一回立法院選挙の笠利村における不正投票を奄美の人民党が告発し、裁判所で認められたため、最下位当選の保守系議員と次点の人民党中村安太郎の二人だけの特例の決選投票が、笠利村だけで実施されるという特殊な選挙戦を舞台とした。ところが奄美の党は、講和条約の枠内での復帰論が台頭し、また資金不足と疲弊のため、中村安太郎の再出馬を断念する方針を決定していた。それを聞いた那覇の琉球人民党本部は、常任委員会の代表として林を大島地方委員会に派遣し、労働運動の前進で盛りあがる沖縄側からの強力な支援を約束し、立候補に踏み切らせた〔三九・〈九〉頁〕。

沖縄からは瀬長亀次郎、日本道路争議団の労働者代表らが、中村支持の千人以上の署名簿をもって応援に駆けつけた。ところが投票一週間前にせまった八月一九日、立法院本会議場に在沖米軍の最高指揮官ビートラー琉球民政副長官（琉球軍司令官）があらわれ、人民党を全面攻撃する異例の反共声明演説を、約四〇分間にわたり行なった。[36] ビートラーは、人民党が「国際共産主義の原則及び目的と軌を一にしていると云う疑うべからざる証拠を本官は持つ」として、あつめた立法院議員、行政主席、裁判所判事らにたいし、中村の当選阻止に全力をあげて取り組むよう、次のように命令した。「琉球人民党の後援する候補が何人たるとももし住民がその投票をそれになすならば、それは事実上国際共産主義の成長の為に投票し、公然と擁護し直接に支持する事になると云う事を琉球住民の指導者として諸兄は之を全住民に知らせよく理解せしめる責務を有している」と。

「沖縄を米国の最も強力な軍事施設」につくりかえる「沖縄要塞化工事」の司令官として、沖縄は東洋に「民主主義を唱導する活動的な根拠地」でもあると規定していたビートラーは、[37]なぜ民主主義のショーウィンドーを台無しにさせるような、直接命令を下す挙に出たのか。演説では、この命令の背景として、七月六日の労働者大会（一五〇〇人参加）で人民党が「全琉球労働者を一丸とする組合」の結成を宣言し、すでに「ゼネストを起し何時なりとも勝手に彼等の要求に諸兄を同意せしめるために立法院前に数千の労働者を集める」威力をもつにいたっていると、具体的な脅威の存在が指摘されていた。すなわち六月二五日の「琉球労働者大会」のときのように、立法院を包囲した労働者と議員の「歴史的会見」がくり返されるような事態にクサビを打ちこまねばならないことを、ビートラーは理解していたからだった。

しかし「太平洋の最も強力な前進基地」が、朝鮮戦争下にあって「ゼネスト」に包囲されるというような法外な懸念は、どうしてビートラーの脳裏に描かれたのだろう。「ゼネスト準備」を語り合い、基地内外でビラをまく者たちの姿が、捉えられていたのかもしれない。

命令は思いつきで下されたのではなかった。はやくも演説当日の夕方には、声明の要旨を大書した

中村安太郎の立法院議員当選決定当日の記念写真（中村宅）。最前列左から１人目が林義巳、３人目が中村、４人目が瀬長亀次郎。後ろに掲げられているのは琉球人民党旗（緑の生地に白の星）。

ポスターが、選挙区の笠利村内に貼り出された。つづいて沖縄から軍用機で空輸された、声明全文を印刷した軍広報紙、新聞の特集号やビラなどが大量にばらまかれ、演説会場で読み上げられるなど「最大限に活用」された。選挙区内ではこの恫喝を知らぬ有権者はいなかったはずであり、投票直前には中村陣営からも、「声明は致命的」との言葉まで漏れた。ところが予想に反し、中村は一六一票差で当選した。(38)

民主主義の飾り物めいた立法院三一議席中の、わずか一議席が動いただけだ。統計的な歴史観からは、なにも見えてこないかもしれない。だが、世界最強の軍事力と絶対的政治権力を擁した米軍は、にもかかわらず――そうであるからこそ、だれがだれに票を投じたのか、すべてを明るみにできない選挙戦のもとでは、もろくも敗れ去ったのである。

この選挙闘争は奄美の歴史において初めて権力の全面弾圧をはねのけて勝利した政治闘争であったが、同じことは沖縄戦後史においても言える。統一戦線運動が米軍権力の正面からの干渉を破った、一度目の選挙闘争であった。

これ以後、人民・社大両党の共闘を阻止しようとした「天願事件」、奄美－沖縄統一戦線運動が学生運動に波及するなかで、奄美出身学生二人と沖縄学生二人がメーデー参加後に退学処分を受けた、第一次琉大事件など、戦後沖縄政治史において「強硬政策」と呼ばれる統治政策が、一九五三年からあらわになってくる。そして米軍側は人民党に標的をしぼり「共産主義の脅威」を声明して直接間接の干渉や弾圧をかけ、人民党側は、時に敗北に倒れながらも、暴力による支配に抗する幅ひろい統一戦線を追求しそれを拡大させていくという流れが、五〇年代末にいたるまで、パターン化されたように幾度もくり返されることになる。これらの「強硬政策」の干渉と弾圧が引き起こされていく起点は、笠利の選挙闘争とそこでの米軍の敗退にあったといえる。(39)

奄美－沖縄統一戦線運動は、人民党が立法院に那覇で瀬長、奄美で中村という二人を議員に擁することで、議会活動にも影響力を伸ばし、また、五三年九月に労働三法が公布された際、米軍の圧力にもかかわらず、在沖奄美出身党員と労働争議の指導者たちの主導により、全沖縄労働組合（全沖労。翌年に全沖縄労働組合協議会＝全沖労協と改称）が、沖縄で初の労働組合の統一センターとして結成されるという成果をあげた。全沖労結成の下準備をうけもったあと、林義巳は奄美・先島や離島出身者の基地関係労働者が多い沖縄本島中部地区に転じ、地域により密着した労働運動の組織化と党建設の推進にあたった。

だが第一章で見たように、米政府は沖縄統治の安定化を求めて五三年八月に奄美返還を発表し、一二月に返還、そして五四年夏から秋にかけて、いまは「外国人」となった奄美出身の沖縄人民党――奄美の復帰で琉球人民党から沖縄人民党に党名をもどした――の幹部、林義巳と畠義基（全沖労協事務局長）にたいする即時退島命令を発し、二人をかくまったとして、瀬長書記長、豊見城村長に当選したばかりの又吉一郎など三〇人前後の人民党関係者を逮捕投獄する徹底弾圧をかけた。沖縄戦後史上最大規模の、この弾圧事件と分断により、全沖労協は活動の基盤を失い、奄美–沖縄統一戦線も継続を不可能とされた。

五四年八月二七日、沖縄南部潜行中の畠義基が逮捕され、九月一日には異例の早さで、懲役一年・刑期満了後強制送還の判決が軍事裁判所で下された。これ以上の沖縄潜伏は党への打撃を拡大させた。二日後、林義巳は国場幸太郎ら人民党員に見送られて羽地村（現名護市）真喜屋の奥武島対岸から小舟を出した。夜の海を与論島にむかうのだ。またこいよ。この夜の羽地内海の一隅にひびいた呼び声は警察や軍隊に聞き取られなかったろう。(40)

かつて沖縄中の作業所に出没したという林義巳の姿は、五四年夏、指名手配の貼り紙、等身大の立て看板に写しとられて、ふたたび沖縄中のいたるところに現れた。彼はもういない――だが米軍に写しとられたその姿は、風雨のなかで沖縄の土に溶けていった。

結語　名乗られることなき〈沖縄共産党〉の潜勢力

本章では、講和条約発効後も継続された軍事支配の不条理のもとで、沖縄社会は、あたえられた軍事要塞化のなかの復興と、形式だけの民主主義から、なにを生み出したかを見てきた。二十万人の死者を出した地上戦の後、ふたたび朝鮮戦争の前線基地として基地に囲いこまれていく社会を揺り動かしたのは、越境の連帯で存在を解放に開いてゆく社会運動だった。ここではその特徴をなす三つの論点——沖縄非合法共産党という運動体の創設、それを生み出した奄美—沖縄統一戦線、そしてそれらの内部にある越境的連帯の世界認識——について、総括的に検討を加え、結びとする。

戦後沖縄における非合法共産党の建設は、その指導者、瀬長亀次郎が戦前に共産党員だったから、親近感や必然性があったというような、短絡的な筋道をたどったものではなかった。東西二極対立下に二者択一を迫られたからでもない。瀬長は同じく戦前の共産党員だった中村安太郎が率いる奄美共産党からの合同の呼びかけは受け付けなかった。だが、むしろ奄美の党のあり方に批判的であった、林義巳ら奄美共産党沖縄細胞が牽引した、戦後沖縄における労働運動空間の創出、これこそが決定的な引き金となった。

すなわち法の保護の外部に置かれていた在沖奄美出身者が決起した労働運動の開始、これが社会を揺り動かし、民主主義の飾りものとして形式的に付与されたばかりの立法院を労働者が包囲し、代議士と手をとりあう「歴史的会見」を生み出し、審議中の労働三法を先取り的に実施してしまう、法の創設をみちびいた。このとき――法が占領者の下命によって与えられるものから、沖縄社会の運動と政治によって創られる政治過程の産物へと変質する、共和政的な政治・社会革命の展望が萌芽的に切りひらかれた。ここにおいて瀬長は、これまで自己の政治活動を規制してきた軍政下の社会関係が変様する事態を経験し、それまでの慎重姿勢を自己批判し、変わったのである。そして与えられた法制度をおかしてでもそれを変えていく手段の採取――非合法党の創設にむかった。

沖縄非合法共産党とは、すなわち奄美‐沖縄統一戦線の運動が人民党にもたらした革命的変様経験の産物であった。そして戦前来の活動家から大衆政治家へと成長してきた瀬長は、ここで革命家となった。

では、これらの変革を生み出した奄美‐沖縄統一戦線運動とはなんであったか、その特質を次に検討していこう。

林義巳と奄美出身労働者は、戦後沖縄における労働運動の組織化、および非合法の地下抵抗運動の出発点で、これを牽引する決定的な役割を担った。なぜそれは可能だったのか。奄美社会から流出し、米軍統治下琉球の移動労働者となった在沖奄美出身者たちは、政治経済体制を整えつつあった沖縄社会に、最底辺の労働力として、排除されながら包摂された。だがこの他者たちは、もう一方で、戦後沖縄の政治文化――沖縄戦の勝者と敗者の関係からはじまりその延長線上に構築されてきた――にとっての他者でもあった。それゆえに、占領者の許容する範囲内での収容所自治といった社会的了解を、そこからも排除された「奴隷労働」者として、人権の名のもとに最底辺から破っていく契機を沖縄社会にもたらし、変質させる役割を担うこともできたのである。そしてこの他者との出会いによる戦後沖縄の社会運動の変革を瀬長が受け入れ肯定し、新たな地下抵抗運動の組織形成へと進んでいくことで、沖縄戦の後史としての沖縄戦後史の、占領史としての圧倒的な宿命性の物語を異化する、新たな変革の過程が開かれることになった。在沖奄美出身者という差異をふくんだ他者との出会いと、そこにおける自他の変様を肯定する統一戦線という運動論の生成――それが沖縄戦後史を、沖縄戦いらいの占領史の規定から解放する端緒をひらかせた。(41) 米軍政下琉球の矛盾がもっとも先端的にあらわれていた奄美からの越境的変革運動との出会いをとおして、沖縄戦の難民たちは、占領統治の終焉にいたろうとする存在の変様と解放の一歩を、確実に踏み出したといえる。

そして第三に、この越境の運動の世界像である。占領者の法をふみこえて「全琉球労働戦線」の階級的集結をめざす運動空間の成立は、すなわち占領者の引いた境界線をこえる、「祖国日本の労働者」との人民的再結合の将来展望をひらく意味をもった。この越境・越法の実践において、人民党はナショナリズムの観念に依拠する日本復帰論を、越境的反帝階級闘争で満たしていく内的な転換をとげ、労働者階級の民族再結合としての復帰解放という運動の理念を完成させるにいたった。

ではこの越境的な変革運動の主体は、どのような世界観をもって自己を組織し、また外部世界とつながっていたか。

くわしくは次章で検討するが、一九五二年六月に瀬長・林会談において創設が決定された沖縄の共産党は、五四年三月以降、日本共産党の非合法沖縄県委員会として組織活動を開始した。国家と民族的主体をもたない沖縄で共産党を結成するというばあい、いまだスターリン批判後の新左翼運動の開始もみない段階で、ソヴィエト共産党を頂点とする一国一共産党の組織原則から外れる形式は、考えにもおよばなかっただろう。日本の労働者階級との再結合をめざす沖縄の共産党は、当然にも、日本共産党の下部組織として位置づけられなければならない。だがそれは形式上の問題であって、地下に潜行し混迷をつづける日共からの承認を、手をこまねいて待つまでもなく、沖縄における共産党は独自に活動を展開していった。

この時期の沖縄の共産党は、どのような運動体だったのか。林義巳は七五年のインタビューで語っている。五二年六月の結成から日本共産党との組織的結合・承認にいたるまでの一年半あまりのあいだ、「奄美共産党じゃなくて、日本共産党でもなくて、いつのまにかもう共産党、共産党ということだけで、正式な名称はもう自然解消してしまったわけ。そういう時期もあったんです」［(四) 頁］。この地域／国家名称を冠さない、ただの「共産党、共産党」という呼び名でのみ同定される、沖縄の共産党は、米軍統治下「琉球」における奄美―沖縄統一戦線の運動それ自体においてのみ成立し、無媒介に、世界へつながろうとしていた。

共産党という名乗りをあげること――それは世界の労働者の解放運動に自己を接続させようとする宣言だった。だが反共の軍事拠点として閉ざされた基地沖縄における結党宣言は、現存する国際共産主義運動の組織体系に、すぐには聞き取られなかった。すなわちここには、世界との接合に待機しながら、その居場所ですでに歩きはじめられた、世界解放運動の組織化があった。それは現存するコミンテルン的な世界共産党の位階制秩序（インター）に包摂されていない宙に浮いた自由さにおいて、待望する世界との接合の理念を、みずからのあるがままに、その場所で現勢化しはじめてしまっていた。いまだどこにもない世界共産党の理念の現勢化における世界との接合――それが初期の沖縄非合法共産党がもっていた特異な世界像だった。

戦後沖縄の非合法共産党とは、なんであったか――これを考えるうえで、いま見てきたような結成にいたる決断の論理と経緯を押さえておかなければ、その運動論的な必然性は、理解の外に置き去りにされることになる。それればかりではなく、さらにその党が日本共産党に組織承認され国際共産主義運動の体系に編成された当初から、次章に見るように日共中央の「指導」や指令を黙殺するまでの自律性を発揮していたことの原因由来も大きく誤解され、沖縄の運動展開の論理は、「反党的」な逸脱や反逆だという、否定形の表現に矮小化されることになってしまうだろう。

戦後沖縄における非合法共産党とは、沖縄戦の焼け跡を舞台として、それまで五年にわたって捕虜・難民としての境遇から新沖縄建設をめざしてきた沖縄人民党が、その格闘の上に、沖縄労働市場の最底辺に置かれた奄美出身者の労働運動と出会い、変様をとげることで、新たにその背後に組織された運動体であった。それは、だれでも参加でき、当局に活動報告を届け出ていく公然大衆政党としての人民党だけでは担うことのできない、非合法＝非公然の社会運動領域を切りひらく組織だった。したがって沖縄の実情を関知しない東京の「党中央」からの指令も、こと沖縄での運動実践に関してならば、当然のごとく度外視する自立の姿勢をもっていたことは、自然なことだった。

沖縄非合法共産党は、国際共産主義運動で描かれる〈世界〉に自己を接続させ開いてゆく形式上の回路として、日本共産党の下部機関「沖縄県委員会」の看板をかかげたものの、その実質は、名乗られることなき〈沖縄共産党〉それ自体だったということもできる。沖縄の非合法共産党と日本共産党をつなぐものは、さしあたりこの形式上の回路でしかなく、両者はまったく異質な政治空間で成立した、別種の運動体であった。

　ではこの自立性の内実に照らして、これに〈沖縄共産党〉と名付けさせたほうが適切だった、あるいは歴史的にみて、そう呼ぶのが適当だというべきなのだろうか。それはむしろ逆なのだろう。みずからを沖縄共産党としてくくり、割拠する名乗りをあげないことにおいて、その前衛組織の解放運動は、沖縄という範域に自足して閉ざされる危険からのがれ、世界の解放運動が織りなす政治的な公共空間に自在につながりうる潜勢力を、内に満たすことができていたのではないか。

　すなわち冷戦という全世界規模の準戦時体制において、一方の陣営の従属から解放されるために他方への従属へと進まざるをえなくされる矛盾は、二極対立のもと世界各地で頻発していたと考えられる。この冷戦構造の普遍主義的な二極対立の論理におさまりきらず、そこから身をはがそうとする葛藤は、事象としては各地で散発的にあらわれ、それ自身の運動の名前や歴史をもたずに消えていっただろう。だがこうした地域的葛藤は、地上をおおう冷戦の普遍主義的な論理の裏面で、もうひとつの普遍性を潜勢的に織りなしていたとみることができる。

　米ソのいずれかを頂点とする世界秩序、あるいはその合算だけが、世界なのではない。大戦と二極対立の舞台とされ、たしかに第二次大戦後、世界はつながり合った。だがそこでは、米ソ二つの時代的世界秩序に必ずしもおさまりきらない〈世界〉もが——人類史上かつてない暴力、不平等、排除、飢餓、経済的抑圧のひろがりにおいて——陣営の内と外とを横断して、実勢的にはぐくまれてきた。そしてそこにおいて、主権的世界の外部に立つ者たちが、「反時代的で身分規定のない絆」「タイトルも名前もない絆」「親近性の、苦悩の、希望の絆」を、既存のインターとも異なる、制度なき「新しいインターナショナル」への志向性として〈世界〉に織りなしていく歴史が、つむがれてきたといえるのではないか。(42)「日本共産党沖縄県委員会」という正式名称におさまりきらない沖縄非合法共産党の存在は、その〈世界〉の革命運動として、空間性をこえ世界に接合していた。(43)

この点で、沖縄非合法共産党が、土地問題および労働力流出などの農村社会における危機を背景にした人民党の日常活動、農地回復要求につらなる復帰運動路線ばかりでなく、それと奄美出身労働者という沖縄社会のルンペン・プロレタリアート的存在の労働運動が結合することで、固定的な地域社会の地盤からその外へ越境していく広がりを内面化させていたことは、その世界像の構成において大きな意味をもったといえるだろう。沖縄非合法共産党は、沖縄という地域社会に閉じた、単なる労農同盟だったのではなく、越境・流動していくプロレタリアートの創出のなかに統一戦線運動が築かれることで成立を見たものであり、それゆえに、この解放運動は、沖縄―奄美―日本、そしてさらにこの範域の外へと、越境・変様をかさねてゆく世界像と潜勢力をもっていた。

以上、検討してきた沖縄非合法共産党の諸特徴は、奄美―沖縄統一戦線運動にたいする弾圧によって林義巳が島外に逃れ、瀬長亀次郎が獄中に消え、この運動体が国場幸太郎の手に託されたあとも、継承され発展をとげていった。

第四章　沖縄非合法共産党の革命運動／思想
——基地沖縄の地下にある変革の趨勢——

はじめに　極限情況における地下活動の記述

本章は、戦後沖縄に存在した非合法共産党とはなんであったのか、その運動と思想を論じていく。それは——戦後沖縄の社会運動史が、そのもっとも厳しい時代において生み出した、主体化の論理を超える極限的な運動論と組織論の表現、あるいはその経験の痕跡である。

これまでみてきた奄美共産党と沖縄人民党の活動や、両者の結合—変様のなかに生まれた奄美—沖縄統一戦線運動など、政党を主軸とする運動によって切りひらかれてきた戦後沖縄の政治的活動空間は、一九五四年秋の人民党弾圧事件のなかで、灰燼に帰したかのようにみえた。瀬長書記長や、豊見城村長に当選したばかりの又吉一郎などの幹部から若手活動家まで三〇人前後の人民党関係者が逮捕投獄され、人民党は壊滅状態におちいった。労働組合も活動停止状態に追いこまれた。だがそのとき、自己の党派的な存続や発展をなかば否定した党派組織が、地下活動を開始した。表面をおおう恐怖政治の地下で、全住民の「総反撃」へむけた種まきをおこなった。そしてその成果があらわれるとともに、この運動体はその独自な活動を停止し、消えていった——戦後沖縄の非合法共産党の生成と消滅の軌跡は、そのように素描することができる。

沖縄非合法共産党は、一九五四年三月から正式な組織活動を開始し、同年秋の人民党事件以後、独自な地下活動を本格化させた。本章は、歴史学的には、新たに発見された党内史料や関係者の証言を軸に、この独自活動とその周辺を検討する作業をとおして、「暗黒時代」から「島ぐるみ闘争」の爆発にいたるという、当該期の通説的な沖縄戦後史像を根底的に刷新することを課題とする。だが非合法共産党の活動を歴史事象として扱うには、とくに注意しなければならない点がある。その全貌をつかむことの、不可能性である。

どんな組織や歴史事象のばあいにもあてはまる限界のほかに、これに固有な制約として、まず活動当時において、それは絶対的な軍事統治権力の弾圧の包囲網をのがれる非合法活動として、証拠を残さぬ細心の注意がつねにともなった。証拠を残さないということは、つまり歴史的には史料が残らないということである。もちろん文書史料の不足をおぎなうものとして、関係者の証言、聞き書きがありうる。だが検挙され自白・密告を迫られたばあいにそなえ、各メンバーは、党内の会合でもたがいに本名を知らぬまま活動家名で呼び合い、自己の担当する領域外の組織活動の全体を知らされないまま、それぞれの持ち場で活動していた。「自分の任務に直接関係のない組織上のことや、他の同志の任務をセンサクするのは、このような非合法体制下では組織防衛の上からも百害あって一利なしである」との組織原則のもと、どこに細胞があるか「隣にいても分からないようにして」、「そこはもうそれぞれの琉大なら琉大の人たちに、信頼してもらって」活動を広げていった。[1] つまり、程度の差こそあれ、メンバーは全体像が分からないまま、信頼をともし火として地下活動を展開していた。

もちろん組織の全体に指令を発し、個々の活動を配置する中枢司令部（書記局）においては、全体像の掌握につとめ、日本共産党中央に報告文書も送っていた（『資料集』二巻所収）。だがそれらの文書は、書記局においてさえ「固定した事務所を一つも持っていない」、メンバーも「殆んどが定住するところもなく、食事も個人的なつてを頼って、その日その日をしの」ぐという、ゲリラ戦状態で米軍の包囲網をかいくぐりながら記されていた。いつCICに拉致連行されるかわからない状況のなかで、文書は実際の活動展開に追いつかない部分があり、また各グループやメンバーで分担して展開された活動がすべて、通常の政治活動のように、書記局で掌握されていたわけではないと思われる。だが、地下の見えない世界にひろがるこのような運動だったからこそ、それは米軍側に捕捉されなかった。「数日以上一箇所に定住することが決してない」国場幸太郎ら幹部の動きは、米軍側にとっても「ほぼ完全に隠された」状態にあり、まして無名の、ノーマークの人びとの動きはまったく把握できずにいた。その結果、人民党の「幹部も逮捕して、組合も全部つぶして、復帰運動もできなくさせて、もう伊江島・伊佐浜なんかなんでもない」はずだと思っていたところに「いつの間にか大衆運動がこうワーッと出てきた、誰がやっているのか分からない」という、占領統治体制をくつがえす地殻変動が生みだされたのであった。(2)

権力側に察知されず、当事者たちにもつかみきれないまま地の下に広がり、歴史を動かしていった革命運動――それは歴史学にとってのひとつの試練である。だれがやったのか、主体に領有させることのできない秘密の歴史が、「郷土」とよばれる大地に埋められている。そのような行ないをなした人間の営みを、歴史として、どう表現すればよいのだろうか。

歴史事象自体のこうした極限性にかんがみ、本章では、沖縄非合法共産党にたいして、組織の内外の諸史料、およびこの運動体を中枢部分で統括していた唯一の人物、国場幸太郎の貴重な証言と研究を参考にし、またそこにも批判的分析を加えながら、下記の二つのアプローチから検討を加えていく。本書の考察が、多様な参加メンバーのさらなる検証を引き出す、たたき台を提起する役割を担うことができれば、本書の目標の一端ははたされると考えるものである。

第一に本章前半部分では、沖縄非合法共産党が歴史に残した活動を沖縄戦後史の歴史認識の上に定置することを目的として、そのために必要な事実確認的な分析を提示してゆく。戦後沖縄に独自な地下共産党が創設された論理と経緯については、すでに前章で見たので、本章第一節では、これを下部組織として位置づけた当該期の日本共産党の側の沖縄対策方針を検討する。第二節では、その「中央」の方針とは別個に活動した沖縄非合法共産党の組織編制を概観し、また、その中心人物となった国場幸太郎が、どのような運動論・組織論をもって非合法共産党の活動をリードしたか、東京での学生運動経験にさかのぼって検討する。そのうえで第三節では、実際の地下活動の展開を検討し、またこの隠された地下運動の歴史を組み入れた当該期の戦後沖縄の歴史像のありかたを再検討する。

以上の事実確認的な検討作業のうえで、本章後半部では、沖縄非合法共産党の運動を内面で支え、またそこに生み出されていたであろう、運動論・組織論と変革の思想を、考察のなかに浮かびあがらせることをこころみる。そこでの主要な問題点は二つ。軍事基地と恐怖政治の弾圧の包囲網のなかで、無力にされた普通の人びとは、どうして地下の抵抗運動にとりくみ献身しつづけることができたのか。そしてこの運動体と、それにかかわった人びとは、運動の成果があがったあと、どうして地下で活動してそのまま、地下に消えていったのか――この二点である。この難問に答えるために、第四節では地下からの変革運動に流れていたであろう革命の思想・哲学について考察し、第五節では、その地下の革命運動が主体をもたずに消滅したことで、歴史と現在になにを残したかについて検討する。

もとより、ある運動体が活動実践のなかで表現していた思想を記述において描き出す課題は、根底的に矛盾と不可能性をはらんでいる。ことにこの沖縄非合法共産党については、その組織・運動形態の極限性が特徴にあり、極限的政治情況のなかで地下に拡散しながら実践的に生みだされていた運動の思想、変革論を抽出する作業は、運動の当事者もふくめ、だれにとっても困難な課題となる。地の下の見えない場所ではぐくまれ変革の土壌となって溶けていった運動実践の思想経験を描き出すことは、実証的な接近方法では不可能なのである。

運動のなかにあらわされていた思想は、本来、さだまった形象はなかったはずだといえる。だがこれを歴史的省察において描き出そうとする営みもまた、定まった形象をもたない、自他のなんらかの歴史意識、あるいは過去からの呼び声との対話に、一定の表現をあたえようとする試みとしてある。この両者が出会う地点が、もしあるとすれば、それは表現−主体化の困難性と不可能性においてであるだろう。

歴史を記述する／読む行為とは、究極的また本質的には、自己の一個人の有限性をこえた時空にある世界のありよう（世界史ともいえる）を了解し、そのつながり合いをつかもうとする営為である。だが、時空間において有限な存在としてある私たちが、存在の有限性と時空の限定性をこえて、複数の存在の出会いのなかに生まれ出てゆくもの（世界）を表現し主体化し、描きうる全体のなかに領有しようとするとき、逆に、現前してくることのない表現―主体化の不可能な領域が――主体の影のように足もとに映しだされ――浮かびあがってくる。だが、この困難性と不可能性は、たんに、私たちの歴史への省察をすべて有限なる時空間にさしもどすよう命じるのではない。合理主義的理性の手がとどく範囲をこえたなにかが、存在のあいだを流れ、世界を成り立たせていることをも、ほのめかすのである。そして時空間をこえるなにものかに接しようとする歴史記述へと、私たちをいざなう。

存在と時空をこえる歴史の記述は、可能／不可能の理路の外にあり、試みるものとしてある。そして地の下をすすみ、存在の拘束からの解放を試みた者たちの歴史は、その記述において同じように、存在の有限性からの超越を試みられ、受け渡され、領有できないまま――領有できないからこそ、存在の彼方への新たな変様をひらいてゆくのであろう(3)。

本章は、いわゆる歴史の再現あるいは再構成といった取り組みが不可能性をおび、一般的には記述の及びえない領域としてある、地下抵抗運動の運動／思想経験を、主体がその時空間の限定性の外へ流れ出てゆこうとする歴史の哲学――それはおそらく主権的主体による歴史像からの超越につながる――において、とらえようとする、ひとつの試みとしてある。

第一節　日本共産党の沖縄非合法党対策方針

一　「弱い環」の地政学的発見：「四・一方針」

一九五三年七月、沖縄側の人民党幹部と奄美共産党幹部は、仮の「日本共産党琉球地方委員会」の会議を那覇でひらき、日本共産党中央にたいし、①琉球地方委員会を下部機関として早く承認すること、②指導連絡を専門におこなう機関を中央に設置すること、③琉球地方委員会が提出した地域綱領と規約を検討・承認することなどを要請する決定を行なった（「五六年党史」「五八年党史」）。これをうけて日共中央委員会は、九月に「西南地方特別対策委員会」（のち「南西諸島対策部」などと改称）を新設し、これが沖縄の党への指導・連絡を専管的に扱うことになった。(4) その担当者には、戦前からの共産党員で党本部に勤務していた沖縄出身の高安重正があたった。そして翌五四年の五月一〇〜一二日に、党中央の琉球対策を伝える会議を、名瀬の中村安太郎宅でひらくことが決まり、沖縄からは国場幸太郎が派遣された。

この名瀬三者会合では、少数民族問題として事実上放置してきた従来の姿勢をあらため、戦後日本共産党中央がはじめて決定した、琉球（奄美・沖縄）対策の具体的政治方針が、三件に分けて伝達された。第一は、「琉球対策を強化せよ」と題された方針書で、会合前にすでに日共非合法機関紙『平和と独立のために』（以前の『平和と独立』を改題。略称『平独』）五四年四月一日付に掲載されていた。そのため「四・一方針」とも呼ばれる、全国の党員にむけて示された琉球対策方針である。第二に、これとは別に沖縄現地党（沖縄県委員会）にたいして作成された方針書「当面する闘いの方向」があった。そして最後に高安は、極秘扱いの機密事項であるため「四・一方針」でも言及しなかったという、この二つの政治方針にかかわる「付帯意見」を、口頭で伝達した。以上三つの方針は、担当者の高安自身が作成したものだったと考えられるが、その内容は一言でいって、武装闘争による民族解放民主革命を目標にすえた当時の日共新綱領路線の、沖縄へのあてはめだった。(5)

「当面する闘いの方向」については、沖縄非合法共産党の活動を検討する第三節で見ることにして、ここではまず「四・一方針」を、その記述内容に即して紹介・検討していこう。そこでは五三年七月の会議で沖縄・奄美側が決定した情勢報告と地域綱領が参考にされていたであろうが、沖縄・奄美の情勢を直接知ることができない党中央が、どうこれを新綱領路線のなかに位置づけるかが最大の焦点であった。

二三項目にわたって列記された「当面のたたかい方」の末尾には、端的に次のように記されている。「23、内地の斗争をオキナワの現地に敏速に入れる」。

この方針の中身を説明した箇所をみると、次のように展開されている。沖縄の米軍基地は「米帝の対日包囲網の外かくをなす拠点」であって、「われわれにとって沖ナワ問題の真の内容をなすものは、いうまでもなく基地反対の斗争であり、現地の斗争は、すべて日本国内の全面的な基地反対斗争の一環として取りあげられねばならぬ」。そして沖縄の「基地権力をマヒさせる」現地の闘争を可能にさせるために、「オキナワ、アマミ、内地を通じての統一戦線を強化発展させることが大切である」と。つまり沖縄の中心問題が反基地闘争であるというその理由は、沖縄が日本革命の蜂起と成就を外から牽制する包囲網の拠点になっているとの認識にかかっており、この攻撃拠点をマヒさせなければ日本革命をなしえないという論理、地政学的軍事戦略論が、ここで立てられているのである。

そしてこの論理において、「四・一方針」は「沖ナワ問題にたいする党内にある日和見的な誤った考え」を「先ず第一に」克服する必要のあることを率直に認める。「これまで党内には、日本の完全解放なしには、琉球の日本復帰はあり得ないという思想が、相当根強く浸透していた」。だがこの「日和見」主義に立って琉球を後回しにしていては包囲網を切り抜けられない、ということで、「日本と琉球はともに、日本民族解放斗争の両翼をなす、一体のものであるという基本点」が、新たに設定された。

沖縄問題は「内地の斗争」と同等の位置に格上げされたのか。結論を先取りしていえば、ある意味ではそれ以上の位置にあったといえるかもしれない。「四・一方針」はまず冒頭「アマミ大島返還は、米帝の占領支配の弱い環がどこにあるかということを、みずからバクロした」のであると評価し、「非人道的、反民族的掠奪政策」によって成り立つ沖縄占領がいずれ「抵抗をうけずにはすまない」ことから、「敵のこの弱点は斗争がすすむにつれてますますあきらかになるであろう」と楽観視する。そして前引のように「内地の斗争をオキナワの現地に敏速に入れる」方針が提起される。ここで、すでに行き詰まりが明らかだった日共の武装闘争路線は延命の条件をえることになる。つまり日本を武力解放の道にとどめ、それを活性化させてもくれる救いの手として沖縄住民の対米抵抗を利用する、その利用価値が、「内地の斗争」以上の高さで価値づけられている、そう概括することができる。

沖縄現地の情勢の厳しさと、そのなかでの運動実践を見ないまま、観念に設定された「弱い環」として、「内地の斗争」を入れて沖縄の闘争を激化させ、それで対日包囲網をマヒさせることができれば、あとはそこでなにが起こっても、沖縄の解放は「日本民族解放斗争」と「一体のものである」のだから当然だという地政学的な戦略論が、ここに示されている。かつて沖縄戦をこの地に呼び入れたものと同じ地政学的軍事的な価値が、十年をへてふたたび、窮余の軍事方針として沖縄に与えられたのであった。沖縄の切り捨てを生み出した沖縄戦の思想は、まだ終わっていなかった。

高安が口頭で伝達した機密の「付帯意見」とは、この地政学的戦略を明確にするものだった。名瀬会合でこれを伝えられた国場幸太郎によると、二つの――

方針書を読み終わった後、高安重正は「以上の情勢分析に基づき、五一年綱領の民族解放民主革命を達成した日本国民が、奄美を前進拠点にして『アメリカ帝国主義の完全軍事占領の下に置』かれている沖縄を解放するのが党中央の方針である。沖縄もそれに呼応できるように、そろそろ武装闘争の準備をしなければならない」と説明を加えた。(6)

ここでは日本革命達成後に、奄美から沖縄への進撃がなされるという順序になっている。しかし実のところ、武装闘争路線は五二年のピークをすぎた後は実質的に終息しており、また五〇年以来地下に潜行してきた党指導部は、北京に逃れた書記長徳田の後継者をあらそう派閥抗争やスパイ告発、千人規模の査問と処分などで腐敗と混迷をきわめていた。日本革命の現実的な見こみなどは誰ももてなくなっていた。したがってこの「付帯意見」の伝達がもつ意味は、沖縄でも「そろそろ武装闘争の準備をしなければならない」という軍事方針を、沖縄の非合法共産党に与えた点にのみあったといえる。

じっさい「琉球対策を強化せよ」の文面には、こう書かれている。「問題は、民族解放闘争において、日本と琉球のいずれが先であるかということにあるのではなく、占領支配の弱い環が、どこに存在するかという点にある」と。その「弱い環」がどこであり、どこでこれから「敵の弱点」が露呈してくるかというのは、すでに見たとおりである。

この方針を持ち帰った国場からの報告を討議する日共沖縄県委員会拡大会議は、五月下旬に開かれた。国場によると、報告が終わり討議にうつるや即座に、委員長の瀬長が「こんな方針を実行できるわけがない」と反対意見を述べた。そして――

> 他の委員も全員が同じ意見だった。そこで私たちは、党中央の方針を黙殺して、沖縄の現状に適した政治方針と活動方法を探りながら党建設を進めることにした。つまり、沖縄では、日共中央の間違った政治方針・組織方針はシャットアウトされていたのである。(7)

シャットアウトというのは「こんなのは却って有害だというわけで」「そういう文書は下には、細胞には流さないで」「党中央の武力闘争方針を無視して」いたということである。武力闘争方針の可否をめぐって、日本共産党と非合法沖縄共産党は、組織的結合行動の出だしから、決定的なくい違いを生みだしていた。日共側は沖縄の党が直面している情況と課題の独自性から沖縄対策方針を立てようとするのではなく、「党中央」の既定の方針および世界情勢認識のなかに沖縄を当てはめることを追求した。地域の独自性を無視した一方的な上部機関からの方針の押し付けは、なにも高安重正ら党の沖縄対策部門に特徴的な論理だったわけではなく、それはむしろ、ソ連や中国共産党の要請する民族解放武装闘争路線に従っていた日本共産党の論理と位置関係から当然のように引き出された方針だったというべきであろう。代々木の日本共産党がモスクワ・北京の意向とその判断に全面的に従うように、那覇の沖縄県委員会は代々木の方針設定に従い、そこに包摂されることが、世界の共産主義運動の組織論の必然とされたのであろう。そこには五〇年一月のコミンフォルム論評で命じられた沖縄基地の脅威にたいする取り組みに、日本共産党が応えるという意味もこめられていたかもしれない。

沖縄非合法共産党はこうした上意下達式の運動方針を拒否し黙殺した。しかし日共中央と沖縄の党のあいだの方針の乖離は、武装闘争準備指令の是非だけにとどまらなかった。むしろ武装闘争方針がやがて撤回されたあと、右へならえ式の自己批判要請があわただしく沖縄にも舞いこんでくるにおよんで、沖縄の実情への無理解と、無理解の上に立った独善性の問題は、その根の深さをいっそうあらわにしていった。

二　権威主義指導の開始：「一・二七琉球テーゼ」

一九五五年一月二七日、日共非合法機関紙『平和と独立のために』「主張」欄（社説に相当）に「琉球の情勢について」と題された文書が掲載された。これはこの年元旦の『アカハタ』に載った「一・一方針」で、はじめて公式に「極左的な冒険主義」の武装闘争方針にたいする自己批判が発表されたのを受けて出された、新たな琉球対策方針書であった。この文書は日共琉球対策部門内では「一・二七琉球テーゼ」と呼ばれて、「六全協まで同地〔＝沖縄〕における党活動の指針となったものである」（「五八年党史」）などと評価されてきたものである。こうした評価は日共側の立場からする思いこみにすぎないということができるのだが、ともあれその内容を見ていこう。

「一・二七テーゼ」は沖縄問題にたいする新たな位置づけの論理を、こう唐突に提起してはじまる。いわく「沖縄を中心とするリュー球は、台湾とともに、アメリカ帝国主義の大陸侵略の二大前進基地になっている」。「リュー球解放の問題は、中国による台湾解放のたたかいと、密接につながって」おり、「この偉大なたたかいとつらなっている」。そして即座にこう結論づける。「したがって沖縄―リュー球の解放のたたかいは、目さきはきわめて困難な条件のもとにあるが、見とおしとしては、有利な情勢のもとにある」。

これは武装闘争批判以後の日本共産党が、軍事方針を自己の任務のうちから外したため、沖縄の基地の問題性を日本革命に向けられたものと積極的に想定することができなくなった（もし想定するなら自身の軍事方針が必要になる）ことから、沖縄基地は中国共産党と「アジアの平和のたたかい」にむけられた脅威と一体であると設定することで、はじめて沖縄問題を自己の認識地図の上に描きうるものとなったという変化を、まず反映している。だがなぜ能天気なまでの「有利な」見通しが性急に語られるのか。それは頼れる大樹（中国人民解放軍などアジア解放勢力）を指し示すことで、自己の軍事的任務を解いて武装解除を完成させることと、沖縄の基地問題への関与を両立させるためだったと思われる。

「一・二七テーゼ」は、沖縄における土地取りあげ、賃金差別などの抑圧の実態を紹介した後、こうした「軍事監獄的条件」の困難のもとでも、「最大限の忍耐とエネルギー」をもってその前方に「かがやかしい光明があることを自覚させる努力」に取り組み、「全島民の、政治的、組織的力量を、徹底的に蓄積する」のだと、「あせらず、忍耐ずよい努力」を懇々と説いていく。そしてもしもこの点の理解が欠けるならば「チョ突的な極左的衝動にかられた行動によって、敵の弾圧を容易にするか、あるいは勝利の確信をうしなって、敗北的になるか、いずれかの困難におちいるであろう」という。

「チョ突的」な極左的行動とはなにを指しているのか。それはこのテーゼの執筆者と目される高安重正が、個人名を出して『前衛』一九五六年二月号に発表した論文「沖縄・小笠原返還の国民運動について」を参照することではっきりする。そこでは、五四年秋の人民党弾圧事件における沖縄の党の対応が「極左冒険主義的偏向」であり、「玉砕主義的猪突主義の冒険戦術」なのだと規定され非難されている。すなわち日共沖縄対策部門は、この事件は沖縄の党が極左冒険主義に走った結果の自滅だと指弾するのである。「県民の政治的力をたくわえていくねばり強い党〔＝沖縄県委員会〕独自の活動をおしすすめていくかわりに、党指導機関の好みにかなった花ばなしい人海戦術をとることによって、敵によりいっそう狂暴な弾圧の口実を与えた」と。(8)

実のところ沖縄の非合法共産党は、日共中央の「極左冒険主義」と無関係に独自の活動をつづけ、そこで示された力量の脅威のゆえに米軍からの直接攻撃を受けることになった（次節参照）。だがこうした展開からいわば蚊帳の外に置かれていた日共中央の沖縄対策部門は、「一・一方針」で武装闘争批判が党中央で決定されるやいなや、即座に「一・二七テーゼ」を出して、前年の武闘路線上の「四・一方針」を暗黙のうちに破棄するとともに、弾圧下にある沖縄の党を「チョ突的な極左」主義だと非難して「指導」する側に身をひるがえし、説諭を開始したのであった。そして沖縄における運動と弾圧の現場にたいする理解をもたないまま、もっともらしく説諭と指導をおこなうためにもちだしたものが、さきに見た「アジア、とくに、日・中両人民」の連帯で沖縄解放が「勝利的成功をおさめることができるであろう」との唐突な展望であった。

この時期、中国は五四年秋から翌年にかけて金門島などに砲撃をおこないつつ、大々的に「台湾解放」のキャンペーンを展開していた（第一次台湾海峡危機）。五四年「四・一方針」の琉球対策に代わる新方針を急造するにあたって高安がもちだしたのが、この中国の「偉大なたたかい」であった。路線変更の衝撃を反省の契機として、従来の沖縄認識を再点検するのではなく、中国の華々しい「台湾解放のたたかい」にすり寄り、それに依拠することによって「かがやかしい光明」を指し示し、中国共産党の権威を利用した権威主義という、この時期の日共中央の論理に、沖縄の党が服従し、それを復唱し追随することを求めたのであった。

だが台湾解放と琉球解放が中国側において「つらなっている」ということの論拠はなんら示されておらず、希望的観測の当て推量にすぎなかった。この東京の机上で描かれた極度の自己完結性には、日共琉球（出身党員）グループ会議における討論でも、「一・二七方針は現地におけるたたかいの一般的な指針はあったけれども、起っている具体的行動の方針を指示するには不足している」などと難点を指摘されていた。(9)

三　沖縄戦の思想を終わらせる「結合の問題」

たしかに沖縄での実践に直接関与できない日共中央の側が、それと乖離して情勢を見、方針を立ててきたことには、やむをえない事情があった。五四年五月、日共沖縄県委員会への方針伝達にあたって高安が赴くことができたのは日本復帰直後の奄美までであって、米軍統治下の沖縄への密航はできなかった。高安自身の論文にも書かれていたことだが、そこは日本本土とは区別される「完全な軍事独裁制の下に」[10]ある異質な世界だったのである。だが自身が身を置くのとは異なる政治空間で展開される運動にたいして、連絡と討論によって担当者として必要な理解を築いてゆこうとするのではなく、ただ代々木の党本部を席巻した全党的キャンペーンを適用して、現場の情況と乖離した「指導」を維持しつづけたこと、そこにこそ問題があった。

それは「指導」の内容、イデオロギーや政治方針の右か左かといった問題以前の、官僚主義における無責任体制の問題であるのだろう。「一・二七テーゼ」および前出高安論文のどこにも、かつて名瀬三者会合で高安自身が伝えた政治・軍事方針の内容が言及されることはなかった。なぜか。後に高安が査問をうけ日本共産党を除名されてから一九七五年に出した自著『沖縄奄美返還運動史』を検討することで、その論理を浮き彫りさせることができる。

同書は党が否認しつづけている非合法の沖縄県委員会の存在を、いわば暴露するかたちで自己の沖縄返還運動史を著述したものだが、そこでは「奄美大島が復帰した直後の一九五四年四月、日本共産党中央は、沖縄、奄美大島における情勢を検討し『平独誌』（日共非合法機関紙）を通じて「琉球の情勢について」という政治方針を発表した」として、これが「党中央が沖縄、奄美大島に対して初めて党の政治的、組織的方針を示したもの」だったと述べ、五五年の「琉球の情勢について」＝「一・二七テーゼ」の内容を要約して字句を修正しながら、紹介しているのである。[11] つまり五四年四月の最初の方針、

「琉球対策を強化せよ」は、その文書名も内容も「琉球の情勢について」にすり替えられ、なかったことにされている。五四年四月に最初の方針が出されたというのは事実のとおりだが、その内容は本物（「琉球対策を強化せよ」）を破棄した翌年の新方針「琉球の情勢について」だったということである。

「四・一方針」と「一・二七テーゼ」の二つの琉球対策方針書のあいだの連関性や連続性は、文書それ自体のなかには記述されていない。そこには真剣な批判的検討を加えるに値するような、政治方針の定見はないようである。だが日本共産党の沖縄非合法共産党にたいする政治方針の書かれざる本質は、党内事情の機微に官僚主義的に追従し、方針の付与と廃棄をかさね、内省的契機を欠いた自己／他者批判を権威主義的にくりかえすという組織の混迷のなかに表現されている。この定見なき政治方針への黙従を沖縄非合法共産党に誓わせることが、日共沖縄対策部門の「指導」方針だったといえるのだろう。

こうした日共沖縄対策部門の指導体制は、前記の高安論文「沖縄・小笠原返還の国民運動について」で、完成の域に達した。同論文は五五年七月の六全協における極左冒険主義の完全撤回をうけて、従来の党中央の沖縄対策がどのようなものであったか、「全党の討論」材料としてかえりみるために、党理論誌『前衛』に発表されたものであった。

同論文で高安は「四・一方針」と「一・二七テーゼ」について、「一九五四年四月と、一九五五年一月に、沖縄奄美解放についての政治方針を発表した」と、わずかにその存在に触れるものの、その中身に立ち入ることはないまま、「闘いの発展は基本的にはこの方針の正しいことを証明している」として、まずは党の無謬性を確認する。そのうえで、「奄美大島が復帰するまで、党はほとんど現地における闘争と、国内における返還運動を結合して系統的に指導することができなかった」という党中央の「指導」の不徹底を認め、それによる「不明確さ」が「現地の闘いにそのまま反映」された結果として、現地党は「玉砕主義的猪突主義の冒険戦術」におちいったと、沖縄の党の「誤り」を裁断するのである。

すなわち沖縄の党は「敵と味方の力関係を正しく評価して戦術を立てるという慎重さを欠き、反米感情から発した大衆の自然発生的闘争を過大に評価して、これを自らの好みによって引廻して、党セクト化を助長」、ついには「党の主要な精力が常に米軍との対決にむけられ、県民大衆の闘いをその方向に導」くという誤りをおかした。こうして「このような極左冒険主義」のもと、「敵の弾圧の準備を促し、ついに五〇名の活動家の大量逮捕をゆるす結果となり、長期にわたる組織の動揺、混乱と大衆闘争の萎縮を招」くという大敗北におちいったのだと、破産を宣告する。

これにたいして、かわりに与えられる正しい指針とは「敵が強大であればあるほど、狂暴であればあるほど、われわれは敵との直接対決をさけて大衆と密着し」、「忍耐づよい説得」と「ねばり強い活動」によって、「党づくりの基礎」ともなる「民族解放民主統一戦線の確立に努力」しなければならないという、忍従路線であった。そこでは慎重な行動をとりながら大衆の政治的力量が高まるのを待つことが「当面するもっとも重要な任務」だと教示される。

この一方的な極左冒険主義政党への破産宣告と、忍従路線の提示が、新たな沖縄政治方針の提起にかかわる同論文の主旨であった。日共の沖縄対策部門はこれを「当面の方針の基礎」(12)として、沖縄にたいする中央の指導の貫徹を追求し、要求していった。中央の指導が行き届かなかったことが敗北の原因だとする根拠のない確信のみが、この指導方針のロジックをただひとつ、支えていた。

じつはこの論文の執筆・発表にいたるまで、日共の沖縄対策部門は、沖縄の党との文書による連絡手段を確立し、ときには暗号も用いて文書のやりとりをくり返せるようになっていた（『資料集』二巻参照）。だがこの連絡においても、日共側はただ上部機関としての指導的位置を確保しようとする態度に終始していた。

そのもっとも顕著な例として、六全協直後の五五年八月に高安から沖縄の党のもとに届いた、自己批判書の提出要求があった。国場幸太郎（投獄された瀬長に代わってこの時期の沖縄の非合法党の全面的指導者となっていた）によると、送られてきた文書は、五五年三月の伊江島、七月の宜野湾伊佐浜とつづいた強制武力土地接収も、沖縄の党の指導に誤りがあった結果であると断定し、「伊佐浜、伊江島の闘争における極左冒険主義の指導を六全協決議に従って自己批判せよ」と要求してきたという。これにたいして沖縄の党書記局は、「沖縄に於ける党建設上の誤りと欠陥について」と題する総括文書を提出した。(13) だがそこには極左冒険主義の自己批判はなかった。規律をゆるくしすぎた「自由主義的傾向」や、「秘密主義的なセクト」化など、沖縄での党活動で直面してきた一般的な問題を自己点検し、改善すべき諸点を検証するとの姿勢で対処された。日共五一年綱領や六全協決議については「討議と学習を全党あげて徹底的に行う」としながらも、「セッカチに終るのではなく長い期間をかけて行うこと」として、日共ですすむ性急な自己／他者批判の風潮を暗にいましめる態度も見せている。そして問題の伊江島・伊佐浜については、「伊江島、伊佐浜の土地闘争を支援する運動のなかで党員は積極的活動力を発揮し、労働者、青年との結びつきをつよめて懇談会、実情報告大会などを組織」したという「成功」を、逆に正面から評価してみせた。

国場によると、沖縄側の書記局は協議の結果、伊江島・伊佐浜の土地闘争を極左冒険主義と断じる党中央の見解は当たっておらず、この点での自己批判は不要として、下部組織にもこの中央からの批判があったことは流さない、シャットアウトの対応を取ったとのことである。機構上の上部機関であることは認めつつ、「あえて反論することはせず、無用な摩擦を避ける対応をしていた」[14]。そのため提出された自己批判書は、徹底弾圧のもとで当然にも直面する限界を自己点検するものへと、論点をかわされたものとなっていた。

前出の『前衛』高安論文はこのやりとりの後、五五年一一月にまとめられたものである。同論文が、沖縄「現地党」の活動をいっさい評価することなく、「極左冒険主義的偏向」集団として一方的に決めつけ、全面的に裁断する記述をくり返し、忍耐を教示する説諭文となった背景には、このやりとりのなかで生まれていた高安ら「中央」の側の、焦りといらだちがあったものと考えられる。「全党的」な方針決定にもとづく中央からの自己批判要求を面従腹背的にこばみ、上部機関への忠誠を示さない、地方の「反党」的抵抗姿勢を矯正し、中央集権体制を沖縄にも適用させようとする姿勢こそが、その指導方針の設定の土台をなしていた。

日本共産党の沖縄対策は、沖縄現地の情勢とも、その現地「下部組織」の活動ともずれていた。そしてその「指導」は、現地ではほとんど無効化されていた。だがここで起こっていた事態を、中央の地方にたいする無理解と、中央の混迷のなかでの地方の反乱、自立といった枠組みで解釈するのも、当たらないであろう。異なる政治空間に立脚した異質な政治党派が、階級的な国際連帯の理念を共有しようとして組織的結合を試みるなかで起こっていた、中央集権的指導体制をめぐる衝突と対立、それがここでのできごとの実質的内容だった。

沖縄非合法共産党は、奄美－沖縄統一戦線の運動において成立した、固有名を名乗らない、ただの「共産党」という理念から出発して、やがてこの運動体は、人民党の背後に接続された「日本共産党沖縄県委員会」に、その組織編成上の位置を得ていった。だがそれは日本の、そして世界の労働者階級との連帯と結合にみずからを開いていくために、自己を一国単位で編成される前衛党の地方機関に配置させた措置であるにすぎず、運動の実態からいえば、沖縄非合法共産党は日本共産党の下部機関として中央の意志を地域で代弁・実行する存在となっていなかった。自己が立脚する沖縄の現状に即した運動実践がまずあって、それを外部につなげる手段としてのみ、外部組織との結合は必要性をもつのであった。この意味で沖縄非合法共産党は、沖縄内部で解放運動の先頭に立とうとする前衛組織であるというばかりでなく、日共沖縄対策部門との軋轢のなかで、沖縄の解放運動が外部とどのように結合すべきかという問題を先駆的にあらそう、沖縄の日本復帰・再結合運動の前衛としても存在していたということができる。

「帰属の問題と云ふより寧ろ結合の問題」、そのあり方が問題であり、主従の関係でなく「結合してゆくべき対象を見出す」ことができるかいなかが本質である――徳田球一の座談会での発言は、彼の死後に党内でおこった事態を予言するものとなった（第一章第一節参照）。

では、沖縄非合法共産党はそれ自身として、具体的にどのような運動を展開し、沖縄戦とその思想を終わらせる世界解放運動にとりくんでいたのか。次節から本題に入っていこう。

第二節　急進主義と統一戦線論の結合：国場幸太郎

一　沖縄非合法共産党の組織編成

第一回日本共産党沖縄県委員会総会は、一九五四年三月下旬、第二回立法院議員選挙（三月一四日投票）が終わったあとに、瀬長亀次郎宅（沖縄人民党本部は瀬長宅の奥）で開かれた。[15] 委員長に人民党書記長の瀬長が就き、人民党のおもな幹部十数人がそのまま常任委員として就任した。また組織の中枢機関として書記局（ビューロー）と、政治局が設置された。その後五月に入ってメーデーの直後に、先述した名瀬三者会合の代表派遣要請がとどき、緊急の政治局会議で国場幸太郎の派遣が決まった。

国場は一九二七年に那覇市に生まれ、沖縄二中から熊本の第五高等学校に進学していたときに敗戦をむかえ、そのまま日本に滞在して東京大学経済学部に学んだ（戦後沖縄を代表する財界人である国場組の創立者と同姓同名だが、同じ門中に属する別人である）。そして在京沖縄出身者の学生運動で活動したあと、在学中の五二年春に一時帰省した際に瀬長亀次郎と出会い、沖縄の日本復帰と解放を進めるため、上京後日本共産党に入党した。終戦直後の勢力拡大から分派抗争にいたる経緯とは無縁な、いわば戦後第二世代の沖縄出身共産党員であった。

名瀬会合のときには、まだ五三年一一月に沖縄に帰省して沖縄人民党に参加したばかりで、名前と顔が沖縄側の官憲に知られていなかったため、名瀬に密航して会議に参加する重要な役目をあたえられたのだと、本人は回顧して述べている。とはいえ新顔の国場は、すでに瀬長をはじめとする人民党の幹部からの信頼は厚く、それを背景にした代表派遣だった。

名瀬会合をうけて五四年五月末に報告会議がひらかれ、そこで党中央の三つの方針が検討されたことは先に述べた。この第一回総会と報告会議のあと、沖縄非合法共産党は本格的に「日本共産党沖縄県委員会」として活動を開始することになった。また同時にこの段階で五人ほどからなる書記局の責任者（書記）を国場が担当することも決まった。

○書記局

　国場は合法政党の人民党では中央委員の位置に就くにとどまり、非合法面の担当者となった。合法・非合法の両面をトップでたばねるのが瀬長書記長・委員長である。書記局メンバーには瀬長・国場のほかに、人民党の初期から瀬長を補佐してきた島袋嘉順、労働運動のオルガナイザー林義巳、そして又吉一郎がいた。島袋は合法面の人民党におけるナンバーツーの位置役割を担った。又吉は瀬長につぐ年長者だったが、瀬長の出身地で、党の固い地盤である豊見城村における瀬長の名代のような存在であり、那覇市中央で出馬して都市票を集める瀬長に代わって、人望のある豊見城出身者として、同村から立候補する役割をうけもっていた。

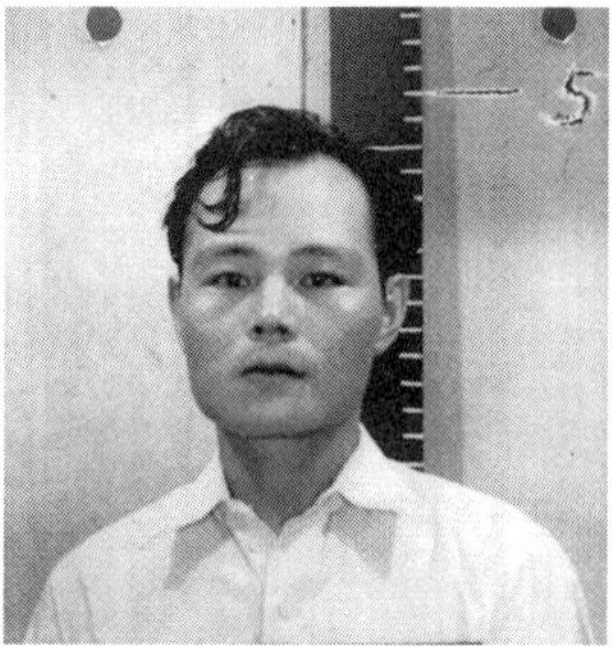
1955年の国場幸太郎

　こうしてみると明らかなとおり、戦前からの運動経験をもち、またカリスマ的指導力と大衆からの絶大な支持を獲得していた瀬長ひとりが、やはり突出した位置にあった。年齢的にみても、五〇歳に近い瀬長に、その支持者というような三、四〇歳代の年長者が又吉、大湾喜三郎（人民党中央委員で立法院議員。穏健派で非合法党には参加せず）など数人いたほかは、人民党・非合法共産党の中心メンバーは二〇代の若手ばかりであった。書記局の構成をみても、瀬長の補佐役としての島袋・又吉をのぞくと、個人的に運動経験や自立した行動力をもっていたのは国場と林だけとなる。そこからさらに、人民党事件につながる五四年七月の島外追放令で林が沖縄を離れることになると、国場ひとりが瀬長につぐ存在として残ることになった。

国場は学生時代から沖縄出身学生会長として傑出した統率力と行動力を発揮し、幅ひろい方面から信頼を寄せられていた。沖縄における非合法党の建設にあたって必要とされる理論的知識と実践的な組織活動を担いうる力量をもった、沖縄でただひとりの人物と目され、沖縄非合法党の組織活動の最初から中心的役割を担うことになった。別の面からいえば、国場の沖縄での活動期間は、ほぼそのまま沖縄非合法共産党が独自な組織活動を展開した期間に重なった。林義巳らによる労働運動の組織化をもって動きだした、沖縄における非合法共産党建設の運動は、国場の参加後に本格的な組織活動を始めるにいたるのである。(16)

○党員と支部構成

ここで組織編成について概観しておくと、活動開始の当初は一〇〇人程度で出発し、五七年までには約二倍に党員は増加したという。沖縄本島の北から南まで、細胞（支部）は確立されていたが、中心となったのは人民党の地盤とかさなる那覇周辺に、豊見城・小禄などの南部、そして中部の基地周辺地帯だった。(17)

非合法共産党のメンバーには、人民党の幹部や主な活動家がそのまま参加したほか、国場によると「人民党の党籍を持たない非合法党員もかなりいた。特に職場の組合活動家や大学の学生活動家などがそうであった」。人民党は大衆政党としてほぼ毎年定期大会を開催しており、中央委員などは名簿を当局に提出していた。人民党員として公然と活動すると、反共弾圧のなかで職場や学校を追われてしまうため、これらの人びとは非合法共産党のみに参加したということである。だがそうした非合法党員も「活動は合法面を最大限に活用して行なっていた」という。

地下組織といっても、米軍政下では共産党が合法政党として認められないところからやむを得ず採っている組織の在り方であって、人民党が非合法化された場合でも、沖縄の解放闘争を民衆とともに推し進めるために準備された組織形態である。当時はアメリカ軍政府当局が沖縄人民党の非合法化を虎視眈眈とねらっていただけに、地下組織の建設は緊急に必要、と私たちは考えていた。[18]

○任務とその完了

すなわち、五〇年代なかばに席巻したマッカーシズムの反共弾圧で人民党が政党の認可を取り消され、活動停止に追いこまれる事態にそなえることが、非合法形態をとる第一の理由だったということである。五二年の非合法共産党創設の決断が、大衆的合法政党としての人民党の活動範囲だけでは届かない運動空間の開拓に根ざしていたことは前章で見たが、その運動空間の広がりにたいして統治者側が加える弾圧から運動と組織を守ることが、五四年以降の組織化段階における、非合法党の主要な任務として設定されるようになったと、整理できる。

なお、このような任務の設定においては、非合法の地下活動という手段をとらざるをえない運動空間の開拓が一定程度とげられ、またもし統治者側が、強硬な弾圧手段によって抵抗運動の抹殺をもくろむような恐怖政治の限界を知らされ、手段を軟化させたならば、もはやその時点で地下組織を維持する積極的な理由はなくなるということになる。もちろん米軍統治下からの沖縄の解放をめざすうえで、島内の運動を境界線の外部につなげる地下連絡ルートは必要でありつづけただろう。だが沖縄の内部で、秘密裏に地下の非合法組織を維持しなければならない必然性は、その運動が「沖縄の解放闘争を民衆とともに推し進めるため」のものであるならば、内的には、なくなっていくのが必然であり、事実そうなってゆくのである。

二　急進主義的統一戦線論の起点

沖縄の非合法共産党が組織活動の当初からとっていた方針は、米軍支配にたいする住民の必然的な抵抗運動を、幅ひろい統一戦線にまとめてゆくことであった。復帰運動は共産主義者を利するだけだとして抑圧し（五四年一月の琉球軍司令官オグデン声明）、刑法において反米的な文書の発行・配布を禁じて言論の自由も認めない（軍政府布令四九年第一号）という五〇年代の占領統治体制下で、統一戦線の政治方針をとることには、だれもが納得できる妥当性と必然性があった。

労働者農民の大衆的要求に根ざした社会変革運動というのは、もとより人民党がそれまでの活動で築いてきた基本路線でもあった。だがその人民党の背後に新たに接合された非合法共産党は、五四年の弾圧で人民党が壊滅状態におちいったあと、この大衆運動路線を、急進化と統一戦線の拡大という、一見あい矛盾する二つの方向で発展させていった。

具体的には次節にみることにするが、すなわち一方では地下活動をとおして、軍用地の強制接収で追い立てられる農民など、抑圧の集中する部分にたいする支援の組織化をすすめ、孤立した個別の抵抗運動の命脈をつなぎとめるとともに、他方ではそれを大衆的抵抗運動の核として包みこんで戦線をひろげるために、幅ひろい統一戦線の構築がとりくまれた。地下活動のラディカリズムと大衆的統一戦線運動の連携と結合である。これを本書では急進主義的統一戦線論と呼んでいく。

沖縄非合法共産党は、この急進主義的統一戦線運動を担う地下の前衛組織として成長をとげていった。このような運動路線がとられたのは、もちろんそれが徹底弾圧後の情勢に適したものだったことによるが、それを可能にした要因は、瀬長が獄中にあった時期に非合法共産党の全面にわたる指導者となった国場幸太郎の個性に負う部分が大きかったと考えられる。

国場は在京中から、琉球契約学生会長・沖縄県学生会長として、関東地方における沖縄出身者の復帰運動を統一行動にまとめるために奔走し、これに成功していた。かつて戦後初期の沖縄人連盟では、共産党系の勢力が主導権をにぎり、連盟の前衛部隊としての沖縄青年同盟も活発に動いたが、四八年の救済物資の横領問題を契機に、共産党系の勢力を排除して連盟指導部は再編成された。そうした経緯もあって、このころでも共産党系と目される者や青年学生組織との共同行動には、かなりの拒否反応が保守系の復帰論者にあった。だが共産党勢力をめぐるかつての内紛や、日本共産党の党内分派抗争にも無縁であった国場ら新しい学生運動メンバーは、その対立を乗りこえて復帰運動の統一戦線を組織することを目標にすえ、実行していった。
そのもっとも大きな成果には、日本本土における沖縄出身者が初めて大同団結した「沖縄諸島祖国復帰国民大会」（五三年二月二八日、共立講堂）の成功がある。さいしょ保守系だけに閉じて難航していた準備段階で、国場らは学生代表として準備委員に入り、左派の主張もいれた沖縄出身者の統一戦線の形態にひろげていった。その結果、国民大会では右から左までの各政党代表や、沖縄の復帰期成会会長の屋良朝苗（革新系）なども参加、吉田茂首相の祝辞まで寄せられる統一集会となった。この大会がきっかけとなって、その後も東京での沖縄返還運動では超党派の統一戦線が定着するようになった。
参考までに国民大会での国場の演説を紹介すると、「沖縄に基地がある限り日本の完全独立はない　復帰運動は八千万国民のものにしなければならない　我々の団結を破るために赤だ白だ黒だと仲間ゲンカをさせようとする者が居るが、団結が破れては復帰運動は成功しない」と熱弁をふるい、「嵐のような拍手が起り会場の空気は熱を得て来た」という。[19]
国場が共産党員であることは知られていたが、保守系の財界人、比嘉良篤も「国場幸太郎という学生は純情で私の好きなタイプの好青年だった」と、この時期の国場について述べている。[20]「共産党の巣窟」として煙たがられ、無秩序に荒廃していた南灯寮（沖縄出身者学生寮）を、党活動の自粛などで自治にむけて立て直すなど、国場は保守派の人びととも信頼関係を築いていた。こうした党派を超えた人間的な信頼関係は、後に彼が沖縄非合法共産党において主導していく急進主義的統一戦線運動の出発点とも土台ともなった。

ところで、東京で復帰運動の大同団結をうったえる「純情」な学生会長と、米軍統治下沖縄の地下共産党の幹部というのは、まるで別人の姿のように映るかもしれない。だがこの二つの姿は国場幸太郎という個性において、五三年から翌年にかけての一年をあけない連続した活動としてあらわれていた。そもそも、なぜ国場は共産党員となったのか。

一九二七年生まれの国場は、日本本土の学生時代に終戦をむかえた。軍国主義からの解放経験を背景に、終戦直後から社会主義にたいする共感と期待はもっていたが、地下潜行する日本共産党の独善性とセクト主義は嫌悪の対象にすぎなかった。それでも共産党への入党を決意したのは、次のような決断の経緯があったからだという。

一九五一年、奨学金をうけるようになってそれまでのアルバイトばかりの生活苦から解放されるとともに、折からの講和会議をめぐって沖縄の問題が目の前にあらわれてきた。「先ず沖縄の復帰、解放運動をやろうと考えて、それから、そのために学生運動をやるようになった」。そして五二年春――林義巳の沖縄上陸と同時期である――戦後はじめて沖縄に帰省し、基地化された実際の姿を「目の当たりにして、瀬長さんともいろいろ話し合った結果、よし僕も、世界的な国際連帯の立場に立って、党員として闘わないと、これは解決がつかんなという気持ちを、強く持」ったのだという。というのは「当時日本の党というのは非常にガタガタになっている状態だった」のだが、「ところが沖縄へ行って瀬長さんと話し合っているなかで、瀬長さんの行き方を見ていると、共産党とは違うんですね」。つまり東京の南灯寮で見知っていた日本の共産党とはちがう「共産党」がありうるし、ならばそれこそが沖縄の解放には必要だと思いいたったのだという。

たしかに日本の共産党はいまはそういう状態であるにせよ、朝鮮の戦争があったし、またヴェトナムはフランスに対しインドシナで闘っているわけですし、フィリピン、マレー、中南米でもやっている。そういうことを見た場合、沖縄もそのうちの一つの現象だということは見て取れるわけです。こういう世界的な運動のなかで、やっぱり党というのは必要じゃないかと考えたわけです。たとえ日本の党は欠陥があっても、これはよくすればいいわけで、これがない、ということになると、闘いは孤立してしまって非常に困難になると。やはり連帯というものは非常に大事だと、その時僕はひしひしと感じていました。それで一応、日本の党にも入って、そして国際的な連帯を持てる闘いをやらなければいけないのじゃないかと思ったのです(『資料集』三巻、(二一)頁)。

よりよい社会の作り手たることをめざして、組織の限界に気付きながらも、変革のため、運動と組織に自己を投げいれてきた無数の若者たちの姿がここに浮かびあがる。上の国場の発言は、その者たちの胸におとずれた感懐の、その無数の固有性のなかのひとつを語るものであるだろう。だが初発の感懐は去ってゆく。夢から醒めろと言う。奪われもするだろう。それでも国場は夢を破棄しなかった。どうしてだろうか。夢は夢見られるなかですでに変革を内面に作動させている。この変革が、他への触発となり、さらなる変様を自他のあいだに呼び起こしてゆく――そのような「とらわれのない自由な精神活動」(21)の充実へと、存在の変様がひらかれていたからではないか。たとえ現在の外的なありようが、めざすところの変革とどれほど隔たって見えたとしても、自己のうちに自由と社会への信頼を満たす、このような変革の論理は、沖縄非合法共産党という運動体が、統一戦線の連帯のひろがりのみを目的として、見返りを求めることなく急進主義の献身を社会に捧げ、去っていったことと、無縁ではないであろう。

その思想と運動の連関については、これから検討してゆくが、その前に国場の活動家としての個性について紹介すると、沖縄でのかつての同志たちは次のように評している。「国場幸太郎氏は、その庶民性にあふれる人柄と、実践的な理論家としての指導力によって、市井のオバさんたちから若い運動家や学生たちまで広く敬愛され、慕われていた」。「温和でやさしい人でした。でも、闘いに立つ時は戦闘的でした」。「沖縄における前衛党の〝希望の星〟とも言える存在として畏敬される人であった」。このような国場への評価は、敵側ながら米軍の諜報機関でも一貫していた。「非常に優れた演説家でありながら、語り口は謙虚であり、知り合ったすべての者に好感をもたれている」、「非常に知的で、感情を完璧にコントロールでき、非常に優れたオーガナイザーである」。一九五五年夏にCICが連行した際も、「尋問の間中、きわめて非協力的な姿勢を貫徹し」、「さまざまな場面で瀬長の後継者だと呼ばれ、琉球におけるもっとも有能な共産主義者だと多くの人々が確信」する、非合法共産党の「実質的指導者」である、と。(22)

三　米軍二度目の敗退：人民・社大統一戦線

そうした国場が、沖縄で最初に本格的にとりくんだ活動は、人民党と社大党の革新両党の連携による統一戦線の構築だった。くわしくは国場自身の検討があるので、その要約的記述を、まず引くことにしよう。

社大・人民両党の提携を軸に、人民大衆を統一戦線に結集する方針は、一九五四年三月の立法院選挙以来、沖縄の党〔＝非合法党――引用者注〕が実践し、堅持してきた基本政策である。この選挙で、社大党の西銘順治、平良良松両氏は人民党との統一候補として当選し、それが決め手になって立法院の過半数を革新勢力が獲得した。この選挙の結果を脅威に思った米軍当局が、人民党の非合法化を画策し、それが革新勢力の抵抗に遭って失敗に終わるや、なり振り構わぬ人民党弾圧に乗り出してきたことは、紛れもない歴史的事実である。(23)

この第二回立法院選挙前、中道革新路線の社大党は、半数近くの議席を占める立法院の最大野党だった。だがその指導者、安里積千代《あさとつみちよ》書記長は中道右派に位置し（日本復帰後には社大党を離れて日本の民社党に参加）、瀬長とは「犬猿の間柄」だった。(24)第二回立法院選挙から導入された小選挙区制では、この安里・瀬長の両党首格が、那覇中央の同一選挙区ではち合わせするように意図的に区割り改変され、瀬長が票数でまさっていたこともあり、人民・社大の統一戦線は、本来この人間的な対立関係によって定着しえない条件のもとにあった。このままでいけば人民・社大は各地の小選挙区で革新票を取り合って反目しあい、保守の民主党にたいして共倒れになる危険があった。そこをつなげたのが、社大党実力者の西銘順治（後の沖縄県知事）と東京時代から大学の後輩として付き合いのあった国場だった。

第二回立法院選挙での人民・社大の革新側協力関係は、国場によると、社大党とは接近できない瀬長からの了承をえたうえで、「実質的にいうと、若い者が中心になって組んだ」ものだった。社大党を人民党と共闘する革新の側にとどめて、第一党として盛り立て、支援することが情勢を変え、それが人民党の政策の実現の支えにもなるという判断から、国場らはまず党内でいったん内定していた真和志市（五七年に那覇市と合併）の立候補予定者に出馬断念を説得した。そして社大党から真和志地区で出馬する西銘・平良と個別的に政策協定を結んで、二人を社大・人民の統一候補とし、隣の那覇市で出馬する人民党の瀬長・大湾と支持を分け合い、この四候補がたがいに街頭演説でも応援しあう態勢を築いていった。

その結果、那覇市で瀬長・大湾、真和志市で西銘・平良と、那覇周辺の都市部では五議席中四議席を革新側が占める圧勝となり、立法院全体でも無所属を加えた革新側が過半数を制し、正副議長も社大党が占めることになった。米民政府の選挙介入は、一九五二年の奄美の笠利再選挙につづき、またも敗退させられた。第二回立法院選挙で導入された小選挙区制が、米軍情報部による綿密な支持者調査にもとづいて区割り設計され、革新両党の対立をあおり共倒れさせることによって、民主党の安定与党化と社大党の保守化をもくろんだものであったこと、またとりわけ那覇で「人民党勢力を議会からシャット・アウトするのがねらい」だったことは、この構想を提唱し米軍側と連携して那覇の区割りをみずから立案した、当時の那覇市長の当間重剛自身が、後に証言して認めている。そしてもう一点、当間は、民主党を第一党とする民主・社大の対米協調「安定政治」構想が「人民党の陽動作戦に見事負けた」と、率直に敗北を認めている。(25)

人民・社大の協力関係は、これ以後も、両党を引き離そうとする米軍側の圧力によって、たびたび揺さぶられながらも、五七年末の革新陣営の内部分裂にいたるまでつなぎとめられ維持されていった。こうして人民・社大の協力関係が持続的なものとして結ばれるにいたったとき、人民党は瀬長の個人政党として自足する域を脱したということができる。国場を中心とした若手がイニシアティブをとった統一戦線が成功することで、瀬長の個人的好悪や個性の枠をこえた、革新陣営というより広い活動舞台を獲得するにいたったのである。

瀬長の大衆政治家としての個人的力量が沖縄政界でずば抜けていたとしても、個人の人気だけでは、地元と都市部でせいぜい一、二議席の確保にすぎない。それ以上の党勢拡大のためには、結党初期に浦崎康華、兼次佐一にたいして取ったような身代わりを立てる操縦法しかなく、長続きするものではない。

これにたいし、社大党との統一戦線の形成は、瀬長の個人的な人気と実力を革新陣営のなかの一要素として定置させることで、より広い次元に人民党の個性と存在意義をおしひろげてゆく道を、この党にもたらす政策だった。少数派とならざるをえない急進主義の、社会的にも貴重な存在意義を、一党派の枠をこえた、より大きな体制変革にむけた推進力として活かすには、それを統一戦線のひろがりの上に配置する必要があった。逆にいえば、それがなければ急進主義は独善的になって閉じて自滅するか、それとも浮き上がったところで権力側のねらい打ちをうけ、つぶされるかのどちらかだった。急進派にとっては、この独善化と弾圧の二つの危険からのがれつつ、変革へむけた構想を手放さないでいられるところに、統一戦線運動の有効性があった。

じっさい立法院の設置後、米民政府の任命になる琉球政府の行政主席を中心とした与党、民主党の結集が、統治者側の政策としてすすむなかで、人民党と社大党は、避けがたく野党共闘を結んでいったが、そこでは必然的な提携のなかでの軋轢こそが目立っていた。そして国場が人民党に参加するべく沖縄に帰省した当初の五三年一一月には、ついに「野党連合の完全崩壊」と新聞に大々的に報じられるまでに関係は悪化していたのである。

このとき人民党は、同月の那覇市長選挙に出馬した島袋嘉順への応援を、前年に結んだ野党連合の綱領にもとづくとして社大党に要請したのだが、社大党は地方選挙にはタッチしないとの従来からの方針を維持するとして、要請および人民党からの公開質問状にも返答しないことを決め、その旨を安里書記長の談話として発表した。これに激昂した瀬長は、「看板だけ革新的なものを掲げて、人民を欺し、偽装社会主義の本態が、いつかは見破られる時機が到来することを覚悟しなければならない」と談話を発表、相手を人民の敵よばわりするまでにいたっていた。この瀬長の安里・社大党批判の背景には、社会民主主義者こそが資本主義秩序を支える最後の柱、ファシズムの協力者であり、打撃すべき主要な方向は社民主義者だとする、戦前来の社会ファシズム論、社民主要打撃論のテーゼ(一九二八年コミンテルン第六回大会)があり、思想的にも相当に根深いものだったという。(26)

関係者のあいだでも決定的にみえた、この因縁めいた野党連合の破局を、帰省してまもない国場が、党内の「若い者が中心」となるかたちをとりながら、わずかな期間で乗りこえ、立法院選挙で革新陣営の統一戦線をみちびきだしたことは、その運動家、政治家としての調停・節合能力を十二分にあかし立てる出来事だった(『資料集』三巻、(五九)頁)。その力量は、統治者側の周到なゲリマンダー選挙の政略をやぶり、沖縄政界の見取り図を左右するレベルにまで届いていたといえる。国場は周囲から「瀬長の懐刀」や後継者とよばれ、かたい信頼関係を瀬長とのあいだに結んでいたが、忠実な参謀というばかりでなく、むしろ急進的な大衆政治家、すぐれたカリスマ的指導者としての瀬長の個性と能力を適切に活かすために助言し、方向付けるアドバイザーといった役割も、発揮していた。

学生運動の時期から練られてきた国場幸太郎の統一戦線運動論は、第二回立法院選挙において、沖縄革新政党の統一戦線の形成という政治実践をくぐるにいたり、そのとき沖縄人民党は新たな運動展開を開始しはじめた。そこに非合法共産党の組織活動の開始がちょうど時期的にかさなった。

「社大党と一緒になっている状況」があってこそ人民党のラディカルな主張への応援の幅もひろがり、またそのことが社大党の成長、そして軍事支配体制の変革につながるといった大局的な展望のもと、国場はこの後も、一貫して人民・社大の協力関係を維持発展させることにつとめた（『資料集』三巻、(五五)頁)。そして革新陣営の統一戦線にむけたこうした協調姿勢の方針が、たんに国場ひとりのものではなく、人民党内で支持され、党内に浸透していったことが、人民党の新たな力となった。

人民党は、五三年一一月の時点では、社大党を人民の敵よばわりして独善的に孤立していく危機に瀕していた。だがその翌月の奄美返還で、非合法共産党の組織化をめぐって関係を深めていた奄美共産党との協力関係をなくしていくのと入れ替わるように、革新統一戦線の運動方針が、国場を中心として新たに浸透してゆくことで、セクト主義的な急進化の危機を回避した。そして統一戦線のなかに大衆的支持をひろげる急進主義政党として、生まれ変わるにいたったのであった。イメージとして伝えられる、「決然としてはいるがひかえ目な態度」をもった人民党という姿は[27]、この段階での人民党を指すものと思われる。

そしてこのような統一戦線路線に舵をきった人民党が存在感を増すなかで、人民党事件による徹底弾圧で壊滅状態におちいる非常事態に面したとき、その背後にある非合法共産党は、党派としての自己の利害をすべて超越するレベルにまで達する統一戦線論の徹底化をおしすすめ、そこに急進主義的統一戦線論の独自路線が姿をあらわしていった。すなわち、後に沖縄非合法共産党で全面的に展開されることになる急進主義的統一戦線論の運動方針は、非合法共産党がまだ日共沖縄県委員会として組織編成され運動方針をあたえられるより前に、すでに沖縄人民党の新路線として、五四年三月に部分的に実現されはじめていた。そしてそのルーツには、この運動の推進者となる国場幸太郎の学生時代からの統一戦線の運動経験がつながっていたということである。ここではこうした順序関係を、さしあたり押さえておくこととしたい。

組織的には日本共産党の下部機関であったはずの沖縄非合法共産党が、なぜ〝上部機関〟の方針にあい反する、対照的な運動路線を進めてゆくことができたかという疑問の答えは、ひとつにはここに見いだすことができる。

第三節　大雨の後の耕地：「総反撃」運動の展開

一　基地沖縄の地下をすすむ前衛

五四年五月の名瀬三者会合で国場がもち帰った日共沖縄対策方針のなかに沖縄現地党（沖縄県委員会）むけの政治方針「当面する闘いの方向」があったことまでは前節で述べた。その内容は、沖縄現地では人民大衆を「反米・祖国復帰・土地防衛の統一戦線」に結集し、それを日本全体の民族解放民主革命に発展させることを、「闘いの方向」として示したものだった。

五月下旬にひらかれた沖縄県委員会の報告会議は、「四・一方針」と武装準備指令からなる軍事戦略主体の政治方針のほうは黙殺することとしたが、この「当面する闘いの方向」の統一戦線論と、「反米・祖国復帰・土地防衛の統一戦線」のスローガンは、大枠の設定として、沖縄の実情と自分たちの政治路線に適したものであるとして、委員の全員一致で積極的に活用することを決めた。国場の解説によると「アメリカの軍事占領支配に反対して祖国復帰を要求し、軍用地接収に反対して土地を守ることは、当時すでに沖縄全住民の統一要求になっていたから」であった。[28] だが沖縄非合法共産党の独自な運動路線は、人民党弾圧事件の非常事態の到来のなかでこそ、形づくられていった。

弾圧に直面した非合法党の役割設定は、沖縄県委員会の長文の方針書「現地党Vの方針　全人民大衆の力を結集して敵の凶暴な弾圧に総反撃せよ」（『資料集』二巻所収。V＝ビューロー＝書記局）に見ることができる。この方針書は、瀬長に懲役二年の実刑判決が下った直後、五四年一一月初めごろまでにまとめられた。

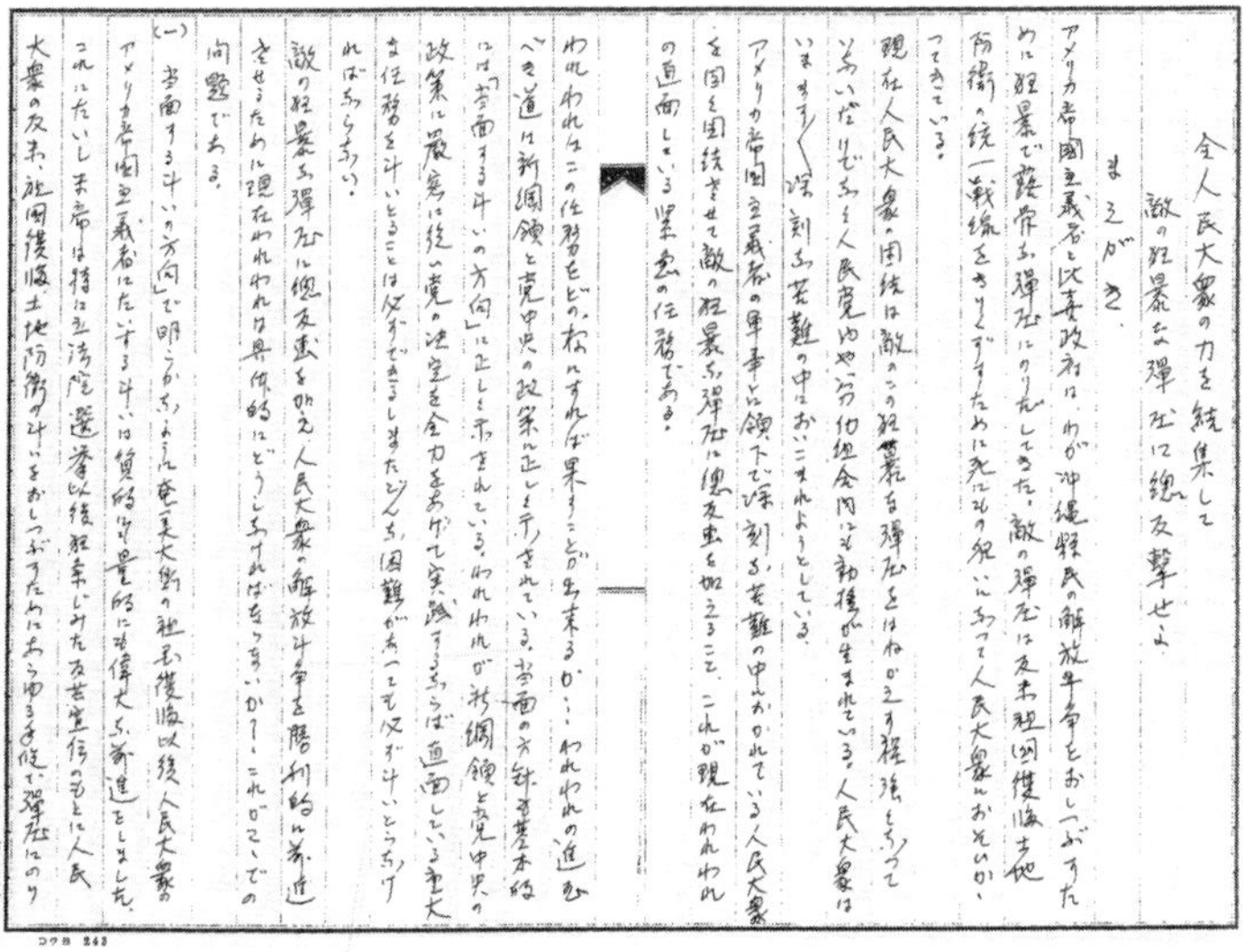
全人民大衆の力を結集して
敵の狂暴な弾圧に総反撃せよ

まえがき

アメリカ帝国主義者と従属政府は、わが沖縄県民の解放斗争をおしつぶすために狂暴で露骨な弾圧にのりだしてきた。敵の弾圧は反米祖国復帰土地防衛の統一戦線をきりくずすために死にもの狂いになって人民大衆におそいかかってきている。

現在人民大衆の団結は敵のこの狂暴な弾圧をはねかえす程強くなっていないばかりでなく人民党内や労仂組合内にも動揺が生まれている。人民大衆はいまますます深刻な苦難の中におかれようとしている。

アメリカ帝国主義者の軍事占領下で深刻な苦難の中におかれている人民大衆を団結させて敵の狂暴な弾圧に総反撃を加えること。これが現在われわれの直面している緊急の任務である。

われわれはこの任務をどのようにすれば果すことが出来るか……われわれの進むべき道は新綱領と党中央の政策に正しく示されている。当面の方針や基本的には「当面する斗いの方向」に正しく示されている。われわれが新綱領と党中央の政策に厳密に従い党の決定を全力をあげて実践するならば直面している重大な任務を斗いとることは必ずできるしまたどんな困難があっても必ず斗いとらなければならない。

敵の狂暴な弾圧に総反撃を加え人民大衆の解放斗争を勝利的に前進させるために現在われわれは具体的にどうしなければならないか? これがここでの問題である。

(一) 当面する斗いの方向で明らかなように奄美大島の祖国復帰以後人民大衆のアメリカ帝国主義者にたいする斗いは質的にも量的にも偉大な前進をしました。

これにたいし米帝は特に立法院選挙以後狂気じみた反共宣伝のもとに人民大衆の反米、祖国復帰土地防衛の斗いをおしつぶすためにあらゆる手段で弾圧にのり

コクヨ 243

「現地党Vの方針」

同文書は、人民党が「マヒ状態」におちいったことを伝えながらも、表舞台に出なかったために弾圧で組織が壊滅するのをまぬかれた非合法党が、「合非〔＝合法と非合法の両側面〕を結合した独自の活動を強化して人民大衆を統一戦線に結集すること」を主要任務として、新たな活動を開始することを告げていた。ここにおいて人民党は、満身創痍の状態でも各種選挙やメーデーなどの集会にあえて立ちつづけ、「反米・祖国復帰・土地防衛の統一戦線」のスローガンに賛成する者すべてに開かれた、だれでも参加できる窓口的な大衆政党として、公然活動を継続する役割を負うようになった。これにたいして非合法党は、選挙運動などで側面から支援しつつも「統一戦線としての人民党に党〔＝非合法党〕の政策をおしつけないこと」が肝要とされ、また、同様に弾圧と内部対立で「窒息状態」におちいっていた労働組合運動についても、背後

から支援し盛り立てながら、「おしつけひきまわし」がないよう「特に注意すべきこと」とされた。さらなる弾圧の口実となるような活動から、表舞台に立つ人民党や労組をなるべく遠ざけさせ、窓口として維持しながら態勢を立て直す時期を待つ、その背後で、代わりに非合法共産党が闘争現場での活動や連絡、運動の組織化、オルグや宣伝活動など、米軍の摘発対象となる活動を地下工作として展開するという編成である。

こうして人民党は、非合法党によって地下から準備される統一戦線運動の舞台の上に立つ大衆政党として弾圧から再起し、恐怖政治にたいする沖縄住民の「総反撃」のシンボルとなるように、新たな位置役割をあたえられた。沖縄住民の抵抗の先端部として米軍の弾圧の標的とされた人民党を、米軍が付与したその同じシンボル性のもとに、今度はそれを反転して「総反撃」の局面でよみがえらせるということだが、住民の統一戦線における「総反撃」と人民党の復活の両面を下支えする独自な役割を担ったのが沖縄非合法共産党だった。

こうした公然舞台の背後からの支援策をすすめる一方で、非合法党がその独自活動の柱として全力を注いだのは、土地闘争だった。同じく「現地党Vの方針」はいう。「沖縄を占領する米軍の心臓部にあたるこの地帯［=「中部重要基地地帯」］に於ける宜野湾村の土地防衛闘争は激烈さを極めるであろうが、この闘いに於て人民大衆が勝利をおさめるように、闘いぬくことによってわれわれは敵に総反撃を加える突破口をきりひらくことができる」。この見通しのもと、「宜野湾村の闘いを伊江島、銘刈古島［那覇北方］にひろげ、伊江村民の団結をより固め銘刈・古島部落民の闘いを強め、共同闘争を発展させる」という、分散する土地闘争の連結方針が立てられた。これらの部落は、立ち退きによってわずかでも利益を配分される周辺部が先に切り崩されることで、地域社会では孤立に追いこまれながら抵抗をつづけており、「全県民の共闘を進んで求めて」いる。他方「全県民は土地防衛闘争の先頭に立っている宜野湾村民の英雄的な闘いを支持しており」、軍用地問題は「沖縄全県民の死活問題として人民大衆に自覚されつつあ」る、そう情勢分析が立てられた。

じっさい農民の命として耕地を明け渡さず、土地・家屋の評価手続もこばむ宜野湾村伊佐浜や伊江島のねばり強い抵抗にたいし、米軍は武力をもって追いたてる方法しかもっていなかった。深刻な利害の調整をおこないうるような公共性をもった政治の場は、もとよりその必要性を米軍自身が否定していた。そして土地問題をめぐっては、以前から具志部落での強制接収など、住民の意向をかえりみない占領者の非道義性と暴力性があますところなくさらけ出されていた。「現地党Vの方針」は、これこそが敵の「最大の弱点」であるとして、土地闘争の孤立化をふせぎ沖縄住民の分断状況を克服すれば、「総反撃」はかならずわき上がり成功すると信じた。

以上のような情勢分析にもとづいて、非合法共産党は弾圧下の活動を開始した。すなわち一方では、土地明け渡しへの抵抗をつづける農民のもとに、非合法共産党員たちがつねに寄り添い、農作業を手伝い語り合うことで、一歩ずつ信頼関係を築き、また地域をこえた土地闘争の農民同士の交流集会を設定することで孤立化をふせいだ。他方、「社大党良心派を含めた広汎な人民大衆の統一行動」によって「総反撃」にむかう態勢をひろげるために、かつて立法院選挙で統一戦線を組んだ西銘順治（立法院行政法務委員長、社大党政審会長などを歴任）らを土地闘争の現場に呼び入れて懇談会をひらき、農民たちを勇気づけるとともに、西銘を介して、土地問題をめぐって社大党を立法院での抵抗勢力に再起させる糸口につなげていった。

じっさい西銘は、当初は伊佐浜に足をふみいれることさえ米軍側の監視の目をおそれてしぶっていた。だが国場の再三の説得におされ、連れ出されて伊佐浜をくり返しおとずれ、「緊迫した情勢」を実見し、懇談会で「殊に婦人たちの悲壮な気持ちに胸を痛め」、変わっていった。西銘は懇談会の場で「早速、党に実情を知らせる。社大党を挙げて伊佐浜の土地闘争を支援したい」と約束し、周囲の知人、政府関係者から再三にわたる警告をうけながらも、社大党を軍用地の強制収用反対の立場に牽引していく役割を担った。(29)

沖縄の新聞は、人民党はもはや「殆ど壊滅状態におちいった」と評していた。たしかにそうである。抵抗勢力の指導者たちが監獄に連れ去られ、ブルドーザーと武装兵に住家を焼かれ農地も奪われ、人権もなく、なす術のない「みじめな沖縄」「悲劇の沖縄」の姿を伝える現地報告が、人民党事件から二年近くのあいだ、日本やアメリカで幾度も報じられた。恐怖政治の「暗黒時代」――それは事実である。(30)だが表面の事実だった。その地下で、尖鋭な急進主義者たちが統一戦線の反撃態勢をひろげるために駆けまわっていた。

二 「暗黒時代」と「島ぐるみ闘争」の相対化

地下活動家たちは、いまは圧倒的弾圧の「大雨」(沖縄非合法共産党の暗号文書で人民党事件の「弾圧」は「雨」に置き換えられていた)の前に沈黙させられていても、準備をととのえ、きっかけとなる突破口が開かれるならば、住民側の「総反撃」はかならず起きると信じた。すなわち「大雨当時、耕地、

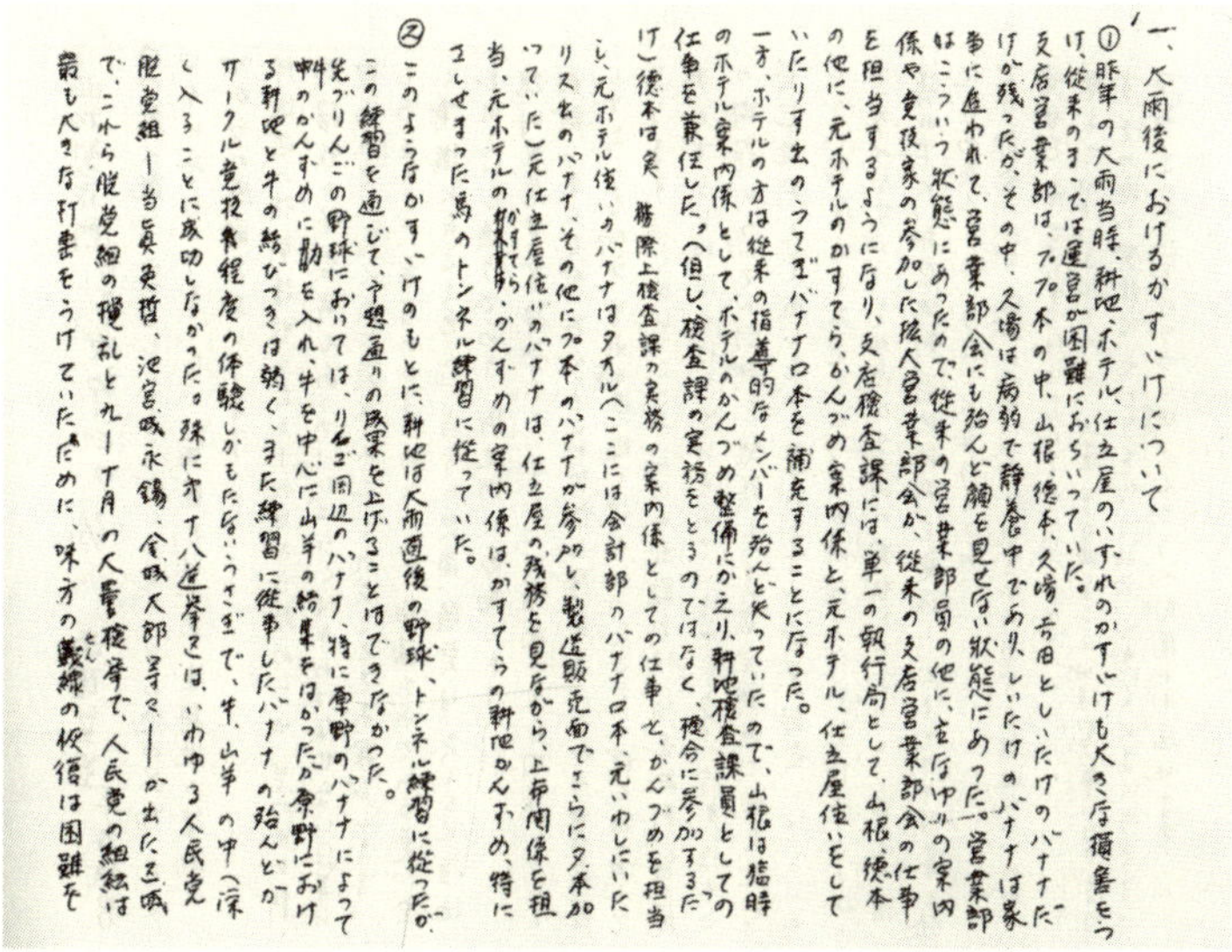
一、大雨後におけるかすゞけについて
①昨年の大雨当時、耕地、ホテル、仕立屋のいずれのかすゞけも大きな損害をうけ、従来のまゝでは運営が困難におちいっていた。
支店営業部は、プロ本の中、山根、徳本、久場、吉田としいたけのバナナだけが残ったが、その中、久場は病弱で静養中であり、しいたけのバナナは家事に追われて、営業部会にも殆んど顔を見せない状態にあった。営業部はこういう状態にあったので、従来の営業部員の他に、主なゆかりの案内係や責任者の参加した拡大営業部会が、従来の支店営業部会の仕事を担当するようになり、支店検査課には、単一の執行局として、山根、徳本の他に、元ホテルのかすてら、かんづめ案内係と、元ホテル、仕立屋使いをしていたりす出のうてぎバナナ口本を補充することになった。
一方、ホテルの方は従来の指導的なメンバーを殆んど失っていたので、山根は臨時のホテル案内係として、ホテルのかんづめ整備にかえり、耕地検査課員としての仕事を兼任した。（但し、検査課の実務をとるのではなく、総会に参加するだけ）徳本は実務上検査課の実務の案内係としての仕事を、かんづめを担当し、元ホテル使いのバナナはタオル（ここには会計部のバナナ口本、元いわしにいたリス出のバナナ、その他にプロ本のバナナが参加し、製造販売面でさらに夕本加わっていた）元仕立屋使いのバナナは、仕立屋の残務を見ながら、上部関係を担当、元ホテルのかすてら、かんずめの案内係は、かすてらの耕地かんずめ、特にさしせまった馬のトンネル練習に従っていた。
②このようなかすゞけのもとに、耕地は大雨直後の野球、トンネル練習に従ったが、この練習を通じて、予想通りの成果を上げることはできなかった。
先づりんごの野球においては、りんご周辺のバナナ、特に南野のバナナによって畑のかんずめに力を入れ、牛を中心に山羊の結集をはかったが南野における耕地と牛の結びつきは弱く、また練習に従事したバナナの殆んどがサークル党技術程度の体験しかもたないうさぎで、牛、山羊の中へ深く入ることに成功しなかった。殊に才ナ八選挙では、いわゆる人民党脱党組―当真東哲、池宮城永錫、金城大郎等々―が出た為で、これら脱党組の攪乱と九―十月の大量検挙で、人民党の組織は最も大きな打撃をうけていたために、味方の戦線《せん》の挽復は困難を

沖縄非合法共産党の暗号報告書（1955年7月）

ホテル、仕立屋のいずれのかすずけも大きな損害をうけ、従来のままでは運営が困難におちいっていた」。ついにはホテルの主人まで大雨にさらわれた。だが支店営業部会の案内係やバナナたちは、ホテルの破損個所を修繕し雨漏りをふさぎながら、「かすてらの耕地かんずめ、特にさしせまった馬のトンネル練習に従」い、地下道をすすんで総反撃のおとずれを準備していったのである（暗号対照表：耕地＝党、ホテル＝沖縄人民党、仕立屋＝全沖縄労働組合協議会、かすずけ＝書記局またはビューロー政治局、ホテルの主人＝瀬長、支店営業部会＝沖縄県委員会、案内係＝責任者・キャップ、バナナ＝党員、かすてら＝農村、かんずめ＝組織、馬＝農民、トンネル＝土地、練習＝闘争）。(31)

この年も〝台風銀座〟の沖縄には、死傷者を出した九月二五日の「マリー台風」など、例年どおりくりかえし台風がおそった。新聞の見出

しには「人民党検挙の嵐」など、反共弾圧の暴風警報がおどりつづけた。だが大雨はいずれやむ。暴風の後には抜けるような晴天がくる。

彼らは、一般民衆の生活世界からかけ離れた別世界に信念をおく、異人種のような英雄たちだったのだろうか。

かならずしもそうとはいえない。たとえば「現地党Vの方針」が、「あらゆる階層の広汎な大衆がアメリカ帝国主義者と比嘉政府の狂暴なファッショ的弾圧をたえがたい圧迫に感じそれをはねのける闘いの方向を真剣に求めている」と断言するとき、そこにはその確信を裏づける出来事が次のようにあげられていた。「瀬長亀次郎氏に対する不当逮捕にいたるまで幾千幾万の人民大衆がかつてない大きな抗議集会に結集された事実はこのことをはっきり物語っている」と。このかつてない規模の大衆の結集とは、なんであったか。

その具体的な様相は、この時期の『アカハタ』に掲載された「沖縄通信員発」の記事や写真などによって、かいま見ることができる。これは沖縄非合法共産党からの緊急報告や連絡文書をそのまま、あるいは編集したうえで掲載したもので、沖縄の新聞雑誌が弾圧をおそれて当時報道しえなかった「暗黒時代」のもうひとつの姿を知りうる、貴重な情報源といえる。(32) 伝えられる事実面では非合法共産党の報告書と符合するものだが、報告書のほうが書記局などの会議をへて事後的にまとまって作成された文書であるのにたいして、非常事態に直面して緊急に極秘ルートをとおして送られたこれらの通信は、いくらかの誇張をふくみながらも、米軍の弾圧がなにに対抗した強硬手段の採取だったのか、情勢のありさまを、よりビビッドにつたえる内容をもっている。

その「沖縄通信員発」の報道によると、五四年九月五日に豊見城村長に当選した又吉一郎が、島外追放令をうけた畠義基をかくまった容疑で同一六日に逮捕されたあと、まず一九日に那覇市農連市場前で「人民党非合法化反対抗議大会」が開催された。夕方六時から深夜零時まで、「人民党のよびかけにこたえてぞくぞくと県民がつめかけその数はついに三万数千人にたっし」たとも、「一万余」ともいい、いずれにせよ「沖縄はじまっていらいの大集会となった」という。

あけて九月二〇日には、那覇市警察署の軍事法廷で、又吉一郎、および畠をかくまっていてともに逮捕された人民党員の裁判がひらかれた。法廷外には傍聴席に入りきれない聴衆が午前中から千数百人あつまり、「抗議のカン声をあげ、農民たちは口笛をならし声をふりしぼって法廷の又吉氏をげきれいし」、午後には法廷外の聴衆は五千人に達したという。二度の解散命令をうけ六名の逮捕者を出しながらも、一五〇人の警官隊、二台の消防車（放水車）と向かいあったまま、人びとは「夕方まで立去らず抗議の声がうずまいた」という。

この日のもようについて、全沖労協に所属する、ある労働者は次のように『アカハタ』に投書して伝えている。「県民ののろいの声は乱れとび口ぶえはなり警官は大衆の前にさんざん悪口をいわれて、かわいそうなくらいだった」。「沖縄県民はアメリカの植民地政策の下で苦しむことに決してあまんじているのではない。あきらめているのでもない。九月廿日こそ全世界にはっきりと自由への解放への平和への意志を示した日なのだ」。「永遠に忘れられない日なのだ」。

これら沖縄通信は一様に、弾圧と反撃の拮抗するありさまを伝えている。「沖縄における弾圧は日に日にはげしくなってきました。それにたいして県民のたち上りもものすごいもの」だったと。弾圧は、無力な赤子の手をただひねるかのように行なわれていたのではない。もしかりにそうだったとしたら、米軍政府はみずから掲げた「沖縄民政」の看板を逸脱する強硬手段を住民にたたみかけて、あえて国際社会の不審を招き寄せるような行動をとらねばならない謂われはなかった。

この点について沖縄通信は、激烈な弾圧がかけられてきた原因として、「一九五二年の清水建設の軍作業労働者の大争議を基点」として、これが「全基地に波及し、沖縄県民の組織的な闘争の発火点となり」労働運動の組織化と農民の土地闘争とが連結してきた趨勢があったことを、くり返し指摘している。つまり「弾圧だけがかれらに残された道となった」からこそ、大弾圧がくりひろげられているのである。そのため、かつてない大規模な弾圧が、すぐさまかつてない規模の抵抗を呼んだのも、この流れのなかでは当然だった。

人民党弾圧をめぐる抗議大会や真相報告大会の舞台は、那覇、真和志、首里の都市部から、人民党の地盤である豊見城村、小禄村、そしてさらに石川市、美里村、越来村、宜野湾村、名護町など中部の基地密集地帯へもひろがり、「主催者発表」に類する数字だが、参加者は一〇月時点でのべ五万人、一二月までにはのべ一〇万人に達したと報じられている。弾圧が抵抗をよび、これにまた弾圧が加えられるなか、抗議集会と諜報・密告活動の暗躍が全島にひろがっていく、きびしい攻防が五四年後半の沖縄のひとつの姿としてあった。(33)

以上見てきたところは、一九五〇年代なかばの沖縄をめぐる通説的な歴史認識に修正をせまるものであろう。すなわち新崎盛暉によって開拓されてきた沖縄戦後史の通史的理解では、「講和発効から〝島ぐるみ闘争〟の爆発までの四年間、沖縄では人民党事件に代表されるような事件が相つぎ、恐怖政治、暗黒政治の時代がつづいた」のだが、ついに「一九五六年六月、沖縄人民は、戦後史上はじめて、歴史の主役としてその姿を地平にあらわした」と語られてきた。(34)「〝島ぐるみ闘争〟の爆発」を、前後に屹立した劇的な頂点にすえる一方で、それ以前の時期が、これとの対比で、どうしても無力な「暗黒時代」として描かれてしまう、そうした設定にたいする修正である。「島ぐるみ闘争」はたしかに弾圧に耐えぬいたすえの全住民レベルの数十万人の反撃だった。だがそれはこれ以前の「みじめな沖縄」が「爆発」的に突然変異した結果ではなかった。「大雨」はこれまでも何度もおそってきたが、反撃もまたくり返され、そのたびに人びとは鍛えられていった。

五二年の日本道路ストライキではじまった奄美・沖縄統一戦線運動から、五四年三月の立法院選挙における革新統一戦線の勝利、そして小禄、真和志や伊江島、伊佐浜での軍用地強制収用にたいするねばり強い抵抗が持続するなかでの、九月の豊見城村における人民党村長の誕生。これらの動きのそもそもの起点には、まずもって講和条約発効によって戦時占領が終了した五二年四月以降、支配の正当性を立てるために立法院が設置されたことにより、それまでの一方的な軍事占領では排除されてきた住民の声が、「沖縄民政」の政治的ファクターとして存在している事実を、米軍政府も否定できなくなったという制度的な変化があった。

この制度としての民政の形式的な設置のなか、第一回立法院選挙では、一方では、四〇年代末から急進主義的抵抗勢力の指導者として名をはせてきた瀬長亀次郎が、一万票をこえる支持をあつめる大衆政治家の第一人者として首都那覇でトップ当選をはたし、他方で人民党とともに日本復帰運動をおしすすめた中道革新の社大党は、一五人当選で第一党を占めた。その後社大党は米軍側の圧力で離党者を出したため、議会過半数は任命主席の与党、民主党にとられた。だが人民・社大の革新統一戦線は、占領支配の継続にたいするなかば必然的な抵抗として、五四年三月の第二回選挙以降も進展し、これを押しとどめるためにこそ、手段をえらばない弾圧が五四年秋から加えられていったのであった。

五〇年代なかばの「暗黒政治」とは、占領支配継続の正当性を立てられない米軍統治者が、東側陣営にむけた「民主主義のショーウィンドー」（「プライス勧告」のことば）としての沖縄民政の看板をすて、強圧的な弾圧手段の依存へと追いこまれていく趨勢が生みだした、占領統治の延命のための沖縄統治の事実上の破綻として、その本質をとらえることができる。

そして暴力的な威圧に依存した米軍統治体制に「総反撃」の意志を表示した「島ぐるみ闘争」とは、五二年以降すでに不可逆的な趨勢として発展しつつあった占領支配への抵抗運動が、人民党事件以降の潜伏期間をへて、再度表面に、より大きな反発力をともなって押しあげられた事態としてとらえることができる。すなわち「島ぐるみ闘争」によって「沖縄人民は、戦後史上はじめて、歴史の主役としてその姿を地平にあらわした」のではない。比喩として考えるならば、戦後沖縄の歴史の「地平」は、最初から「沖縄人民」のつくりだすものとして、焼け跡にたちつくした時点から、ありつづけたということもできる。[35] ただこれを無力化させ意志を表現させまいとする抑圧政策が、戦時占領の終結以後、なおこれを冷戦下の占領統治につなげようとする不条理を無理押しするために、より強力に展開されたこと、それは事実である。表現――それがたたかいのアリーナのひとつとなっていた。

以上論じてきたように、「暗黒時代」とは、占領支配にたいする統一戦線の攻勢のなかに米軍政府がくり出した、ある意味での反撃だったと相対化してとらえる必要がある。だがこの相対化はそこにのみとどまるものではない。「暗黒時代」の相対化は、「島ぐるみ闘争」にたいしても、これを前後に屹立した頂点としてみるのでなく五二年以降の流れのなかに位置づけるという意味で連動するのである。ここにおいて、従来の歴史観における、「暗黒時代」のなかにも「島ぐるみ闘争」は水面下に育まれ「爆発」にむけて成長していったという設定（表現）は、むしろ主客を転倒させなければならない。つまり占領統治の継続にたいする抵抗の必然的趨勢は、これを鎮圧しようとした「暗黒時代」の恐怖政治を、時間をかけながら、だがある時点で一気にはねかえしていった――そういうことである。(36)

三　表象の支配をやぶる革命のおとずれ

「暗黒時代」の弾圧はたしかに人びとを暴力と恐怖で支配し、引き裂いた。だが暴力と恐怖によって沈黙に塗りこめられた「暗黒時代」という像は、米軍政府側がつくりだし、またみずから意図して表象させたところの、五〇年代なかばの沖縄の姿だということもできるのである。この米軍統制のもとにえがかれた「暗黒時代の沖縄」においては、先にみたような人民党弾圧に抗する「幾万幾千の人民大衆」の結集は、まったく報じられ伝えられることがない。つまり存在しないこととされている。検閲されていたからである。

たとえば前章第三節にみた五二年六月一五日の最初の全琉労働者大会は、沖縄の新聞で大きく取りあげられた。ところがこの記事を書いた記者は、匿名の座談会で五九年に次のように述べている。

その大会の模様を、二面の大半をつぶして私が書いた。するとその翌日はCICにジャンジャン調べられて、そういった記事を書かないように警告された。さらに立法院の記者席にいるころ、当時立法院議員だった瀬長さんの発言をそのまま書くと、全面的に削除された。そんなことは年中でした。現在の新聞もそういうワクの中で自己検閲しながら書かれている。(37)

沖縄の新聞は反体制的だとよくいわれるが、それは不偏不党をかかげた中立姿勢を無風地帯で守られるなかで任意に選ばれた個性だったのではない。広告どころか紙の配給さえ止めるだけの直接的な絶対権力を米軍がにぎり、人事面もふくめてたえず圧迫が加えられてきたがゆえに、その圧迫経験の蓄積のなかから時をついやして形づくられた性格であり気概だった。メディアは常態的に統制と圧迫のなかにあった。そして新聞社のなかにも党員細胞をもっていた非合法共産党は、こうした圧迫の実態を承知していた。それゆえに、徹底弾圧下でも命脈をたやさず地下に反撃のネットワークづくりをすすめるための自前のメディアとして、非合法機関紙『民族の自由と独立のために』(略称『民独』)を五四年一二月にみずから創刊した。紙面には、商業紙には報道されない伊江島、伊佐浜などの土地闘争の推移が、たんねんに報道されていた。

こうしてねばり強く土地取り上げに抵抗をつづける伊江島・伊佐浜の農民にたいし、一九五五年三月、米軍はついに数百の武装部隊に出動を命じ、軍事制圧の手段に出た。陸海で展開する部隊の前に座りこんだ人びとは、老人や子どもも、無防備のままなぐるけるの暴行をうけ、逮捕拘引され、家屋や田畑は焼き払われブルドーザーで敷きならされた。まさに暗黒時代の強圧支配を象徴するような流血と炎の惨劇がくりひろげられた。

戦後沖縄の苦難の歴史のシンボルのひとつ、「銃剣とブルドーザー」の場面の到来である。だがこの弾圧をうけて準備されたこの年のメーデー大会は、主眼を伊江島、伊佐浜の土地問題にすえ、この問題のために二つの決議を発し、これまでで最大の規模でおこなわれた。参加者は五千人とも三千人ともいわれる（新聞報道によると五二年の第一回から五四年までは、順に三〇〇人、一〇〇〇人、五〇〇人の参加）。社大党も初めてメーデー参加を中央委員会で決定し、水面下の非合法共産党、人民党とともに準備に協力した。さらにアメリカの任命主席与党の民主党さえも祝電を寄せ、文字通りの「沖縄統一メーデー大会」となった。かつて人民党が五二年に細々とはじめたメーデーに、人民党の大弾圧をへて、ようやく中道革新政党も参加するにいたるというのは、先鋭部分の役割が時をかけて浸透しはじめるとともに、たしかに情勢が反転しはじめた趨勢を告げていた。

このメーデーの起ち上がりでも、前年の立法院選挙以来たもたれてきた革新共闘が効果を発揮し、人民党と政策協定を結んで支援をうけ当選した平良良松と西銘順治の二人が、社大党代表として演壇に立ち、「社大党がんばれ」の声援と「拍手につぐ拍手」でむかえられた。とくに西銘の挨拶で「メーデーに瀬長さんの顔がみえないのは一番さびしい。瀬長さんを失ったことは全県民の一大損失である」、「共産主義者といわれるのをおそれては、この沖縄では何事もなしえない」と、人民・社大の共闘がアピールされると、「一きわ大きな拍手」がわき起こったという。(38)

メーデーにつづいて、立法院では五月一九日に「軍用地問題に関する四原則」（軍用地料の一括払いによる事実上の土地買い上げと新規接収に反対し、適正補償と損害賠償を求める）を全会一致で確認する決議をおこなった。その三日後には、三千人をあつめた「軍用地問題解決住民大会」がひらかれ、そのまた二日後には、琉球政府主席ら代表団が「琉球の現況を包まずかくさずはっきりと向うにのみ込ますべく」（住民大会での比嘉主席の決意表明）、アメリカ政府との直接折衝にむけ那覇を出発した。

こうして当初はだれも近づこうとせず孤立するばかりだった接収予定地農民の抵抗が、米軍政府から任命された行政主席や立法院全体をまきこむ全沖縄規模の問題へと発展するにいたった。そしてこの全沖縄規模の四原則要求が翌年のプライス勧告で全否定されたとき、「島ぐるみの土地闘争」がわき起こるにいたるのである。

メーデーにむけて五五年四月一七日付で出された『民独』九号は、「土地を守るために全県民の力を合わせよう」とのアピールをかかげ、「政府も、立法院も、市町村長や市町村議会も、アメリカの言いなりになって土地とりあげに協力することなく、あくまで土地を守るために住民とともに団結してたたかうならば、アメリカ軍は完全に孤立し、県民の要求をみとめねばならなくなるだろう」と、「総反撃」を呼びかけていた。これがおそらく「土地闘争の進むべき方向を指し示し」た「島ぐるみ闘争」の原初的な構想のひとつだったと、国場は自己の活動と歴史を二つながらにふりかえり、分析して述べている。(39)

もちろん、だれが言い出したかが重要なのではない（国場の論述の主旨もやはりそこにある）。実践において「暗黒時代」の地下から「島ぐるみ闘争」を準備した前衛組織として、沖縄非合法共産党という運動体がたしかに地下にあり、その呼びかけを考え、伝え、呼応していった者たちが、名を知られることなく無数に、そこかしこにいたという事実こそが重要なのである。それは党員であるなしにかかわらない。もとよりだれがあの組織のメンバーであるのか、任務のための会合で顔をあわせておどろくような、まれな機会でもないかぎり、党員同士が「隣にいても」分からなかったのである。沖縄非合法共産党という運動体は、この呼びかけの、見えない広がりの土壌のなかに成立していた。

こうして、メーデーの再起から一年あまり経った一九五六年六月二〇日――「暗黒時代」をくぐりぬけた「島ぐるみ闘争」の始まりの日が、あま上がりの戦後沖縄の蒼空のもとに明けてきた。いまや私たちは、その日の夜、五万人がつどった那覇の住民大会の端々で見られたという、次の情景に立ち会うことができる。

会場で職場の知人などに出会った人たちは、顔を見合わせて涙ぐんだという。きのうまでは、スパイの目をおそれて言いたいこともいえず、お互いに疑心暗鬼の状態だった人びとが、今日は力強い連帯の場にいた。そして、何物に阻まれることもなく、自分の意志を表明することができた。(40)

最大で全住民の半数が参加したといわれる、この日の各市町村の住民大会は、それまで地のなかにあって見えなかった地下組織が夜陰に乗じてあらわれ出たかのようになって、人びとの隠されてきた思いを結びつけた。

第四節　地のなかの革命の哲学

一　党内分裂・瓦解の危機から党派性の超越へ

以上、本章前半部では、「島ぐるみの土地闘争」の台頭を導くにいたるまでの沖縄非合法共産党の活動とその周辺について検討してきた。驚くべき運動実践の次に問うべきは、これを支え成り立たせていた組織・運動論と、そこにはぐくまれていた変革の思想哲学であるべきだろう。前半部が外側からの分析と歴史の再検討だったとすれば、これからは内部、内面へと考察を深めてゆく。まずは沖縄非合法共産党が、どのようにして党派的主体の利益を超越する論理を獲得していったか、この組織の内部におとずれた変革のありようから見ていこう。

人民党壊滅後の非合法共産党の運動方針が、一九五四年一一月に「現地党Vの方針」で立てられ、基本的にこの方針にしたがって地下の統一戦線運動がひろげられていったことは前節に見た。だがこの方針は、ただ整然と実現されていったのではなかった。

五四年一〇月に瀬長亀次郎が逮捕されてから、人民党および非合法党は臨時指導部を設置した。だが大弾圧と、そこにさらに追い討ちをかける米軍側の種々の分裂工作にかこまれ、党から離脱する者は後を絶たなかった。非合法共産党の報告書によると、党内には「その人々の事情をくみとり、事実を点検することをせずいちがいに裏切者だとかスパイだとかいう断定までも下し、直ちに人民党を除名すべきだという意見も生まれていた。また他方では若い連中（臨時指導部）のやることには、とてもついていけないという意見があり、その意見のくいちがいは、感情的な対立すらかもしだしていた」

という。新聞紙上にも、人民党非合法化にむけた動きがすすむなかで従来の急進主義をつづけるのは「自殺行為」だとして、「一歩後退」を主張する大湾喜三郎ら人民党穏健派と、臨時指導部とのあいだで五四年末に対立が激化し、「人民党の分裂の危機」だとの消息が載ったが、党内の報告文書によると――「このような噂は単なる噂ではなく、内部的な対立は実際に生れていたのである」(41)。

当初、臨時指導部は人民党と非合法党ともに島袋嘉順が責任者をかけもちした。このとき島袋は三〇歳になったところで、非合法党の実務責任者の国場は二七歳。高校進学いらい約十年ぶりに沖縄に帰省して党に参加するようになってから、まだ一年しか経っていなかった。そして非合法党で国場を補佐するのは、一九五三年の第一次琉大事件で退学処分をうけた、二十歳そこそこの最年少組だった。獄中の瀬長との連絡も、こみ入った政治方針などはもちろん無理で、家族の差し入れの機会を利用して、日常の簡単な連絡がなされる程度にすぎなかった。瀬長逮捕前は最高指導者ひとりが全体をまとめていたところに、いまや全員が若手の指導部となったのだから、瀬長なくしてやっていけるのか、年長者メンバーが「後退」戦略をとなえるのは当然だった。

だが、徹底した弾圧の包囲網が敷かれ、逮捕者と離党者が続出するこの時期に、指導部内で路線対立をこじらせることは、党の分裂解体の危機に直結していた。外からの打撃のあと、その余波で内部から瓦解する事態は、すぐそこまでやってきていた。また、このような党内情勢のもとでは、土地闘争をつづける農民たちのもとに入っていくとの「現地党Vの方針」も、画餅にすぎず、五四年中は、組織的にはほとんど成果をあげられなかった。この当時は人民党員や、それらしき者と会えば、すぐ米軍側の尾行や取調がついてまわる弾圧への恐怖が行き渡っており、部落に入っても、農民たちに口すらきいてもらえなかったという。

だが内部の分裂と社会からの孤立という、この二重の危機の闇のなかで、非合法共産党は、内に閉じて他責的に身の不遇をかこつのではなく、もっとも苦しめられている人びと――住む家も、生きていくすべも奪われようとしていた農民たち――のたたかいに、自分たちの存在の意味と為すべきことを照らしだす光を求めていった。すなわち五五年一月はじめ、非合法共産党は、自分たちが内部対立の混乱を収拾することができず、「内部にあるセクト的傾向」を維持したまま「敗北的な傾向におちいり」、信頼関係をひろげられずにいたことが、伊江島・伊佐浜の農民を孤立するままにまかせてしまっていること、またそれによって、弾圧の被害と恐怖支配をさらに拡大させ、ひろく「大衆に不利益をもたらしていることを自己批判」し、そこから、態勢を立て直すための基本方針を次のように決定した。(42)

第一に、全党をあげての学習運動にとりくみ、重点地域の活動方針について「系統的に研究し、学習と実践を並行させる」ことで党内を立て直し、幹部人材を補充する。第二に、弾圧で動揺する部分が党内外にあらわれたばあいも、決して「つきはなすことはせず、マヂメな人々とはいかなる党派の人々とも協力関係を保つことに努力を払い、党は労働者、農民の中に深く入り、その統一と団結のために献身すること」。つまり逆境のなかにあるからこそ、内に閉じこもって決意主義的にセクト化していくのでなく、ひとしく弾圧の苦しみのなかに置かれている全人民の統一戦線を築きあげるための献身が必要とされた。この党派性をこえた統一戦線への献身が、弾圧下の沖縄非合法共産党の運動論の最大の特徴であり、支柱となった。

たしかにいまは密告と監視の恐怖で自由に話すこともできない分断状況に置かれている。だがこの徹底した分断状況こそが、抑圧の苦しみから脱するには各人がそれぞれ団結と反撃へなんとしてもむかわねばすまないという、統一戦線にむけた気運を水面下におしひろげる好機それ自体を生んでいた。分断と抑圧の苦しみの共有――それが社会を新たに結びなおす契機として地のなかに埋もれている。非合法共産党はそのように軍事的暴圧の裏側にひらかれる世界のなかに反共弾圧下の沖縄社会をとらえ、その埋もれた潜在的契機を芽吹かせるために――ちょうど一八四八年革命を前にフランスの歴史家が呼びかけたように――「表面で、みずからを保ち、死にむけて座している代わりに」「地の下の世界」へ降りていったのである。(43)

これで運動の目標と方針は定まった。だがこの理念を現実化するには、もうひとつ、そのための組織体制づくりが必要だった。五五年一月一八日には、伊佐浜の部落がいったん土地接収を承諾する「最悪の事態」にいたった。そのため、すでに何度も伊佐浜をおとずれて農民たちと遠慮なく話し合える間柄になっていた国場が、闘争現場の奔走にかかりきりになった。その結果、先述した西銘順治を呼び入れた懇談会をへて、伊佐浜の土地闘争は、いったん承諾した接収を部落の婦人たちが反故にさせるかたちで立ち直った。だが司令塔が不在になったため、非合法党の他の部門や全体の指導体制は放置され混乱した。また一月一三日から『朝日新聞』が自由人権協会の沖縄調査をもとに「米軍の「沖縄民政」を衝く」との沖縄報道キャンペーンを開始し、内外に大きな反響をよんだが、ここでも国場ら数人の中心メンバーが、これに対応した統一行動を組織するため忙殺されるようになった。そのため幹部養成を目的とした学習会も一月一杯で打ち切りにして、細胞ごとに任せるほかなくなった。

こうして組織のさらなる態勢固めが避けられなくなり、五五年三月の二度にわたる拡大常任委員会の討議をへて、四月から新体制が発足した。非合法党の責任者は、それまで形式的には島袋嘉順が担当し、人民党とかけもちしていたが、臨機応変の対応には無理があったので、実際の活動展開に合わせて、国場が指揮をとるようになった。日本共産党非合法沖縄県委員会の委員長である瀬長がもどるまでの、臨時指導部における、書記局の責任者としてである。島袋は非合法党の面では会議に参加するのみにとどめて人民党の再建に専念し、名実ともに非合法党の指導者となった国場の統括のもとで、労働者、農民、青年・婦人、漁連、機関紙などの各専門対策部に責任者を配置し、分担しながら連携する指導体制をつくった。党派的利害を超越して弾圧下の沖縄社会をつなぎ合わせる組織体制は、このようにしてできあがった。

二　地下にあって地下に消える組織論

沖縄非合法共産党の活動について、国場幸太郎は一九九五年以降、歴史的に問いなおす作業を徐々にはじめ、外部からの問い合わせにたいしても少しずつ答えるようになった。その最初の応答として、新聞社の取材に答えた記事のなかで、次のように回顧して語っている。

伊江島、伊佐浜の土地闘争のころ、この闘争を支え、島ぐるみの土地闘争を人知れず用意するために青春をささげた名もない多くの若者たちのほとんどが、私たち非合法組織のメンバーか協力者でした。(44)

住民の総反撃を人知れず準備する献身が、「暗黒時代」の地下で無数に起こっていたこと、それは事実だろうし、出来事として受け入れることもできる。だが出来事としてあつかうことがむつかしい点は、その地下の活動家たちが「島ぐるみの土地闘争を人知れず用意する」とともに、人知れずまた消え去っていった事実である。これはどう受けとめたらよいのだろう。この事実は、この運動体を論じる際につきあたる、最大の難問である。

米軍統治下沖縄の極限的な政治情況が、さらにその極限に達した一九五〇年代のなかば、そこでは、そこに生きる者たちのあいだに、いま・ここでの革命と解放を夢見させ、それを作動させはじめなければ生きられない情況を生んでいた。この極限情況のなかで、これを乗りこえるために、極限的な運動論と組織論をもった特異な運動体が、たしかにあらわれていた。それは固有の情況性をもつ一方、暴力による弾圧・分断支配の徹底のなかにあっても自由を求めてやまない人間の動きとして、他方で普遍的な性格も、うちにたたえていたであろう。その固有性と普遍性は、どのようにとらえることができるのだろうか。

本節では、こうした革命の思想哲学的な問題にたいして、以下にまず、地下にあって地下に消えていった沖縄非合法共産党の組織の論理を、外部との関係、および組織内部の論理から検討する。次に三において、この消滅の肯定が、変革の哲学として、どのような論理をもっていたか、哲学的省察において検討する。つづいて四においては、三で検討した（内的）変革の哲学が、革命の招来を目的とした政党の組織論、政治哲学とのあいだでどのように切り結ぶ関係をもつのか、内面的な変革を社会の変革に架けわたす革命の哲学について検討する。この部分は、「革命」なるものについての本書の考察の焦点をなす。そして次節において、これらの理論的考察をふまえながら、沖縄非合法共産党が消滅のあとに残したものについて歴史学的に考察し、本章の締めくくりとしていく。

まず、沖縄非合法共産党はなぜ、地下にあって地下に消えていったのか、国場自身の認識を引くことにしよう。非合法共産党についての分析をすすめていった国場は、二〇〇三年の論稿で、結論的に次のように述べるにいたった。五六年六月の「島ぐるみの土地闘争」の台頭から、同年末の那覇市長選挙、五七年の瀬長那覇市政をめぐる攻防をへて、翌年にかけて「民連ブーム」と呼ばれる革新政党の高揚がもたらされたが、こうして五七年ころの段階で「米軍政府が人民党を非合法化することは最早不可能な情勢になった」とき、「沖縄の非合法共産党は結成に当って自らに課した基本的任務をよく果たし終えたと言える」(45)。

じっさい国場は五七年に瀬長那覇市長のもとで首里支所長に就任してから、合法面の活動に専念することになり、非合法党書記局の責任は、国場を補佐していた他の書記局員にまかせられることになった。この段階で、沖縄人民党とも日本共産党とも異なる独自活動を担った沖縄非合法共産党は、その活動を休止した。人民党員でもある者たちは、人民党における公然面の活動へもどっていった。日本共産党沖縄県委員会という組織自体は、人民党員として公然活動することのできない者が参加する受け皿としての機能を維持し、また、党員であることを明かさずに大衆団体のなかに入って人民党の方針を浸透させるなど、一定の役割をうけもったが、かつてのような党派性を超越した独自活動が展開されることはなかった。

すでにみたように沖縄非合法共産党は、人民党と人員構成で重複する部分をもちながらも、役割と任務、性格を異にした、人民党とは別個の、その背後の前衛組織だった。それは各地の土地闘争を支援し、最大野党の社大党を抵抗運動に再起させ、人民党を「総反撃」のシンボルとして押し上げることを追求した。人民・社大という「沖縄の革新政党の個性と自主性と創意性」[46]を地下から影のように支え、超党派的な統一戦線の発展を可能にするための堆肥となることを期した運動体だったということができる。

こうした非合法共産党の独自活動は、人民党の公式党史に記載されることもなく、また日本共産党の歴史にも、「中央」からの指令を「黙殺」して距離を置き、対立をはらみながら活動を展開したのだから、この意味でも当然、記載されることはない。そもそも日共公式党史は、武装闘争路線の非合法時代の活動を否認するかたちで戦後史を編んでいったのであり、後にそこに組織合同していく人民党も、それにならっていくのである。こうして沖縄非合法共産党は、住民の総反撃の下準備という自己の任務をはたしおえたあと、「島ぐるみの土地闘争を人知れず用意」した「名もない多くの若者たち」の運動体として、固有の名前をもたないまま、なんらかの党の組織の歴史に回収されることもなく、地下における運動体が地下にありつづけるその形態のまま、地下に消えていった。

すなわち非合法共産党の消滅は、組織の外部との関係からいえば、任務の終了による自然な活動停止だったということができる。だがこの運動体の消滅は、ただ外的な環境面の条件の変化によってもたらされたのではない。むしろ内側に、消滅を呼びこんでいく組織の論理があり、外的環境面の変化は、この内なる消滅の論理に、いわば本懐を遂げさせる条件をあたえたのだといえる。

沖縄非合法共産党では、厳格な秘密主義と、入党離党の出入りについての大らかな対応が同居する、特異な組織運営方式がとられていた。「沖縄の現状に憤慨して入ってくる」者も多いという、だれでも入れる大衆政党としての人民党とは異なり、沖縄非合法共産党は、一方で、活動についてだれにも語ることを許されず、かたい信頼関係で結ばれた急進主義的な行動党だった。だが他方では、国場によると、党員証なども発行せず、「入党の申込書とか、その審査とか、ほとんどやっていない」、「ある意味ではルーズな共産党だった」ということである。それは「そういう文書を置いて、規律を定めたりすると、証拠に残って危険だというのもありますが、みんなの活動を縛りこんでしまう」、「形式だけで縛ると、やれ査問だとかなんだというところに、つながりがち」だったからだという（『資料集』三巻所収「国場インタビュー記録」（六八―六九）頁。以下、同書からの引用・参照は本文中に記す）。

じっさい除名やスパイ審査などをめぐる深刻な内部分裂が、弾圧の当初、人民党に訪れていたことは、本節冒頭に見た。非合法共産党は、人民党のこうした内部崩壊の危機を乗りこえるために、党派的論理をこえた独自活動を組織決定したのであり、メンバーをつなぐものは、通常の党派のような組織綱領・規約ではなく、むしろ危機のなかで生まれる根源的な人間的信頼関係だったのである。

個々の党員や支部で解決できない難問やトラブルが急にあらわれたばあいも、そうだった。規約などに頼るのではなく、「沖縄がやっぱりそんなに大きくないから」「一日で行ったり来たりすぐできるわけで」、責任者の国場が直接出向いて「お互いすぐ相談」して、人間的な信頼関係の枠内で乗りこえていったのだという。そしてこうした固い心の団結と、情況の変化に即応する柔軟性をおりまぜたたばね方は、弾圧の包囲網を乗りこえるための組織形態として必要であり、また適切だったという。

こういう厳しい状況のなかでは、脱け出していく人は必ずいるものなんです。それは当然のことで、それをいちいち審査するとか、査問するとか、こうなったらよけい袋小路に入るおそれがあるんです。だからそういうようになったら、じゃあそれはそれでよいとして、君たちは外部にいて一緒に協力してくれよなっと言って、おおらかに行っているわけです（『資料集』三巻、（六九）頁）。

こうして活動のできる者が、自分の活動できる範囲内で、地下の抵抗運動の準備に貢献し、この運動体を支えていった。そして党員証や秘密指令文書などの活動の証拠が個々の党員の手に残されているわけでもなく、組織の全体がどうなっているか、あえて詮索することも知らされることもないまま、活動を終えると、そのまま、人びとはこの活動についてだれに告げることもなく、日常生活と公然舞台での活動にもどっていった。そして、さまざまな理由の折り重なりもあるだろうが、もともと人民党員ではなかった人びとは、結果的にはこの時期の地下活動のみに関わって、その後も人民党などの党派的所属を明確にすることなくとどまった者も少なくなかったようである（『資料集』三巻、（三四）頁）。

そしてこうした人びともふくめて、非合法共産党に参加した者たちが、この運動体の実在について、弾圧による強制をのぞき、組織の全体像を推し量って暴露的に語ろうとすることが、いまにいたるまでほとんどなかったこと、この点もこの運動体の顕著な特徴のひとつである。もちろん、弾圧の体制と、その後の人民党の変質によって、語るに語れない事情も一面で作用していたと考えられるが。

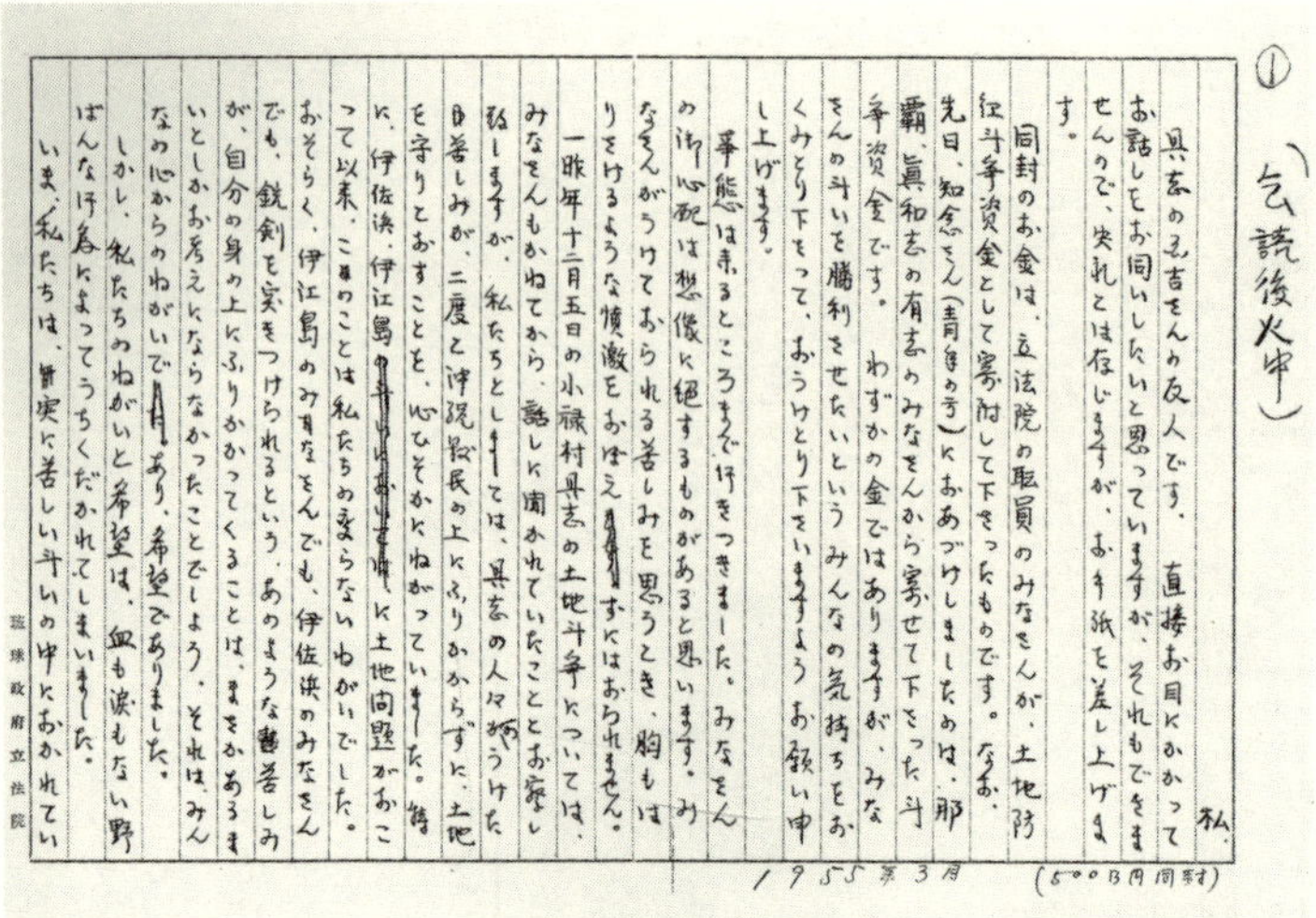

① 〔乞読後火中〕

私.

具志の孟吉さんの友人です。直接お目にかかってお話しをお伺いしたいと思っていますが、それもできませんので、失礼とは存じますが、お手紙を差し上げます。

同封のお金は、立法院の職員のみなさんが、土地防衛斗争資金として寄附して下さったものです。なお、先日、知念さん（青年の方）におあづけしましたのは、那覇、真和志の有志のみなさんから寄せて下さった斗争資金です。わずかの金ではありますが、みなさんの斗いを勝利させたいというみんなの気持ちをおくみとり下さって、おうけとり下さいますようお願い申し上げます。

事態は来るところまで行きつきました。みなさんの御心配は想像に絶するものがあると思います。みなさんがうけておられる苦しみを思うとき、胸もはりさけるような憤激をおぼえずにはおられません。

一昨年十二月五日の小禄村具志の土地斗争については、みなさんもかねてから、話しに聞かれていたこととお察し致しますが、私たちとしては、具志の人々がうけた同じ苦しみが、二度と沖縄県民の上にふりかからずに、土地を守りとおすことを、心ひそかにねがっていました。特に、伊佐浜、伊江島に土地問題がおこって以来、このことは私たちの変らないねがいでした。おそらく、伊江島のみなさんでも、伊佐浜のみなさんでも、銃剣を突きつけられるという、あのような苦しみが、自分の身の上にふりかかってくることは、まさかあるまいとしかお考えにならなかったことでしょう。それは、みんなの心からのねがいであり、希望でありました。

しかし、私たちのねがいと希望は、血も涙もない野ばんな行為によってうちくだかれてしまいました。

いま、私たちは、実に苦しい斗いの中におかれてい

琉球政府立法院

1955年3月　（5000B円同封）

伊江島農民に届けられた「乞読後火中」の手紙（注47参照）

いまわたしも、そのメンバーたち個々人について詮索することはしないが、すでに公表されている範囲でいうと、立法院事務職員として仕事をしながら非合法党の機関紙『民族の独立と自由のために』の編集・発行に中心的にたずさわっていたある人物は、歴史の検証にとりくみはじめた国場のもとに、一九五年に次のように私信を書き送った。

私の青春は、あなたの青春でもありました。私達は、若さを郷土のために捧げました。そう思いませんか。(47)

ここに語られている「郷土」のための献身の歴史、これはだれの歴史だといえばいいのだろう。「名もない多くの」者たちの歴史だといえば、理解されやすいだろうか。だがたとえ〈無名の者たちの歴史〉が、観念として「民衆史」などの名をあたえられることで、容易に外枠として成り立つとしても、それ

をあつかう困難さの中身自体には変わりがない。その困難がありつづけることをふまえながら、〈無名の者たちの歴史〉にかかわるものとして、この沖縄非合法共産党という運動体を動かし、またある地点に踏みとどまって消滅へと導いていった、その変革の思想を検討していかなければならない。

三　消尽の肯定と散種：変革の哲学について

まず、非合法の地下活動という組織形態は、なぜ必要だったのか。それは統治者の利益に反する住民の意向をすべて抑えこまざるをえない、占領という根源的に暴力的な統治形態のなかで、必然的にわきおこる抵抗をつなげ、弾圧の体制に風穴をあけるために採用された、そのためだけの組織形態にすぎなかったのだ――、そう国場は非合法共産党についてかえりみる際に、つねに強調してきた。

だが地下に進んで反撃の種まきをつづけ、そこに徹する活動の実践は、たんに一時的に統治者の目をのがれるための自己抑制だけで維持することのできないものだっただろう。それは弾圧の恐怖に根ざした自己抑制にすぎないかもしれない。いつか反共弾圧の嵐がすぎ去れば、捲いた種のみのりを収穫する権利があると、その栄達の日を心に思いえがくことで、つねに尾行の影に追われ、すぐそばまできているかもしれぬ弾圧の包囲網の恐怖を払いのけ、献身を実践することは、できたであろうか。地下活動の実践には、自己とその組織が地下にあってそのまま地下に消えていくこと――すなわち「消尽」――への展望が、積極的な肯定としてなければならなかったのではないか。それがなければ、弾圧に囲まれて内部で密通者を摘発・粛清しあう内部崩壊の危機を乗りこえることはできなかっただろう。

「国場インタビュー記録」における、次の国場の語りは、非合法地下活動の必然性について、そこに話題をしぼってわかりやすく説明した発言だが、語りのうちに、おそらく意図せずして、その消尽の肯定が表明されている（強調は引用者）。

地下というのは、やむをえないなかでの一つの組織形態に過ぎないですから、合法的な舞台での活動となにも変わらないんです。単に組織が地下にあるというだけのことです。要するにアメリカの方から見て分からなければいいのです。そういうふうにしておいて、いつの間にか大衆運動がこうワーッと出てきた、誰がやっているのか分からない、というのが一番いいんです。

だから彼らとしては、瀬長さんも逮捕し、幹部も逮捕して、組合も全部つぶして、復帰運動もできなくさせて、もう伊江島・伊佐浜なんかなんでもないと思っていたんでしょう。そうしたらいつのまにか反撃があそこから来て、いつのまにか拡がりも見せていると。それでこれはどこかで誰かが必ず何かやっていると、彼らは感づくんでしょうね。それが分からない。そこに地下組織の意味があるんで、そういう運動や闘争がなければ地下組織を作る意味がないですよ（『資料集』三巻、（六九）頁）。

「誰がやっているのか分からない、というのが一番いいんです」――それは究極のところ、アメリカにとってだけではなかった。ついに住民が抵抗に起ち上がったとき、だれが引っぱっていたのか、だれが後ろから背中を押していたのか、だれにもわからず、また事実として混成する編成、それが全人民大衆が前衛となる、めざすべき革命状況の到来だったからである。

ここにおいて地下活動への献身は、共産党という組織や、共産主義の体制構築にむかう世界像の、一元的な意味の地平に回帰して取りあつめられる保証をもたない、意味の炸裂（はじけ飛び）の「散種」としてあることが、肯定される。「地下組織を作る意味」の肯定は、党の再起と防衛のためという組織論的な意味の地平をふみこえ、その外へ出ることを行為遂行的に肯定してしまう。そして組織の「消尽」と「散種」としての献身という、〈地下活動が作る意味〉の散らばりの肯定は、その組織活動の主体を、党派性にしばられない世界観に引き入れ、党員としての主体を溶解させてゆく。[48]

党の勝利や党員としての栄達に回帰しない献身というものは、党派の組織としての歴史の内部では居場所を得にくいものであるだろうが、共産主義の思想と運動における、ある種の根底的な理念として、たしかに肯定されてきたものである（後述するアントニオ・グラムシの政党論など）。献身とは、見返りの反対給付に依存せずそれを想定しもしないエコノミー（分配、経済）の超越、「贈与」として、革命の理念の本質を、先取り的に実現するものなのである。[49] そして統一戦線の形成にむけた献身のなかに先取り的に実現された革命の理念の充実によって、運動の主体が充たされたとき、そこには、内部に作動しはじめた革命の充実によって、自己が属する党派の組織的利益を克服し、止揚させていく、共産主義的変革運動の自立がもたらされる。

沖縄非合法共産党の運動論とは、どのようなものであったか。これを考え、表現するには、いま提起したような、献身における革命的理念の先取りと充実、散種と消尽の肯定といった、哲学的概念のことばを用いることが必要になってくる。その思想的特徴をわたしは次のようにとらえてみる。

運動論の形成過程としては、まず前段階として、第二節で指摘したように、学生時代から練られてきた国場幸太郎の統一戦線の運動論があり、これを発展させた急進主義的統一戦線論が、五四年三月の立法院選挙をめぐる人民党の新路線のなかで、部分的ながら表現されるにいたっていた。その急進主義的統一戦線論とは、自己の急進主義の立場を独善的に絶対化させるのでなく、その存在意義を最大限に発揮させるために、直接的な現象面では矛盾し対立しもする諸要素の多様性のなかに、急進主義の実践を位置づけ共在させる、ある種の「民主主義的複数性」[50]の世界観に立つ考え方である。そしてその急進主義の前衛がもたらす成果は、投企の代償として自分に帰ってくるのでなく、統一戦線をとおして社会に拡散し、溶けて流れてゆくことを本旨とする。すなわち、自己から出て自己へもどってくることのない「散種」としての献身において、自己／他者の関係、そして社会をつなぐ関係性が、地下から確実になにか別のものに変わることが目ざされるのである。

沖縄非合法共産党の組織・運動論は、この急進主義的統一戦線論を全面的に徹底化させたものとして理解することができる。すなわち、この運動体は「島ぐるみの土地闘争を人知れず用意」して、人知れずまた消え去ってゆく「郷土」への献身において、米軍統治下沖縄が、基地のフェンスのとどかない地下の地盤から別のなにものか――社会的財や価値を私物化し分断しあうのではなく分けあい生み出しあう、共産主義社会――に変わることを目ざしていたということである。変革を準備する献身において革命を内部に先取りし、その献身のなかの変革を党派のものでなく、「郷土」のものとして地下に浸みこませること――それによって基地のない未来を基地の地下に用意する。「郷土」は、そこでは所与の共同体や不変の原郷であるのではなく、基地沖縄の変革において新たにつくり出される、変革の大地である。

このような運動論ないし変革思想は、自己をかえりみないという意味で英雄的でもあり欺瞞的でもある、つまりよい意味でも揶揄的な意味でも、道徳的に称賛されるべき、規範的な思想だというべきだろうか。おそらくそうした評価は、変革についての皮相な見方に立つものである。こうした運動論は他者のための自己犠牲としてではなく、自己のための社会変革論としてあるかぎりにおいて力をもつのだと考えられる（次項の検討を先取りすれば、まさにそれゆえに、後述する主意主義の弱点もまた生まれる）。次に、こうした地下活動にかかわる社会変革論の考え方の論理を、理念的に整理していきたい。

変革の運動と、個人における変革をめぐって、ある哲学者は「革命的になる」（「革命的生成変化」）ということを、次のように語る。革命の災厄を告発し「革命の先には悪しき未来が待ち受けている」のだという悲観的な話は、よく耳にする――

ですが、そんな意見が出てくるのは、革命が歴史的にいかなる結果をもたらすのかということと、人びとが革命的に生成変化することといった二つの事柄をいつも混同しているからにすぎません。二つの場合では、関係してくる人間も同じではないのです。人間の唯一の可能性は、革命的な生成変化にあるのです。恥辱を払い除け、許し難きものに対抗するための唯一の方法、それは革命的な生成変化なのです。(51)

別の角度からいえば、変革運動の場においては、たんに獲得目標への到達度をきそう、利益と正義の獲得が実践として追求され、それのみが人と人とをつなぎ合わせているのではない。たとえば地域や階層、民族などの差別構造をこえる解放運動をおこなうというばあい、当初は抑圧者対被抑圧者などの集団的枠組みのなかでしか自他をとらえることができなかった関係性を、一人ひとりが運動のなかの出会いにおいて変えていくという、運動過程に内在する遂行的な解放への実践が、そこで試されてもいるのである。それは抑圧者―被抑圧者という両者にかけ渡されている「抑圧」という共有物を、分断のくさびから、変革へむかうきずなへと変転させる、いま・ここでの解放を、運動の協働作業のなかで一歩ずつ創り出そうとする実践である。この、行為それ自体によって遂行的にあらしめられる解放性の充実に支えられたとき、運動は獲得目標への到達度の高低、あるいは獲得した成果と手柄の分配いかんによって動かされ分裂してゆくのではない、解放運動としての自律性へと立ちいたるのだろう。(52)

そのとき運動の場は、人間の身体やその関係性のなかに移動している。個体は革命的生成変化の現場となる。革命的変化の現場となった個体は、その点としての特異な固有性を、他の点たちとの関係のなかに置き、ともに分け合うことで、変化する世界が構成され、変化のなかに世界が生成されることを知る。細胞のレベルもふくめて、「生命であることのリアルさを形成するのは、自らがいつも何か新たなものに変わりつづけている現場であること」(53)だととらえることもできる。個体のなかでのリアルな世界変革は、その個体を内にふくんで変化のなかに生成をとげている世界のリアルな実在を、個体に経験させる。それはプロセスとしてある、リアルな世界変革でもあるだろう。

変革がすでに内部にはじまり、おとずれていること、その充実があるとき、〈革命の先の未来〉なるものを現在の行動の担保として当てこむ必要などはなくなる。むしろ革命の先の未来の解放を当てこんでなされる運動とは、変革を未来にたえず固定化して先送りしつづけることで、現在を変革不能の状態に石化させつづけ、未来の解放にむけた永遠の無限奉仕を強要する支配と統制となるだろう。いうまでもなく二〇世紀における社会主義国家の徹底した人間抑圧が、その具体例である。

だが恥辱を払いのけ、許しがたいことに対抗するものとして、運動において変革がすでに始まりおとずれているのならば、未来の分配を待つまでもなく、報酬はすでに個体における革命的変化において到来している。散種と消尽をも肯定する、献身における充実として。その充実がなければ、献身はただの自己犠牲である。犠牲は見返りの反対給付を求めずにはいられない。そのとき、解放は石化するだろう。

四 「死すべき党」の成就、すなわち革命

このような変革の思想哲学を、地域的また国際的な共産主義運動の実践経験に即しながら、社会主義の政治理論と思想に表現した代表的な人物として、二〇世紀前半のイタリアに生き、コミンテルンにも批判的にかかわった政治家・思想家、アントニオ・グラムシがいる。その変革論は当然、党という組織形態の問題を根底的に問いなおす政党論としても展開されている。沖縄非合法共産党という党組織のラディカルな性格の特徴を照らしだすための、もっとも重要な参照項として、以下に彼の変革論・政党論を要約して見ていこう。

グラムシにおいて革命とは権力や国家の獲得に依存するものではない。そして社会主義の変革も、

かならずしも社会主義の国家体制のなかに実現されるものとして措定されてはいない。すなわち「社会主義は、ある決められた日に始まるものではなく、それはたえまない生成」なのである。「革命過程の真の展開は、地下でおこなわれているのである。工場の溶暗のなかで、疲弊した大衆の意識の溶暗のなかで」。いいかえれば、むしろ「社会主義国家は、搾取されている勤労者階級を特徴づける社会生活の諸制度の中に、すでに潜在的に存在している」ということである。(54)

こうした議論においては、権力の獲得いかんにかかわりなく、搾取や抑圧に抵抗し、恥辱を払いのけて許しがたいものに反撃する、解放へむけた革命的生成変化がたえず新たに世界に生みだされていることへの確信が、まず前提的にある。矛盾や苦しみのなかにあって、そこから解き放たれようとする渇望が、人間世界に起こらないはずがないからである。そしてこのような内面的な解放過程を、労働者階級という集合性において集約し精練していく道具であり、またその社会的舞台となるもの、それが労働者の階級的な革命組織としての政党、「共産党」なのだとグラムシは設定する。それは教義として上からイデオロギーをあたえられ、それを学習することによって参加していくような外在的な場なのではない。「疲労や憂愁とたたかいながら、内面生活を機械化し圧殺しようとする単調な動作とたたかいながら、労働者は、日々自己の精神の独立をかちとり、観念の世界のなかに自由をうちたてる」ために、自分たちの解放のための組織を形成し参加していく。「そこで新しい生活様式を「発見」し、「発明」するために協力し、世界的活動に「自発的」に参加し、思考し、予見する」。すなわち体制変革としての革命の政治的な実現よりも先に、革命は、自由と解放のための運動体の形成において内的に予見され、先取りされるのである。この内的な解放による「充実した日々の生活こそが一つの革命」なのであり、「こうして、共産党は、たんなる組織としてだけでも、プロレタリア革命の特別の形態である」ということになる。[55]

とはいえ、これはさしあたりは内面に発する理念である。工場の絶望に身を置きながら「観念の世界のなかに自由をうちたてる」ことは「一つの奇蹟」であり、それは革命的創造の始まりとなる。これなしには革命はない。だがたとえ、この理念としてとらえられる新しい趨勢が「世界に存在し、地下で分子的に抗しがたいような形で動いて」いることに疑いはなく、また疑いをもたないとしても、この胎動が現実にどのように組織化されるのか、そして革命がどのように現実化するのかは、また別の問題なのである（第I部で検討した〈夢の領域〉とそのゆくえをめぐる問題に重なる）。そこでは歴史的要素、文化的ヘゲモニーをふくむ現実の力関係が、複雑にからみあう。そして変革の趨勢を代表する「急進的―人民的勢力」の要求が、既存の体制の改良主義的変革のなかに意に反して取りこまれてゆき、結果として体制変革の「革命のない革命」、体制側の「受動的革命」の成功に帰結することも少なくないとされる。すなわち「急進的―人民的勢力」の側に、対立する諸勢力とのあいだの弁証法的な力関係の総体（ヘゲモニーの節合関係）についての客観的な認識がなく、自身の限られた条件と任務についての自覚が欠如し、主知主義的に情勢が把握されるとき、急進主義勢力は「自分たちが実際に有している比重に見合っただけの力をもって諸勢力の最終的な均衡に介入すること」に失敗し、敗退させられることになるのだと分析される。[56]

そしてこうした社会的変革の力学の節合のなかで「ひとつの有機体」として生成する政党は、たとえそれが経済的土台をささえる労働者階級の唯一的前衛を自称していても、新しい任務、新しい時代に適応できるとはかぎらず、また自己が属する階級の成長発展に比例して発展できるともかぎらない。「あらゆる形態の結社は（労働者階級が自己の闘争をささえるためにつくった結社でさえも）〔中略〕、頽廃、崩壊するものでもある」。とくに党官僚が「一団を形成して自立し、大衆から独立していると感じるようになると、党は時代錯誤的な存在と化し」、革命への道なかば消滅していくとされる。(57)

こうしてグラムシは、一方では、政治権力や経済権力の獲得の問題とならんで、知的権力の獲得と「精神の自由」の内面的な樹立過程を重視し、むしろ国家権力を獲得することよりも、抑圧された者（階級）がそれ自体において革命的な力をもつこと、力となることにこそ、革命の基礎あるいは本質をみる。だが他方で、この革命の潜勢力を現実化する政治的な勝利と変革に関しては、自由や解放をめぐる、ある理念や価値のもとに、社会的また歴史的な諸勢力・諸要素の多様性を横断して節合するヘゲモニー的指導性を、労働者階級がもつことができるかいなかにかかっているとする。そして党派がイデオロギー的な自己の優位と勝利を自明視して、セクト主義的で官僚主義的なうぬぼれを増長させていくことは、むしろ敗北を必然化させるとみるのである。(58)

これらの議論は、国場幸太郎が実践した急進主義的統一戦線論の背後にみえる組織・運動論と、同じである。

「革命的になる」という生成変化の充実、そしてそこにおいて先取りされた解放も、これを閉じた内部における自由の感取に片面的にとどめ、生成の過程をそこで循環させ閉ざしていくならば、充実の自足は空想の自大へ、いずれ退行していくことになる。前項で見た変革の哲学が、その論理における変革の世界像を明確にするべく深めてゆくほどに、変革の場が個々人の内面、そして身体へとミクロ化していき、一気に世界を観念的に掌握する反転を遂げる傾向をもっていたことも、それと無関係ではない。

二〇世紀を代表する革命の哲学者のひとり、モーリス・メルロ＝ポンティは、マルクス主義の現実変革の実践哲学が切りひらいた地平を称讃したうえで、それが行きついた党の物神崇拝という陥穽が、「革命は認知される前に現存している」としたマルクスの実在論と主意主義（極端な客観主義と極端な主観主義の混淆による）の哲学的観念性に発していることを指摘している。たしかに「哲学は、その歴史的環境をおのれに露呈することによって、したがって歴史的環境に対して、他の時代や環境とも或る関係を取り結ぶ機会を与え、その関係の中にその時代の真理が浮かび上がってくるというふうにすることによって、それを変えていく」のであり、〈反省〉によって一旦世界や歴史から身を引き離す作業をへて、哲学は「世界の新しいイメージと、その世界に他人とともに植えつけられている自己自身」の姿を現出させ、「おのれを世界や歴史に結びつけている真理の絆をよりよく体験する」思考の領域を喚起させる。だが「真なる知の導入」としての哲学は、社会的存在としての「経験のさまざまな冒険とは無縁なままで」あってはならない。観念的主意主義で世界を塗りつぶすのではなく、社会の変革という冒険に踏みこみ、「存在についての省察をみずから始める必要がある」[59]。

では、内面の革命を実在論にすり替えずに、社会の多様性を横断して節合するヘゲモニーの力学の場に注ぎこんでゆくには、なにが必要なのか。ふたたびグラムシを参照しよう。

生成を社会的関係のなかにひらきつづけ、充実の更新を社会関係のなかで節合させ組織化していくこと、それが変革のあるべき生成発展の道筋となり理念となる。その組織化はもとより矛盾と抑圧をうむ社会関係のなかにあって、困難な課題である。悲観的展望は避けられない。だがその悲観的展望とひきかえに、世界を潜在的にみたしている変革の趨勢にたいする「意志のオプティミズム」を掘り崩すいわれはないと、グラムシはいう。自身が現象的には敗北して「大海の小石のように消える」前途が見通されたとしても、充実はなお更新されていくべきなのである。それは主体を超える新たなる「文化」のもとに自己を組織化させる過程であり、それは一つの革命である。そしてそれは、社会を変革にむかわせるヘゲモニー的指導性の充実にも転化しうるのだとされる。(60)

個人の内面におとずれる革命と、社会あるいは歴史にあらわれる革命とを結びつける媒介の場——それが党である。少数の前衛が大衆の階級的な決起のなかに溶け入り、国家と階級が消滅する革命の成就において「党が全人民となった時」、つまり「無用になって」「消滅した時」、はじめて党は「完成され成就される」のだと、グラムシはくり返し断言する。(61) もし党がこのような消尽の展望を肯定する、いま・ここでの変革の充実によって内部をみたされるべきものとしてあるのだとしたら、そしてまた、この内的な解放の先取りがなければグラムシのいうところの「共産党」が成り立たないのだとしたら、その党のもとで経験される「充実した日々の生活」は、「一つの革命」であると同時に、内面における日々の党消滅、つまり党派性の溶解の日常経験でなければならないはずである。潜在する変革の趨勢が、もろもろの個体において現勢化していく革命の生成過程は、党派性のたえざる消滅過程によって裏打ちされなければならないのである。この生成の裏側にある消滅の過程に支えられることで、はじめて、敗北を必然化させるセクト主義的なうぬぼれは内的に克服され、新たなヘゲモニーの節合も可能になるのだと考えられる。(62)

いま論じた最後の部分――たえざる党派性の消滅過程によって裏づけられる前衛党の生成という理念の設定は、グラムシの政党―変革論を、その論理にしたがって若干敷衍させた、わたしの解釈、革命党についてのテーゼである。すなわち前衛党が、革命において「死すべき党」であり、また、革命が日々の革命的生成変化とへゲモニーの節合の積み重ねであるとするならば、革命が日々内面に生み出されるとともに、前衛党は、日々、死んでゆかねばならない。これを逆からいえば、消滅によってこそ前衛党は革命党となりえるのであり、その消滅を革命の社会的歴史的な到来にむけて、日常において実現してゆくこと――それが革命党のなすべきことなのである。

沖縄非合法共産党の消滅――それは革命のおとずれだったのである。

では、沖縄非合法共産党という前衛党の消滅は、なにを沖縄の歴史と現在にのこしたのか。次節に見ていこう。

第五節 「島ぐるみの土地闘争」の土壌に溶けた変革

一 弱さの力：「大統領への公開状」

序章第二節でも触れたように、プライス勧告は「騒々しい少数党」と呼んで、人民党への批判を展開していた。いわく、この少数党は土地問題を政治的に利用しており、「補償にたいする米国のいかなる適切かつ寛大な処置にも満足しないことはたしか」だと。これにたいし、一九五六年七月に沖縄人民党が拡大中央委員会の名義で出した「プライス勧告についてアイゼンハワー米国大統領への公開状」（以下「公開状」と略記）は、次のように反論を述べている。もしアメリカが土地収奪の強行をあらため、沖縄を日本にすすんで返還するならば、たとえ少数党が反対したとしても、住民は為にする反対を許さない。というのも「大衆の要求にもとづかない政党は、政党としての存在理由がない。少数の者が笛を吹けばデクの棒のように大衆が右に左に、自由自在に踊りだすと考えるのは大衆を愚民あつかいにするものであり、大衆を愚民とみることはファシストの思想であり、侵略者のおきてである」[63]。

自己の存在理由を大衆の要求に置くのは、いずれの政党も同じであり、大衆の要求からそれて、それを引き回そうとする者にファシストの名をあたえるのは、自信の反映でもあるだろう。それは自分たちこそが大衆の要求の代弁者だとする、尊大さのあらわれとも解釈しうる。だがこの公開状において人民党は、もし尊大な指導者意識に立って運動を方向づけ闘争を強化していこうとするならば、おそらく視野の外に置かれてしまうようなところに、自己と「大衆の要求」の立脚点をすえ、自信にみちた反駁を立てていた。

すなわち公開状で人民党は、沖縄全住民をまきこむ「島ぐるみ闘争」の結集軸となった土地防衛四原則が「八〇万県民の最低の要求」、「強者にたいする弱者の最低ギリギリの哀訴」としてうち出されていること、その一見弱腰ともとれる「正当防衛」としての論理に徹底してこだわるところに、自己と「大衆の要求」の立脚点を見いだしていた。これを無理に粉飾しようとするような姿勢は――後の変質との関連で「まだ」とつけ加えてもよいが――一切とっていない。戦闘的で〈革命的〉な姿勢をそこに当てはめ、読み取ったり、盛りこもうとして操作を加えることは、少数の〈前衛〉が革命の笛を吹けば踊りだすと考える大衆の愚民視にひとしいということを、知っていたということだろう。

ところで、プライス勧告にたいする抵抗と拒絶を全沖縄規模で意志表示した、この大衆運動は、歴史研究においては「島ぐるみ闘争」と呼びならわされてきた。この呼称を変えることは、現状では混乱をまねくことになるであろうが、ただしこの呼称には若干誤解を生みかねない問題点があることを指摘しておきたい。島ぐるみの、闘争というならば、「一〇年間の米軍事支配に対する総反撃」であるという戦闘的意志や、自立した近代的個人の自発的行動への決起などが、その思想的特徴として強調されるのも当然となろう。(64) しかしながら本来「島ぐるみ闘争」は語源的には「島ぐるみの土地闘争」、つまり土地防衛の闘争が島ぐるみの規模にひろがって展開されたということである。「防衛」の論理は欠かせないのだが、この点は、島ぐるみの闘争、というその闘争性に力点を置いた解釈にあっては、ときとして二次的な要素にまわされがちである。だが人民党の公開状は、この「総反撃」の抵抗運動が、じつは深層のところから防衛的性格に支えられていたことを、次のように的確にとらえて述べている。

貴政府は攻撃的であり侵略的ですが、われわれ八〇万県民は防衛の立場です。しかも武力どころか、正式に提訴する権利さえ貴下からとりあげられているので、集会や与論の力をかりて沖縄で叫び、祖国日本の同胞に泣訴するというきわめて素朴な抵抗運動をつづけているだけです。

どんなに弱腰にも哀れにも見えたとしても、それが生き残るための生存をかけた防衛として必然性と人間性をうつ力をもっていたからこそ、そこには、なにものにも屈しない生命力がみなぎっていたのであり、それこそが「地主のみでなく全県民がいっせいに怒りを爆発させ、四原則貫徹の正当防衛にたちあが」るという、土地防衛闘争の島ぐるみの規模での拡大と、その質的な変様を根幹部から支えていた。人民党の公開状は、弱者としての沖縄住民の、弱々しくみえる「泣訴」を、戦闘性や社会運動の近代性で粉飾するのではなく、この正当防衛の論理と立場のなかに「大衆の要求」の結集軸を見いだしていた。そして「弱者の最低ギリギリの哀訴」や「祖国日本の同胞」への泣訴を、政治運動の力にふりむけていくことに、自己の「政党としての存在理由」を立てていた。

二　乞食たちの革命

大統領への公開状は、三カ月前に人民党事件による獄中生活からもどった瀬長はもちろん、国場をはじめとする非合法共産党の政治局員全員も参加した会議をへて作成されたものだったという。さきに第三節一でみたように非合法共産党のメンバーたちは、「現地党Vの方針」を決定した五四年一一月以降、刈り入れなどを手伝いながら、土地闘争をつづける農民たちに寄り添い、生活に密着した支援態勢を築いていった。そこで間近に接していた農民たちの状況は、悲惨というならこれ以上ないほどのものだった。

「一年の坪当たりの地代がコカコーラ一本代に劣る」という土地使用料を、一七年分一括払いする契約を結んで部落丸ごと出ていくようせまられ、耕地を奪われれば農民は生きていけないと米軍側に交渉すれば、「戦争に負けたのはいったい誰なのだ」と恫喝され、実際に武装兵の軍事力を使って焼き出される。投獄された農民は百数十人にのぼる。重軽傷はもちろん死者も出した。琉球政府からの制度的な生活保護費の支給も、非合法共産党にたすけられて苦境を訴える集会を開いているのが分かると、抵抗運動の息の根を断とうとする米軍側からの圧力で、打ち切られた。

だがこうしてすべてを奪われ追いつめられてなお、農民たちは「乞食」を名乗り、のぼりやプラカードを手にして、琉球政府前から国際通りをぬけて那覇の中心地を徘徊しはじめた。土地取り上げの実情を泣訴して托鉢をもとめる、この「乞食」たちの行進は、やがて那覇からも出て、沖縄本島南北の農漁村の津々浦々にまで出没しはじめた。

「乞食行進」でかかげられた、「賢明なる全住民の皆様」にむけた伊江島真謝区の農民たちの告知文（五五年七月二〇日付）はいう。

乞食（乞食托鉢）、これも自分らの恥であり、全住民の恥だ。しかし自分らの恥より、われわれの家

国際通りをすすむ「乞食行進」

を焼き土地を取り上げ、生活補償をなさず、失業させ、飢えさせ、ついに死ぬに死なれず乞食にまでおとし入れた国や非人間的行為こそ大きい恥だという結論に至りました。(65)

この「乞食」、托鉢たちの徘徊は、見る者に衝撃をあたえた。伏し目がちに町中をすすむ「乞食行進」の隊列に、行き合わせた人びと、働いていた店員らが、立ち止まり腕をくんで、じっと目をそそぎ、目の前のできごとを見とどけているありさまをとらえた、そんな写真が残されている。この哀れな行進それ自体が、カンパを集め、新聞紙上には報じられない実情を全住民に伝えていく広報宣伝活動ともなり、また地下に口づてにひろがるメディアを生みだす工作活動ともなっていった。そして行進する者たち自身も「初めは金を集めるのが先でありましたが、だんだん訴えが中心になり」、ついに「堂々とした乞食」として語りつづける者へと、生まれ変わっていったという。(66)

こうして追いつめられた「弱者の最低ギリギリの哀訴」が、全住民の「総反撃」を地下から準備し、それ自身において力をもち、また力を呼びこんでひろげていく現場に、沖縄非合法共産党はつねに寄り添っていた。生存をかけた運動のもつ生命力と伝播力のなかに、新たな共同の価値や社会が生成されていく変革の趨勢を、その渦中にあって見とどけていた。その経験こそが、尊大な指導者意識に立って住民の弱腰な泣訴を戦闘的にあらためさせ教導するのではなく、みずからも自信と確信をもって「泣訴」「哀訴」の立場にたつ、内的な充実を支えていたのだと考えられる。

最も弱い者は、とことんまで突き進んでゆくなら、強者と同じように強い。なぜなら、最も弱い者が自分のごくわずかな力の補いとする策略や狡知や精神性や、また呪縛でさえ、まさしくその力に属するのであり、その結果その力は最小ではなくなるからである。(67)

沖縄非合法共産党が自己をそそいだ「島ぐるみの土地闘争」とは、どんな変革だったのか。事実の経過の背後に推し量ることができる地下からの変革構想の生成展開に、ここで表現をあたえてみよう。

土地を奪われすべてを奪われながら、生存のために軍事支配体制に対峙しつづけた少数の農民たちの抵抗がまずあった。これが核となって、抑圧された弱者がそれ自身において革命的な力となる内的な変革において、いのちを守ることの、防衛の正しさという新たにされた理念と価値の構成が、社会に浸みひろがっていった。そしてこの理念と価値のもとに、徹底して分断されていた社会の多様な諸勢力・諸要素を横断して節合するヘゲモニー的指導力が、土地問題という争点をめぐって生みだされた。それを表現したものが、五六年六月以降の、「土地防衛四原則」を結集軸とした全住民規模の「島ぐるみの土地闘争」の抗議集会の続発であった。

このような地下からの変革の生成過程のなかにいた沖縄非合法共産党は、この変革の趨勢が表面化し現勢化していくのを見とどけつつ、五七年にかけて、自己の任務とする地下工作活動を停止させていった。その地下活動の任務終了が見通せるようになりはじめた最初期の段階で、人民党および非合法共産党の中心メンバーたちが協議して発表したのが、ここにみてきた「プライス勧告についてアイゼンハワー米国大統領への公開状」だった。

それは地下活動において先取りされていた変革の充実、自信と確信を土台として、これから非合法共産党の中心メンバーたちも人民党における公然活動に立ちもどり、「県民の土地防衛闘争の先頭にたって四原則貫徹運動をすすめ、沖縄の日本復帰を実現して」いくことを、アイゼンハワー大統領以下「あらためて貴下政府におつたえする」（「公開状」結びの文言）、公然活動への復帰宣言であったようにみえる。

三　人民党の再起と地のなかの秘密

沖縄非合法共産党は「たんなる組織としてだけでも、プロレタリア革命の特別の形態である」（グラムシ）という、日々の変革の充実を「島ぐるみの土地闘争」の土壌に溶けこませて消えていった。そしてその遺産をもっとも多くうけついで再起をとげつつあった人民党は、この変革の趨勢を、その後さらに選挙において政策をあらそう政治闘争へと発展させることに成功した。五六年のクリスマスに実施された、首都・那覇市長選における瀬長亀次郎書記長の当選である。プライス勧告にたいして示された「正当防衛」という「大衆の要求」は、大衆運動の表現から政治制度上の表現へともちこまれた。

人民党が市長選に勝利し、沖縄の政治空間に新たな局面を大きく開いたのは、一面では偶然の産物だったようにも見える。この選挙戦では保守派が統一候補を立てられず、二人の候補を出したため、漁夫の利をしめる条件が瀬長にあたえられたからである。だが政界や新聞などの予想では、保守派二人の争いだとされ、瀬長の当選はほぼ度外視されていた。というのは、政界あるいは社会の表面上における「島ぐるみ」の団結は、夏から秋にかけて、すでに切り崩されていたからである。この選挙は那覇市長だった当間重剛が土地問題四原則を撤回して地料の一括払いを経済政策として活用する方針を出し、一一月に米軍側と財界の支持をうけて琉球政府の行政主席に任命され、市長が空席になったためおこなわれた。

「島ぐるみの土地闘争」は、五六年六月一五日、行政府・立法院・市町村長会・土地連合会（軍用地主約四万人の連合体）からなる四者協議会が、四原則が受け入れられなければ総辞職して抵抗するとの決定をおこなってはじまった。沖縄側の要望をいっさいきかない、あまりの強圧政策では任命主席として任務をはたすこともできないと、比嘉行政主席以下、対米協力によって住民側の利益をはかってきた保守陣営の親米路線が限界に追いつめられ、沖縄政界の指導層が一致して抵抗にまわった。そして六月二〇日の第一回市町村住民大会における数十万人の結集にはじまる大衆運動が、この統治体制の破綻を、全社会的な抵抗と防衛の運動へと発展させていった。だが米軍側はいったん冷却期間を置いたうえで、沖縄をおおう基地依存経済にたいする圧迫を主として、さらに反米デモをおこなった学生にたいする退学処分（第二次琉大事件）など、厳罰措置をそこに加え、全島的な団結現象はわずか二カ月ほどで切り崩された。大衆運動の面でも、七月二八日の「四原則貫徹県民大会」以後は、大規模な集会を開くことができなくなった。

当間主席の登場は、親米路線の破綻によっていったん離反した保守政界を政財界が結束して立てなおす、対米協調の新体制の始動を告げるものだった。政界の趨勢は、すでに切り崩された「島ぐるみ闘争」後の新体制の派閥争いへとむかい、保守政界からは当間派と反当間派の二人が出馬して主導権をあらそった。そのため出獄まもない「前科者」の瀬長は完全に蚊帳の外に置かれていた。ところが選挙結果は、分裂工作と厳罰処分で抵抗運動を鎮圧したと思いこんでいた米軍側と、その統治方針に追随していた政財界には見えないものがあったことを教えた。(68) そのため「大番くるわせ」とも、保守が漁夫の利をみすみすあたえたとも評された。

大方の予想をくつがえした選挙結果の背後に、政財界の動きから置き去りにされていた〈大衆の意志〉があったであろうことは、よく指摘される。土地闘争からの撤退にむかう保守政界にたいする大衆の拒否が、選挙結果にあらわれたということである。結果からすればそういうほかない。後になってふり返れば、「当時知識層の方は瀬長が立候補しても当選は六ヶ敷いだろうという見方」で、この結果を予期していなかったが、「労働者層の方は、彼の当選を信じていた様」だったと、思い返されるという具合である。(69)

だが切り崩されて圧力をうけ、水面下にねむるはずの、新聞などにも捕捉されない分断された「大衆の要求」が、このとき表面に押し上げられてあらわれたのは、なぜだったのか。見えない〈大衆の意志〉は、ふつうなら、まとまることなく地下にねむりつづけるはずである。それゆえに保守陣営は二人の候補を立てて、もはや派閥争いを始めてもよい（選挙後では遅すぎる）と判断したのだろう。つまり瀬長に漁夫の利がたしかにあたえられたのだとしても、それをあたえたのは保守陣営ではない。米軍の弾圧攻勢のまきかえしのなかにあっても、地下に潜んでなお反撃に身構えていた変革の趨勢が、地下にあってだれにも見えないというその不透明さによって、米軍側と保守陣営の判断をくるわせ、瀬長に勝利の機会をあたえたのであった。それは、秘密ということにまつまる潜勢力のあらわれだった。

そこには、「島ぐるみの土地闘争」にいたるまでの経験の持続的な流れが、なお絶えることなく注ぎ込まれていたのかもしれないのである。たとえ生活のかかった利害関係への圧迫によって、表面上はバラバラにされていても、その分断支配にたいする抵抗の意志が地下において変革にむかう趨勢としてたばねられていったところに、「暗黒時代」の圧迫を一気にくつがえす「島ぐるみの土地闘争」は生みだされた。「暗黒時代」は、沖縄民政の始動とともにはじまった沖縄住民の統一戦線運動にたいする米軍側の反撃だったが、いままた「島ぐるみの土地闘争」にたいする反撃がはじめられようとしたとき、恐怖政治の再現を阻止しようとするものとして、地下からの「総反撃」の経験は、投票行動へと表現を変え、再度あらわされたのではないか。そしてこれを可能にさせていたのが、非合法共産党がつちかってきた地下の変革の土壌だったのかもしれない。

だが、沖縄非合法共産党が地下活動をとおしてひろげてきた「総反撃」の変革の趨勢と、人民・社大の革新勢力への支持や期待が、恐怖政治の弾圧のシンボル瀬長を首都の頂点で再起させることへの、見えない支持基盤となっていた——そう評するならば、それは史料にもとづいた証明の範囲をこえている。非合法共産党がそそいだ献身の分だけ、瀬長への票に結びついたというのも、いきすぎた因果論だろう。実証できる証拠はなにもないのだ。しかし沖縄非合法共産党の歴史は、戦後沖縄の社会運動史の地盤に溶けこんでいる。

その秘密組織が役目を終え、無用になって消滅に入ったとき、秘密は社会にひろがっていた。この秘密は、民衆だけが知っていて支配者たちが知らないという意味ではない。地下組織が地のなかに作る意味と作用、それがなんなのかはだれも知らない。だが分からないことは分からないままに分かち合われ、そこからなにかを創りだそうとする意志の交錯のなかで、予想や常軌をくつがえしていくような力が生まれるのである。(70)

もし、ふつうの分析では了解できないような意外な前進が、戦後沖縄の社会運動史に現実となってあらわれたばあい、そこにはもしかしたら、地のなかに消尽して溶けこんでいった沖縄非合法共産党の変革の充実が、なにかの作用を及ぼしているのかもしれない。また、そうでないかもしれない。それは現前しない。それは消尽したことによって、そこにいるかもしれず、いないかもしれない亡霊、妖怪となって、沖縄戦後史の地下の地盤を徘徊している。

いまも地上にありつづける〈基地沖縄〉の、その地下には、五〇年代なかばの「暗黒時代」にあって、変革にむけた献身で革命を先取りし、その充実を散種して地下に消尽していった、沖縄非合法共産党の革命が、つちの中の秘密として、埋めこまれている。もはやそれが堆肥として何かを芽吹かせる力をもっていないのだと分析されたとしても、秘密——それは残っている。

結語　沖縄非合法共産党の消尽と潜在／遍在

沖縄非合法共産党とは、なんであったか。結論をまとめよう。

沖縄非合法共産党は、大衆的政治家としての瀬長亀次郎の絶大な存在感、指導力のもとに、戦後沖縄に根付いた大衆的革新政党として成長してきた沖縄人民党を母体として、その背後に接合されるかたちで組織された、越境と横断の革命党であった。奄美共産党の中央志向の権威主義にあきたらない林義巳と、日本共産党の独善的セクト主義に批判的だった国場幸太郎――この二人が、ともに自分の知っている「共産党とは違う」「瀬長さんの行き方を見て」それにひかれて、つどってきた。そして瀬長のカリスマ性に依拠した個人政党として、その個人的限界のなかに閉じこもる危険に直面していた沖縄人民党の外郭に、基地を包囲する労働運動、奄美ー沖縄を越境する統一戦線運動、そして恐怖政治のもとに分断された沖縄社会を横断的につなぎ合わせる急進主義的統一戦線運動を重ねていった。沖縄人民党の背後で、これらの新たな運動展開を牽引し、担っていた前衛組織が、沖縄非合法共産党だった。

それは組織編成上の位置づけにおいては、日本共産党沖縄県委員会という名前を受けとっていた。だが内実においてこの組織の運動を成り立たせていた、その理念的実体は、奄美共産党でも日本共産党でもない、ただの沖縄の共産党――すなわち〈沖縄共産党〉という割拠的な固有名を名乗りあげない、党派性と地域性を超えた世界革命のための党、沖縄非合法共産党だった。

それは一九五二年六月までの人民党との連続性よりも、そこからの飛躍が組織化されたところに特徴があった。かえりみれば、その跳躍点は、第三章でみたように、従来から人民党の基本路線となっていた土地問題をはじめとする「沖縄の日常要求と結合した復帰運動」の方針を受け入れたうえで、そこに基地周辺の底辺労働者の組織化という新たな課題を重ねあわせた林義巳――そして林の地下活動のそのまた地下で、林とそれまでの人民党を、人知れず媒介していった上地栄――の活動にあった。在沖奄美出身者がおこした労働運動を受けとめたとき、土地問題をめぐる農民・地主の要求や、日本復帰の民族運動に立脚していた沖縄人民党は、農村から流出して形成されてきた労働者の階級問題と農村をむすぶ、いわゆる労農同盟を背景にした越境横断的な階級闘争の革命組織となる飛躍の契機をつかんだ。そして地域的大衆政党としての人民党の活動範囲を、合法性と領域性の両面でこえる革命運動を担うための組織が、朝鮮半島への爆撃を阻止するアジアの労働者の連帯をめざして、地下に結成された。

米民政府によって上からあたえられた「沖縄民政」の舞台としての立法院は、人民党の急進主義と社大党の中道革新路線に支えられて、対米抵抗の舞台へとつくりかえられていったが、その人民党の急進主義の躍進を牽引していたのは、奄美との結合だった。それは奄美共産党との結合ということではなく、基地周辺の低賃金労働力の供出地として崩れ去ろうとしていた奄美社会からわき出る変革要求との結合――すなわち奄美―沖縄統一戦線の構築である。

この越境する労農同盟の運動の下支えのもとで、五二年六月の日本道路社スト、八月の立法院笠利地区再選挙、五三年九月の労働三法の公布と全沖労の発足、五四年三月の立法院選挙勝利へと、革新陣営は前進をつづけ、米軍側は敗退を重ねた。そして五四年秋の人民党事件で「沖縄民政」の看板をすてた米軍の恐怖政治が開始されたあと、分断された沖縄社会を生存のための抵抗運動でつなぎ合わせる統一戦線運動のための地下組織として、非合法共産党を継承発展させていったのが、追放・投獄された瀬長と林に代わり、指導者となった国場幸太郎の活動だった。

ここで非合法共産党は、軍事占領統治の継続をねらう米軍側にたいし、日本復帰運動をふくむ政治活動の自由を獲得し、人民党の非合法化を阻止して革新陣営の活動を再起させることを目的とした運動体として、自己の任務を再設定した。そしてその任務が、五六年の「島ぐるみの土地闘争」の発生から年末の那覇市長選挙によって果たされ、政治的活動空間の成立を確定させたあと、基本的な任務をはたし終えた非合法党は、党派性を超越したその独自活動を停止させた。

それはその後どうなったのか。五七年、国場によって設定された任務を果たし終え、国場自身もまた復活した合法舞台での政治活動にもどっていったあと、非合法共産党は、このふたつの意味で抜け殻となったといえる。その内容物をなくした抜け殻に残されたものは、日本共産党沖縄県委員会という名前の看板であった。そしてこの裏看板は合法舞台における人民党と日本共産党のあいだの連携を強めていくための連絡機関として維持された。つまりここで再度、沖縄非合法共産党は役割と存在規定を設定しなおされ、いわば〈日本共産党沖縄県委員会・準備委員会〉となった。

政治活動の自由が許されない占領下の極限的政治情況のなかで成立した、沖縄非合法共産党という、党派的政治主体であることを超越した運動体は、そこで自然消滅し、もはやかつてのような超党派的な独自活動が、その〈準備委員会〉で展開されることはなかった。それは来たるべき日本復帰後の、沖縄人民党の解散と日本共産党への合流、沖縄県委員会の正式発足へむけて、人民党を吸収してゆく受け皿となって、人民党の背後に張り付く影となった。この角度からいえば、抜け殻は沖縄人民党を吸い取っていったということもできる。

そこでなにが起こったか。その具体相については、本書につづくモノグラフであらためて検討してゆくこととして、(71)ここでは、沖縄非合法共産党という運動体の経験の本質とそのゆく末について、総括を述べてゆこう。

すなわちこの運動体が地下に生みだした変革の趨勢は、沖縄人民党がうけとる一党派の遺産として、その党史のうちに納められることなく、地下の趨勢のまま、党派性に独占されずに流れつづけることになった。それはある意味での成就——消滅における成就だということもできるのである。

そこにおいて非合法共産党の運動経験は、どの党派のものでもなく、だれにでも接合されうる条件をゆたかに備えるにいたった。これは沖縄非合法共産党が——二人の中心的組織者の思想と生き方、そしてそれをも支えた人びとのおこないによって——自身の党派性や境界を乗りこえるところに活動をはじめ、党派的利益の否定と時限的な消滅の展望を折りこんだところに自己の固有の役割をつかんでいった、時空間の拘束性を超越する存在の解放運動としての特徴をもっていたことによって可能になった。

越境と消滅において成立する革命運動——それはこの運動体が志向していた、世界のあらゆる解放運動との開かれた接合という夢を現実化させる、ひとつのあり方だったといえる。そしてそれはまた、瀬長亀次郎をふくめて、人民党あるいは日本共産党に属した者たちもが、ひとしく希求していた世界の革命的連結に潜勢力をあたえ、その夢をよみがえらせつづけるものとなるのかもしれない。

主体とならず、地の塩が世の光となること——それは人間が解放を求めてつむいできた歴史のなかで、無名の者たちによって数しれず反芻され彫琢されてきた、存在の解放の哲学のひとつである。私たちがこれから、国や民族や階級などの境界をこえ、時空間を横断する世界史像を新たにつないでゆくには、こうした存在の解放の哲学を、その歴史哲学として土台に据え、そしてまた、そのような世界を、抑圧のきずなの上に招来してゆくことが必要なのだろう。

主権なき時空としての沖縄戦後史は、そのような新たなる世界史を地のなかから喚び起こすのである。

注記

序章

（1）いわゆる琉球処分、琉球併合については次を参照。森宣雄「琉球は「処分」されたか　近代琉球対外関係史の再考」『歴史評論』二〇〇〇年七月号。森宣雄「「琉球処分」とは何か　琉球併合と「沖縄処分」をつなぐ思想」『沖縄を深く知る事典』日外アソシエーツ、二〇〇三年。なお『沖縄を深く知る事典』は、二〇〇〇年発行の『沖縄を知る事典』姉妹編で、近年の研究成果にもとづく沖縄戦後史の基本的事項については、両書で鳥山淳などが簡潔に説明しているので参照されたい。

（2）宮里政玄『日米関係と沖縄』岩波書店、二〇〇〇年、一五八―六三頁。我部政明『日米関係のなかの沖縄』三一書房、一九九六年、一一七―三〇頁。

（3）'Memorandum regarding Ryukyus,' June 27, 1951,"Foreign Relations of the United States," 1951, Vol. VI (U. S. Government Printing Office, 1977), p.1152. 潜在主権の設定をめぐる事実経過は、宮里前掲『日米関係と沖縄』第二章、河野康子『沖縄返還をめぐる政治と外交』東京大学出版会、一九九四年、第二章、ロバート・D・エルドリッヂ『沖縄問題の起源』名古屋大学出版会、二〇〇三年など参照。また潜在主権の設定が沖縄戦後史においてもった意味については、森宣雄「潜在主権と軍事占領　思想課題としての沖縄戦」『岩波講座　アジア・太平洋戦争』四巻、岩波書店、二〇〇六年参照。

（4）講和条約第三条をめぐる国際法学者の議論を簡潔に整理したものに、宮崎繁樹「沖縄分断の法的構造」中野好夫編『沖縄問題を考える』太平出版社、一九六八年所収がある。

（5）アントニオ・ネグリ『構成的権力』斉藤悦則・杉村昌昭訳、松籟社、一九九九年。

（6）藤原帰一「アジア冷戦の国際政治構造」東京大学社会科学研究所編『現代日本社会七　国際化』東京大学出版会、

一九九二年。マイケル・シャラー『アジアにおける冷戦の起源』五味俊樹監訳、木鐸社、一九九六年。
(7) 宮里政玄『アメリカの沖縄政策』ニライ社、一九八六年、三四頁。
(8) 全文は琉球政府文教局『琉球史料』第四集、一九五九年などに掲載されているが、訳文は宮里政玄『アメリカの沖縄統治』岩波書店、一九六六年、九六頁なども参照。
(9) 中野好夫・新崎盛暉『沖縄問題二十年』岩波書店、一九六五年、八二頁。
(10) 引用の文言はいずれも研究史では周知のものだが、一九五三年一一月沖縄訪問時のニクソン副大統領の言明、同年一二月奄美返還時のダレス国務長官の声明、アイゼンハワー大統領の五四年年頭の一般教書演説より。中野好夫編『戦後資料　沖縄』日本評論社、一九六九年など。
(11) 矢部貞治編著『近衛文麿』下、近衛文麿伝記編纂刊行会、一九五二年、五五九―六二頁。秋山勝「軍事から見た沖縄近代史」『沖縄関係学研究会論集』二号、一九九六年、一二頁。
(12) 鹿野政直『戦後沖縄の思想像』朝日新聞社、一九八七年、一六六頁。
(13) 参議院「平和条約及び日米安全保障条約特別委員会会議録」第三号、一九五一年一〇月二五日、二七頁。
(14) なお、祖国復帰論には、沖縄戦をへて生き残った者たちにとって、捕虜、難民となった立場からの政治的解放を目ざすという意味だけでなく、もうひとつ、大日本帝国の戦争によって殺された者たちの死の意味を国家に求め、弔いをはたそうとする意味も込められていたと考えられる。国民共同体の構成における翻訳と主体の問題については、ミッシェル・フーコー『性の歴史Ⅰ　知への意志』渡辺守章訳、新潮社、一九八六年、酒井直樹『日本思想という問題』岩波書店、一九九七年、酒井直樹「「日本人であること」」『思想』一九九七年一二月号を参照。
(15) 「討論　情況に挑む思想」における新川明の発言。沖縄研究会編『沖縄解放への視角』田畑書店、一九七一年、六七―七〇頁。
(16) 疎外革命論批判については廣松渉『マルクス主義の地平』勁草書房、一九六九年、二四一頁を参照。

(17) 上地栄「言刺駁談」『自由沖縄』八号、一九四六年六月一五日。上地生「言刺駁談」同一一号、同年一二月一五日。森前掲「潜在主権と軍事占領」二四一頁。
(18) 森前掲「潜在主権と軍事占領」二四九―五〇頁。
(19) 森宣雄「越境の前衛、林義巳と「復帰運動の歴史」」西成彦・原毅彦編『複数の沖縄』人文書院、二〇〇三年。
(20) 森宣雄・国場幸太郎共編『沖縄非合法共産党と奄美・日本』(『戦後初期沖縄解放運動資料集』三巻)不二出版、二〇〇五年。
(21) 森宣雄「沖縄戦後史の分岐点が残したある事件:「国場事件」について」聖トマス大学論叢『サピエンチア』四四号、二〇一〇年。
(22) 松島朝義「復帰運動の終焉」『情況』一九七一年一月号。宮城島明「〝何故沖縄人か〟」『構造』一九七一年六月号。宮城島明「民族・国民・帰属」『序章』六号、一九七一年一〇月号。森宣雄「「沖縄人プロレタリアート」と「琉球南蛮」 沖縄戦後史の終焉の現在」『季刊インターコミュニケーション』四六号、NTT出版、二〇〇三年。
(23) ここでの引用は、ジェルジ・ルカーチ『歴史と階級意識』におけるプロレタリアートの歴史哲学にたいするメルロ＝ポンティの分析にある言葉。モーリス・メルロ＝ポンティ「歴史の理論のための資料」中山元編訳『メルロ＝ポンティ・コレクション』ちくま学芸文庫、一九九九年、二二八頁。モーリス・メルロ＝ポンティ「「西欧」マルクス主義」『弁証法の冒険』滝浦静雄など訳、みすず書房、一九七二年、六四頁。詳しくは別稿で論じる機会を待つが、松島とルカーチのプロレタリアート論は、同じ質のものだといえる。
(24) ジル・ドゥルーズ『フーコー』宇野邦一訳、河出書房新社、一九八七年、一五八頁。
(25) このように行為遂行性において立てる主体のあり方をジュディス・バトラー『ジェンダー・トラブル』竹村和子訳、青土社、一九九九年は、エージェントと呼ぶ。「開かれた連帯というのは、目の前の目標にしたがってアイデンティティが設定されたり、放棄されたりするのを認めるものである。それは〔存在規定の――引用者注〕定義によって可能性を閉じてしまうような基準的な最終目標にしたがうことなく、多様な収束や分散を容認する開かれた集合なのである」(四四頁)。

(26) 宮里前掲『日米関係と沖縄』三八〇頁。

(27) マルクス/エンゲルス『新編輯版 ドイツ・イデオロギー』廣松渉編訳、岩波文庫、二〇〇二年、六九頁。

(28) ユルゲン・ハーバーマス『コミュニケイション的行為の理論』下、丸山高司など訳、未来社、一九八七年、第八章。

(29) ハーバーマスの討議倫理の角度から復帰後の沖縄基地問題を捉える試みの例としては、中岡成文『ハーバーマス コミュニケーション行為』(現代思想の冒険者たち Select)講談社、二〇〇三年、二五五・二八三頁参照。

(30) クロード・レヴィ=ストロース『構造人類学』荒川幾男ほか訳、みすず書房、一九七二年、四〇七―一一頁、四一六―一七頁。同『レヴィ=ストロース講義 現代世界と人類学』川田順三・渡辺公三訳、平凡社、二〇〇五年、一五・一一二頁。

(31) 小田亮『レヴィ=ストロース入門』筑摩書房、二〇〇〇年、二八―二九頁、小田亮「「真正性の水準」について」『思想』二〇〇八年一二月号、岩波書店、三〇四頁など参照。なお「国民国家以前の民族のまとまり」であるフォルクが、近代においてナチオンを形成せずに「国民国家のなかの民族集団」として統合されるばあいに、つねにそこに真正性のある社会関係が維持され満たされている保証は、もちろんまったくないのであり、「口頭伝承の生き続ける小さな伝統世界」が、国民国家とそれによる世界構成(国際社会)のなかで変容をこうむりながら、いかにしてそれに抗する世界像を更新し獲得していくかについては、慎重な検討を要する。現代沖縄はそうした検討のための重要な材料を提供するだろう。

(32) この点については、森宣雄「沖縄戦後史とはなにか」冨山一郎・森宣雄編『現代沖縄の歴史経験』青弓社、二〇一〇年のエピローグなどを参照。

(33) 孫歌「沖縄がわれわれの眼に映るとき」『歴史の交差点に立って』日本経済評論社、二〇〇八年、六六―六九頁。

(34) 藤田省三著作集六『全体主義の時代経験』みすず書房、一九九七年、一七頁。なお、歴史像をグローバルにあらためて設定しなおす課題は、アントニオ・ネグリ／マイケル・ハート『〈帝国〉』水嶋一憲など訳、以文社、二〇〇三年が世界的に大きな反響を呼んだことからも、現代世界においてひろく共有されはじめていると考えられる。この現代思想における課題について、本書は、ネグリらの立てる、〈帝国〉にたいするマルチチュードの存在論的、必然的〈対抗帝国〉運動といった設定よりも、アントニオ・グラムシ、モーリス・メルロ＝ポンティ、ジャック・デリダらによって提示されてきた非―存在論的な革命哲学・思想の系譜にたいし、その思想・哲学が、戦後沖縄の実際の歴史経験において生きられた事例を提示するようなかたちで、これを引き継ぐ試みをおこなう。革命の哲学における存在論と非―存在論の相違については、ジャック・デリダ『マルクスと息子たち』國分功一郎訳、岩波書店、二〇〇四年、一〇九―一一一頁を参照されたい。

第Ⅰ部序説

(1) 総力戦体制から発展した保守系の復帰運動については、山城善光『火の葬送曲　続・山原の火』火の葬送曲刊行会、一九七八年参照。

(2) The 526th Counter Intelligence Corps Detachment Ryukyu Command,"Third Year of Ryukyuan Politics Part II Northern Ryukyus," 29 August 1949, p.8（沖縄県公文書館所蔵琉球民政局文書 0000010514　以下 "Third Year II" と略記）。「奄美ルネッサンス」の全体像の概観は、間弘志『全記録　分離期・軍政下時代の奄美復帰運動、文化運動』南方新社、二〇〇三年を参照されたい。

(3) 村山家国『奄美復帰史』南海日日新聞社、一九七一年、九四頁。同書は南海日日社長として奄美復帰運動の内部にいた村山が、すでに散逸過程にあった運動史料を収集し、社業と重ねながらまとめたもので、奄美復帰運動史のスタンダードといえる。また在京の奄美復帰運動の展開については右田昭進『東京における奄美の復帰運動』新広宣伝社、一九六一年が参考になる。以下、注記では『村山復帰史』『右田運動史』と略記して参照する（なお前者は二〇〇六年に遺族による新訂版が同社から刊行され、後者は右田『嵐の中で蛇行したヘビ年の青春　島さばくり雑録集Ⅲ』私家版、二〇〇三年に改訂版が収録されているが、あまり普及していないので、改訂版も参照の上で注記では初版の頁数を記す）。

（4）　主なものをここでまとめてあげておく。高安重正『沖縄奄美返還運動史』上、沖縄奄美史調査会、一九七五年。松田清『奄美社会運動史』ＪＣＡ出版、一九七九年（付録として大部の「奄美共産党関係史料」を収録）。中村安太郎『祖国への道　抗米八年　奄美の復帰運動史』文理閣、一九八四年。崎田実芳『米軍政の鉄壁を越えて　私の証言と記録でつづる奄美の復帰運動史』奄美瑠璃懸巣之会、一九九七年。以上の四人は戦後奄美・沖縄をつなぐ社会運動史の主要人物でもあり、これらの回顧的研究は本書第一章で頻繁に参照するので、注記では順に『高安運動史』『松田運動史』『中村運動史』『崎田運動史』と略記する。

なおこれらの文献が公刊されだした段階から、奄美・沖縄の戦後史における結びつきを検討した先駆的研究に、新崎盛暉「奄美・沖縄・琉球弧　現代史からの視角」『沖縄同時代史二巻　琉球弧の視点から』（初出『新沖縄文学』四一号、一九七九年）凱風社、一九九二年がある。また新崎盛暉『戦後沖縄史』日本評論社、一九七六年は本書全体の課題に直接関係する唯一の先行研究である。そして戦後奄美の社会運動史については、鹿児島県地方自治研究所編『奄美戦後史』南方新社、二〇〇五年、および同書所収論文をふくむ黒柳保則、大橋愛由等、杉原洋らの研究が、丹念なモノグラフを積み重ねている。

第一章

（1）　『奄美共産党史』五六頁。

(2) 松田清「奄美に見る差別抗争史」『運動史研究』一三号、一九八四年、六六頁。『松田清氏インタビュー記録』(二〇〇〇年七月二四日、聞き手:加藤哲郎・森宣雄、未公刊)。

(3) 『中村運動史』一三六頁。『奄美共産党史』五六頁。

(4) 「沖縄問題座談会」『青年沖縄』三号、一九四七年七月(『資料集』三巻所収)。

(5) 一九四六年三月六日付『アカハタ』に発表されたタイトルは「沖縄民族の独立を祝して　党のメッセージ」だったが、これは記事の見出しとも受け取ることができ、他方「沖縄民族の独立を祝ふメッセージ」との文書名は、一九五一年刊行の社会運動資料刊行会編『日本共産党資料大成』黄土社や、新里恵二・喜久里峰夫・石川明「現代沖縄の歴史」『歴史評論』八三号、一九五七年一月などで五〇年代から用いられていた。すでに流通していることもあり、ここでは後者の文書名を採用する。

(6) 斉藤一郎『増補版　二・一スト前後』青木書店、一九五六年、一三四頁参照。ただし二・一スト前の「革命近し」との観測が現実的には確固たる基盤をもつものでなかったことについては、神田文人「統一戦線論」『体系・日本現代史　五　占領と戦後改革』日本評論社、一九七九年を参照。

(7) 「党綱領の改正によせて」「勤労被搾取人民権利宣言」『レーニン全集』大月書店、一九五三年、二六巻、一七二―七四・四三三―三五頁。「ロシア諸民族権利宣言」(ジョン・リード『世界をゆるがした十日間』小笠原豊樹・原暉之訳、筑摩書店、一九七七年、二六一・二八五―八六頁)。木村英亮『スターリン民族政策の研究』有信堂高文社、一九九三年、七五頁。これらのレーニン主義の再結合論については岩村登志夫氏からの教示をいただいた。

(8) 山城前掲『火の葬送曲　続・山原の火』二四七頁。

(9) 新里恵二など前掲「現代沖縄の歴史」三九頁。中野・新崎前掲『沖縄問題二十年』三六―四二頁。『沖縄大百科事典』上、沖縄タイムス社、一九八三年、五八八頁。

(10) 「五八年党史」。高安重正「沖縄・小笠原返還の国民運動について」『前衛』一九五六年二月号、一二二頁。『高安運動史』四四九頁。

(11)「南西諸島対策全国グループ会議録」一九五四年一一月二〇～二二日(松田資料一三。『高安運動史』四七〇―五〇六頁に収録されているが、ただし一部手を加えてある)。奄共の各党史。『松田運動史』一五一・一六四頁。東京における共産党奄美グループは、一九四七年一〇月の奄美青年同盟の結成以降、活動を本格化させた。沖縄出身者グループの活動は沖縄人連盟の結成以来のもので先行しており、奄美青同の事務所は、外務省日産ビルの沖縄人連盟・沖縄青年同盟内に置かれた。松田清「東京での復帰運動回想あれこれ」『榕樹』一〇号、一九九四年(私家版・芳本征雄発行)。他方、関西では高安重正らが、一九四六年四月以降「南西諸島民族の解放のための民族戦線組織」として南西諸島連盟を組織し、沖縄・奄美出身の共産主義者を糾合して「例えば琉球党といふ如き政党を結成する」などの模索をはじめたが、成果をあげることなく消えていった(高安重正「沖縄大島人連盟の性格に就いて」『南西新報』二―三号、一九四六年四―五月)。高木伸夫「一九四六年「非日本人」調査と奄美連盟・南西諸島連盟」『キョラ』二号、神戸奄美研究会、一九九七年も参照。この組織は実態の不明な点が多いが、これは遅れて米軍政下琉球に統合された奄美にたいしても沖縄と同列に独立方針を当てはめようとした、日本共産党琉球グループの最初の試みだったと推測される。

(12)島清『わが言動の書』沖縄情報社、一九七〇年、一五・一九頁。新崎盛暉編『沖縄現代史への証言』上、沖縄タイムス社、一九八二年、四一・四五頁。

(13)以上は永丘智太郎『沖縄民族読本　沖縄民族性の形成過程』自由沖縄社、一九四六年、一一五・一二三頁、および永丘が沖縄人連盟機関紙『自由沖縄』に載せた次の論稿から。「沖縄人連盟の性格に就て」六号、四六年五月五日。「帰還者に望む」および「沖縄の政治的動向」一〇号、四六年一一月一五日。なお永丘が共産党と連携して連盟を党の指導下に置いていると周囲から目されていたことは、比嘉春潮『沖縄の歳月』中央公論社、一九六九年、二一九頁参照。そこで仮名にされている「Y君」が永丘(饒平名)であることは、山城前掲『火の葬送曲』一七八頁参照。

また、永丘の戦前来の著述・発言の軌跡を整理した論稿には、櫻澤誠「戦後初期の沖縄知識人における歴史認識の再構築について」『立命館史学』二七号、二〇〇六年がある。

(14) 一九四七年九月五日付仲宗根源和あて比嘉良篤書簡(仲宗根みさを『仲宗根源和伝』月刊政経情報社、一九八七年所収)。永丘が信託統治下の「規制下において出来るだけの自治を獲得し他日人民投票によって日本との合体を指向すべきである」との立場であったことは、永丘智太郎「難民のころ 遺稿」七『沖縄タイムス』一九六一年一月一八日でも明言されており、この主旨を戦後初期の永丘の論稿から確認することに、とくに困難はない。永丘の遺稿記事については、鳥山淳氏からの教示と提供をいただいた。なお永丘がアメリカの信託統治下の沖縄自治の伸張を展望していたことは、いわば半面の事実であり、この点をもって、小熊英二『〈日本人〉の境界』新曜社、一九九八年、四八四頁が永丘を独立論者とするのは、妥当な理解ではない。同書は「独立論」の背景にある再結合論を視野の外に置いて整理しているが、これにかぎらず、同書の沖縄戦後史についての論及は、先行研究が切りひらいた知見と解釈枠組みを整理踏襲する範囲を出るものでない。

(15) 「党幹部の独習について」『アカハタ』一九四九年七月七―一〇・一一日。徳田球一「わたしたちの読書」『徳田球一全集』五巻、三八七―八九頁。

(16) 『スターリン全集』六巻、大月書店、一九五二年、一六二頁。引用部分はレーニンの『自決権に関する討論の総決算』。なお『レーニン主義の基礎』は一九四六年一月に廣島定吉訳で東京のナウカ社から単行本で訳書が出ているが、すでに一九二四年の発表からほどなくして日本の共産主義者のあいだでも必読文献として講読されていた。石堂清倫『二〇世紀の意味』平凡社、二〇〇一年、二二頁によると、東大新人会の学生だった石堂がこれを「新規の学習のテキストとして上部から下げ渡され」たのは二六年のことだったという。

(17) 『レーニン全集』二二巻、一三五―三六頁。『スターリン全集』一一巻、三七九頁。

(18) 荒木義修『増補版 占領期における共産主義運動』芦書房、一九九四年、一六〇頁以下参照。

(19)「日本共産党公判闘争代表陳述速記録」第八回、山辺健太郎編『現代史資料一七』みすず書房、一九六六年、二三四頁。小熊前掲『〈日本人〉の境界』四八七―八八頁。

(20)『徳田球一全集』五巻、一九八六年、五月書房、二〇・二六・三七六頁。

(21)木村前掲『スターリン民族政策の研究』七五頁。「民族的制限の撤廃について」前掲『スターリン全集』三巻、三三頁。トロツキー『ロシア革命史 V ソヴィエトの勝利 上』山西英一訳、弘文堂、一九五一年、七三頁。

(22)引用文中の「保証」は、これまでこの独立メッセージを収録した資料集ではすべて「保護」と記されてきたが、出典とされる『アカハタ』一九四六年三月六日記事では「保證」となっている。旧字体では保護と保證は似通っているため、誤って保護と引用されてきたと考えられる。「保護」だったばあい、沖縄民族の自力の独立で真の解放がもたらされる展望はほぼ完全に否定されるが、「保証」というばあい、より沖縄人の自決権の契機を尊重しているといえよう。沖縄人の自決権の行使はその解放のための必要条件であるが、世界革命の内部に包みこまれることによって必要十分な条件を得るにいたると規定されているのである。

(23)この点については、ボリシェヴィキの民族政策を総合的に検討したE・H・カー『ボリシェヴィキ革命』一、原田三郎など訳、みすず書房、一九六七年の「第三篇 分離と再結合」、とくに二二七頁を参照。

(24)『レーニン全集』二六巻、一七三頁。『スターリン全集』一一巻、三七二頁。

(25)安仁屋政昭『沖縄の無産運動』ひるぎ社、一九八三年、一二三頁。

(26)茂岡「関西琉球G総会報告書」一九五五年三月三一日(『資料集』二巻)。

(27)同前。また井之口の意見に影響をうけて、沖縄の特殊性に立った、通常の細胞編成とは異なる沖縄出身党員の独自な組織活動の承認を中央に要請した党文書として、中央委員会幹部会あて平良助次郎「沖縄県人の組織について」一九五六年七月一九日(『資料集』二巻)がある。

(28)新里恵二など前掲「現代沖縄の歴史」二七・三六―四一頁。編集部からの依頼で「進歩的な歴史学徒である君」にあてた手紙の形式で綴られたこの論文は、「沖縄人を異民族視し、あるいは劣等民族視する日本人の偏見」をやぶって沖縄返還運動に資することを目的にかかげており、叙述は政治的効果の計測で慎重に統制されている。すなわち徳田の構想を「少数民族論＝独立論」に限定化する一方で、それとは別に、「何年か先に日本と対等の立場で結合すべきだ」との意見が、沖縄人「連盟内の進歩分子」の考えとしてあったことを紹介している。二つの意見をきりはなし区別することによって徳田構想に再結合の展望があったことを外し、徳田構想のある面でのリアリティを削ぎ、「誤った思想」として清算することを追求している。

(29) 『奄美共産党史』五九頁。『中村運動史』一三三・一四六頁。『村山復帰史』一二四頁。

(30) 『奄美共産党史』五九頁。『中村運動史』一四七頁。

(31) 『中村運動史』一四〇頁。

(32) 奄共の各党史。『中村運動史』一四〇頁。亀山幸三『戦後日本共産党の二重帳簿』現代評論社、一九七八年、七九頁。もともと久留の一時帰郷は婚姻の家事が理由だったという。前掲『松田清氏インタビュー記録』。

(33) The 526th Counter Intelligence Corps Detachment Ryukyu Command,"Analysis of Communist Influence on Ryukyuan Politics," 17 August 1948, pp.11-12（沖縄県公文書館所蔵琉球民政局文書 0000010517 以下"Communist Influence"と略記）。"Third Year II," p.11.『奄美共産党史』八三頁。

(34) 『中村運動史』一二三・一二八頁。

(35) 関西での奄美復帰運動については及川永保『苦節八年に想う』奄美大島復帰対策委員会大阪府本部、一九五四年に詳しい。また藤原南風編著『新奄美史』上、奄美春秋社、一九八〇年、三九八頁参照。

(36) この時期の最初の復帰世論の表面化から、それが再度浮上して復帰運動が始まるまでの経過について、関係者の証言を集めるなどもっとも詳しく検討したのは、奄美連合青年団が発起して、奄美大島日本復帰協議会が一九五二～五三年にかけて編纂を進めた『奄美大島日本復帰運動史』の「第二章　復帰運動のあゆみ」「第一節　内燃期」である（以下『復協運動史』原稿と略記）。この運動史は編纂途中で奄美復帰が発表され、その面で忙殺されてついに全書の完成と公刊にはいたらなかったが、当該部分は、完成度の高い原稿として鹿児島県立図書館奄美分館に保管されている。なおこの運動史編纂の顛末については西シガ子『灯火たやさず』未来工房、一九九〇年に記載がある。

（37）『奄美タイムス』一九四七年九月一一日。『村山復帰史』一四七頁。前掲『復協運動史』原稿。間前掲『全記録』二九頁。

（38）『奄美タイムス』一九四七年九月九日。前掲『復協運動史』原稿。

（39）『中村運動史』二八七―八八頁。

（40）『奄美共産党史』六九頁。

（41）『奄美共産党史』一四一頁。『中村運動史』五一四頁。間前掲『全記録』二九頁。

（42）レーニン＝スターリン主義の民族理論における分離の否定については、宮川実編『経済学講座』第九巻『民族および植民地問題』青木書店、一九五一年、一一七―一八頁でまとめられている。またレーニン『民族自決権について』川内唯彦訳、国民文庫、一九五三年、六〇頁も参照。

（43）『村山復帰史』一四八―五一頁。『奄美共産党史』四五頁。"A Monograph of Ryukyuan Politics," 15 April 1948, the 526th CIC Det. Ryukyu Command, pp.42-43, p.60.（沖縄県公文書館所蔵琉球民政局文書 0000010515）

（44）『松田運動史』一五一・一六五頁。『崎田運動史』二七・三一頁。『中村運動史』一四五頁。ここで中村も指摘していることだが、党活動の大衆運動路線を継続している立場からのものであるため、崎田の回想では「意識的に奄美共産党との関係についてふれる事を避けている」。

（45）『中村運動史』一六四・一七一・一七五頁。『崎田運動史』三三頁。"Third Year II," pp.16-18.

（46）琉球政府文教局『琉球史料』第一集、一九五六年、二五五頁。『奄美共産党史』六八頁。

（47）"Communist Influence," pp.12-14, 26.

(48) 『崎田運動史』五二頁。『村山復帰史』二二三頁。"Third Year II," pp.44-45.『新青年』は『わが青春は炎の中に アメリカ軍政下における奄美青年の闘いの記録』上下、名瀬市四谷区青年団機関紙「新青年」復刻版発行委員会、一九九二―九三年に復刻されている。また奄美共産党機関紙『ジンミンセンセン』(松田資料二)は一九五〇年一月発行の「食糧問題特集号」一号のみの発行。

(49) 『ジンミンセンセン』(松田資料二)。翻訳官たちは問題の詩の一節を「アメリカ軍政府を破壊せよ」と翻訳したらしい。『奄美共産党史』八七頁。

(50) 『奄美共産党史』六六・六九―七〇・八四頁。『崎田運動史』三二頁でも、青年同盟についてポツダム宣言厳正実施は言及されても日本復帰方針の言及はない。

(51) 『右田運動史』七頁。『村山復帰史』二一九・五七七頁。松田前掲「東京での復帰運動回想あれこれ」四頁。

(52) 前掲『復協運動史』原稿。復帰要求のタブーをやぶる存在として、奄美共産党の主導する青年団にかけられた期待と悪意については、一九五〇年六月に名瀬市社会課主催で行なわれた「青年団問題批判座談会」の討論から知ることができる。「座談会　青年団運動批判」『自由』一九五〇年七・八月号。

(53) 前掲『松田清氏インタビュー記録』。

(54) 『中村運動史』一三八頁。ただし中村はこれを一九四七年のこととして述べている。

(55) 一九四八年七月の大島中学での集会で、中村安太郎は「日本共産党の指導者、徳田球一のように、青年は勇気をもって行動に奮起すべきである」と演説し、その中村の一番の教え子だった徳田豊巳は、自宅に青年運動のリーダーをあつめた四九年の会合で、なにも心配することはない、なぜなら「我らが祖国ロシアは、アメリカの原爆より何倍も強力な爆弾を組み立てている。したがって我々の唯一の仕事は、思想を強化することだけだ」と鼓舞したという。"Third Year II," pp.8-9, 25. 中央依存は、やがて地方や下部のなすべきことと自律的思考を失わせていくのかもしれない。

(56)『中村運動史』二六八頁。『崎田運動史』九二—九四頁。

(57)この署名運動は一九五一年一月から日本本土で「全面講和愛国運動協議会」(日本共産党と労農党、四〇の労組、その他民主団体で結成)が行なった全面講和要求署名運動にヒントをえて、奄美共産党員が復協に提案して開始された。『奄美共産党史』一一五—一六頁。『中村運動史』二九七—九八頁。

(58)『中村運動史』三〇四—一二頁。『奄美共産党史』一一九頁。

(59)『右田運動史』一〇頁。

(60)『崎田運動史』一一四—二九頁。

(61)西村熊雄『日本外交史　第二七巻　サンフランシスコ講和条約』鹿島平和研究所、一九七一年、一九〇—九一頁。

(62)『中村運動史』三四〇頁。

(63)崎田実芳「復帰運動の正しい理解のために」『新青年』一九五一年九月号、八頁。

(64)『中村運動史』三四九—五一頁。『崎田運動史』一四八—五三頁。『村山復帰史』二九四—九七頁。

(65)『村山復帰史』三〇一頁。

(66)もともと奄美出身者には高学歴の官僚や学者が多かったこともあって、奄美連合全国総本部の役員には外交官や司法次官などがふくまれていた。そのため東京での運動はGHQや政府に「おそるおそる伺いをたてる」といった官許運動の性格がながく濃厚であった。そして署名運動以後、復帰運動が本格化した後は、米日政府の許容範囲内での実質復帰を求める保守派の基盤になっていくのである(『右田運動史』五—九頁)。この点、金井正夫ら奄美連合の保守派の活動は、外務省管理局総務課沖縄班長として沖縄の復帰運動に同様の方向付けを行なった吉田嗣延の活動とあわせて検討する必要がある。一九五〇年の群島知事選挙での平良辰雄への応援や、五一年の復帰署名運動への支援など、吉田は沖縄における復帰運動の高揚に尽力したが、その一方で外務省の意向に沿わないかたちで東京で沖縄連盟や沖縄県学生会が活動する際には「火炎ビンが投げられる」などとデマを流して露骨に干渉したという。『高安運動史』四六三頁。高安重正「吉田嗣延論」『沖縄タイムズ』三号、一九四八年三月一五日。

(67) 金井正夫編『奄美大島復帰運動回顧録』私家版、一九六六年、一九〇-九三頁。『村山復帰史』二九八頁。

(68) コミンフォルム第一回会議「国際情勢についての宣言」『平和・民主・独立文献』必読基本文献第一〇集、駿台社、一九五三年、九-一二頁。

(69) 「琉球民族懇談会生る」『自由沖縄』二〇号、一九四八年一月二〇日。高安重正「国際関係より見た沖縄問題」『青年沖縄』一巻四号、一九四八年四月。「国際情勢と沖縄問題　永丘氏と一問一答」『沖縄タイムズ』八号、一九四九年一月一五日。荒木前掲『占領期における共産主義運動』一七九-八一頁参照。

(70) 『中村運動史』一六四頁。松田清『奄美大島日本復帰運動史料』奄美史研究会、一九六八年、一七頁。前掲『松田清氏インタビュー記録』。"Third Year II," pp.16-18.

(71) 「講和に対する共産党の基本方針」『アカハタ』一九四八年九月一日。

(72) 『高安運動史』四五一頁。松田前掲『奄美大島日本復帰運動史料』一六頁。

(73) 荒木前掲『占領期における共産主義運動』一九三頁。

(74) 和田春樹『歴史としての野坂参三』平凡社、一九九六年、二三三頁。日本共産党中央委員会五〇年問題文献資料編集委員会編『日本共産党五〇年問題文献資料集』三、新日本出版社、一九五七年、二一八頁。なお講和基本方針における「民族的、歴史的」固有領土返還の主張が、千島問題を念頭に置いていたとの解釈を側面支援する材料として、後述する五〇年一月のコミンフォルム論評をめぐる宮本顕治の発言がある。本章注92参照。

(75) 野坂参三「戦略・戦術について」『前衛』二六号、一九四八年四月。

(76) 連盟の再編については『自由沖縄』二五-二八号、冨山一郎『近代日本社会と「沖縄人」』日本経済評論社、一九九〇年、二六八頁、新崎編前掲『沖縄現代史への証言』上、四一-四五頁など参照。青同の対応は準機関紙『沖縄タイムズ』五-八号参照。また青同を沖縄人連盟の前衛として位置づけた表現は、沖縄人聯盟兵庫県本部『第二回臨時大会会議事項』一九四六年一〇月一七日、山城善貞「青年同盟の発足にあたり!! 男女青年に訴ふ」『自由沖縄関西版』一号、一九四七年三月一〇日など参照。

(77) 宮原邦男「学生同盟の方向」学生同盟機関誌『瑞泉』二号、一九四八年六月(南灯寮草創記編集委員会編刊『南灯寮草創記』一九九五年所収)。宮原邦男「沖縄『民族』といふこと」『瑞泉』三号、一九四九年一月。

(78) この時期のレーニン=スターリン主義的なフォルクとナチオンの弁別理論について簡潔に整理したものとして、エンゲルス『家族、私有財産および国家の起源』村井康男、村田陽一訳、大月書店・国民文庫、一九五四年所収の国民文庫編集委員会「解説」を参照。

(79) 「沖縄県事務所即時廃止せよ」『自由沖縄』九州版六号、一九四六年八月二五日。永丘智太郎「沖縄の政治的動向」『自由沖縄』一〇号、一九四六年一一月一五日。高安重正「吉田嗣延論」『沖縄タイムズ』三号、一九四八年三月一五日。「巻頭言 一九四八年の課題」『青年沖縄』一巻四号、一九四八年四月。

(80) 『沖縄タイムズ』八号、一九四九年一月一五日。『高安運動史』四五二頁。青同はその後沖縄出身者だけで固まるのでなく、各地域の青年組織にそれぞれ結集することが運動の発展につながるとの理由で五二年八月解散したという。『高安運動史』一五四頁。

(81) 「国場幸太郎インタビュー記録」『資料集』三巻、(一八)頁。前掲『南灯寮草創記』一四七頁。

(82) 良知力「四八年革命における歴史なき民によせて」(初出一九七六年)良知『向う岸からの世界史』筑摩書房、一九九三年、五三頁より再引用。

(83) 同前五二―五七頁。良知はこの問いの後をこうつづける。むしろ「民族の残り屑」の行なう「反革命」の民族闘争のなかに、貧民、ルンペン・プロレタリアなど、もろもろの歴史なき民の無名の解放闘争が「重なりあっていくことによって、民族闘争は、一八四八年のブルジョワ民主主義革命としての性格を内部的に突きくずし、変質させ、止揚していくのである」。この重なりあいの歴史は、良知自身のことばを借りれば、彼によって「意味づけられた構成的歴史」である。そしてこの良知の「自己意識の客体化」としての一八四八年ウィーン革命史論を、一世紀後の一九四九年の東京に生きた良知や宮原らに交錯させるのは、これを行なうわたしの「自己意識の客体化」である。同前五五・九二頁。

(84) 金時鐘「噤む言葉」『光州詩片』(金『集成詩集　原野の詩』立風書房、一九九一年所収)七三頁。

(85) 「日本の情勢について」『アカハタ』一九五〇年一月一三日。マッカーサー発言は四九年三月のもの。

(86) 『アカハタ』一九五〇年三月一六日。

(87) 『アカハタ』一九五〇年二月一二日。

(88) 準備会結成以後の沖縄大島解放同盟については、松田前掲『奄美大島日本復帰運動史料』一九―二〇頁で、一九四九年の項目に置かれ、四月に発足したとして言及されていたが、前注の記事をもとに松田清氏に確認を求めたところ、じっさいは五〇年の、コミンフォルム批判後の事項だったと証言をうけた(二〇〇四年四月)。同前書および松田氏の証言によると、永丘委員長のもと、機関紙として『解放戦線』が発行された。急造されたこの同盟は、折からの党内分派抗争でメンバーが除名されるなど、組織的に活動することがなかったが、党の内部では沖縄・奄美出身党員の「琉球G」がその後もながくグループ活動を継続しており、同盟に類する組織を必要に応じて結成するかたちで、党外にもおよぶ沖縄・奄美関係の運動を展開したという。文献資料が散逸しているため参考までに記すと、『琉球解放戦線』という名の新聞の存在は、五二年三月三〇日『平和と独立』掲載記事「沖縄青年、米人を袋だたき」に、ニュース・ソースとしてあげられている。また沖縄県立図書館比嘉春潮文庫所蔵の、沖縄諸島解放青年同盟『沖縄はこうなっている!!　アメリカ軍政下の沖縄の真相』(奥付を欠く。内容から一九五二年の発行と推定)、およびこのパンフレットに添付されたビラ、日本共産党沖縄大島人グループ「親愛な沖縄同胞の皆様」一九五二年六月二二日は、沖縄大島解放同盟の後身が出したものと推定できる。

(89) 朴慶植編『在日朝鮮人関係資料集成』七巻、不二出版、二〇〇〇年、三・七頁。藤原前掲『新奄美史』上、四一五頁。

(90) 『松田運動史』一二二・一五八・一六八―六九頁。「五八年党史」。なお日共第七回大会以降、分裂時の少数派、宮本顕治の指導体制がかたまって現在にいたるが、それへの配慮であろう、一九八四年公刊の『奄美共産党史』では奄共の対応を国際派支持であったように転倒して記している。すなわち「ソ連や中国の誤った勧告に追従」した徳田球一、志田重男らへの非難を語りながら、「奄美共産党は、日本共産党の分裂をきわめて不幸なこととし、奄美出身の党員たちに統一回復を心から勧告し、極左冒険主義の戦術はこれを排除する方針で、送付される関係文書は焼却処分にした」と。一三五―三六頁。

(91) 『奄美共産党史』一〇五・一三五頁。

(92) 神山茂夫「第一八回拡大中央委員会総会――議事メモ」および宮本顕治「共産党・労働者党情報局の「論評」の積極的意義」『前衛』四九号、一九五〇年五月。ともに神山編著『日本共産党戦後重要資料集』一巻、三一書房、一九七一年所収、三七九・三九六頁。

(93) 細谷千博『サンフランシスコ講和への道』中央公論社、一九八四年、一一九頁。

(94) 日中国交回復議員連盟編刊『増補改訂　日中関係資料集　一九四五年―一九七一年』一九七一年、三九頁。

(95) 日本共産党臨時中央指導部「なぜ全面講和を要求するか」一九五一年一月一七日(日刊労働通信社編刊『地下潜入の態勢を整えた　日本共産党の文献集』一九五一年所収、四三六頁)。

(96) 前掲『日本共産党五〇年問題文献資料集』三、三〇・三三・二二〇頁。

(97) 前掲『地下潜入の態勢を整えた　日本共産党の文献集』四二一頁。

(98) 同前六二四頁。日刊労働通信社編刊『戦後日本共産主義運動』一九五五年、七二一・七二七―二九頁。朴慶植『解放後在日朝鮮人運動史』三一書房、一九八九年、二八四頁。

(99) 沖縄・奄美対策が少数民族対策として扱われ、各地の地域活動においても民対のなかに統括されていた実態は、一九五四年の前掲「南西諸島対策全国グループ会議録」で各地から報告されており、本文の引用もこの会議録から。沖縄・奄美対策の管轄が市民対策部から民対に移り、五三年九月以降は新設された琉球対策の部署（西南地域特別対策委員会とも琉対ともよばれる。党本部の統一戦線部所属の高安重正が担当）となったことは、ほかに『松田運動史』一六〇頁、高安前掲「沖縄・小笠原返還の国民運動について」二三頁などでも言及されている。だが高安はこれらの文書で、民対の所轄となったことは「一時」的な「代行」にすぎなかったことを強調している。「沖縄、奄美は少数民族ではないから」だというのがその根拠であるが、事実としては、第五回党大会の独立メッセージにおける少数民族規定と、四全協決定の具体化である「当面の少数民族対策案」にもとづいて、沖縄・奄美対策は少数民族対策として党機関で設定されていたのである。これを一時的な代行だとするのは、新設の琉対の担当者として、異民族視を党内から払拭したい配慮から、歴史的経緯を曲げていわれたにすぎない。なお高安は後の自著のなかで、四八年の「講和基本方針」の固有領土返還論で独立メッセージの路線が否定されたとの解釈を押し出しているが、これは少数民族規定がこの時点で「まったく明らか」に清算されたことにしておかないと、民対の所轄となった事実を一時的な代行とする弁解が成り立たないからであろう（『高安運動史』四五一頁）。高安にとって、党が五〇年代なかばにいたるまで沖縄・奄美問題を少数民族対策として設定していた事実は、「祖国復帰運動」の推進上、社会的に公表できないタブー中のタブーだと受け止められていたようである。

(100) 党報告書「奄美地区委員会アカハタ分局長　アカハタ京都支局長　峠田重次」および「派遣隊の各個人別収支明細書」（ともに一九五四年。『資料集』二巻）。

(101) 「当面の行動目標（案）」『建設者』六号、一九五一年七月一日、および「全国代表者会議の報告（案）」一九五一年八月、ともに前掲『日本共産党五〇年問題文献資料集』三所収（八五・一四八頁）。

(102) 以上は中野編前掲『戦後資料沖縄』四九―五〇頁、島前掲『わが言動の書』一九頁、渡辺昭夫『戦後日本の政治と外交』福村出版、一九七〇年、一七七頁。傍点は引用者。

(103) 住民投票による帰属決定の決議と言うのは、一九五一年三月一九日の沖縄群島議会での決議を指すのかもしれないが、奄美での諸決議もふくめて、決議は単刀直入に日本復帰や日本帰属である。沖縄議会での決議について付言すれば、決議から一週間後、本会議において平良辰雄知事は質問に答えて人民投票の必要はないと述べている。『うるま新報』一九五一年三月二七日。

(104) 同前。『松田運動史』一五八・一六九頁。前掲「南西諸島対策全国グループ会議録」(松田資料一三)。

(105) 奄美大島日本復帰協議会『(本土関係)各党団体メッセージ』鹿児島県立図書館奄美分館所蔵。

(106) この決議は『平和と独立』一九五一年一〇月二七日に掲載されたが、犬丸義一「沖縄返還をめざす統一戦線運動の発展」『歴史評論』一九七二年二月号が取りあげて全文掲載するまで、沖縄・奄美問題をめぐる各方面の論著ではまったく言及されてこなかった。現在もほぼ同様である。ただし戦後日共史の歩みを追うなかで、小山弘健『戦後日本共産党史』芳賀書店、一九六六年、一三五頁には言及があり、公安側の資料集、日刊労働通信社編刊『日本共産党の文献集　第三篇』一九五二年、五五六頁には掲載されていた。

(107) 前掲『(本土関係)各党団体メッセージ』。

(108) 犬丸前掲「沖縄返還をめざす統一戦線運動の発展」三四頁。犬丸は決議の意義を画期的なものだと評価しつつ、「このアピールは沖縄にどういう形で伝えられたかは今の私には知るよしもない」と、その意義の所在を「中央」のみにすえる、ことわりをいれている。犬丸は日本共産党の公式党史編纂の主要な担い手のひとりと目され、彼のこの中央集権的な歴史評価の提起は偶然の産物ではないと考えられる。

(109) 五六・五八年党史および『中村運動史』三六三―六四頁参照。

(110) この説明は『奄美共産党史』一五四頁による。他に琉球人民党結成については前掲「南西諸島対策全国グループ会議録」(松田資料一三)、『崎田運動史』一六一・一九〇―九三頁など参照。なお奄共と沖縄人民党の間では、これ以前には連絡はなかったようである。

(111)『高安運動史』二五五頁。なおこの時点で琉球人民党中央委員は合計で三〇人。七人の奄美選出者を除いて他はすべて沖縄本島在住者。琉球人民党「役員名簿に関する件」一九五二年二月二四日、『沖縄人民党に関する書類綴』(沖縄県公文書館所蔵「琉球政府文書」R00000475B)所収参照。

(112)『崎田運動史』一五七頁。

(113)『奄美共産党史』一五〇頁。『右田運動史』一二一―一三・一六頁。『松田運動史』一二六・一六九頁。

(114)『右田運動史』一四―一五頁。『村山復帰史』三五七―五九・三七一―七四頁。

(115)『村山復帰史』三八八頁。

(116) United States Department of State, "Foreign Relations of the United States," 1952-1954, Vol. XIV, Pt. 2, pp. 1428-33. [ ]内引用者。米政府内での奄美返還の決定過程については宮里前掲『日米関係と沖縄』、ロバート・D・エルドリッヂ『奄美返還と日米関係』南方新社、二〇〇三年などで総合的な研究が進められているが、ここでの論点に近いものとして梶浦篤「奄美群島の返還をめぐる米国の対日・対ソ戦略」『国際政治』一〇五号、一九九四年を参照。

(117)『右田運動史』一五頁。『奄美共産党史』一九九頁。『村山復帰史』四一五頁

(118)『村山復帰史』四二七―二八頁。

(119)東京奄美会『東京奄美会八十年史』一九八四年、三八一頁。

(120)『奄美共産党史』一八五・二一三頁。「復帰運動はこれでよいか!」『新青年』二五号、一九五三年七月、一六頁。なお政争における敗北はかならずしも運動にとっての致命的打撃とはならないだろう。他方、政争での敗北を認めようとしないことは、思想的また運動的な敗北であり、それは政治的にも再起不能の打撃につながりうる。もし権力者の策謀に抗することが本旨ならば、この、政治的敗北を認めないことの思想的な敗北こそが「権力者がばらまく謀略」に乗る、致命的打撃に他ならないだろう。ヘゲモニー闘争の政治学については、アントニオ・グラムシ『知

識人と権力』上村忠男編訳、みすず書房、一九九九年所収、「南部問題についての覚え書」などを参照。

(121) 琉球人民党大島地方委員会党内資料「日本復帰運動について」一九五二年一〇月(『松田運動史』所収)二四〇頁。

(122) 同前。

(123) 『資料集』三巻所収。

(124) 『奄美共産党史』一五五―五六頁。「五四年党史」では、奄美復帰直後で沖縄での活動状況がまだ把握されていなかったため、沖縄での活動については基本的に奄美共産党メンバーの活動を記述する範囲にとどめられ、その結果沖縄人民党などにたいする指導者意識もまだあからさまには表現されていなかった。

(125) 「奄美大島の完全解放のために」『アカハタ』一九五三年八月二七日(『資料集』三巻所収)。

(126) 「琉球対策を強化せよ」『平和と独立のために』一九五四年四月一日(『資料集』三巻所収)。

(127) 新崎編前掲『沖縄現代史への証言』下、一〇三・一〇八頁。

(128) 『中村運動史』五三六―三七・五九九頁。

(129) この立場はスピノザ『エチカ』に学んだ、ある種のスピノザ主義、「生態の倫理学」である。ジル・ドゥルーズ『スピノザ』鈴木雅大訳、平凡社、二〇〇二年参照。

第二章

(1) 代表的な研究として国場幸太郎「沖縄の日本復帰運動と革新政党」『思想』一九六二年二月号、新崎前掲『戦後沖縄史』、鳥山淳『米国占領下の沖縄における基地社会の形成と政治運動の展開：一九四五~五六年』(一橋大学大学院社会学研究科学位請求論文、二〇〇五年)をあげておく。公式党史は解党から十余年をへて編まれた、沖縄人民党史編集刊行委員会編刊『沖縄人民党の歴史』一九八五年を決定版として主に参照する。

(2) 鳥山淳の研究は、当初から左派の沖縄人民党史に限定されたものでなく、戦後沖縄の政治状況の総合的な描出として展開され、復帰運動の開始以降の分析の焦点は、中間政党としての沖縄社会大衆党や保守政党の〈現実主義〉路線にすえられつつある。それは鳥山淳「破綻する〈現実主義〉」『沖縄文化研究』三〇号、二〇〇四年において見事な完成の域に達しているが、他方で人民党史の分析では、戦後沖縄の空間世界から時に遊離しがちにもなる、その世界観や世界性の方面の探究は、研究の全体像の構成のうえで省略されている側面がある。本書は鳥山の研究方向とはまた別の総合的アプローチとして、戦後沖縄の歴史的世界像を脱領域性や越境性をふくめてえがくものだと考えている。

(3) 前掲 "A Monograph of Ryukyuan Politics," p.106.

(4) 当山正喜『政治の舞台裏』沖縄あき書房、一九八七年、一〇一―一二・七五―七六頁。

(5) 浦崎康華「廃きよの中から」『琉球日報』一九五〇年二月二六日から九三回連載(那覇市歴史資料室が切り抜きコピーを所蔵)の八九回。沖縄タイムス社編刊『沖縄の証言 激動の二五年誌』上、一九七一年、二〇二―〇三頁。

(6) 島前掲『わが言動の書』一九三―二〇七頁。琉球新報社編刊『琉球新報八十年史』一九七三年、二八―三五頁。

(7) 「沖縄人民党結成大会」一九四七年七月二一日(大阪人権博物館所蔵)。これは沖縄民政府調査課の国吉真哲が大会に参加し作成した報告文書で、国吉真哲資料を整理した新城栄徳氏が発掘し、大阪人権博物館に寄託した。沖縄県公文書館にも所蔵されていない第一級の貴重な史料であり、新城氏のブログ「琉文21」で抜粋を閲覧可能)。『沖縄タイムス』一九五四年一一月七日。池宮城秀意『激流』那覇出版社、一九七九年、九七頁。

(8) 以下の分析は主に次の文献を参照。浦崎前掲「廃きよの中から」六六回。島前掲『わが言動の書』二〇五頁。池宮城前掲『激流』一〇三頁。仲宗根源和『沖縄から琉球へ』月刊沖縄社、一九七三年、一〇三・一〇八・二一〇・二二六・二三一頁。川平朝申『終戦後の沖縄文化行政史』月刊沖縄社、一九九七年、一三・一四一頁。"Communist Influence," p.4, 28, ANNEX A pp.1-3.

(9) この言葉は前掲『沖縄人民党の歴史』六〇頁の叙述から。

（10）同上。浦崎前掲「廃きよの中から」九三回。沖縄人民党「陳情書」一九四七年九月一三日『資料集』一巻。
（11）以上は浦崎前掲「廃きよの中から」九三回。
（12）前掲『琉球史料』第二集、二〇七頁。
（13）『資料集』一巻、三四頁。前掲『琉球新報八十年史』三七頁。
（14）池宮城秀意のことば（当山前掲『政治の舞台裏』八〇頁）。
（15）前掲"A Monograph of Ryukyuan Politics," pp.4-7. "Communist Influence," pp.2-4. 新垣幸吉「沖縄人民党創立の思い出」『沖縄事情』一一七号、一九六二年七月一五日。
（16）以下に引用する演説は「沖縄人民党演説会開催に関する件」一九四七年九月九日付、前掲『沖縄人民党に関する書類綴』所収より。
（17）一九四七年九月三・四日国頭村奥間および辺土名における瀬長亀次郎の演説要旨。前掲「沖縄人民党演説会開催に関する件」所収。
（18）これまで初期の人民党をめぐる研究では、解放軍規定や「沖縄民族の自立」独立の言葉じりを詮索し、それにとらわれる傾向が強かった。そのような研究動向はそれがなされた時代の文脈、より直截にいえば当事者がその言葉を抹消しようとする状況とのかかわりで受け止めるべきもので、それ自体固有の意義を現在にも残している。しかしその上に立っていまは、一九四〇年代後半の荒廃した沖縄の政治空間、そこを取りまく不安定な国際情勢のなかで、そうしたことばの背後で彼らがなにをおこなおうとしていたかに、議論はさらに進められるべきである。
（19）『資料集』三巻、一九四頁。
（20）前掲『沖縄人民党の歴史』五五頁。
（21）仲宗根前掲『仲宗根源和伝』一一三・一一五頁。"Third Year of Ryukyuan Politics Part I Okinawa," 15 August 1949, the 526th CIC Det. Ryukyu Command, p.144.（沖縄県公文書館所蔵琉球民政局文書 0000010516。以下

"Third Year I"と略記)

(22)「沖縄から選挙資金　トクダさんを訪ねて」『アカハタ』一九四七年三月二四日。『自由沖縄』一五号、四七年四月一五日。

(23)『沖縄タイムス』一九五四年八月三一日。その他に前掲『沖縄人民党に関する書類綴』などに収録されている人民党役員名簿を参照。以下に記す党役員の推移などについても同様。『青年沖縄』一九四七年一二月、一三頁(表紙・奥付で第三号と記されているが実際は四号目に当たる。「伊波普猷先生追悼特集号」)。"Third Year I," p.72.

(24)浦崎前掲「廃きよの中から」九二回。結党直後の演説会の記録にも同主旨の発言が見える。前掲「沖縄人民党演説会開催に関する件」。

(25)"Third Year I," pp.64-76. "Communist Influence," pp.4-5.『資料集』一巻、三五頁。

(26)食糧問題をめぐる政治状況の推移については、宮里前掲『アメリカの沖縄統治』、および鳥山淳「戦後初期沖縄における自治の希求と屈折」『年報日本現代史』八号、二〇〇二年を参照。

(27)前掲『沖縄人民党の歴史』六九—七〇頁。

(28)「「沖縄民政府創立記念行事」の資料」一九五〇年四月一五日付『資料集』一巻。

(29)以上は一九四九年五月六日、名護市における演説会記録より(「三党合同演説会開催について」一九四九年五月七日付、前掲『政党に関する書類綴』所収)。

(30)『うるま新報』一九四九年五月一六日。前掲『沖縄人民党の歴史』七一頁。前掲「三党合同演説会開催について」。

(31)若林千代「第二次世界大戦後の沖縄における政治組織の形成」『沖縄文化研究』二八、法政大学沖縄文化研究所、二〇〇二年、三一八頁。

(32)『琉球史料』第二集、二四四頁。"Third Year I," pp.119-123.

(33)平良辰雄『戦後の政界裏面史』南報社、一九六三年、一二六頁。

(34) 以上のCICの情報と分析は "Third Year I," p.69, 90, 103, "Communist Influence," p.5.

(35) "Third Year I," p.76.

(36) 沖縄県立図書館史料編集室編『沖縄民政府記録』二、沖縄県教育委員会、一九九〇年、一六〇頁。

(37) 以下、弾圧事件については、前掲『琉球新報八十年史』三九―四〇頁、および一九九三年発行の『琉球新報百年史』一七八頁。池宮城前掲『激流』一二五・一三三頁。高嶺朝光『新聞五十年』一九七三年、三八九頁。『人民文化』一九五〇年二月号、三〇頁。"Third Year I," pp.73-118. "Fourth Year of Ryukyuan Politics," 5 December 1950, the 526th CIC Det. Ryukyu Command, p.102.（沖縄県公文書館所蔵琉球民政局文書 0000010513。以下 "Fourth Year" と略記）

(38) 新崎盛暉は一九四九年後半にいたるまで人民党の権力批判は沖縄民政府批判に限定され、米軍にたいする解放軍規定を捨てきれずにいたと論じ、それ以前から軍政府への批判勢力として明確化していたという説は後代からの神話ではないかと疑問を呈してきた。新崎前掲『戦後沖縄史』三五―三七頁など。たしかに公式党史が各執筆時点の党派に都合のよい歴史像を編むものであることはまちがいないが、その歴史像を成り立たせるために、つまり創立以来一貫して復帰路線に立ってきたという大きな虚構を成り立たせるために、細部に真実が動員され、リアリティの付与に奉仕させられるという編成が築かれてきたものと思われる。そのため批判的検討にあたっては、大きな虚構を突き崩すために細部の真実も流し捨ててしまうことがないよう、おりまぜられた虚実を選り分ける吟味が必要になる。

(39) "Fourth Year," p.190.

(40) "Fourth Year," pp.66-67, 78, 82-83, 92-94.

(41) 「顔　仲里誠吉氏」『月刊タイムス』一九五一年五月号、四二―四三頁。"Fourth Year," p.129.

(42) 以上は次の文献を参照。上地栄「秦重弘「兵隊物語」を読んで」『ルリカケス』奄美瑠璃懸巣之会、一二一号、一九九九年五月。上地平栄「沖縄戦脱出記」『戦後の日本における沖縄県人情勢報告』発行所・日付記載なし（『自由沖縄』六号、一九四六年五月五日付の前後の付録あるいは号外か。那覇市歴史資料室所蔵）。南灯寮草創記編集委員会編刊『南灯寮草創記』一九九五年、一四―一五頁。山城前掲『火の葬送曲』一六八―七一頁。『自由沖縄』二号・一五号・二三号など。カナ書きの引用文は伊江朝助の第八九回帝国議会貴族院での発言記録（「衆議院議員選挙法改正法律案特別委員会議事速記録第二号」『沖縄県議会史』八巻、沖縄県議会、一九八六年、九一六頁）より。上地の沖縄脱出報告に関連して、我部政男「戦時体制化の沖縄戦――軍官民一体化論と秘密戦を中心に」（『沖縄戦と米国の沖縄占領に関する総合的研究』文科省科学研究費研究成果報告書、二〇〇六年）が、伊江の発言および防衛研究所図書館所蔵の森脇弘二の稿本『沖縄脱出記』から一部を引用紹介している。

(43) 以下の参照・引用は、上地栄「言刺駁談」『自由沖縄』八号、一九四六年六月一五日および上地生「言刺駁談」同一一号、同年一二月一五日。また『朝日新聞』一九四七年六月一七日、声欄掲載、上地栄「沖縄人の立場」を参照。

(44) 前掲新崎編『沖縄現代史への証言』上、四六頁。

(45) Ichiro Inamine, 'Report on Observation Trip to Ryukyu,' an enclosed document of Cloyce K. Huston, "Political Condition in the Ryukyu Islands," March 18, 1950, Department of State（沖縄県公文書館所蔵RG 59-2 米国務省セントラル・ファイル「日米関係沖縄情勢報告　覚書／来信」U90006077B）. 本文で引用した姓名のカッコ内の記述については、「Kanzo（new Chokyo）Miyayoshi」とは宮良寛三と別の青同メンバー宮良長恭を同一人物と混同したものと思われる。そこから推し量ると、「Sakae（new Koei）Kamichi」は、上地栄の変名ないし旧名（平栄）を指示したものと思われる。

(46) ＧＨＱは公費による沖縄への引揚を四九年三月一四日までで打ち切った。『自由沖縄』一九四九年一月一〇日。『沖縄タイムズ』八号、四九年一月一五日。最後の引揚船の出航日は不明。なお『自由沖縄』によると、琉球への帰還者は四六年五月七日の業務開始から同年一二月三〇日までの初期計画で一五万九三〇三人で、その後四七年二月一日から四八年九月三〇日までに約一万八〇〇〇人の申請があり、一万七八七一人が送還された。
(47) 「政党との会談内容」『うるま新報』一九五〇年一月一一日―一五日。
(48) "Fourth Year," p.94, 102.
(49) 以下の上地の対応は"Fourth Year," p.95, 116-18, 138-39.
(50) 平良前掲『戦後の政界裏面史』一〇七・一一一・一三四頁。『うるま新報』一九五〇年八月一四日。
(51) "Fourth Year," pp.141-42, 160, 166-67, 171, 187.
(52) 『資料集』一巻、四五・五六頁。「四ツの政党の動き」『月刊タイムス』一九五一年一月号、三頁。「琉大生は何を思う」『月刊タイムス』一九五一年五月号。
(53) "Fourth Year," p.139. 『琉球新報』一九五一年九月一七日。
(54) 平良前掲『戦後の政界裏面史』一七〇頁。"Fourth Year," p.160. 瀬長亀次郎『瀬長亀次郎回想録』新日本出版社、一九九一年、七五頁。
(55) "Fourth Year," p.159.
(56) 新崎前掲『戦後沖縄史』三一―三二頁。『高安運動史』三二八頁。前掲『沖縄人民党の歴史』六〇頁。
(57) 新崎前掲『戦後沖縄史』八六―八七頁。
(58) 『うるま新報』一九五一年一月三〇日。
(59) この時期の帰属問題にたいする意識調査には、『月刊タイムス』一九五一年五月号に掲載された琉大生約二〇〇人の調査や、沖縄青年連合会が三月二二日実施を決定して四月一四日に集計した、会員を対象にしたもの（約一万二千人回答）があるが、日本復帰が前者で八二％、後者で八六％と圧倒的である。いずれも実施時期は人民党など政党の復帰運動への着手に先行せず、青年層に限定された調査であるが、この数字は全沖縄の世論がすでに復帰に固まっていることを裏付けるものとして当時参照された。以上は瀬長亀次郎「日本人民と結合せよ」『世論週

報』特集号日本復帰論、一九五一年七月、六−七頁、および沖縄県祖国復帰闘争史編纂委員会編『沖縄県祖国復帰闘争史　資料編』沖縄時事出版、一九八二年、五〇頁参照。

(60)　公的に復帰運動が開始される直前、一九五一年二月に琉球大学開学式出席のため沖縄をおとずれた神山政良は、各地で講演会をおこない、想像以上に「復帰熱が満場を支配している」ことに驚かされたという。復帰論者の名士の講演であることも影響していようが、この訪問で彼は「郷里同胞のほとんど全部が祖国復帰を熱望しているとの印象を深めた」という。なお神山が日本本土の沖縄出身者の多くが復帰を望んでいるのを初めて確認したのは、五〇年五月の大阪での沖縄連盟全国大会においてであった。神山政良「私の伝記」二六・二七回『沖縄タイムス』一九六一年一一月二四・二五日。

(61)　新崎盛暉は一九五一年以降の復帰運動の特徴として自然発生的性格を指摘し、こう述べている（新崎前掲『戦後沖縄史』八六−八七頁）。「復帰理論が先行して、大衆運動が組織されたわけではなかった。政治的指導者や政党に指摘されなくとも、民衆は生活実感を通して、否定的現実が耐え難い段階に達しつつあることを感じ、文化的復帰論を手がかりにして日本復帰を強く要望していた」。前段の理論的指導については、それがなかったというのは誤りだが、後段の民衆意識については妥当な指摘である。しかしそこからさらに「日本復帰運動が、ややもするとそれ自体を自己目的化する傾向を示しがちだったこと、復帰思想が、民族主義的純化の方向をたどったことなどの一因は、この自然発生性にあるといってよい」と敷衍されるところは行き過ぎであろう。自然発生性を強調しすぎると、復帰を打ち出した政治的指導者や政党が、たんに〈自然発生的な民族感情〉に支配され、それを追認、追従する枠内でのみ活動していたという図式的な理解に落ちやすくなる。民族感情ないし民衆の要求を自然発生的なものとしてアプリオリに実体化するのでなく、運動に参加した各政治主体がそこになにを見出し、それを使ってどんな政治をおこなおうとしていたか、ヘゲモニー闘争のアリーナにおける遂行的なせめぎ合いの諸相を見極めていくことが、歴史の分析として、また政治をめぐる知見をゆたかにするうえでも重要だと考える。

(62)前掲「四ツの政党の動き」四頁。
(63)以下の人民党の復帰方針採取の過程については、主に『うるま新報』一九五一年一月三〇日、前掲『沖縄人民党の歴史』八八―九四頁より。
(64)瀬長亀次郎「知事選挙について」『うるま新報』一九四九年二月一四・二一・二八日。
(65)同編纂委員会『沖縄社会大衆党史』社会大衆党、一九八一年、二二頁。
(66)『うるま新報』一九五一年三月一九日・二七日。
(67)『うるま新報』一九五一年二月三・一七・二一日、三月六日。瀬長前掲論文「日本人民と結合せよ」六頁。平良前掲『戦後の政界裏面史』二七七頁。
(68)前掲『沖縄県祖国復帰闘争史』二三頁。『奄美共産党史』一一五―一一六頁。沖縄の復帰署名運動のばあいは、東京の仲吉良光、吉田嗣延ら復帰運動の保守勢力が「同志・平良辰雄」に「今のうちに住民の意思表示をするように」と呼びかける動きが先行していた。前掲『沖縄の証言』下、一一五・一一七頁、吉田嗣延『小さな闘いの日々　沖縄復帰のうらばなし』文教商事、一九七一年、四五―四八頁参照。
(69)以上の復帰署名運動の展開については次を参照。『うるま新報』一九五一年五月一六日、六月二九日、七月四・一四日、八月二七日。当山前掲『政治の舞台裏』三九五頁。吉田前掲『小さな闘いの日々』四五―五二頁。前掲『沖縄の証言』下、一六―一七頁。新崎盛暉ほか「座談会　沖縄にとって戦後とは何か」『新沖縄文学』二七号、一九七五年、一〇六頁。村山前掲『奄美復帰史』二六六頁。
(70)前掲『沖縄人民党の歴史』八九―九三頁。
(71)上地・仲里の離党については『琉球新報』一九五一年九月一二日・一七日、および沖縄県公文書館所蔵ＩＲＲ文書、瀬長亀次郎ファイル Vol.I (0000037475) 所収 "Report of Investigation," 14 April 1955 付属 'Report of Finding,' p.38, No.80,83.（以下、'Report of Finding' と略記）

(72) 『うるま新報』一九五一年一〇月一日。

(73) 『資料集』一巻、五五―五九頁。

(74) 前掲 'Report of Finding,' No.147, p.48.

(75) 『琉球日報』一九五一年二月一五日。この記事については鳥山淳氏から教示を頂いた。また鳥山前掲「戦後初期沖縄における自治の希求と屈折」二〇〇頁参照。

(76) この瀬長の報告は、その一部分が前出の沖縄諸島解放青年同盟『沖縄はこうなっている!!』三―四頁に収録されている。

(77) この言葉は「勤労被搾取人民権利宣言」から(前掲『レーニン全集』二六巻、四三五頁)。ここでレーニンは、各民族ではなく「各民族の労働者と農民」が連邦への参加を決定する権限をもつと規定しているが、これは民族自決の原理がプロレタリア国際主義と両立し、かつまた民族的課題が階級的課題に従属するとの位置づけに即応する規定である。

(78) 瀬長亀次郎「平和の擁護と沖縄」『人民文化』六号、一九五〇年五月、三頁。

(79) 瀬長前掲「結合論文」。以下の主な参照・引用箇所は二二―二三・二七・二九―三〇・三一―三五頁。

(80) 『資料集』一巻、五一頁。

(81) 前掲『沖縄はこうなっている!!』四頁。

(82) 上田耕一郎『戦後革命論争史』上、大月書店、一九五六年、一八三―八八頁参照。

(83) コミンフォルム無関係論もふくめて、神山編著前掲『日本共産党戦後重要資料集』一巻、三九五頁。

(84) 宮川編前掲『民族および植民地問題』一一二―一一三頁。

(85) 前掲『沖縄人民党の歴史』九〇頁。

(86) 前掲『沖縄はこうなっている!!』四頁。

（87）このような言語表現は、ある程度一般化して評することが必要なものかもしれない。すなわち「アイデンティティは、それ自身だけでは、思考されえない、あるいは作動しえない」。「アイデンティティは、根源的に起源的な断絶あるいは瑕疵の抑圧をともなうことなく、みずからを構成したりあるいは想起したりすることができない」。「そのように非決定で深刻に損なわれた歴史はいったい書かれうるものとして在るのか」。書かれうるものとしてのリアルな実在があるかどうかにかかわりなく、それは到来し、「リアルな歴史」に取り憑くのだろう。エドワード・W・サイード『フロイトと非ーヨーロッパ人』長原豊訳、平凡社、二〇〇三年、七二ー七三頁。

第Ⅱ部序説

（1）宮里前掲『日米関係と沖縄』一五八ー六三頁。我部前掲『日米関係のなかの沖縄』一一七ー三〇頁。

（2）吉本隆明『敗北の構造』弓立社、一九七二年、四二八頁。

（3）「沖縄は自ら帰る」とは、一九六七年一一月、那覇のデモ行進で高校生がかかげていたプラカードに記されたことば。永積安明は、そこに日本の政府および国民への絶望と、「それにもかかわらず、沖縄は自らの力で帰るべきところへ帰る」との決意――「復帰」主体の「自己撞着とも見える」決意の矛盾と力強さ――を読み取った。永積安明『沖縄離島』朝日新聞社、一九七〇年、四・二二頁、鹿野前掲『戦後沖縄の思想像』二六一頁。

第三章

（1）本章の奄美ー沖縄統一戦線および林義巳の伝記的事実についての記述および引用は、林義巳所蔵奄美・沖縄非合法共産党関係資料と手記、そして一九七五年にミニコミ誌『道之島通信』の取材で録音され、公表されることなく同誌主宰松田清氏のもとに保管されてきたインタビュー・テープをもとに、林氏自身の校閲をへて筆者が編集した「林義巳インタビュー記録」（いずれも『資料集』三巻所収）による。また二〇〇〇年以降、〇四年の逝去で中断するまでの、筆者と林氏との間のコミュニケーションで補足している。本章の注記では、頻出する『資料集』三巻所収のものは本文に頁数を［ ］内に入れて示した。なお森前掲「越境の前衛、林義巳と「復帰運動の歴史」」は、本章と重複する部分をもつが、本章では省略した次の問題点への検討を含んでいる。越境的連帯の社会運動を組織することは、人びとを地域や階層に分断して統治する支配体制へむけた、外面的な闘いであるにとどまらず、その分断体制のなかに生み出される、自他の内なる他者認識の分断構造とのたたかいでもあった。奄美―沖縄統一戦線の運動は、政治的社会的な分断構造とそこでの文化的思想的な他者認識（奄美差別と沖縄蔑視）を総体的に変革する取り組みとしてあったのであり、この運動が歴史記述／認識のうえで忘却ないし抹消されてきた原因も、そこにたどることができ、その意味でのたたかいは現在までつづいてる。こうしたことから、森前掲稿では、奄美・沖縄・日本の他者認識をめぐる文化論についても、主題に関するかぎりでの論及を行なっている。

（2） 米政府内の琉球統治区域論議についてはエルドリッヂ前掲『奄美返還と日米関係』第一章参照。なお「琉球弧の視点」を文化論として提起した島尾敏雄が、よくいわれる地理学上のことばからのヒント以前に、海上特攻隊の指揮官として配置された奄美から沖縄戦を見やる配備の中でこの視点を身体的に獲得していたことは、この「文化論」の歴史のいきさつ（直截にいえば軍事史的背景）として押さえておく意味がある。

（3） 『資料集』三巻、三四頁。なお奄共の「五六年党史」は、五一年一〇月以降の緊急対策方針で、沖縄の「基地労働者十万の組織化」の方針を立てたと述べ、『中村運動史』三六三頁の回顧でもこれを踏襲している。そして五六年党史を参照した『松田運動史』一五八頁は、「基地労働者の組織化」の任務を、奄美共産党から林に与えられた当初からの任務の内に入れている。だがわたしが二〇〇一年に林に、手記の記述について再度確認したところでも、基地労働者の組織化の任務は党から示されず、奄美共産党沖縄細胞が独自に設定したものだと証言された。奄共幹部の執筆になる五六年党史が、林ら沖縄細胞の活動については事実に反する憶測によるものであることについては、林インタビュー記録で述べられている。

(4) 島袋嘉順「軍政下における沖縄の労務事情」『世論週報』特集号日本復帰論、一九五一年七月、七一・八二頁。こうした危惧にはたしかな裏付けがあったようで、終戦後復員してから四年間、嘉手納航空隊で働いたという、ある労働者は、四九〜五〇年ころのできごとであろう、次のように語っている。「その頃米軍は市内の電信柱なんかに、「民主主義はまず組合結成から」といったような、情報部のポスターをはって宣伝していましたので、こっちは真に受けて組合を結成したのですが、これが結局わざわいして首切られることになりました。表向きはポスターとか、文化会館などでいろいろ民主的なにおいをかがせるが、いざこっちがほんとうにやろうとしたら首切られる」(「現地録音　私たちにも人権を」『世界』一九五九年一二月号、一二五頁)。

(5) 『村山復帰史』一二三―一二五頁。

(6) 『うるま新報』一九四九年一二月四日「琉球の軍事施設に五八〇〇万弗支出　労務はすべて沖縄人を使用」、一二月一七日「ボ陸軍次官シーツ長官と会見　軍施設工事に沖縄人の協力望む」など参照。

(7) 「海運規則」は沖縄朝日新聞社編『沖縄大観』日本通信社、一九五三年、四八七頁以下を参照。同規則の施行によって廃止となった奄美の先行命令は、四八年六月一日付北部琉球軍政府命令第二〇号「北部南西諸島住民に告ぐ」(同日施行。臨時北部南西諸島政庁『公報』三七号、四八年六月一五日発行に掲載)で、この命令は「人の南西諸島出入を取締る」ために米軍政府当局の許可を得ないで奄美に出入りする者を検挙、処罰することを定めた。「海運規則」の施行による琉球内群島間の渡航制限の撤廃は、米軍政下「琉球」社会、とりわけ沖縄・奄美関係史において重大な意味をもったはずだが、これまでの研究で検討されることはなかった(ただし特記されるべき例外として吉田慶喜編『奄美の祖国復帰運動』奄美大島勤労者学習協会、一九六四年、八五頁は「軍政府も五〇年はじめから沖縄えは手続なく渡れるように布令をあらため群島政府は那覇に簡易宿泊所をつくって出稼に行く人達の便宜をはかり、積極的に沖縄出稼を奨励した」ことを記している)。従来の米軍統治下「琉球」の歴史研究が奄美・沖縄・宮古・八重山で別個に検討される一方で、依然として沖縄本島中心史観が放置・承認されつづけてきた現状を反映した盲点であろう。しかし沖縄中心史観から離れ、群島間の関係を検証することによってこそ、逆に沖縄本島のあり方、〈基地沖縄〉の社会史の重要な一面が内側から照らしだされるはずである。越境の歴史に照応した越境の歴史学が求められている。

なお正式に群島間移動を禁じた法令には他に、四九年七月施行「刑法並びに訴訟手続法典」二・二・一七があったが、「海運規則」は施行にともなう廃止法令として指示していない。法体系の全体的整合性は一部欠いていたのだが、五〇年九月施行「群島組織法」四・二が群島間の移動の自由を規定したことでこの不備も解決されたといえる。

(8)『奄美共産党史』一〇二・一七二頁は「四九年一一月から奄美から沖縄への渡航申請手続きがいらなくなり、自由往来が出来るようにな」ったとするが、これは一〇月二九日付軍指令第二三号が「琉球人の日本旅行」を、大幅な制限付きで認可すると発表したことと混同したものだろう。

(9)近現代奄美の人口変動については、若林敬子「人口の変化」松原治郎など編『奄美農村の構造と変動』御茶の水書房、一九八一年、仲村政文「奄美群島における人口の構造と動態」『南日本文化』鹿児島短期大学南日本文化研究所、一九八二年があるが、戦中・米軍統治期については「当時の社会経済的諸条件に規定されて、特異な性格をもつもの」(仲村論文一八〇頁)として、補足的にしか検討が加えられていない。皆村武一『戦後奄美経済社会論』日本経済評論社、二〇〇三年も、奄美返還後に重点を置いている。当該期の奄美の社会経済史全般のレベルアップが、この人口面の流動的な大変動を把握するうえで欠かせない。復帰前の在沖奄美出身者数は多くの場合四万から五万と推測されているが、『高安運動史』二七四頁は「一九五〇年初めにはその数四万人に達した」といい、中村喬次「沖縄のなかの奄美出身者の歴史」『新沖縄文学』四一号、一九七九年(中村『南島遡行』海風社、一九八四年所収)は、復帰前の時点で七万人と言われたという。

(10)「流れこむ一万の大島人　気をもむあま美人会」『うるま新報』一九四九年九月二七日。

(11)以上の人口調査データは次を参照。奄美大島日本復帰協議会『奄美群島と名瀬市の人口趨勢　食糧値上と対策』

（一九五二年。鹿児島県立図書館奄美分館所蔵）。『昭和三八年度　奄美大島の概況』鹿児島県大島支庁、四一―四三頁。『村山復帰史』五三四頁。復帰後の奄美人口は五〇年代は二〇万人台を維持したが、六〇年代には本土への出稼で減少と過疎化が進み、現在は一三万人台。

(12) 「大島から沖縄への流れ込み防止　知事から軍政府官へ具申」『うるま新報』一九五〇年六月一四日。肥後吉次「沖縄出稼人達の動向と今後」『旬報　奄美評論』一九五〇年四月中旬号。同「沖縄対策問題」同前誌同年六月下旬号。「社説　浮動労力を吸収せよ」『南海日日新聞』一九五〇年六月一日。

(13) 財部つき枝「婦人の見た沖縄」『自由』一九五〇年八月号。「奄美郷友会設立の趣旨　並びに奄美出身者への呼びかけ」奄美大島連合青年団代行機関誌『新青年』五二年一二月号。この在沖奄美出身者の郷友会の設立には林義巳ら奄美共産党沖縄細胞がふかく関与した。

(14) 新崎前掲『戦後沖縄史』三五九頁。琉球新報社編刊『郷友会』一九八〇年、三一〇頁。『村山復帰史』四八四―八六頁。崎田実芳「検証　奄美・復帰から復興へ　二」『ルリカケス』二一号、奄美瑠璃懸巣之会、一九九八年。実島隆三『あの日あの時』南海日日新聞社、一九九六年、二五三頁。吉田前掲『奄美の祖国復帰運動』八六頁。

(15) 「南北琉球へ流れ去つた千百余万」『うるま新報』一九五一年八月二九日。「奄美大島の返還と琉球」『沖縄タイムス』五三年八月一一日。『改訂名瀬市誌』一巻、名瀬市役所、一九九六年、七二七頁。

(16) 前掲肥後「沖縄対策問題」三頁。喜久奎吾「沖縄に於ける大島青年の補導について」『南海日日新聞』一九五一年四月八日。「労務者第一陣近く出発」同前紙同年九月二八日。

(17) 冨山前掲『近代日本社会と「沖縄人」』など参照。

(18) 米軍統治下沖縄ではアメリカ人、フィリピン人、日本本土人、沖縄人の順に賃金差別があったことはよく知られているが、実態としてはその下に奄美出身者が位置づけられていたといわれる。とくに奄美出身者の労働条件を最底辺にしばる規定などはなかったが、出稼であること、そして他の離島・先島出身者と比べても、郷里は全面的に困窮し、また沖縄本島社会に同郷会などの受入・扶助基盤がなかったことから、社会から孤立したまま、雇用者の言いなりにタコ部屋や「歓楽街」の店舗に閉じこめられ、過酷な待遇を受けることになった。また急激な労働人口の移動で際だって目立つ存在であったために、社会の反感と偏見を集中して受けることになった。こうした構造のなかで、一九五二年頃に初めて沖縄にあらわれた暴力団組織の源流は、密貿易に携わる奄美出身者から生まれたという説も流布するようになった。実際には戦後まもなくはじまった米軍部隊からの物資の横どり(「戦果をあげる」と呼びならわされる)と、その盗品物資を大量に売りさばいた、「戦果アギヤー」とブローカーの活動から、沖縄の暴力団の組織化ははじまったようである(大島幸夫『沖縄ヤクザ戦争』晩聲社、一九七八年参照)。

(19) 『沖縄タイムス』一九五二年六月一一日。琉球政府労働局『資料琉球労働運動史』一九六二年、六頁。

(20) 里原昭『琉球弧奄美の戦後精神史』五月書房、一九九四年、一九七頁。霜多正次「基地沖縄の労働者」『新日本文学』一九五三年八月号、二三頁。

(21) 瀬長前掲『瀬長亀次郎回想録』八六頁。

(22) 『沖縄タイムス』一九五二年六月一六日。

(23) 『琉球新報』一九五二年六月二六日「記者席」欄。第三回労働者大会および争議の決着にいたるまでの経過については、同紙および『沖縄タイムス』の逐次の報道と、関係者の証言類を参照。

(24) 一九五二年六月二六日未明という非合法沖縄共産党の創設決定の日時は、引用紹介した林インタビュー証言、およびハンスト団の病院収容時刻が「午後一一時半」だと記した『琉球新報』六月二六日記事「スト遂に解決　感涙の争議団引揚ぐ」、そして林義巳手記「一九五二年六月二六日」の次の短い文面、「日本共産党結成、非合法/瀬長亀次郎、林義巳。(元味見屋食堂比嘉亀吉)」を参照することで確定できる(『資料集』三巻、二九頁)。

(25) 前掲『資料琉球労働運動史』一三―一七頁。

(26) 瀬長前掲「日本人民と結合せよ」三二・二四頁。

(27) 瀬長前掲『瀬長亀次郎回想録』四八頁。「瀬長亀次郎とはどんな男か」『真相』一一四号、鶚出版、一九五八年三月号。

(28) 瀬長亀次郎「琉球政府立法院の楽屋裏」『世論週報』時事問題特集号、一九五二年一〇月、三五頁。

(29) 同上、三五—四二頁。

(30) 頻発した労働争議の経過と態様については、主に琉球政府労働局『資料琉球労働運動史』一九六二年を参照。これらの労働争議について中野・新崎前掲『沖縄問題二十年』六〇頁は、そのほとんどが「本土業者を相手としてたたかわれていたことが注目に値する」と評している。だが日本資本との対決はその特徴の一半で、本質部分は米軍権力による「沖縄要塞化」との対峙であった。

(31) 前掲 'Report of Finding,'p.47, No,144.

(32) 前掲 'Report of Finding,' p.47, No.146.『琉球新報』一九五二年六月二六日。

(33) 前掲『資料琉球労働運動史』七頁。新崎盛暉「島ぐるみ闘争から二五年」『新沖縄文学』五〇号、一九八一年、四・九頁。

(34) 以上はアントニオ・グラムシ『新編 現代の君主』上村忠男編訳、青木書店、一九九四年、二二一・二二四頁。訳文は崎山政毅『サバルタンと歴史』青土社、二〇〇一年、二八頁も参照。また関連して山崎功監修『グラムシ選集』合同出版、一九六一—六五年、五巻、一一一頁も参照。

(35) 新崎前掲「島ぐるみ闘争から二五年」五頁。自然発生的な運動にたいする知識人の指導的役割に重きを置く議論は、新崎盛暉「本土戦後史における沖縄認識」日本平和学会編『沖縄』早稲田大学出版部、一九八〇年における、日本の革新的オピニオン・リーダー批判で、もっとも明瞭に打ち出されている。新崎は「島ぐるみ闘争」について、「本当に沖縄の民衆が死に物狂いで自力で立ち上がったと思うので、どうしてもこだわる」のだという立場を維持しているが、大衆運動を自然発生性に集約してとらえる立場は、他方で、おそらく意に反して指導者・知識人の役割の重視へと収斂しやすい。こうした問題は、運動の生成の内側について、まだ十分な検討材料が乏しかった段階であらわれていた限界として受け取ることができる。こうした限界を乗りこえて、いわゆる自然発生性の中身を再検討する作業は、第二章でも取り組んだが、第四章でより具体的に論じる。

(36) 以下ビートラー演説は、前掲『資料琉球労働運動史』一三・二〇四頁より引用。

(37)「太平洋のジブラルタル沖縄」『琉球新報』一九五二年五月七—一一日。「沖縄の要塞化（太平洋のジブラルタル）建設工事大半は完成」同前紙九月一〇日。「ビートラー副長官病気のため退任」『沖縄タイムス』五二年一二月一二日。

(38)『南海日日新聞』一九五二年八月二三・二四日。『奄美共産党史』一七三頁。

(39)「強硬政策」については、宮里前掲『日米関係と沖縄』七頁および第四章参照。宮里は「強硬政策」が採られたのは奄美返還後だとしている。

(40) ここに書き入れた呼び声のことばは、林義巳が小舟の上で聞き取った声（林手記「人民党事件」『資料集』三巻、五八頁。原文は「またこいよ!!」）であるが、わたしのテクストは形式上、引用句として括らず、我有化して記した。それがこの回生を求める声を記述するのにふさわしい。

(41) ここでは、差異をふくんだ他者との遭遇を肯定する統一戦線において、労働者や農民は、支配構造のもとで規定された存在形態を解体・変様させ、各自の存在形態に対決していくことが可能になるとの、藤本進治『革命の哲学』青木書店、一九六四年の統一戦線論、またこれについての絓秀実『革命的な、あまりに革命的な』作品社、二〇〇三年、三〇三頁の解説を参照。

(42) ジャック・デリダ『マルクスの亡霊たち』増田一夫訳、藤原書店、二〇〇七年、一八六—八七頁。

(43) 第一章のために付言すれば、奄美共産党で中村安太郎が夢みて挫けざるをえなかった「居る処を以て中央となす」地方の中央化ではなく、上部や中央なしに、みずからの居場所から直接世界にいたり、世界の労働者とつながり合うことの入り口、それは中村のすぐそばにあり、彼もまたおそらく、見えないままそこに入っていたのだ。

第四章

(1)『資料集』二巻、一三六頁、三巻、(六九)頁。大峰林一「闇に消えた党内党」加藤哲郎など編『社会運動の昭和史』白順社、二〇〇六年、三二九頁。

(2)『資料集』二巻、一九三頁、三巻、(六九)頁。沖縄県公文書館所蔵ＩＲＲ文書、"Kotaro KOKUBA" ファイル (000037471) 所収 'Extract from Weekly Intelligence Digest, Issue No 42-54, 22 Oct 54, BIOGRAPHICAL: KOKUBA, KOTARO,' 18 Nov 1954, Agent Report, 'OKINAWA PEOPLE'S PARTY (OPP),' 20 March 1957, 'Kokuba Kotaro, SECTION V SYNOPSIS OF POLITICAL HISTORY,' 28 March 57.

(3)ここに述べた歴史の哲学的考察は、エマニュエル・レヴィナス『存在の彼方へ』合田正人訳、講談社学術文庫、一九九九年、および同書についての熊野純彦『レヴィナス　移ろいゆくものへの視線』岩波書店、一九九九年の検討に学んでいる。

(4)前掲「南西諸島対策全国グループ会議録」一九五四年参照。

(5)この名瀬三者会合をはじめ、体系的な組織活動を開始して以降の沖縄非合法共産党については、その活動の中心にいた国場幸太郎の研究と証言、そして国場・加藤哲郎・鳥山淳・森のあいだの共同研究活動から数多くの教示を得ている。以下国場幸太郎については全般にわたって『資料集』三巻所収「国場インタビュー記録」一・二を参照したほか、国場自身の非合法共産党にたいする歴史的分析は次を参照。国場幸太郎「現代世界史の中の沖縄」『現代思想』二〇〇〇年六月号。同「沖縄の一九五〇年代と現状」『情況』二〇〇〇年八・九月合併号。同「「沖縄非合法共産党文書」研究案内ノート」『沖縄タイムス』二〇〇一年八月一四日〜二五日、八回連載(以下、国場「研究案内ノート」と略記)。同「米軍統治下におけるＣＩＣと世論操作／人民党と非合法共産党」『沖縄を深く知る事典』日外アソシエーツ、二〇〇三年。なお沖縄現地党むけ政治方針「当面する闘いの方向」は見つかっていないが、それを高安重正が名瀬三者会合で付与した事実は、高安の執筆になる一九五四年の党文書に記述がある(『資料集』二巻、一一八頁)。

(6) 国場前掲「沖縄の一九五〇年代と現状」七三頁。なお一九五四年一一月の前掲「南西諸島対策全国グループ会議録」でも、高安は「今後は沖縄の指導のため、琉球解放の前進基地としての奄美の強化が急務である」と、党中央の方針を説明している。この「前進基地」という表現に、「付帯意見」の軍事方針の反映を見ることができる。

(7) 国場前掲「沖縄の一九五〇年代と現状」七三頁。『資料集』三巻、(三五)頁。なお、米軍側は人民党事件での畠義基の逮捕後、この名瀬会合で「軍の補給庫への攻撃が必要になる日がくるであろうから、日共地方支部は、ゆくゆくはその計画を立てなければならない」との指示が国場に告げられ、沖縄非合法党の会議で報告されたことをキャッチしていた。もしこの武装闘争方針に従っていたばあいの結果は、火を見るより明らかだっただろう。前掲"Kotaro KOKUBA"ファイル所収'KOKUBA, Kotaro Mawashi-shi, Okinawa Ryukyu Islands,' 7 December 1954.

(8) 高安前掲「沖縄・小笠原返還の国民運動について」二三頁。

(9) 『資料集』二巻、二三二頁。

(10) 高安前掲「沖縄・小笠原返還の国民運動について」二三頁。

(11) 『高安運動史』四六七—七〇頁。ちなみにこの「琉球対策を強化せよ」の方針内容の抹消と、「琉球の情勢について」へのすり替えは、じつは日本共産党奄美地区委員会の「五八年党史」で、すでに行なわれていた。だが宮本顕治新体制への移行のなかで、都合の悪い先行党史の記述を、党内的に保身のため隠蔽しすり替えた「五八年党史」の執筆者の行ないと、おそらく自分自身が執筆して、奄美に出向いて直接伝達もした事実を、組織から逐われた者が、自著のなかでみずから隠蔽・改竄するという高安の行為は、位相が若干異なる。官僚主義的無責任体制の体質は、組織から追放された者が組織の制約からのがれて明かす、いわゆる秘史のなかにも浸透し、容易にはその体質からは抜け出せないということなのであろう。なお、二つの政治方針書が掲載された『平独』は、いまでこそ復刻『平和と独立』（五月書房、一九九九―二〇〇〇年）の公刊によって、だれでも見ることができるが、それまでほとんど見ることのできない秘密文書だった。地下潜行していた時期の日共非合法機関紙であり、初期の紙面には敵に一枚も渡すなとの注意がくり返しかかげられていた。保存していた者は公安側をのぞき、当時の活動家でもほんの一握りだった。そのため沖縄・奄美非合法共産党史に関心をもつ研究者や、かつての運動関係者のあいだでも、両文書を直接検討してさし替えと改竄を見破ることは、復刻版の登場までできなかった。『平独』は、非合法活動に従事した活動家たちが、活動の証拠を残すまいとした努力によって幻の文書となり、幻の文書が幻のままであることに依拠していた公式党史は、結局、歴史の実相を検証しなおそうとするかつての活動家たちの復刻版刊行の努力によって、公式党史こそが幻だったことを、ついには暴露されることになった。

(12) 『資料集』二巻、二三五頁。
(13) 国場「研究案内ノート」六。『資料集』二巻、二一二―一六頁。
(14) 国場「研究案内ノート」六。
(15) 以下の沖縄非合法共産党の組織形態、活動展開は、『資料集』所収の各種史料を参照。
(16) 沖縄県委員会から日共中央に送られた最初の報告書は、「一九五四年」三月二二日付で、国場の筆になる。『資料集』二巻、八二頁。
(17) 日本道路ストの現場指導者であり、五四年の人民党弾圧事件まで非合法共産党で活動した畠義基は、その後米軍側の反共宣伝の担い手として、非合法共産党の暴露をかさねて行なっている。彼がまとめた『真相』には、沖縄県委員会の組織図が、市町村単位のこまかな細胞人数もふくめて記載されている。その党員人数は合計一〇一人である。それは「一九五八年二月十日現在」とされているのだが、国場によると、これは畠が参加していた初期の時期の組織図として妥当なものだという。『資料集』三巻、一二四・（六三）頁。

(18) 以上は国場前掲「沖縄の一九五〇年代と現状」七二頁。

(19) 沖縄諸島祖国復帰国民大会『日本復帰国民大会ニュース』一九五三年三月一八日、沖縄青年会『青年会ニュース』No.1、一九五三年二月。いずれも『資料集』三巻所収。また同、（一二）頁参照。なお「赤だ白だ黒だ」というのは、沖縄の伝統的な派閥対立、「シルー・クルー」にひっかけて「赤狩り」の反共主義を笑った表現。

(20) 新崎編前掲『沖縄現代史への証言』上、一〇〇頁。

(21) これは「戦後五〇年人間紀行　そして何処へ」の「クニさん」の項（『沖縄タイムス』一九九五年四月二―一三日）で紹介された国場のことば。この連載記事は教師を定年退職した国場が、執筆担当者長元朝浩の熱心な訪問取材に応じ、「非合法組織」とそこでの同志たちとの活動について初めて語りだしたものである。長元のすぐれた労作であるとともに、その後に本格化する国場の沖縄非合法共産党についての研究・証言の幕開けをなした。ちなみにこれを引き出した長元は、沖闘委運動の最後の世代にあたる。世代間の経験のつなぎ目は所与のものとしてあるのでなく、時をかけて作られるものである。

(22) 無署名書評「国場幸太郎著『沖縄の歩み』　民衆の立場の沖縄史」『沖縄タイムス』一九七三年五月二七日。「クニさん」一『沖縄タイムス』一九九五年四月二日。新川明『沖縄・統合と反逆』筑摩書房、二〇〇〇年、七八頁。前掲"Kotaro KOKUBA"ファイル所収'Extract from Weekly Intelligence Digest, Issue No 42-54, 22 Oct 54, BIOGRAPHICAL:KOKUBA, KOTARO,' 18 Nov 1954, Agent Report 'KOKUBA, Kotaro,' 22 August 1955, 'KOKUBA, Kotaro,' JUN 26 1957.

(23) 国場「研究案内ノート」四。第二回立法院議員選挙をめぐる統一戦線の構築については『資料集』三巻、（五九）頁など参照。

(24) 当山前掲『沖縄戦後史　政治の舞台裏』一四三―五〇頁。

(25) 沖縄タイムス社前掲『沖縄の証言』下、一一六―一九頁。
(26) 『沖縄タイムス』一九五三年一一月七日。『資料集』三巻、(四二)・(五二)頁。
(27) これは一九五八年に決定的になった革新陣営の分裂以前の段階の人民党のイメージとして伝えられている。中野・新崎前掲『沖縄問題二十年』一二七頁。
(28) 国場「研究案内ノート」三。
(29) 同前四。琉球新報社編刊『西銘順治日記　戦後政治を生きて』一九九八年、一三二―三四頁。
(30) 『沖縄タイムス』一九五四年一一月七日。中野・新崎前掲『沖縄問題二十年』六四・六七・七三頁。
(31) 『資料集』二巻、一九〇・一九五・二五三頁参照。
(32) 以下は次の一九五四年の『アカハタ』掲載記事を参照（『資料集』三巻所収）。「法廷とりまく五千名」「抗議集会に三万」一〇月六日。投書欄「沖縄復帰のため命をとして」一〇月一八日。「米軍圧制下に闘う沖縄人民」一〇月二三日。「愛国者を守る沖縄県民」一〇月二九日。「たたかう沖縄の人びと」一二月三〇―三一日。また同じく沖縄からの緊急の通信によるパンフレット、在日沖縄学生南灯寮人民党弾圧事件対策委員会『祖国の同胞に訴える　米軍！愛国者四四名を逮捕』一九五四年も参照。
(33) 先にみた日共沖縄対策部門の「一・二七琉球テーゼ」や高安前掲論文は、この抗議運動の高揚をもって「チョ突的な極左的衝動にかられた行動」とみなし、「このような極左冒険主義」が「敵の弾圧の準備を促し」たとしている。このような解釈にたいしては、八四年の公式党史『沖縄人民党の歴史』でさえ、「「人民党が戦術的なまずさから招いた」弾圧であるかのようにいうものがあるとすれば、それはこの弾圧の根の深さを見ない、皮相な見方に立つものであり、本質を見誤っている」と反論している。だが日共新綱領路線の極左冒険主義に追随したものと勘ぐられないための措置であろうか、同書でも、弾圧に抗する大規模な抗議集会があったことはいっさい触れられていない。このため人民党弾圧事件にたいして即座に「幾万幾千」の抗議運動が展開された事実は、前注にあげた同時代の資料に記録されるばかりとなり、こうした運動内外の検閲の重なり合いの結果として、人民党弾圧事件は、ただ弾圧に「あまんじていた」「暗黒時代の沖縄」を象徴するできごととして伝えられることになった。そしてこの弾圧に甘んじる沖縄像が定着するなかで、戦後初めて民衆的な抵抗運動が「爆発」したとする「島ぐるみ闘争」の特権的な位置づけがもたらされることになったと考えられる。

(34) 中野・新崎前掲『沖縄問題二十年』六四・八〇頁。中野・新崎前掲『沖縄戦後史』八三頁。

(35) 引用したような評価を新崎が行なうのは、これ以前の沖縄戦後史は「まず最初にアメリカ(政府あるいは軍部)の政策があり、それに規定された日米関係ないし国際関係があって、その大枠のなかで、それぞれの時期の特徴が語られなければならなかった」という対称性を設定していることによる。新崎前掲『戦後沖縄史』一四六頁。だがアメリカの軍事戦略や占領政策などの設定は、沖縄戦後史という歴史の「地平」を上から規定するものとして注がれたということはできるが、それがどのように政策として実現されたか、また軋轢を生んで変容させられたか、といった歴史の実際面を考えるならば、大枠は大枠であってそれ以上でも以下でもない。大枠によってある地域社会の歴史が埋められることはありえない。もしも政策が住民の沈黙のなかに、ただ受け取られているように見えたとしたら、その沈黙(史料の不在)のなかに潜むものが歴史として探られるべきなのである。

(36) 本章ではとくに、新崎盛暉によって構築されてきた「島ぐるみ闘争」を中心とする従来の沖縄戦後史像の克服、刷新に努めているが、その理由について一言そえたい。新崎による沖縄戦後史論は、沖縄に自由に渡航滞在できない条件のもとで、基本的に東京にいて、同時代に書かれたものであった。それは、その時代的な制約をほとんど踏み越えてものされた、非常に卓抜な研究であった。そのため、それが実は史料面で非常に制限された条件下で書かれたことが忘れられやすく、おそらく新崎の予想にも反して、スタンダードとして長く参照されつづけてきた。本書は、強靭さとやさしさをたたえた新崎の研究と人格に学び、その精神を継承したいと願い、忌憚なく批判し克服することを目ざしている。

(37)「わたしたちにも人権を」『世界』一九五九年一二月号、一二九頁。
(38)『資料集』二巻、一七九頁。『沖縄第四回統一メーデー大会　宣言ならびに決議集』一九五五年、一二頁(『資料集』一巻、八六頁)。
(39) 国場「研究案内ノート」五。
(40) 中野・新崎前掲『沖縄問題二十年』八四頁。
(41)『資料集』二巻、一九〇頁。『沖縄タイムス』一九五五年一月七日。
(42) 以下、五五年四月までの弾圧後の非合法共産党の組織再建過程については、主として『資料集』二巻所収の党報告書、一八九－九五頁を参照・引用。なおこの報告書は主な単語について暗号を用いて記されているため、報告書の作成者だった国場幸太郎が作成した暗号解読表にもとづいて解読を行なった状態で引用する。また、農村への「援農オルグ」については、大峰前掲「闇に消えた党内党」三三一頁、新崎ほか前掲「座談会　沖縄にとって戦後とは何か」一〇八－一一頁などに実体験が紹介されている。
(43) Jules Michelet, "L'Etudiant," Editions du Seuil, 1970, p.114. 本書エピグラフを参照。なお訳文は、ジュール・ミシュレ『学生よ　一八四八年革命前夜の講義録』大野一道訳、藤原書店、一九九五年、一二二頁を参照のうえ、芥川眸氏の懇切な教示をいただき、新たに訳出した。
(44) 前掲「クニさん」九。
(45) 国場前掲「米軍統治下におけるCICと世論操作／人民党と非合法共産党」七九頁。なお二〇〇一年執筆の国場「研究案内ノート」八までは、「一九五七年当時、沖縄の非合法共産党は自らの基本的任務を果たし終えていたと言えるかもしれない」というように、つねに疑問形で記していた。
(46) 国場前掲「沖縄の日本復帰運動と革新政党」一二四頁。
(47) 前掲「クニさん」九。この人物は、一九五五年三月、米軍によって農地家屋を焼き払われた伊江島の農民が琉球政府の前で小屋を立て座り込みをしていたとき、立法院の職員たちから闘争資金のカンパをあつめ、激励の手紙（国場幸太郎らと執筆）とともに農民たちのもとに届けた。農民たちは「百万の味方を得たように勇気づけられた。激励文の初めに「乞う読後火中」と書かれてありましたが、どうしても焼く気にならないので、抱きしめるようにして保存」されたという。その結果、この献身は灰となって土に還るのでなく、いまも伊江島の「ヌチドゥタカラの家」に保存されている。阿波根昌鴻『米軍と農民』岩波書店、一九七三年、一〇〇頁。手紙全文は、阿波根昌鴻『写真記録　人間の住んでいる島』自費出版、一九八二年、七八頁、佐々木辰夫『阿波根昌鴻　その闘いと思想』スペース伽耶、二〇〇三年で読むことができる。

(48) 以上の記述は、「消尽」「灰」「散種」という概念をめぐるジャック・デリダの一連の考察を参照。デリダ『火ここになき灰』梅木達郎訳、松籟社、二〇〇三年、デリダ『ポジシオン　増補新版』高橋允昭訳、青土社、一九九二年、六六頁など。また党という組織形態や、国家権力の獲得を基礎に置いた国際連帯などの目標と手を切った共産主義の解放の理念については、デリダ前掲『マルクスの亡霊たち』一八六―九四頁参照。

(49) この点についてはジャック・デリダの贈与論を参照。簡潔にいえば、贈与があるためには、それは贈与として現前してはならない。贈り手も受け手もそれを贈与として意識したり、認知＝承認したりしてはならないのである。こうして贈与が贈与としての自己をみずから、他者とともに消失させるとき、エコノミーの外部への通路がうがたれ、新たななにものかが到来する場がきりひらかれるのである。デリダ『他者の言語』高橋允昭編訳、法政大学出版局、一九八九年。高橋哲哉『デリダ　脱構築』講談社、一九九八年、二二五頁。贈与は純粋に消費されて現前化しえない「不可能なものの別名」であることによって、革命の／への希望につながっている。

(50) これはグラムシのヘゲモニー論をめぐって用いられた表現。エルネスト・ラクラウ／シャンタル・ムフ『ポスト・マルクス主義と政治』山崎カヲル・石澤武訳、大村書店、二〇〇〇年、一一六頁。

(51) ジル・ドゥルーズ『記号と事件』宮林寛訳、河出書房新社、一九九六年、二八二・二二八頁。訳文はスラヴォイ・

ジジェク『身体なき器官』長原豊訳、河出書房新社、二〇〇四年、三四頁を参照。
(52) 森宣雄「「拉致問題」をめぐるわたしたちの背中あわせの共同性」『インパクション』一三七号、二〇〇三年、一一五頁。
(53) 檜垣立哉『ドゥルーズ　解けない問いを生きる』日本放送出版協会、二〇〇二年、六五頁。
(54) 片桐薫編『グラムシ・セレクション』平凡社、二〇〇一年、二一・一五三頁。前掲『グラムシ選集』五巻一一〇―一一頁。
(55) 前掲『グラムシ選集』一巻四一―四六頁。
(56) グラムシ前掲『新編　現代の君主』一九五―九八頁。片桐編前掲『グラムシ・セレクション』二二一・六二頁。
(57) グラムシ前掲『新編　現代の君主』六三・一五〇頁。前掲『グラムシ選集』五巻一二四頁。
(58) 片桐編前掲『グラムシ・セレクション』一〇五頁。ラクラウ／ムフ前掲『ポスト・マルクス主義と政治』一一三頁。
(59) 以上はモーリス・メルロ＝ポンティの次の文献より引用。「行動としての弁証法」前掲『弁証法の冒険』一一七頁。「個人の歴史と公共の歴史における「制度」」中山編訳前掲『メルロ＝ポンティ・コレクション』二三八頁。「哲学をたたえて」『眼と精神』滝浦静雄・木田元訳、みすず書房、一九六六年、二四五・二五〇頁。
(60) 片桐編前掲『グラムシ・セレクション』七七・八三・一〇五頁。
(61) D・フォーガチ編『グラムシ・リーダー』東京グラムシ研究会監修・訳、御茶の水書房、一九九五年、一三八頁。グラムシ前掲『新編　現代の君主』二一九頁。
(62) このグラムシの「死すべき党」の理念をめぐっては、「古典的党組織論の一つの到達点」であると評価される一方で、レーニンのメシアニズム的前衛党論の理想主義を継承し、また大産業主義時代の組織モデルに学んだ時代の限界にもかかわって、死すべき党が肥大化して党の発展を自己目的化していく「裏切り」を許容する弱さをかかえていたであろうことが指摘されている（フォーラム九〇編『グラムシの思想空間』社会評論社、一九九二年、二一・一二八頁など）。だがわたしは、そうした問題関心と一部重なりながら位相を異にして、グラムシの政党論を、消滅の展望に裏づけられた生成の哲学として読み取っている。ちなみにグラムシはアンリ・ベルクソンの生の哲学にも学び、「現代の君主」論においても参照している。たしかにグラムシは共産党を「現代の君主」になぞらえていることから、メシアニズム的前衛党論の希望が党に託されていたと評することもできる。だがもとよりグラムシは、その「現代の君主、神話としての君主」が「有機体でのみありうる」とも、普遍的かつ全体的なものになろうとする集合的意志の「最初の細胞」であるとも記している（グラムシ前掲『新編　現代の君主』六三頁）。細胞が有機体として生成と死滅のなかにのみ存在しうることはいうまでもない。そして君主というメタファーの使用に関しても、現代においては打破されるべきであるはずの君主に、あえて神話として、政党をなぞらえている点に、その解体・消滅にむけた展望が含意されていたと読むこともできるだろう。

つまり、たしかにグラムシは一方で、メシアニズム的前衛党論の系譜を引き継ぎ、また上村忠男の指摘にあるように、「明らかに全体主義的な性格の〈組織された生産者社会〉の実現のうちに人間の解放を展望した」典型的な「二〇世紀の思想家」だったといえる（グラムシ前掲『知識人と権力』一六六―一六七頁）。だが他方では、同じく二〇世紀の哲学と社会思想の一潮流であった生成の哲学に影響をうけ、集合的な意志が有機的に生成変化するところに、社会が倫理性や規制をもち、全体性をそなえるという展望を描いていたと見ることができる。すなわちグラムシ政党論は、もっぱら大産業主義時代の集中化・巨大化の組織モデルのみにもとづいて立てられていたのではなく、そうした時代の趨勢のなかで生まれ出る脱中央集権化や、生のたえざる自己超越の運動の認識（ベルクソン「生の躍動」）によって、変革の希望を裏づけていたと考えることができる。そこにこそ「古典的党組織論」に収まりきらない生き生きとした魅力が、生成の革命（組織）哲学論として表現される秘訣があったのではないだろうか。

（63）　沖縄人民党拡大中央委員会「プライス勧告についてアイゼンハワー米国大統領への公開状」一九五六年七月一八日（『前衛』一九五六年一〇月号所収）。パンフレット版は『資料集』一巻所収。管見のかぎりで、この公開状はプライス勧告にたいするもっとも的確な反駁をおこなった文書だと評価できる。

(64) 新崎前掲『戦後沖縄史』一四七頁。そして同書では、自立した「近代市民の大規模な登場」として解釈された「島ぐるみ闘争」が、むしろ国土防衛論、日本の領土権の防衛論として、その正当性をアピールし、ナショナリズムの論理に依存したことに、闘争が行きづまっていく思想的な限界があったことが示唆されている。だがこの抵抗運動が、本来的に防衛的な性格を特徴としていたことは見失ってはなるまい。守るべきもの(土地、生活の基盤)に国の名を冠するかいなかの戦略の是非を考える以前に、防衛的性格は、運動を根底的に規定する条件だった。この防衛の論理を手放さず、運動の力の源泉に活かしつづけることの成否が、戦略上問題にされるべきポイントだったのではないかと考える。

守るべき土地に国土の名を冠したことは、この土地問題発生の構造からすれば、必然的な翻訳だったということができる(序章第三節参照)。問題は、国土防衛論における国益という観念の設定がすべてを平等化するのでなく、国益の名のもとでの利害の不公正な配分、権利の剥奪を肯定する論理として展開される現実(国益解釈権をめぐる抗争)にたいして、防衛の論理に発する根源的な力が、どのように抵抗をおしひろげ、変様とひろがりをもつことができるかにかかっていただろう。日本政府や日本の世論が沖縄土地問題の盛りあがりにたいして、総じて無力だったことは、このときに始まったことではなく、構造的また前提的な条件だった。つまり国土防衛論のアピールをとったことの是非に左右されるものではない。だがそれとは別個に、沖縄の政治空間の内部で、島ぐるみの土地防衛闘争が那覇市長選などの政治問題に波及し、革新勢力の政治的躍進をもたらしたことは、その変様とひろがりの力強い発展だったということができる。この発展の趨勢が、革新陣営の分裂で無効化されることなく、さらに進展していたならば、日米合作の沖縄統治の体制は揺り動かされ、それはやがて土地問題への対応をも動かすことになったと考えられる。すなわち、土地闘争の全沖縄規模の拡大で先頭に立ち、その力をもっともよく受け取った沖縄の革新政党のその後の行方こそが、「島ぐるみの土地闘争」を文字どおりの「島ぐるみ闘争」へと変様させることができるかいなかをめぐる政治過程のカギを決定的ににぎっていたのである。

(65) 阿波根前掲『米軍と農民』一二七頁。

(66) 同前。土地闘争については、国場前掲「沖縄の一九五〇年代と現状」七七頁や、新崎盛暉『沖縄反戦地主』高文研、一九八六年の整理を参照。

(67) ジル・ドゥルーズ『ニーチェと哲学』足立和浩訳、国文社、一九八二年、九四頁。

(68) アメリカ側の「島ぐるみ闘争」の鎮圧策の展開と、これに合わせた沖縄政界の動きについては、宮里前掲『日米関係と沖縄』、とくに一二六頁参照。

(69) 「うら返しに見た瀬長市政　那覇市役所旧職員座談会」『自由と建設』創刊号、那覇市政再建同盟、一九五七年一一月、一二頁。

(70) こうした秘密についての考察は、ジャック・デリダ『死を与える』廣瀬浩司・林好雄訳、筑摩書房、二〇〇四年から示唆をうけている。

(71) その一部は、森前掲「沖縄戦後史の分岐点が残したある事件：「国場事件」について」で発表している。同論文はCiNii（国立情報学研究所、論文情報ナビゲータ）でインターネットから閲覧可能。

主要参考文献

＊ 注記・本文に記した引用・参照文献の書誌データを総覧する目的で、注記・本文に挙げた文献を、著者名順に列記した。新聞雑誌記事、運動体の内部資料などは割愛した（主なものは加藤哲郎など編『戦後初期沖縄解放運動資料集』全三巻所収）。また略称を用いた文献は、各書誌データ末尾に**太字**で略称を記した。

あ

秋山勝「軍事から見た沖縄近代史」『沖縄関係学研究会論集』二号、一九九六年
安仁屋政昭『沖縄の無産運動』ひるぎ社、一九八三年
阿波根昌鴻『米軍と農民』岩波書店、一九七三年
――『写真記録　人間の住んでいる島　沖縄・伊江島土地闘争の記録』自費出版、一九八二年
奄美大島日本復帰協議会『（本土関係）各党団体メッセージ』鹿児島県立図書館奄美分館所蔵
――『奄美大島日本復帰運動史』原稿、一九五二〜五三年、鹿児島県立図書館奄美分館所蔵＝**『復協運動史』**
――『奄美群島と名瀬市の人口趨勢　食糧値上と対策』一九五二年、鹿児島県立図書館奄美分館所蔵
新垣幸吉「沖縄人民党創立の思い出」『沖縄事情』一一七号、一九六二年七月一五日
新川明『沖縄・統合と反逆』筑摩書房、二〇〇〇年
荒木義修『増補版　占領期における共産主義運動』芦書房、一九九四年
新崎盛暉『戦後沖縄史』日本評論社、一九七六年
――「本土戦後史における沖縄認識」日本平和学会編『沖縄』早稲田大学出版部、一九八〇年
――「島ぐるみ闘争から二五年」『新沖縄文学』五〇号、一九八一年

――『沖縄反戦地主』高文研、一九八六年
――「奄美・沖縄・琉球弧　現代史からの視角」『沖縄同時代史　二巻　琉球弧の視点から』凱風社、一九九二年（初出『新沖縄文学』四一号、一九七九年）
新崎盛暉編『沖縄現代史への証言』上下、沖縄タイムス社、一九八二年
新崎盛暉ほか「座談会　沖縄にとって戦後とは何か」『新沖縄文学』二七号、一九七五年

い

池宮城秀意『激流』那覇出版社、一九七九年
石堂清倫『二〇世紀の意味』平凡社、二〇〇一年
犬丸義一「沖縄返還をめざす統一戦線運動の発展」『歴史評論』一九七二年二月号

う

上田耕一郎『戦後革命論争史』上下、大月書店、一九五六–五七年
上地栄（平栄）「沖縄戦脱出記」『戦後の日本における沖縄県人情勢報告』（『自由沖縄』号外か、那覇市歴史資料室所蔵）
――「言刺駁談」『自由沖縄』八号、一九四六年六月一五日、一一号、同年一二月一五日
――「沖縄人の立場」『朝日新聞』一九四七年六月一七日、声欄
――「秦重弘「兵隊物語」を読んで」『ルリカケス』奄美瑠璃懸巣之会、二二号、一九九九年五月
浦崎康華「廃きよの中から」『琉球日報』一九五〇年二月二六日から九三回連載（那覇市歴史資料室が切り抜きコピーを所蔵）

え
エルドリッヂ、ロバート・D．『沖縄問題の起源』名古屋大学出版会、二〇〇三年
――『奄美返還と日米関係』南方新社、二〇〇三年
エンゲルス、フリードリヒ『家族、私有財産および国家の起源』村井康男、村田陽一訳、大月書店・国民文庫、一九五四年

お
及川永保『苦節八年に想う』奄美大島復帰対策委員会大阪府本部、一九五四年
大沢久明「単独講和の陰謀は粉砕できる」『前衛』六一号、一九五一年八月
大島幸夫『沖縄ヤクザ戦争』晩聲社、一九七八年
沖縄朝日新聞社編『沖縄大観』日本通信社、一九五三年
沖縄県議会事務局編『沖縄県議会史』八巻、沖縄県議会、一九八六年
沖縄研究会編『沖縄解放への視角』田畑書店、一九七一年
沖縄県祖国復帰闘争史編纂委員会編『沖縄県祖国復帰闘争史　資料編』沖縄時事出版、一九八二年
沖縄県立図書館史料編集室編『沖縄民政府記録』二、沖縄県教育委員会、一九九〇年
沖縄社会大衆党史編纂委員会『沖縄社会大衆党史』社会大衆党、一九八一年
沖縄諸島解放青年同盟『沖縄はこうなっている!!　アメリカ軍政下の沖縄の真相』（沖縄県立図書館比嘉春潮文庫所蔵）
沖縄人民党拡大中央委員会「プライス勧告についてアイゼンハワー米国大統領への公開状」一九五六年七月一八日『前衛』一九五六年一〇月号（パンフレット版は『資料集』一巻所収）
沖縄人民党史編集刊行委員会編刊『沖縄人民党の歴史』一九八五年

『沖縄人民党に関する書類綴』（沖縄県公文書館所蔵「琉球政府文書」R00000475B）
沖縄人聯盟兵庫県本部『第二回臨時大会会議事項』一九四六年一〇月一七日
（沖縄青年同盟編）「沖縄問題座談会」『青年沖縄』三号、一九四七年七月（『資料集』三巻所収）
沖縄大百科事典刊行事務局編『沖縄大百科事典』沖縄タイムス社、一九八三年
沖縄タイムス社編刊『沖縄の証言　激動の二五年誌』上下、一九七一－七三年
「沖縄を知る事典」編集委員会編『沖縄を知る事典』日外アソシエーツ、二〇〇〇年
――『沖縄を深く知る事典』日外アソシエーツ、二〇〇三年
大峰林一「闇に消えた党内党」加藤哲郎など編『社会運動の昭和史』白順社、二〇〇六年
小熊英二『〈日本人〉の境界』新曜社、一九九八年
小田亮『レヴィ＝ストロース入門』筑摩書房、二〇〇〇年
――「「真正性の水準」について」『思想』岩波書店、二〇〇八年一二月号

か

カー、E. H.『ボリシェヴィキ革命』一、原田三郎など訳、みすず書房、一九六七年
改訂名瀬市誌編纂委員会編『改訂名瀬市誌』一巻、名瀬市役所、一九九六年
鹿児島県大島支庁編刊『昭和三八年度　奄美大島の概況』
鹿児島県地方自治研究所編『奄美戦後史』南方新社、二〇〇五年
片桐薫編『グラムシ・セレクション』平凡社、二〇〇一年
加藤哲郎「新たに発見された「沖縄・奄美非合法共産党文書」について」『大原社会問題研究所雑誌』二〇〇一年四－五月号

――「解説　新たに発見された沖縄非合法共産党資料」加藤哲郎・国場幸太郎編『沖縄の非合法共産党資料』不二出版、二〇〇四年（＝『資料集』二巻）所収
加藤哲郎・森宣雄・鳥山淳・国場幸太郎共編『戦後初期沖縄解放運動資料集』全三巻、不二出版、二〇〇四―〇五年＝『資料集』
金井正夫編『奄美大島復帰運動回顧録』私家版、一九六六年
梶浦篤「奄美群島の返還をめぐる米国の対日・対ソ戦略」『国際政治』一〇五号、一九九四年
鹿野政直『戦後沖縄の思想像』朝日新聞社、一九八七年
川平朝申『終戦後の沖縄文化行政史』月刊沖縄社、一九九七年
我部政明『日米関係のなかの沖縄』三一書房、一九九六年
我部政男「戦時体制化の沖縄戦――軍官民一体化論と秘密戦を中心に」『沖縄戦と米国の沖縄占領に関する総合的研究』我部政男研究代表：文科省科学研究費研究成果報告書、二〇〇六年
神山茂夫編著『日本共産党戦後重要資料集』三一書房、一九七一年
神山政良「私の伝記」二六・二七回『沖縄タイムス』一九六一年一一月二四・二五日
亀山幸三『戦後日本共産党の二重帳簿』現代評論社、一九七八年
神田文人「統一戦線論」『体系・日本現代史　五　占領と戦後改革』日本評論社、一九七九年

き

喜久奎吾「沖縄に於ける大島青年の補導について」『南海日日新聞』一九五一年四月八日
金時鐘「噤む言葉」『光州詩片』（『集成詩集　原野の詩』立風書房、一九九一年所収）
木村英亮『スターリン民族政策の研究』有信堂高文社、一九九三年

く
熊野純彦『レヴィナス　移ろいゆくものへの視線』岩波書店、一九九九年
グラムシ、アントニオ『グラムシ選集』山崎功監修、合同出版、一九六一―六五年
――『新編　現代の君主』上村忠男編訳、青木書店、一九九四年
――『知識人と権力』上村忠男編訳、みすず書房、一九九九年

こ
河野康子『沖縄返還をめぐる政治と外交』東京大学出版会、一九九四年
コミンフォルム第一回会議「国際情勢についての宣言」『平和・民主・独立文献』必読基本文献第十集、駿台社、一九五三年
国場幸太郎「沖縄の日本復帰運動と革新政党」『思想』一九六二年二月号
――「現代世界史の中の沖縄」『現代思想』二〇〇〇年六月号
――「沖縄の一九五〇年代と現状」『情況』二〇〇〇年八・九月合併号
――「五〇年代沖縄の反米闘争」『沖縄シンポジウム報告集　日米の冷戦政策と東アジアの平和・人権』国際シンポジウム「東アジアの冷戦と国家テロリズム」日本事務局、二〇〇〇年
――「「沖縄非合法共産党文書」研究案内ノート」八回連載『沖縄タイムス』二〇〇一年八月一四日～二五日＝「研究案内ノート」
――「米軍統治下におけるＣＩＣと世論操作／人民党と非合法共産党」『沖縄を深く知る事典』日外アソシエーツ、二〇〇三年

――「解説　沖縄の非合法共産党　資料研究案内」加藤哲郎・国場幸太郎編『沖縄の非合法共産党資料』不二出版、二〇〇四年（＝『資料集』二巻）所収
小山弘健『戦後日本共産党史』芳賀書店、一九六六年

さ

サイード、エドワード・W．『フロイトと非－ヨーロッパ人』長原豊訳、平凡社、二〇〇三年
斉藤一郎『増補版　二・一スト前後』青木書店、一九五六年
在日沖縄学生南灯寮人民党弾圧事件対策委員会『祖国の同胞に訴える　米軍！　愛国者四四名を逮捕』一九五四年
酒井直樹『日本思想という問題』岩波書店、一九九七年
――「「日本人であること」」『思想』一九九七年一二月号
崎田実芳「奄美同胞の祖国復帰と復興へのたたかい」『アカハタ』一九六三年一二月二五日
――『米軍政の鉄壁を越えて　私の証言と記録でつづる奄美の復帰運動史』奄美瑠璃懸巣之会、一九九七年＝『崎田運動史』
――「検証　奄美・復帰から復興へ　二」『ルリカケス』二一号、奄美瑠璃懸巣之会、一九九八年
崎山政毅『サバルタンと歴史』青土社、二〇〇一年
櫻澤誠「戦後初期の沖縄知識人における歴史認識の再構築について」『立命館史学』二七号、二〇〇六年
佐々木辰夫『阿波根昌鴻　その闘いと思想』スペース伽耶、二〇〇三年
里原昭『琉球弧奄美の戦後精神史』五月書房、一九九四年
実島隆三『あの日あの時』南海日日新聞社、一九九六年
参議院「平和条約及び日米安全保障条約特別委員会会議録」第三号、一九五一年一〇月二五日

し
ジジェク、スラヴォイ『身体なき器官』長原豊訳、河出書房新社、二〇〇四年
島清『わが言動の書』沖縄情報社、一九七〇年
島袋嘉順「軍政下における沖縄の労務事情」『世論週報』特集号日本復帰論、一九五一年七月
霜多正次「基地沖縄の労働者」『新日本文学』一九五三年八月号
社会運動資料刊行会編『日本共産党資料大成』黄土社、一九五一年
シャラー、マイケル『アジアにおける冷戦の起源』五味俊樹監訳、木鐸社、一九九六年
新里恵二・喜久里峰夫・石川明「現代沖縄の歴史」『歴史評論』八三号、一九五七年一月

す
絓秀実『革命的な、あまりに革命的な』作品社、二〇〇三年
スターリン、ヨシフ『レーニン主義の基礎』廣島定吉訳、ナウカ社、一九四六年
――――『スターリン全集』スターリン全集刊行会訳、大月書店、一九五二―五三年

せ
瀬長亀次郎「知事選挙について」『うるま新報』一九四九年二月一四・二一・二八日
――――「平和の擁護と沖縄」『人民文化』六号、一九五〇年五月
――――「日本人民と結合せよ」『世論週報』特集号日本復帰論、一九五一年七月＝「結合論文」
――――「琉球政府立法院の楽屋裏」『世論週報』時事問題特集号、一九五二年一〇月

――――『瀬長亀次郎回想録』新日本出版社、一九九一年

そ

孫歌「沖縄がわれわれの眼に映るとき」『歴史の交差点に立って』日本経済評論社、二〇〇八年

た

平良辰雄『戦後の政界裏面史』南報社、一九六三年
高木伸夫「一九四六年「非日本人」調査と奄美連盟・南西諸島連盟」『キョラ』二号、神戸奄美研究会、一九九七年
高橋哲哉『デリダ　脱構築』講談社、一九九八年
高安重正「沖縄大島人連盟の性格に就いて」『南西新報』二―三号、一九四六年四―五月
――――「吉田嗣延論」『沖縄タイムズ』三号、一九四八年三月一五日
――――「国際関係より見た沖縄問題」『青年沖縄』一巻四号、四八年四月
――――「沖縄・小笠原返還の国民運動について」『前衛』一九五六年二月号
――――『沖縄奄美返還運動史』上、沖縄奄美史調査会、一九七五年＝『高安運動史』
財部つき枝「婦人の見た沖縄」『自由』一九五〇年八月号
田原稔「民族独立・吉田内閣打倒の先駆・奄美大島」『前衛』六二号、一九五一年九月

て

デリダ、ジャック『他者の言語』高橋允昭編訳、法政大学出版局、一九八九年
――――『ポジシオン　増補新版』高橋允昭訳、青土社、一九九二年

――『火ここになき灰』梅木達郎訳、松籟社、二〇〇三年
――『死を与える』廣瀬浩司、林好雄訳、筑摩書房、二〇〇四年
――『マルクスと息子たち』國分功一郎訳、岩波書店、二〇〇四年
――『マルクスの亡霊たち』増田一夫訳、藤原書店、二〇〇七年

と

東京奄美会『東京奄美会八十年史』一九八四年
ドゥルーズ、ジル『ニーチェと哲学』足立和浩訳、国文社、一九八二年
――『フーコー』宇野邦一訳、河出書房新社、一九八七年
――『スピノザ』鈴木雅大訳、平凡社、二〇〇二年
当山正喜『政治の舞台裏　沖縄戦後史』沖縄あき書房、一九八七年
徳田球一『徳田球一全集』五月書房、一九八五―八六年
冨山一郎『近代日本社会と「沖縄人」』日本経済評論社、一九九〇年
鳥山淳「戦後初期沖縄における自治の希求と屈折」『年報日本現代史』八号、二〇〇二年
――「破綻する〈現実主義〉」『沖縄文化研究』三〇号、二〇〇四年
――「解説　米軍政下の沖縄における人民党の軌跡」鳥山淳・国場幸太郎編『米軍政下沖縄の人民党と社会運動』不二出版、二〇〇五年（＝『資料集』一巻）所収
――『米国占領下の沖縄における基地社会の形成と政治運動の展開：一九四五〜五六年』（一橋大学大学院社会学研究科学位請求論文、二〇〇五年）
トロツキー、レフ『ロシア革命史　V　ソヴィエトの勝利』山西英一訳、弘文堂、一九五一年

な
永丘（饒平名）智太郎「沖縄人連盟の性格に就て」『自由沖縄』六号、一九四六年五月五日
――「帰還者に望む」「沖縄の政治的動向」『自由沖縄』一〇号、一九四六年一一月一五日
――『沖縄民族読本　沖縄民族性の形成過程』自由沖縄社、一九四六年
――「国際情勢と沖縄問題　永丘氏と一問一答」『沖縄タイムズ』八号、一九四九年一月一五日
――「難民のころ　遺稿　救援運動の思い出」一～七『沖縄タイムス』一九六一年一月一一～一八日
仲宗根源和『沖縄から琉球へ』月刊沖縄社、一九七三年
仲宗根みさを『仲宗根源和伝』月刊政経情報社、一九八七年
永積安明『沖縄離島』朝日新聞社、一九七〇年
中野好夫・新崎盛暉『沖縄問題二十年』岩波書店、一九六五年
中野好夫編『沖縄問題を考える』太平出版社、一九六八年
――『戦後資料　沖縄』日本評論社、一九六九年
中岡成文『ハーバーマス　コミュニケーション行為』（現代思想の冒険者たちセレクト）講談社、二〇〇三年
中村喬次「沖縄のなかの奄美出身者の歴史」『南島遡行』海風社、一九八四年（初出『新沖縄文学』四一号、一九七九年）
仲村政文「奄美群島における人口の構造と動態」『南日本文化』鹿児島短期大学南日本文化研究所、一九八二年
中村安太郎『祖国への道　抗米八年　奄美の復帰運動史』文理閣、一九八四年＝『中村運動史』
長元朝浩「クニさん　戦後五〇年人間紀行　そして何処へ」『沖縄タイムス』一九九五年四月二一―二三日＝「クニさん」
名瀬市四谷区青年団機関紙「新青年」復刻版発行委員会『わが青春は炎の中に　アメリカ軍政下における奄美青年の闘いの記録』上下、一九九二―九三年

「南西諸島対策全国グループ会議録」一九五四年一一月二〇～二二日（松田資料一三。『高安運動史』所収）
南灯寮草創記編集委員会編刊『南灯寮草創記』一九九五年

に
西村熊雄『日本外交史　第二七巻　サンフランシスコ講和条約』鹿島平和研究所、一九七一年
日刊労働通信社編刊『地下潜入の態勢を整えた　日本共産党の文献集』一九五一年
――『日本共産党の文献集　第三篇』一九五二年
――『戦後日本共産主義運動』一九五五年
日中国交回復議員連盟編刊『増補改訂　日中関係資料集　一九四五年―一九七一年』一九七一年
日本共産党奄美地区委員会「結成から現在まで　琉球における党の歩いて来た道」一九五四年一月一二日＝「五四年党史」
――「資料　戦后十年間における奄美の党の歩んだ道」一九五六年＝「五六年党史」
――「沖縄・奄美大島における党建設とその活動」一九五八年七月一二日＝「五八年党史」
――『奄美の烽火　一九四七―一九五三　奄美共産党史』一九八四年＝『奄美共産党史』
日本共産党中央委員会五〇年問題文献資料編集委員会編『日本共産党五〇年問題資料集』新日本出版社、一九五七年

ね
ネグリ、アントニオ『構成的権力』斉藤悦則・杉村昌昭訳、松籟社、一九九九年
ネグリ、アントニオ／ハート、マイケル『〈帝国〉』水嶋一憲など訳、以文社、二〇〇三年

の
野坂参三「戦略・戦術について」『前衛』二六号、一九四八年四月
は
朴慶植『解放後在日朝鮮人運動史』三一書房、一九八九年
朴慶植編『在日朝鮮人関係資料集成』七巻、不二出版、二〇〇〇年
間弘志『全記録　分離期・軍政下時代の奄美復帰運動、文化運動』南方新社、二〇〇三年
バトラー、ジュディス『ジェンダー・トラブル』竹村和子訳、青土社、一九九九年
ハーバーマス、ユルゲン『コミュニケイション的行為の理論』下、丸山高司など訳、未来社、一九八七年
ひ
檜垣立哉『ドゥルーズ　解けない問いを生きる』日本放送出版協会、二〇〇二年
廣松渉『マルクス主義の地平』勁草書房、一九六九年
肥後吉次「沖縄出稼人達の動向と今後」『旬報　奄美評論』一九五〇年四月中旬号
――「沖縄対策問題」『旬報　奄美評論』一九五〇年六月下旬号
ふ
フォーガチ、D．編『グラムシ・リーダー』東京グラムシ研究会監修・訳、御茶の水書房、一九九五年
フォーラム九〇編『グラムシの思想空間』社会評論社、一九九二年
フーコー、ミッシェル『性の歴史Ⅰ　知への意志』渡辺守章訳、新潮社、一九八六年

藤田省三『全体主義の時代経験　藤田省三著作集六』みすず書房、一九九七年
藤本進治『革命の哲学』青木書店、一九六四年
藤原帰一「アジア冷戦の国際政治構造」東京大学社会科学研究所編『現代日本社会七　国際化』東京大学出版会、一九九二年
藤原南風編著『新奄美史』上、奄美春秋社、一九八〇年
復刻『平和と独立』上下、五月書房、一九九九―二〇〇〇年

ほ

細谷千博『サンフランシスコ講和への道』中央公論社、一九八四年

ま

松島朝義「復帰運動の終焉」『情況』一九七一年一月号
松田清『奄美大島日本復帰運動史料』奄美史研究会、一九六八年
――『奄美社会運動史』JCA出版、一九七九年＝『松田運動史』
――「奄美に見る差別抗争史」『運動史研究』一三号、一九八四年
――「東京での復帰運動回想あれこれ」『榕樹』一〇号、一九九四年、私家版
――『松田清氏インタビュー記録』（二〇〇〇年七月二四日、聞き手：加藤哲郎・森宣雄、未公刊）
マルクス、カール／エンゲルス、フリードリヒ『新編輯版　ドイツ・イデオロギー』廣松渉編訳、岩波文庫、二〇〇二年

み

右田昭進『東京における奄美の復帰運動』新広宣伝社、一九六一年＝『**右田運動史**』

——『嵐の中で蛇行したヘビ年の青春　島さばくり雑録集Ⅲ』私家版、二〇〇三年

皆村武一『戦後奄美経済社会論』日本経済評論社、二〇〇三年

宮川実編『経済学講座』第九巻『民族および植民地問題』青木書店、一九五一年

宮城島明「〝何故沖縄人か〟」『構造』一九七一年六月号

——「民族・国民・帰属」『序章』六号、一九七一年一〇月号

宮崎繁樹「沖縄分断の法的構造」中野好夫編『沖縄問題を考える』太平出版社、一九六八年

宮里政玄『アメリカの沖縄統治』岩波書店、一九六六年

——『アメリカの沖縄政策』ニライ社、一九八六年

——『日米関係と沖縄』岩波書店、二〇〇〇年

宮原邦男「学生同盟の方向」学生同盟機関誌『瑞泉』二号、一九四八年六月（南灯寮草創記編集委員会編刊『南灯寮草創記』一九九五年所収）

——「沖縄『民族』といふこと」『瑞泉』三号、四九年一月

宮本顕治「共産党・労働者党情報局の「論評」の積極的意義」『前衛』四九号、一九五〇年五月

む

村山家国『奄美復帰史』南海日日新聞社、一九七一年＝『**村山復帰史**』

め

メルロ＝ポンティ、モーリス『眼と精神』滝浦静雄・木田元訳、みすず書房、一九六六年
――『弁証法の冒険』滝浦静雄など訳、みすず書房、一九七二年
――『メルロ＝ポンティ・コレクション』中山元編訳、筑摩書房、一九九九年

も

森宣雄「琉球は「処分」されたか　近代琉球対外関係史の再考」『歴史評論』二〇〇〇年七月号
――「「琉球処分」とは何か　琉球併合と「沖縄処分」をつなぐ思想」、「沖縄を知る事典」編集委員会編『沖縄を深く知る事典』日外アソシエーツ、二〇〇三年
――「越境の前衛、林義巳と「復帰運動の歴史」」西成彦・原毅彦編『複数の沖縄』人文書院、二〇〇三年
――「「沖縄人プロレタリアート」と「琉球南蛮」　沖縄戦後史の終焉の現在」『季刊インターコミュニケーション』四六号、NTT出版、二〇〇三年
――「「拉致問題」をめぐるわたしたちの背中あわせの共同性」『インパクション』一三七号、二〇〇三年
――「沖縄非合法共産党における連帯の問題　歴史と現在」森宣雄・国場幸太郎編『沖縄非合法共産党と奄美・日本』不二出版、二〇〇五年（＝『資料集』三巻）所収
――「潜在主権と軍事占領　思想課題としての沖縄戦」『岩波講座　アジア・太平洋戦争』四巻、岩波書店、二〇〇六年
――「沖縄戦後史の分岐点が残したある事件：「国場事件」について」聖トマス大学論叢『サピエンチア』四四号、二〇一〇年
――「沖縄戦後史とはなにか」冨山一郎・森宣雄編『現代沖縄の歴史経験』青弓社、二〇一〇年
森宣雄編「林義巳インタビュー記録」（『資料集』三巻所収）

――――「国場幸太郎インタビュー記録」第一回・第二回（『資料集』三巻所収）

や

矢部貞治編著『近衛文麿』下、近衛文麿伝記編纂刊行会、一九五二年
山城善光『火の葬送曲　続・山原の火』火の葬送曲刊行会、一九七八年
山城善貞「青年同盟の発足にあたり!!　男女青年に訴ふ」『自由沖縄関西版』一号、一九四七年三月一〇日
山辺健太郎編『現代史資料一七』みすず書房、一九六六年

よ

吉田慶喜編『奄美の祖国復帰運動』奄美大島勤労者学習協会、一九六四年
吉田嗣延『小さな闘いの日々　沖縄復帰のうらばなし』文教商事、一九七一年
吉本隆明『敗北の構造』弓立社、一九七二年

ら

ラクラウ、エルネスト／ムフ、シャンタル『ポスト・マルクス主義と政治』山崎カヲル・石澤武訳、大村書店、二〇〇〇年
良知力「四八年革命における歴史なき民によせて」『向う岸からの世界史』筑摩書房、一九九三年

り

琉球新報社編刊『琉球新報八十年史』一九七三年

――――『郷友会』一九八〇年
――――『琉球新報百年史』一九九三年
――――『西銘順治日記　戦後政治を生きて』一九九八年
琉球政府文教局編刊『琉球史料』一九五六―六五年
琉球政府労働局『資料琉球労働運動史』一九六二年
リード、ジョン『世界をゆるがした十日間』小笠原豊樹・原暉之訳、筑摩書店、一九七七年

る

ルカーチ、ジェルジ『歴史と階級意識』城塚登・古田光訳、白水社、一九九一年

れ

レヴィ＝ストロース、クロード『構造人類学』荒川幾男ほか訳、みすず書房、一九七二年
――――『レヴィ＝ストロース講義　現代世界と人類学』川田順三・渡辺公三訳、平凡社、二〇〇五年
レヴィナス、エマニュエル『存在の彼方へ』合田正人訳、講談社学術文庫、一九九九年
レーニン、ウラジーミル・イリイチ『民族自決権について』川内唯彦訳、国民文庫社、一九五三年
――――『レーニン全集』マルクス＝レーニン主義研究所訳、大月書店、一九五三年

わ

若林敬子「人口の変化」松原治郎など編『奄美農村の構造と変動』御茶の水書房、一九八一年
若林千代「第二次世界大戦後の沖縄における政治組織の形成」『沖縄文化研究』二八、法政大学沖縄文化研究所、

二〇〇二年
和田春樹『歴史としての野坂参三』平凡社、一九九六年
渡辺昭夫『戦後日本の政治と外交』福村出版、一九七〇年

欧文文献

The 526th Counter Intelligence Corps Detachment Ryukyu Command,"A Monograph of Ryukyuan Politics," 15 April 1948.（沖縄県公文書館所蔵琉球民政局文書 0000010515）
——"Analysis of Communist Influence on Ryukyuan Politics," 17 August 1948.（沖縄県公文書館所蔵琉球民政局文書 0000010517）＝**"Communist Influence"**
——"Third Year of Ryukyuan Politics Part I Okinawa," 15 August 1949.（沖縄県公文書館所蔵琉球民政局文書 0000010516）＝**"Third Year I"**
——"Third Year of Ryukyuan Politics Part II Northern Ryukyus," 29 August 1949.（沖縄県公文書館所蔵琉球民政局文書 0000010514）＝**"Third Year II"**
——"Fourth Year of Ryukyuan Politics," 5 December 1950.（沖縄県公文書館所蔵琉球民政局文書 0000010513）＝**"Fourth Year"**
Ichiro Inamine, 'Report on Observation Trip to Ryukyu,' an enclosed document of Cloyce K. Huston, "Political Condition in the Ryukyu Islands," March 18, 1950, Department of State（沖縄県公文書館所蔵 RG 59-2 米国務省セントラル・ファイル「日米関係沖縄情勢報告　覚書／来信」U9000607B）
"Kamejiro SENAGA, Vol. I."（沖縄県公文書館所蔵ＩＲＲ文書、瀬長亀次郎ファイル Vol.I" 0000037475）なお同ファイル所収"Report of Investigation," 14 April 1955 付属 'Report of Finding.'＝**'Report of Finding'**

"Kotaro KOKUBA"（沖縄県公文書館所蔵ＩＲＲ文書、国場幸太郎ファイル、0000037471）

Michelet, Jules "L'Etudiant," Editions du Seuil, 1970.（邦訳＝ジュール・ミシュレ『学生よ　一八四八年革命前夜の講義録』大野一道訳、藤原書店、一九九五年）

United States Department of State,"Foreign Relations of the United States,"U. S. Government Printing Office.

写真・図像出典

一一頁　「沖縄県民大会」武安弘毅氏撮影
一〇三頁「中村安太郎」沖縄県公文書館蔵（"Kamejiro SENAGA, Vol. I" 所収）
一八一頁「瀬長亀次郎」沖縄県公文書館蔵（"Third Year I" p.67.）
一九三頁「人民戦線演説会での聴衆」沖縄県公文書館蔵（"Third Year I" p.102.）
二〇一頁「上地栄」沖縄県公文書館蔵（"Fourth Year" 所収）
二一三頁・カバー裏　「沖縄群島知事選挙合同演説会」沖縄県公文書館蔵（"Fourth Year" 所収）
二五九頁「林義巳」林京子氏蔵
二八二頁「日本道路社スト勝利後の争議団」林京子氏蔵
二八八頁「中村安太郎当選」林京子氏蔵
三二一頁「国場幸太郎」加藤哲郎氏複写所蔵。米国国立公文書館ＮＡＲＡ所蔵 Records of the Army Staff (RG319), IPR Personal Name File 1939-1976, Box.121(KOKUBA Kotaro, G8013929,121).
三三七頁「現地党Ｖの方針」『資料集』一巻、一三一頁。
三四一頁　沖縄非合法共産党の暗号報告文書『資料集』一巻、一九〇頁。
三六二頁「乞読後火中」阿波根昌鴻『写真記録　人間の住んでいる島』七八頁。
三八〇頁「乞食行進」阿波根昌鴻『写真記録　人間の住んでいる島』七五頁。
カバー表「糸満市伊原の第一外科壕」沖縄県名護市所蔵（『太陽と風とカンカラ三線　沖縄を見続けた写真家　平良孝七の世界』平良孝七写真展実行委員会事務局、二〇〇二年、一三八頁）
見返し・六七頁・二四五頁　「土」（オブジェ）松島朝義氏作、久保田美生氏撮影
表紙・カバー袖　「沖縄人プロレタリアート」（オブジェ）松島朝義氏作、久保田美生氏撮影

あとがき

本書は、学術の一般的分類にしたがえば、政治史、社会運動史、社会思想史にかかわる現代史の実証的歴史研究であり、同時に、そうした歴史の生成現象をめぐる歴史哲学上の諸問題を検討し、またそれ自身の歴史哲学を構成した作品である。公的な位置においては、大阪大学大学院文学研究科に二〇〇三年に提出した学位請求論文「戦後沖縄―奄美―日本の解放運動／思想　潜在―遍在する沖縄戦後史の時代経験」の前半部分に大幅に加筆し、構成しなおしたものであり、その大幅加筆に関しては、科学研究費補助金基盤研究（C）（研究代表者：森宣雄「沖縄施政権返還をめぐる社会運動・思想の研究」二〇〇八年〜）の補助をうけた、その研究成果である。

本書は著者の責任で公刊される現代歴史学研究の一作品であるが、同時に、多くの方々からたくさんの厚意と協力をいただくことで刊行にいたった、ある社会関係の産物でもある。その関係性なしには、本書はありえなかった。本書を閉じるにあたって、その成り立ちを記録に残し、今後あるいは後世に関係性をつなげていくよすがとしたい。

わたしが最初に沖縄戦後史に関する研究を発表したのは、「東アジアのなかの沖縄の日本復帰運動――台湾・沖縄・韓国の脱冷戦・民主化運動」『インパクション』（一〇三号、一九九七年）だった。同論文は、それまで取り組んでいた沖縄および台湾の近代史研究の知見を土台に、近代の植民地支配や東アジアの国際秩序が、第二次世界大戦後にどのように継続したのか、東アジア近現代史の構造的特質を検討した。もとは大阪大学大学院博士後期課程に入るにあたって作成した研究計画書であるが、本書の「序章」の土台の一部ともなっている。

その二年前、一九九五年三月、わたしは琉球大学大学院法学研究科修士課程で沖縄近代史に関して、修士論文「琉球併合過程」をまとめた。琉大では我部政明先生に指導教官になっていただき、沖縄戦後史について初めて手ほどきを受けたのも、我部先生のゼミだった。だがわたしは、まずは現在の日沖関係の原点としての「琉球処分」を、国際政治および沖縄内部の政治社会史の文脈から再検討する課題にとりくむこととし、沖縄近代史を専門とした。

修士論文を書きながら考えていたことの一つは、次はなにをしようか、ということで、その当時、琉球大学には博士課程はまだなく、日本本土でも沖縄近代史を勉強できる環境はほとんど見当たらなかった。沖縄史や沖縄問題を一過的にとりあげる研究者は多かったが、沖縄近代史を専門的に研究し、教授を請える場所として思い当たるのは、鹿野政直先生の研究室だけだった。「本土から沖縄史を勉強にきた」というと、琉球大学でも大変めずらしがられた時代のことである。

鹿野先生は、わたしにとって以前から大好きな思想史家で、琉大在学中に出版された伊波譜猷論『沖縄の淵』は貪るように読んで学んでいた。そのため、たしか修士論文が終わりかけのころ、鹿野先生が伊波譜猷賞を授賞され、沖縄に来るというので、式典に出かけ、講演を聞いた。その帰りがけ、少しお話をさせてもらい、修士論文を読んでいただく約束をさせてもらった（闇討ちのようだったかなと思う）。

修士論文では、琉球の併合に関して、その当時において調べるべきは調べつくし、残された問題は歴史哲学、理論となった気がした。一方、鹿野先生はもう定年退職が近く学生を取れなくなっているとのことで、日沖関係自体も相対化して距離を置いて検討するため、台湾で進学するつもりで、台湾に留学した。留学前だったか一時帰国のときか、鹿野先生のもとにお訪ねしたことがあった。そのとき、「次は戦後史に取り組んだらどう?」とアドバイスされ、「無理です」とお返事した気がする。当時は、簡単に自分の持ち場を離れることはできない、といった心情で「無理です」とお返事した気がする。よく言えば、それだけ近代史に入れ込んでいたのだが、思い返せば、一つずつしか取り組めない強情な性格のあらわれで、鹿野先生には申し訳ない気持ちが残った。

まずはこのアドバイスに一五年ぶりにお答えできて、よかった。

その後、台湾で震災をめぐる社会史の本を出し、一九九六年冬に郷里の横浜に戻っていたとき、戦前戦中の沖縄史研究に取り組んでおられた冨山一郎さんが、たまたま実家の近所で、新原道信さんとワインを飲みながらフリートークをするといったような、不思議なイヴェントで横浜にこられた。冨山さんはわたしが台湾に渡ったあと、二冊目の沖縄史の本（『戦場の記憶』）を出され、「あ、この人は日本人なのに本気で沖縄史にとりくんでいる?」と、本を見てびっくりした人だった。それで、どんな人だろうか見にいくと、とてもまったりした怜悧な人だった。そこでお話しし、翌年から大阪大学に移り、東アジアの歴史や思想や運動やら、なにか面白いことを始めたいと思っているといった趣旨のことをお聞きした。それは文学研究科日本学専攻という、以前から親しんでいた民衆史のひろたまさきさん、ドイツ・朝鮮・台湾における帝国主義史研究の杉原達さんがおられる講座で、沖縄や台湾の近現代史を細分化せずに、自由にかつ総合的に研究できそうな、とても面白そうな場所だったので、九七年から、わたしもそこで勉強させていただくことにした。

じつは修士論文の一部を出版、公表するお話を、我部政明先生の紹介で、我部政男先生から、いろいろとご配慮いただいていた。ところが、従来の沖縄近代史研究を全面的に再検討するにあたり、その研究が書かれた時代背景として、戦後沖縄、とくに復帰運動をめぐる思想問題にぶつかるようになっていた。新史料の発掘で先行研究を一蹴するのは、ある意味で簡単なことだ（遺跡出土物をひろった、子どもにもできる）。だがそのような簡単な片付けは、歴史の論理や知性に逆行することのようで、自分の行為としては納得ができなかった。そのため、沖縄近代史を全面的に刷新しようとする研究を公表する前提として、まずは沖縄戦後史に取り組まねばならないことに気づくようになっていた。

この辺の事情については、拙稿「琉球併合と帝国主義、国民主義」『日本学報』第二〇号、大阪大学大学院文学研究科日本学研究室、二〇〇一年、および拙稿「「琉球処分」とは何か　琉球併合と「沖縄処分」をつなぐ思想」『沖縄を深く知る事典』日外アソシエーツ、二〇〇三年で一部論じているが、これは歴史を語るうえでの倫理や知性に関する問題で、知性のない歴史の語りが、左右の論壇、とくにアカデミズムにおいて、とても増えていると思う。この点については、あらためて研究というかたちで論じることとしたい。

さて、阪大での進学にむけて研究計画を組み立てなおすにあたって、まずは研究環境の整備が進んでいる側面から、国際環境、東アジア比較政治史、近代との連続性など、大枠の設定から研究をはじめた。その結果が前出の最初の沖縄戦後史論文で、指導教官になっていただいた冨山さんが編集委員をしている『インパクション』の沖縄特集号に載せていただいた。関西に移ってからは、冨山さんとわたしと「同期」で、阪大日本学の博士前期課程にこられた朝鮮近代史の藤井たけしさん、京都大学の大学院におられた社会学の石原俊さんと台湾史の宗田昌人さんなどから、研究の視野をひろげる多くの刺激をいただいた。

そして阪大大学院時代に、主に次の三つの研究補助を受け、それが本書の基礎となった。科学研究費補助金「東アジア戦後史のなかの沖縄の日本復帰運動：東アジアの脱冷戦・民主化運動」（特別研究員奨励費：一九九八－九九年度）、「東アジア現代史のなかの沖縄の日本復帰運動：その国際環境と自己決定の研究」（特別研究員奨励費：二〇〇一－〇三年度）、トヨタ財団研究助成（個人研究：一九九九－〇〇年）「琉球併合と〈日本国沖縄〉の誕生：近代日本における国民構成の自己決定の歴史的研究」。

この間、奄美と沖縄の関係性についての検討もすすめ、冨山さん、すでに沖縄戦後史研究に取り組んでおられた鳥山淳さんらとともに、「沖縄戦後史研究会」第一回研究会を沖縄大学で一九九九年四月に開催し、そこで「〈奄美－沖縄闘争〉の時代　一九四七－五四年」を発表させていただいた。同発表は奄美共産党関係者の側の史料を用いて沖縄戦後史を再検討したもので、本書の最初の草稿である。発表にたいしては、もっとも尊敬する沖縄戦後史研究の第一人者、新崎盛暉さんにコメンテーターになっていただいた。そして奄美共産党の側からの情報を吟味するため、新崎さんの紹介で、運動の当事者である国場幸太郎さんにも発表原稿を読んでいただくことになり、懇切な感想をいただいたあと、同年五月と一二月、冨山一郎さん、鳥山淳さん、納富香織さんとわたしで、国場さんにインタビューをさせていただく機会に恵まれた。

国場さんへのインタビューは、わたしにとって初めての本格的なオーラル・ヒストリー研究であり、何度も何度も記録原稿を直し、国場さんに読んで加筆していただいた。政治運動とは縁がなかった(いまも、そうなのだろう)わたしにとって、国場さんは運動とはどんなものか、たくさんのことを教えてくれる異世界の偉大な教師であった。

このインタビューをまとめているとき、現代史研究者の加藤哲郎さんが、国場さん自筆原稿をふくむ沖縄・奄美の非合法共産党資料の存在を確認したと、鳥山淳さんから連絡をいただいた。加藤さんは鳥山さんの一橋大学大学院での指導教官で、元日本共産党員の金澤幸雄さん宅で戦後日本共産党の資料を調査中に、金澤さんから教示いただいたとのことだった。そして二〇〇〇年八月、加藤さん、国場さん、鳥山さんとわたしで、福島県の金澤さん宅に調査にうかがった。お宅では金澤さんご夫妻と岡春美さんにお世話になり、ご厚意で泊めていただき、資料が残された経緯や往時のお話などをうかがうことができた。

また前後して加藤さんの紹介で、東京で同人誌を出しておられた奄美出身の松田清さんにも、同年七月、加藤さんとわたしでインタビューさせていただき、日本共産党の琉球グループ関係資料も見せていただくことができた。さらには松田さんが保管しておられた林義巳さんへのインタビュー・テープをお借りして記録に起こし、翌年には国場さん、鳥山さんとわたしで、奄美大島に林義巳さんを訪ね、林さん所蔵の資料と手記も複写させていただくことができた。

金澤さんからは、観念の遊びではなく、農民のくらしのなかから生まれ出て、生きられていく共産主義のイデオロギーの強靭さについて教わり、松田さんからは、郷土と郷友という、都会そだちのわたしには分からない、強い絆によって結ばれた解放運動の、これまたイデオロギーを超えた力について、教わった気がする。そして林さんからは、労働運動の活動家とはなんであるか、ことばにはできないものを教えていただいた。握手した手の、おそろしく分厚く硬かったことは、わたしの手が、いまも記憶している。丸太のように、まっすぐで強靭な方だった。

さて、こうして一九九九年から三年ほどのあいだに、沖縄・奄美非合法共産党関係資料は相継いで発掘され、二〇〇一年一一月には「占領下、沖縄・奄美の非合法抵抗運動について」と題したシンポジウムが「アソシエ21」メンバーの方がたのご尽力で、専修大学で開催された。シンポジウムでは、前記の方がたなど計七人が講演と発表をおこない、資料「発見」の記者発表もおこなった。そしてひろく現代史研究者の利用に供するため、加藤哲郎・森宣雄・鳥山淳・国場幸太郎共編『戦後初期沖縄解放運動資料集』全三巻（不二出版、二〇〇四―〇五年）を公刊することができた。

本書の基礎史料はこのようにして整備されていったが、史料の収集・整理の一方で、新史料によって浮かび上がってきた沖縄戦後史の像を、どのように現在につながる歴史として捉えたらよいのか、本書をお読みいただけたら理解いただけると思われるが、これは難問であった。これについては、現在につながる沖縄現代史像を新たにえがくために、実証的な一九五〇年代までの研究の一方で、沖縄戦後史の終着点、七二年の沖縄返還前後の思想状況を検討していき、そこでひときわ光彩を放つ論文を連続して書かれていた松島朝義さんに出会った。

松島さんは復帰前、沖縄闘争にとりくんでおられた当時、中部反戦の活動家として書くときは「宮城島明」という活動家名を使っておられ、個人の立場で書くときは本名を使われていた。わたしは宮城島明の論文に、いたく感銘を受け、他方で「松島朝義」という人がよく似た内容の文章を書いているので、ふたりは友人か同志なのだろうと考えていた。そんなとき、松島朝義さんの論文を再録した情況出版の論文集『沖縄を読む』（一九九九年刊）の著者略歴欄に「陶芸家」とあったので、調べてみると、陶芸家の松島朝義という人は、沖縄で初めて陶芸で日本工芸会正会員になるような、高名な陶芸家であることが分かった。そこで、博士論文の準備稿を松島さんにお送りし、活動家の松島朝義と陶芸家の松島朝義は同一人物なのか、そして宮城島明さんをご存知か、問い合わせてみた。

するとと松島さんからは、ＮＨＫのＢＳで松島さんをとりあげた「やきもの探訪」という三〇分番組のビデオがすぐに送られてきた。なんだろうと見てみると、学生時代は政治運動にとりくんでいたことが、番組中でチラッと紹介されていた。それで陶芸家と元活動家の松島朝義は同一人物にまちがいないことが分かり、勇を鼓してお電話し、今度は「宮城島明」の所在を訊ねてみた。

「わたしがそうです」という声が返ってきたのを憶えている。松島さんによると、わたしは「えーっ⁉」と大きな声で叫んだそうだ。

その後、松島さんとは、いったいどれだけ話し合っただろうか。本書「序章」で述べた、わたしの沖縄戦後史論は、松島さんとの対話のなかから生まれた。そしてその対話をとおして、わたしは自分の原点にある世界観へと降りていった。それはキリスト教の教会の家に生まれ育ったわたしが、幼いころから慣れ親しんでいた聖書、とくに旧約の世界観、歴史哲学だった。

本書を書きながら、何度も旧約のいわゆる「モーセ五書」を読んでいたころの幼い記憶がよみがえってきた。本書の歴史哲学を構成する際に、もっともよい対話相手となってくれたのはジャック・デリダとエマニュエル・レヴィナスの作品だが、ユダヤの歴史との対話のなかから生み出された彼らの哲学は、わたしにとって郷里に連れていってくれる道先案内書のような存在だったように思う。そしてこの郷里との和解を、最初に指摘してくれたのも、松島さんだった。

わたしが送った博士論文の準備稿を読んで、松島さんは「これは森さんの聖書だね」と言われた。当時のわたしにとって、その指摘は衝撃だったが、否定しようがなかった。本書のどの部分をみても、自分では、とても旧約的だと思う。気づかぬうちに、それをモデルとしていたのだろう。

人文学の知的営為は、おそらく、対象とした事象への探究が、識らずしらずのうちに著者の自分自身の原基への遡行に重なり、未来への向かい方を開かれたものにしていくばあいに、深みをもつように思う。わたしが自分の原点をたどりなおし、原点をふまえた歴史・未来像を構成していくようなかたちで、本書をまとめることができたのは、きっと、それなりに意味をもつことだと思う。わたし個人にとってではなく、人間の知的営為の伝統において。

こうしたことから、本書は、先に記した方がたへの感謝とともに、わたしの原点とその後にふかくかかわる人びと、和亮、冨喜子、そして悠樹、鵬文、詩琛、美生に献げるものとして、まとめたい。

また、形をとらない観念と関係性にとどまらず、ここに物質として本書がなるにあたっては、修士論文の刊行計画以来、編集者としてずっと尽力いただいてきた奥田のぞみさん、そして奥田さんから引き継いで本書を手がけてくださった太田昌国さん、小倉裕介さんら、現代企画室の方がたに感謝申し上げたい。また、表紙に使わせていただいた平良考七さんの写真については、ドキュメンタリー映画『ひめゆり』を製作されたプロダクション・エイシアの大兼久由美さん、富士海さん、名護市教育委員会文化課のみなさま、写真家の武安弘毅さん、本文中の写真については、奄美の林京子さん、伊江島のわびあいの里の謝花悦子さん、加藤哲郎さん、鳥山淳さん、沖縄県公文書館のみなさまに、たいへんお世話いただいた。

そしてもうひとつ、本書は冒頭にもふれたように公的には、博士論文および科学研究費の研究成果の一部でもある。この学術的営為においては、次の方がたにあつく感謝申し上げたい。博論の主査・副査になっていただいた冨山一郎さん、杉原達さん、崎山政毅さん。博論準備過程の研究会でコメントをいただいてから、共産主義運動の理論と歴史について何度も教えをいただいた岩村登志夫さん、二〇〇五年に本書の草稿をめぐる京都での合評会に集まっていただいた上地美和さん、奥田さん、金城正樹さん、崎山さん、鄭柚鎮さん、土井智義さん、冨山さん、中田英樹さん、成定洋子さん、そして松島さん。それから阪大日本学、職場の聖トマス大学のみなさま。

とくに冨山さん、杉原さん、崎山さんのお三方は、ナマの社会運動に関心やかかわりをあまりもたず、つねに問題を宗教性など人間の終局的な解放の次元に引き寄せてしか考えられないわたしにとって、運動をすること、人と関わりあうこと、そこにあせらず居つづけることの大事さを、つねに教えてくれる存在だった。根が説教坊主のわたしには、いまだに体得できていないと思うが、にもかかわらず、あくことなく語りかけ、また身をもってその大事さを示してくださるお三方には、尊敬の念とともに、ふかく感謝している。わたしを地上に引きおろすそうした友情は、本書が観念の世界にとどまらず、地上の時代的アクチュアリティをそなえた学術書であることを可能にさせる社会的条件のひとつに相違ない。

みなさまに感謝申し上げます。これで本書にとりくんでいた日々はまったき過去となり、沖縄戦後史の分岐点と後半部にふみこむ環境も整ってきたので、それを乗りこえ、沖縄や台湾の近代史についての研究成果を公表できる日もやってくるのかもしれない。いずれにせよ、また無一物にもどり、終わりへむけて、一歩ずつ、進めていきたいと思います。ありがとうございました。

二〇一〇年五月二八日　森　宣雄

追記

本文の脱稿後に加えた「「まえがき」にかえて」の成り立ちについて、追記しておく。

この文章は、まず東京のピープルズ・プラン研究所の山口響さんに声をかけていただいて、武安弘毅さんの撮影協力のもと、「国家の機能低下のむこう岸――沖縄から徳之島、日本本土へ」（『季刊ピープルズ・プラン』五〇号、二〇一〇年六月）の稿を起こすことから始まった。日本本土の人にあてたこの文章をもとに、沖縄にむけて書き直した「奄美と沖縄が出会うとき」を、与儀武秀さん、友利仁さんの尽力で『沖縄タイムス』五月二七・二八日に掲載いただいた。そしてこれを、南方新社の向原祥隆さんのご紹介で、鹿児島・九州の文脈に書き換えたものを、蔵薗修治さんに尽力いただき「奄美と沖縄が出会うとき——地域主権　南から北へ」『南日本新聞』六月五・六日に、また奄美の文脈と、鳩山首相辞任表明後の情況に即して書き換えたものを、久岡学さんに尽力いただき「国家の向こう岸へ——奄美と沖縄が出会うとき」として『南海日日新聞』に寄稿させていただくことになった。本書「「まえがき」にかえて」は、それらの上に、本文の歴史研究につなげる導入部として加筆し、できあがったものである。

それは、関西から東京、沖縄から奄美、鹿児島へとつなぐメディアを、記事配信の機構に頼るのでなく、「人と人との具体的なつながりを延ばしていって」手づくりで成り立たせることを試みた産物である。まったく意図してはいなかったのだが、「序章」第四節で述べた、システムの支配をこえる自律的な社会文化の生成可能性を、実際に試みていたことに後になって気づいた。その成り立ちと文章の内容が、「序章」で述べたところと重なっていたことから、本書の巻頭にかかげることとした。お世話いただいたみなさまに感謝申し上げます。

なお、そこで述べた普天間基地の返還移設問題をめぐる、沖縄—奄美—日本本土の関係性の再構築の展望について、より詳しくは、拙稿「沖縄の県内移設反対運動にどう応えるか——思想的基軸と歴史的展望」『インパクション』一七二号、二〇一〇年一月を参照されたい。（二〇一〇年六月記）

【著者紹介】

森　宣雄（もり・よしお）

1968年横浜市生まれ。大阪大学大学院文学研究科博士後期課程修了。博士（文学）。聖トマス大学人間文化共生学部准教授。著書『台湾／日本――連鎖するコロニアリズム』（インパクト出版会、2001年）、共編著『戦後初期沖縄解放運動資料集』全3巻（不二出版、2004-05年）、『現代沖縄の歴史経験』（青弓社、2010年）、共著『台湾大地震　1935年中部大震災紀実』（遠流出版公司、台北、1996年）、『複数の沖縄』（人文書院、2003年）、『岩波講座　アジア・太平洋戦争』（岩波書店、2006年）など。

地《つち》のなかの革命　沖縄戦後史における存在の解放

発　行　　2010年7月25日　初版第1刷1200部
定　価　　3000円＋税
著　者　　森　宣雄
装　丁　　本永惠子デザイン室
発行者　　北川フラム
発行所　　現代企画室
東京都渋谷区桜丘町15-8-204
Tel. 03-3461-5082　Fax. 03-3461-5083
e-mail: gendai@jca.apc.org
http://www.jca.apc.org/gendai/
印刷所　　中央精版印刷株式会社

ISBN978-4-7738-1013-4 C0031 Y3000E

現代企画室の本——二〇一〇年の新刊より

＊価格は本体価格〈税抜き〉です。

カントリー・オブ・マイ・スカル　南アフリカ真実和解委員会〈虹の国〉の苦悩

アンキー・クロッホ＝著　山下渉登＝訳　二八〇〇円

人種とはなにか、真実とはなにか？　アフリカーナーである著者が、アパルトヘイトの深刻な暴力と分断を克服する和解のプロセスに向き合い、幾多の傷口から生まれた言葉で世界に問いかける。

〈鏡〉としてのパレスチナ　ナクバから同時代を問う

ミーダーン〈パレスチナ・対話のための広場〉＝編　二四〇〇円

多岐にわたる視点へとナクバを開き、異なる領域との経験分有を目指す。ナショナリズムと排外主義に満ちたこの時代が、いまパレスチナという〈鏡〉に映し出される。阿部浩己、板垣雄三ほか。

開戦前夜の「グッバイ・ジャパン」　あなたはスパイだったのですか？

伊藤三郎＝著　二二〇〇円

日米開戦直前、権謀術数うずまく東京から歴史的スクープを連発した、若き米国人記者の謎を追う。戦時下のジャーナリズムとスパイの関係を問い、国家に翻弄される人間たちのドラマを描きだす。

マルクス＝エンゲルス素描

エルネスト・チェ・ゲバラ＝著　太田昌国＝訳・解説　一〇〇〇円

コンゴからボリビアへと移る革命闘争のさなか、ゲバラはマルクス＝エンゲルスの簡潔な伝記を書きとめていた。すべての苦しむ人びとに共感し、貧困なき世界を夢みた思想家の等身大の姿。